lonely planet

EDITORA GLOBO

SANDRA BAO
BRIDGET GLEESON

BUENOS AIRES
GUIA DA CIDADE

AQUI ESTÁ BUENOS AIRES

A impressionante cultura de cafés de BA, parte da sua herança europeia, dá colorido às ruas

MICHAEL C

Sexy, viva e confiante, essa bela cidade entrará nos seus poros. Parecida com a Europa com um quê de melancolia, Buenos Aires é inesquecível.

Erguida por europeus, essa cidade vibrante exala energia e transborda moradores atraentes chamados *porteños*. A culinária é vigorosa e inovadora, as compras variam de grandes grifes a bancas de rua, a vida noturna não o deixará dormir. Não deixe de assistir a uma partida de futebol extremamente passional, participar de uma aula rápida de tango ou saborear um filé suculento – todas coisas importantes por aqui. E apesar da economia instável e da incômoda inflação, Buenos Aires ainda pode ser considerada um bom negócio para visitantes de países com moedas mais fortes.

Olhe abaixo da superfície e descobrirá uma riqueza de cafés do passado, arquitetura colonial, feiras ao ar livre e bairros diversos. Misture-se aos ricos e famosos da Recoleta ao visitar a sua fascinante necrópole. Cace aquela peça em um antiquário empoeirado em San Telmo e caminhe pelas ruas boêmias de Boedo. Patine nos parques verdes de Palermo em meio à multidão de domingo.

BA é langor elegante do Velho Mundo misturado a malícia contemporânea, fundidos em uma cidade singular e sedutora. Venha e entenderá por que tantos viajantes estão fincando o pé nesse lugar incrível. E cada vez mais há quem a ame tanto que decide ficar – você pode ser o próximo.

A VIDA EM BUENOS AIRES

Umidade, olhares ardentes e aquele espanhol insanamente sexy – você está em Buenos Aires e a sensualidade está por todo lado. Claro, essa é uma impressão bem estereotipada, mas há um pouco de verdade em toda generalização.

> Buenos Aires tem duas faces: uma cidade que une declínio e prosperidade.

Os portenhos são notoriamente atraentes; eles são um povo orgulhoso com forte senso de estilo e imagem pessoal. Podem parecer um tanto glamorosos, mas são como os habitantes da maioria das grandes cidades – levam um estilo de vida moderno, a maioria vai trabalhar no centro de transporte público e eles passam os fins de semana com parentes e amigos. Tente conhecer alguns – depois que os conhece, podem ser incrivelmente amigáveis e abertos e, se você conquistar seu coração, eles o amarão para sempre.

Buenos Aires tem duas faces: essa é uma cidade que une declínio e prosperidade. Você verá prédios sujos e negligenciados mesmo no centro agitado – mas um renascimento definitivo está em andamento. Milhões de dólares foram investidos em Puerto Madero, enquanto os restaurantes refinados de Palermo Viejo estão sempre cheios nos fins de semana. As ruas comerciais são movimentadas, apesar de todos se queixarem de falta de dinheiro. Não resta dúvida de que um fenômeno de ricos ficando mais ricos e pobres ficando mais pobres está em andamento, portanto, olhe sob a superfície para saber a verdade.

A confiança dos portenhos é oscilante, mas dificilmente desaparece. O desastre econômico de 2001 é uma memória que começa a ficar distante; a indústria acordou e está em expansão e, ao lado do crescimento do turismo, vem ajudando a economia a voltar aos trilhos.

Essa é, ao mesmo tempo, uma cidade dura, refinada e em renascimento. As carnes são ótimas, a noite é agitada, os políticos são corruptos e, sim, a vida segue em frente – mesmo que todos afirmem não suportar outra redução salarial. Os portenhos são um povo resiliente que sobreviverá qualquer que seja a crise com que se defronte; afinal de contas, eles lidam com incertezas a vida toda. Mas o mais importante é que sempre serão maravilhosos ao fazê-lo.

MICHAEL TAYLOR

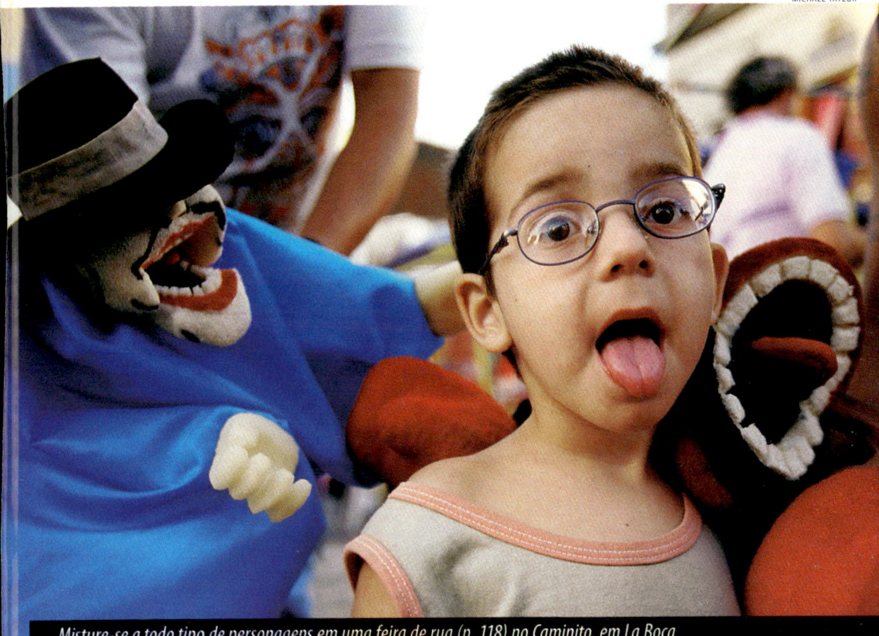

Misture-se a todo tipo de personagens em uma feira de rua (p. 118) no Caminito, em La Boca

DESTAQUES

CENTRO

Seja pela impressionante arquitetura europeia, as calçadas movimentadas, os belos porteños ou os ônibus fumacentos a toda velocidade, o centro de Buenos Aires o deixará boquiaberto – e agradavelmente surpreso.

1 Plaza de Mayo
Admire as muitas vistas dessa praça histórica (p. 63)

2 Galerías Pacífico
Faça compras com estilo no shopping de arquitetura francesa de BA (p. 61)

3 Avenida 9 de Julio
Ouse atravessar a extensão intimidadora da 9 de Julio (p. 71)

4 Casa Rosada
Visite o antigo gabinete de Evita no palácio cor-de-rosa de BA (p. 64)

5 Calle Florida
Misture-se à multidão na principal artéria do Microcentro (p. 60)

...ER STREWE

MICHAEL TAYLOR

KRZYSZTOF DYDYNSKI

1

HOLGER LEUE

PUERTO MADERO

Com o investimento de milhões e milhões de dólares em uma antiga região portuária, prédios reluzentes brotaram como cogumelos. Caminhe por calçadões de pedra, jante em um dos muitos restaurantes chiques e passeie por uma reserva natural.

KRZYSZTOF DYDYNSKI

2

1 Puente de la Mujer
Fotografe essa ponte moderna e aerodinâmica (p. 68) projetada por Santiago Calatrava

2 Diques
Caminhe ao largo de diques pitorescos (p. 68)

3 Reserva Ecológica Costanera Sur
Explore os caminhos de terra dessa reserva ecológica (p. 70)

4 Colección de Arte Amalia Lacroze de Fortabat
Visite esse museu projetado por Rafael Viñoly para uma dose de arte (p. 68)

RICHARD WAREHAM FOTOGRAFIE / ALAMY

3

INIGO BUJEDO AGUIRRE / PHOTOLIBRARY

4

1 Teatro Colón
Não deixe de fazer a visita guiada aos bastidores do Teatro Colón (p. 71)

2 Palacio del Congreso
Alimente os pombos em frente ao Palacio del Congreso (p. 74)

3 Obelisco
Confira o marco mais proeminente (e fálico) de BA (p. 71), projetado por Alberto Prebisch

4 Avenida Corrientes
Conheça a rua de teatros de BA (p. 170)

KRZYSZTOF DYDYNSKI

CRAIG PERSHOUSE

CONGRESO E TRIBUNALES

Misture-se a grandes advogados e políticos no centro jurídico-legislativo de BA, onde marcos importantes despontam aqui e ali e a cultura teatral ilumina a noite.

MICHAEL TAYLOR

DAVID R. FRAZIER PHOTOLIBRARY, INC. / ALAMY

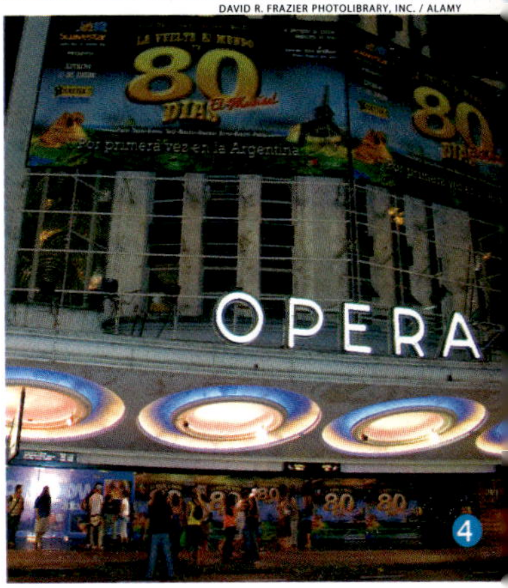

SAN TELMO

Voltar ao passado nunca foi tão divertido. San Telmo faz isso com edifícios coloniais, ruas com calçamento de pedra, tango e antiquários. Aos domingos, confira a famosa feira de antiguidades do bairro, que tem bem mais a oferecer do que velharias.

TERRY CA

TERRY CA

HAEL TAYLOR

KRZYSZTOF DYDYNSKI

1 Restaurantes clássicos
Volte no tempo em um dos muitos destinos envolventes de San Telmo (p. 129)

2 Feria de San Pedro Telmo
Vá à feira de antiguidades, observe os músicos de rua ou acomode-se em um café (p. 118)

3 Edifícios coloniais
Caminhe pelas ruas de San Telmo e admire as construções coloniais (p. 75)

4 Shows de tango
Surpreenda-se em um show de tango (p. 164)

TERRY CA

LA BOCA

Vibrante, ousado e popular, o bairro de La Boca surpreende com a arquitetura incomum e as cores fortes. Caminhe pelo El Caminito, admire dançarinos de tango na rua e vá a uma partida de futebol incendiária no estádio de La Bombonera.

ROBERTO GEROMETTA

ANDREW

1 Partidas de futebol
Assista a uma partida de futebol vibrante no La Bombonera (p. 174)

2 Tango de rua
Pare para assistir aos dançarinos de rua (p. 164)

3 El Caminito
Passeie pelo Caminito desfrutando da visão das ruas e dos prédios coloridos (p. 79)

❶ Plaza San Martín
Desfrute do sol da tarde na agradável Plaza San Martín (p. 82)

❷ Museo de Arte Hispanoamericano Isaac Fernández Blanco
Visite esse museu excepcional, localizado em uma mansão histórica (p. 83)

❸ Centro de Retiro
Caminhe por um dos bairros mais elegantes de Buenos Aires (p. 82)

BRIDGET GLEESON

RETIRO

O elegante Retiro é um local agradável, com prédios impressionantes habitados pelos ricos e famosos, e um belo parque usado para banhos de sol em dias quentes. Retiro é o centro de transportes de BA e abriga as principais estações de trem e ônibus da cidade.

KRZYSZTOF DYDYNSKI

JON HICKS / CORBIS

RECOLETA E BARRIO NORTE

Capriche no visual e prepare a conta corrente: é hora de visitar a Recoleta. Misture-se aos portenhos mais ricos nas butiques exclusivas da av. Alvear e não deixe de visitar o Cementerio de la Recoleta – uma surpreendente cidade dos mortos em miniatura.

MICHAEL COYNE

KRZYSZTOF DYDY

KRZYSZTOF DYDY

AEL COYNE

Y CARTER

KRZYSZTOF DYDYNSKI

❶ Cementerio de la Recoleta
Tire aquela foto perfeita de um túmulo no Cementerio de la Recoleta (p. 86)

❷ La Biela
Sente-se com a realeza da Recoleta nesse café (p. 153)

❸ Avenida Alvear
Admire as vitrines ou gaste adoidado nessa avenida (p. 111)

❹ Feria Plaza Francia
Faça compras nas bancas dos hippies nessa feira de rua (p. 118)

❺ Museo Nacional de Bellas Artes
Admire as obras de mestres europeus e grandes artistas argentinos dos séculos 19 e 20 (p. 88)

❻ Floralis Genérica
Surpreenda-se com essa enorme flor de metal do arquiteto Eduardo Catalano (p. 86)

PALERMO

Palermo é incrível. O bairro tem belos parques, bons museus e ótimas opções de lazer: hospede-se nos hotéis mais elegantes, coma em restaurantes espetaculares, faça compras em butiques exclusivas e passe a noite em claro em bares descolados.

TERRY CA

RY CARTER

❶ Jardín Zoológico
Converse com os animais no zoológico (p. 95)

❷ Restaurantes refinados
Conheça o paraíso nos restaurantes de Palermo (p. 134)

❸ Parque 3 de Febrero
Caminhe, corra, pedale ou faça um piquenique no parque verde de Palermo (p. 90)

❹ Museo de Arte Latinoamericano de Buenos Aires (Malba)
Admire arte moderna de primeira nesse belo e elegante museu (p. 90)

MICHAEL COYNE

TERRY CARTER

1

MARGIE POLITZER

1 Tigre
Tire uma folga do agito de BA e faça um passeio de barco por essa bela região de estuário (p. 200)

2 Basílica Nuestra Señora de Luján
Junte-se aos fiéis na Basílica de Lújan (p. 205)

3 Punta del Este
Admire a escultura *La mano en la arena* de Mario Irarrázabal nesse famoso balneário (p. 215)

4 Colonia
Caminhe pelas tranquilas ruas com calçamento de pedra e os prédios charmosos de Colonia (p. 209)

EXCURSÕES

Está pronto para fugir das luzes da cidade grande? Então siga ao norte para Tigre, onde é possível navegar por um belo delta. E do outro lado do rio da Prata há a bonita Colonia e a intrigante Montevidéu, ambas no Uruguai.

KRZYSZTOF DYDYNSKI

2

KRZYSZTOF DYDYNSKI

3

VIVIANE P

4

SUMÁRIO

AS AUTORAS

Sandra Bao

A mãe e a família de Sandra fugiram da China comunista e embarcaram em um navio cargueiro com destino à Argentina em 1952. Depois de alguns meses no mar, eles chegaram a Buenos Aires apenas dois dias depois da morte de Evita Perón. O pai de Sandra chegou da Inglaterra, onde estudava, em 1955.

Os pais de Sandra se conheceram em Montevidéu, depois se mudaram para Buenos Aires, onde tiveram Sandra e o seu irmão, Daniel. Eles levaram uma a tranquila vida *porteña* (com *asados* todos os domingos) até 1974, quando emigraram para os EUA e passaram a atuar no mercado imobiliário californiano.

Sandra orgulha-se de ser portenha e voltou regularmente à sua terra natal na vida adulta. Além de escrever a maior parte dos capítulos deste livro, na última década Sandra contribui com os guias Lonely Planet *Argentina* e *South America on a Shoestring*.

O DIA PERFEITO DE SANDRA EM BUENOS AIRES

É manhã de domingo, então, como a maioria dos portenhos, acordo por volta do meio-dia – nada mal, já que fiquei de pé até as 5h na noite anterior. Cuido da ressaca com *té negro* (chá preto) e algumas *medialunas* (croissant típico) no café da esquina, então me misturo à multidão que circula nas redondezas da feira de antiguidades de San Telmo. Uma caminhada refrescante parece ser o passeio perfeito nesse dia glorioso de verão, então sigo para a Reserva Ecológica Costanera Sur para admirar os pássaros. Depois da minha dose reparadora de natureza, visito a Plaza de Mayo e a esplêndida Casa Rosada, nessa ordem. Subir a Calle Florida significa evitar o trânsito, então é o que faço, admirando as vitrines (mas não sem antes comprar um sorvete delicioso). Quando chego à incrível Galerías Pacífico, faço uma visita rápida para admirar os murais do teto (e ir ao banheiro, no térreo). A Plaza San Martín convida a sentar serenamente e admirar as pessoas espalhadas pelo gramado. Depois sigo pela av. Alvear até o elegante bairro da Recoleta, onde admiro as bancas de artesanato antes de entrar no cemitério para refletir em silêncio e tirar fotografias incríveis. Depois de pegar o ônibus 59 para Palermo Viejo, encontro as lojas ainda abertas, então faço algumas compras nas butiques. Já são quase 22h e é hora de jantar, então encontro com amigos em uma das dezenas de restaurantes do bairro – e dou início a outra longa noite.

Autora colaboradora

BRIDGET GLEESON

Bridget Gleeson é uma escritora de viagens radicada em Buenos Aires que já escalou as encostas mais altas dos Andes e percorreu praias brasileiras em nome do jornalismo. Ela contribuiu com diversos títulos da Lonely Planet e escreve para as revistas *Budget Travel, Delta Sky, Mr & Mrs Smith* e *Afar*.

OS AUTORES DA LONELY PLANET

Por que nossas informações de viagem são as melhores do mundo? É simples: nossos autores são viajantes dedicados e apaixonados. Não aceitam presentes em troca de cobertura favorável; portanto, você pode ter certeza de que as recomendações que recebeu são imparciais. Viajam muito para todos os lugares populares, mas também fora dos roteiros habituais. Não pesquisam só pela internet ou por telefone. Eles descobrem novos lugares, que não constam em nenhum outro guia. Visitam pessoalmente milhares de hotéis, restaurantes, palácios, trilhas, galerias, templos, etc. Conversam com dezenas de pessoas do local todo dia para se certificarem de que você vai receber aquele tipo de informação que só um habitante do lugar poderia dar. Orgulham-se de saber todos os detalhes e de contar como funciona. Você acha que pode fazer o mesmo? Descubra como em **lonelyplanet.com**.

PROGRAME SUA VIAGEM

Buenos Aires Aires é uma cidade cosmopolita (são mais de 13 milhões de pessoas na região metropolitana), onde você pode encontrar praticamente qualquer conveniência ou serviço ao qual esteja acostumado. Existem infinitas opções de hospedagem em quase todos os bairros, de albergues a hotéis cinco estrelas como o Four Seasons, além de pensões adoráveis e hotéis pequenos e charmosos. É sempre uma boa ideia reservar antecipadamente - principalmente durante a alta temporada, de novembro a março e de julho a agosto. Em outras épocas, geralmente sobram quartos, exceto nos lugares normalmente mais procurados. Isso dito, não visite BA nos feriados mais importantes, como Natal e Ano Novo, sem ter feito reservas.

Os locais onde comer em BA atendem a todos os orçamentos - de um *choripán* (sanduíche de linguiça) por apenas alguns pesos a restaurantes com preços internacionais. A culinária argentina é criativa - os pratos típicos consistem de churrasco ou massas. Buenos Aires, entretanto, oferece uma boa (e mais cara) gama de cozinhas exóticas, principalmente na região de Palermo Viejo.

A maioria dos serviços para turistas se encontra no centro, incluindo cibercafés, agências telefônicas e lavanderias. É fácil ir de uma área a outra usando o Subte (metrô), ônibus ou táxi. Muitas pessoas falam um pouco de inglês (e português), principalmente nas regiões turísticas.

QUANDO IR

Em termos de clima, a primavera (setembro a novembro) e o outono (março a maio) são as melhores épocas para visitar Buenos Aires. A maioria das festas acontece nesses meses, bem como uma série de eventos esportivos. O inverno pode ser frio, mas não congelante; uma boa época, portanto, para se visitar os teatros, museus e cafés da cidade.

Muitos turistas chegam no fim da primavera e no verão (de novembro a março), apesar de os meses mais quentes, janeiro e fevereiro, serem desconfortavelmente úmidos. Quem pode deixa a cidade com destino ao litoral, de modo que alguns lugares - como museus e opções de lazer - fecham nesse período (janeiro e fevereiro também são os piores meses para se fazer negócios na cidade). Mas, independentemente da época da sua visita, BA sempre terá algo de interessante a oferecer.

FESTAS

Acontecem festas e eventos em BA o tempo todo, e eles celebram de tudo - tango, cavalos, cultura, cinema, arte, vinho, moda e livros. Como as datas variam de ano a ano, consulte os escritórios de turismo (p. 229); neles você também pode obter informações sobre outros eventos (ou confira www.festivales.gob.ar). Veja uma lista de feriados nacionais na p. 228.

PLANEJE COM ANTECEDÊNCIA

Buenos Aires se tornou um destino popular, então reserve o hotel com antecedência para garantir um teto sobre a cabeça. Em hotéis mais elegantes, você poderá conseguir descontos consideráveis das taxas exorbitantes.

A maioria dos restaurantes não exige reservas, mas se você quiser comer em um local popular (principalmente nos fins de semana), não deixe de ligar com antecedência. Nós observamos em resenhas isoladas se as reservas são ou não recomendadas; de modo geral, quanto mais elegante o restaurante, maior a probabilidade da necessidade de reserva.

Alguns sites podem ajudar no planejamento e a encaixar a viagem com eventos especiais: visite whatsupbuenosaires .com para conferir eventos musicais ou www.bue.gov.ar para informações gerais e datas de eventos. Para consultar resenhas sobre restaurantes, acesse www.saltshaker.net (ou www.guiaoleo.com.ar, se você lê em espanhol).

Se você sabe se virar com um mp3 player e não precisa de uma visita guiada, mas ainda assim aprecia algumas orientações, confira o site www.mptours.com. É possível baixar visitas guiadas e mapas de bairros de BA por US$4,99 cada, então caminhar, parar e escutar no seu tempo. O site oficial da cidade (www.bue.gov.ar/audioguia; em inglês, espanhol e português) tem downloads gratuitos.

Por fim, coloque algumas roupas mais arrumadas na mala. O povo de Buenos Aires é elegante e gosta de se vestir bem, e você certamente passará por turista se vestir camisas berrantes, bermuda e chinelos (os portenhos, inclusive, pouco usam bermuda, a não ser para se exercitarem). Principalmente se sair à noite, vista-se bem - todos o farão.

Fevereiro

CARNAVAL

O Carnaval de Buenos Aires geralmente ocorre em fevereiro e é acanhado, se comparado ao do Rio ou Salvador, mas ainda se tem a chance de sair lambuzado de espuma de barbear. Essa é uma boa época para conferir as tradicionais bandas de *murga*, influenciadas pela música brasileira, na Plaza de Mayo. Se quiser algo mais intenso, vá até Gualeguaychú, na província de Entre Ríos. A capital uruguaia, Montevidéu (p. 212), também tem um bom Carnaval. As próximas datas são 18-21 de fevereiro de 2012 e 9-12 de fevereiro de 2013.

ANO NOVO CHINÊS

Sim, Buenos Aires tem um bairro chinês. Confira-o na Calle Arribeños, em Belgrano: ele tem apenas quatro quarteirões de extensão e é bem tranquilo em relação a bairros chineses de outras grandes cidades, mas o Ano Novo é uma época animada e justifica uma visita para conferir a comida, os fogos e as festividades. As datas dependem do calendário lunar: 23 de janeiro em 2012 e 10 de fevereiro em 2013.

BUENOS AIRES FASHION WEEK

www.bafweek.com

A cena de moda e design de BA explodiu na última década, e nesses quatro dias as tendências e os principais nomes da cidade são exibidos em estandes e na passarela. O evento acontece no La Rural, em Palermo, no fim de fevereiro (coleção de outono) e em meados de agosto (coleção de primavera). Muita gente bonita circula por lá – desperte o *voyeur* que existe em você.

Abril

FERIA DEL LIBRO

www.el-libro.org.ar

A feira anual do livro de Buenos Aires é uma das maiores do mundo e atrai dezenas de milhares de apaixonados por livros ao longo de três semanas, entre abril e maio. Autores famosos fazem leituras ou sessões de autógrafos e os livros costumam ser vendidos a preços especiais. A maioria dos expositores vem da América Latina, mas também há estandes de países como Inglaterra, China, França, Ucrânia, Noruega e Armênia. Visite a feira no centro de exposições La Rural, em Palermo.

FESTIVAL INTERNACIONAL DE CINE INDEPENDIENTE

www.bafici.gob.ar

Esse festival de cinema acontece entre meados e fim de abril, com exibição de filmes independentes nacionais e estrangeiros e premiações em diferentes categorias. Diretores e atores sempre são convidados e mais de cem filmes ficam em cartaz nos cinemas da cidade. As principais salas do evento são as do shopping Abasto (p. 97).

Maio

ARTE BA

www.arteba.com

Entre meados e fim de maio, é realizado esse empolgante evento de arte contemporânea nacional e internacional, que conta com peças de centenas de galerias de arte, negociantes, instituições e organizações de Buenos Aires. Conferências, apresentações e discussões ditam o ritmo, e jovens artistas têm projeção significativa. Realizado no centro de exposições La Rural, em Palermo.

Julho

EXPOSICIÓN DE GANADERÍA, AGRICULTURA E INDUSTRIA INTERNACIONAL (LA RURAL)

www.exposicionrural.com.ar

Mãe de todas as feiras agropecuárias, onde vacas, ovelhas, cabras, cavalos e, principalmente, touros premiados exibem-se para compradores em potencial. Também se destacam as máquinas agrícolas, e a diversão é garantida por shows *gauchescos*. O evento dura duas semanas, do final de julho ao começo de agosto, no La Rural, em Palermo.

Agosto

FESTIVAL Y MUNDIAL DE TANGO

www.mundialdetango.gob.ar

Realizado em meados de agosto, esse festival de tango de duas semanas espalha-se por toda a cidade e é uma boa oportunidade para ver em ação os maiores dançarinos e músicos de tango do país. Há uma competição internacional, em que duplas disputam intensamente o respeitado troféu e o título de "maiores dançarinos de tango do mundo". Também são oferecidas muitas aulas e workshops.

Setembro

VINOS Y BODEGAS

www.expovinosybodegas.com.ar

Evento imperdível para os aficionados por vinhos – com rótulos de dezenas de *bodegas* (vinícolas) argentinas – que atrai milhares de *sommeliers*, *restauranteurs*, jornalistas e apreciadores ao La Rural, em Palermo. Acontece em meados de setembro; espere demonstrações de culinária e música ao vivo.

LA SEMANA DEL ARTE EN BUENOS AIRES

www.lasemanadelarte.com.ar

No fim de setembro, dezenas de centros culturais, museus e galerias de arte de toda BA abrem as portas para esse megaevento, centrado nos melhores artistas contemporâneos do país. As obras vão da fotografia à xilogravura, e o pacote inclui conferências, shows e *vernissages* especiais à noite. Todas as atividades são gratuitas.

CASA FOA

www.casafoa.com

Essa é a mais requintada feira de design, arquitetura e paisagismo da cidade, que acontece entre outubro e novembro e aborda as tendências nacionais e internacionais. Todos os anos, um local deteriorado é reformado para abrigar o evento. Em 2010, foi um prédio de três andares dilapidado em San Telmo.

Outubro

FESTIVAL BUENOS AIRES DANZA CONTEMPORÁNEA

www.buenosairesdanza.gov.ar

A dança contemporânea brilha por quatro dias nessa celebração bienal (anos pares) em Buenos Aires, com produções de coreógrafos e dançarinos argentinos e convidados internacionais. Performances, seminários e workshops são organizados nos centros culturais e teatros da cidade.

MARATÓN DE BUENOS AIRES

www.maratondebuenosaires.com

Em outubro, os corredores de longas distâncias percorrem um circuito de 42km que passa por diversos marcos e bairros de BA. O Parque Roca, ao norte do centro, é a linha de partida e chegada; há ainda uma prova de meia maratona.

PEPSI MUSIC FESTIVAL

www.pepsimundo.com/argentina/pepsimusic

Festival que dura dez dias e conta com a atrações argentinas e internacionais. Em 2010, os principais nomes foram Green Day e Rage Against the Machine. Rola de tudo: rock, rock argentino, indie, punk, reggae e até mesmo um pouco de música eletrônica.

Novembro

GRAN PREMIO NACIONAL

www.palermo.com.ar

Maior evento do turfe argentino, que ocorre em meados de novembro no opulento hipódromo de Palermo (p. 176), de arquitetura francesa. Disputado pela primeira vez em 1884, o evento não atrai apenas ricos e famosos, mas também famílias. Admire os *granaderos* (guardas presidenciais a cavalo) nos seus uniformes suntuosos.

MARCHA DEL ORGULLO GAY

www.marchadelorgullo.org.ar

Não se compara aos eventos de São Paulo ou São Francisco, mas BA também tem a sua marcha do orgulho gay. No primeiro sábado de novembro, milhares de gays, lésbicas, transexuais e simpatizantes desfilam da Plaza de Mayo ao Congreso. A cada ano a festa – realizada pela primeira vez em 1992 – fica maior e mais colorida. A Semana do Orgulho Gay acontece no final do mês.

DÍA DE LA TRADICIÓN

O mais próximo que você chegará da tradicional cultura *gaucha*, com música e danças, comidas típicas e apresentações equestres. O epicentro das festividades de meados de novembro é San Antonio de Areco (p. 206), próxima de Buenos Aires e marco zero dos *gauchos* argentinos. Se não puder sair da cidade, siga para a Feria de Mataderos (p. 118), no bairro homônimo. Para datas exatas (elas mudam a cada ano), entre em contato com o escritório de turismo de Areco (p. 208).

LA NOCHE DE LOS MUSEOS

www.lanochedelosmuseos.com.ar

Evento de uma noite realizado em meados de novembro, quando mais de cem museus, galerias e espaços culturais abrem gratuitamente das 19h às 3h. Há visitas guiadas, shows, atrações musicais e até mesmo ônibus gratuitos para transportar os visitantes entre os locais.

Dezembro

CAMPEONATO ABIERTO ARGENTINO DE POLO

A Argentina é um dos grandes nomes do polo internacional (veja p. 176), e o Abierto é o maior evento do esporte no mundo. O campeonato, realizado no Campo Argentino de Polo em Palermo, também marca o fim da temporada de primavera. Para datas exatas, entre em contato com a Asociación Argentina de Polo (☎ 4777-6444; www.aapolo.com).

CAMPEONATO ABIERTO ARGENTINO DE PATO

Embora arraigado na cultura *gaucha*, o *pato* (p. 176) ainda não é o esporte nacional da Argentina, como se costuma divulgar. Uma bola de couro com seis alças (originalmente um pato morto) é o centro das atenções. Não perca esse espetáculo excêntrico, para dizer o mínimo. Para detalhes, entre em contato com a Federación Argentina de Pato (☎ 4372-0180; www.fedpato.com.ar).

BUENOS AIRES JAZZ FESTIVAL INTERNACIONAL

www.buenosairesjazz.gob.ar

O maior festival de jazz de BA é um evento de cinco dias com palcos por toda cidade, que atrai mais de 35 mil espectadores. Músicos de todos os tipos são convidados – emergentes e consagrados, vanguardistas e tradicionais, argentinos e estrangeiros. Há ainda shows especiais e exibições de filmes.

PREÇOS E MOEDA

Nos últimos dez anos, a Argentina passou de país caro a súbita barganha, e então a destino menos econômico do que costumava ser. Hoje, o peso tem uma relação na casa de quatro para um com o dólar, mas a Argentina é um país com economia volátil e as coisas podem mudar rapidamente. É sempre aconselhável consultar a cotação do peso (acesse www.xe.com).

Apesar da escalada inflacionária dos últimos anos, Buenos Aires permanece um bom negócio. Pode-se encontrar uma cama de albergue por US$12 e quartos de hotel simples na casa dos US$60. Hotéis três estrelas custam cerca de US$90 e, se a reserva for feita on-line, um cinco estrelas pode sair por menos de US$200.

Jantares em bons restaurantes, com entrada, prato principal e bebidas, costumam custar menos de US$25; os almoços são mais baratos, principalmente se a escolha for um *menu ejecutivo* (prato executivo). As passagens de ônibus ou Subte custam US$0,30 e uma corrida curta de táxi, menos de US$8. Os ingressos de museus, teatros, casas noturnas e eventos especiais são bastante acessíveis. É possível gastar US$125 por dia com bastante conforto. Portanto, apesar de não ser mais a pechincha do passado, BA ainda é uma grande e empolgante cidade e um destino acessível.

QUANTO CUSTA?

Café expresso AR$10-12

Chope (tulipa) AR$14

Empanada AR$4

Jantar com carne AR$50

Uso de internet por hora AR$5

Corrida de táxi (em média) AR$30

Litro de gasolina AR$4

Ingresso de cinema AR$20-25

Aula de tango em grupo AR$35

Show de tango com jantar AR$400

NA INTERNET

Os endereços abaixo são apenas uma amostra de sites dedicados à Argentina; todos são em inglês ou têm opção de leitura em inglês:

www.argentinaindependent.com Boas matérias sobre atualidades e cultura argentina, com informações úteis, listas de eventos e reflexões sobre a vida no exterior.

www.argentinepost Matérias úteis sobre BA e a Argentina.

www.baexpats.org e www.bainnewcomers.org Sites populares entre expatriados.

www.bainsidermag.com Resenhas e o essencial para a vida expatriada em BA.

www.bue.gob.ar Site oficial da cidade.

www.buenosaires.en.craigslist.org Encontre um apartamento, um emprego e/ou um(a) namorado(a).

www.buenosairesherald.com A visão do *Buenos Aires Herald* sobre o país e o mundo.

www.landingpadba.com Visões interessantes da vida portenha, além de informações básicas e serviço de reservas.

www.lonelyplanet.com Fóruns, notícias, atualizações recentes, cartões-postais de outros viajantes e muito mais.

www.saltshaker.net Resenhas sobre restaurantes.

www.thegayguide.com.ar Universo gay em BA.

www.whatsupbuenosaires.com O que acontece na cidade, com destaque para a música.

HISTÓRIA

Pergunte a qualquer nativo de Buenos Aires e ele lhe dirá que os negócios, a história e a política da cidade são os negócios, a história e a política da Argentina. Como capital e lar de um terço da população do país, Buenos Aires é epicentro de qualquer grande drama argentino - do triunfo à derrota e vice-versa.

A CHEGADA DOS ESPANHÓIS

Apesar de as margens do río de la Plata (rio da Prata) terem sido habitadas por dezenas de milhares de anos por caçadores-coletores nômades, a primeira tentativa de povoamento permanente foi feita pelo aristocrata espanhol Pedro de Mendoza em 1536. A pompa do nome dado à vila, Puerto Nuestra Señora Santa María del Buen Aire, era superada apenas pela extravagância da expedição de 16 navios e quase 1,6 mil homens - quase três vezes maior do que a força que conquistou os astecas, comandada por Hernán Cortés. Apesar dos recursos e do planejamento, Mendoza infelizmente chegou muito depois da estação própria para colheita. Os espanhóis logo viram faltar comida e, numa atitude tipicamente colonialista, tentaram forçar grupos de índios Querandí a alimentá-los. Seguiram-se uma luta encarniçada e quatro anos de escaramuças, que levaram a tamanha falta de suprimentos que alguns espanhóis recorreram ao canibalismo. Mendoza fugiu para a Espanha, enquanto o destacamento de tropas que ficou para trás recuou rio acima até Assunção (hoje capital do Paraguai).

Como o foco da Coroa espanhola era a conquista por Francisco Pizarro do império Inca, no atual Peru, Buenos Aires foi praticamente ignorada nas quatro décadas seguintes. Em 1580, Juan de Garay partiu com uma expedição de Assunção e tentou reconstruir Buenos Aires. Os espanhóis haviam não apenas desenvolvido suas habilidades como colonizadores desde a tentativa frustrada de Mendoza, como também contavam com reforços das cidades de Assunção e Santa Fé.

Ainda assim, Buenos Aires permaneceu estagnada, se comparada a povoamentos nos Andes como Tucumán, Córdoba, Salta, La Rioja e Jujuy. Com a descoberta de minas nos Andes e o belicismo do império espanhol aumentando a demanda tanto por gado como por cavalos, a criação de animais passou a ser o sustentáculo econômico da vila. A Espanha manteve fortes restrições ao comércio fora de Buenos Aires e os locais, cada vez mais inconformados, adotaram o contrabando.

A cidade continuou a florescer e a Coroa foi por fim forçada a relaxar as restrições e incentivar o comércio internacional que se expandia na região. Em 1776, Madri fez de Buenos Aires a capital do novo Vice-Reinado do Rio da Prata, que incluía a maior mina de prata do mundo, em Potosí (na atual Bolívia). Para muitos dos seus residentes, a nova condição era um reconhecimento de que a jovem cidade dava sinais de não mais precisar se submeter à autoridade da Espanha.

Apesar de disputas internas pelo comércio e por controle no novo vice-reinado, houve uma reação unificada nas duas vezes em que os britânicos atacaram a cidade, em 1806 e 1807.

LINHA DO TEMPO

1536

O aristocrata espanhol Pedro de Mendoza chega ao rio da Prata e tenta estabelecer um povoamento permanente, apenas para voltar à Espanha quatro anos depois.

1580

Buenos Aires é restabelecida por forças espanholas, mas a cidade permanece estagnada por anos, em comparação aos povoamentos fortificados no centro e no norte da Argentina.

1660

A população de Buenos Aires é de cerca de 4 mil pessoas; um século se passaria antes que dobrasse.

O CONTRABANDO EM BUENOS AIRES

Não é coincidência o fato de um dos uísques mais populares servidos em Buenos Aires se chamar Old Smuggler (Velho Contrabandista). Os laços da cidade com o contrabando remetem à sua fundação. Alguns argumentam que a cultura da corrupção, tão difundida até o colapso econômico de 2001, era tolerada apenas porque o papel histórico do contrabando em Buenos Aires levou a uma "tradição" de driblar as leis.

O império espanhol adotava regras rígidas nos seus portos e apenas algumas cidades tinham permissão para manter relações comerciais com outros países. Buenos Aires, originalmente na periferia do império, era difícil de monitorar e não tinha, portanto, permissão para fazer comércio com outras nações europeias. Localizado na foz do rio da Prata, o assentamento era, para os comerciantes, o ponto de entrada ideal no continente. Os comerciantes de Buenos Aires passaram a contrabandear de tudo, de tecidos a metais preciosos, de armas a escravos. Mercadorias portuguesas invadiram a cidade e fizeram caminho pelo continente até os atuais Paraguai, Bolívia e até mesmo Peru.

Mais tarde, britânicos e piratas encontraram em Buenos Aires ávidos parceiros de negócios (e também introduziram na cidade o gosto por bons uísques). Um volume crescente de riqueza passou a circular na região e boa parte do desenvolvimento inicial de Buenos Aires foi alimentada pelo contrabando. Uma vez que se tratava de um jogo aberto, sem concessões a comerciantes imperiais, acabou por promover na cidade a mobilidade social e o surgimento de uma classe média voltada ao comércio.

Apesar de o contrabando ter perdido força em anos recentes, ele não está assim tão distante. Isso fica claro na série de recentes escândalos governamentais, entre os quais o que foi chamado de "o escândalo da mala": em agosto de 2007, um empresário venezuelano tentou entrar na Argentina com US$800 mil em um avião fretado pela empresa de energia do governo. No mesmo ano, a ministra da Economia de Cristina Kirchner foi forçada a renunciar depois que US$64 mil foram encontrados numa mala dentro do banheiro de seu gabinete.

Os locais combateram e rechaçaram os invasores sem apoio da Espanha. Essas duas batalhas deram aos habitantes da cidade um sentimento de confiança e autossuficiência. Era apenas uma questão de tempo até que rompessem com a Espanha.

INDEPENDÊNCIA

Quando, em 1808, Napoleão conquistou a Espanha, cujo trono foi dado a seu irmão, Buenos Aires ficou ainda mais distante de Madri e por fim declarou independência, em 25 de maio de 1810.

Seis anos depois, em 9 de julho de 1816, regiões vizinhas do vice-reinado também romperam com a Espanha e fundaram as Províncias Unidas do Rio da Prata. Quase que imediatamente, irrompeu uma disputa de poder entre Buenos Aires e as províncias: os proprietários de terras federalistas das províncias do interior estavam determinados a manter a sua autonomia, enquanto os homens de negócios unitaristas de Buenos Aires, orientados ao comércio externo e às ideias europeias, tentavam consolidar o poder da cidade. Algumas das províncias do interior decidiram seguir caminho próprio, criando o Paraguai em 1814, a Bolívia em 1825 e o Uruguai em 1828.

Depois de mais de uma década de violência e incerteza, Juan Manuel de Rosas tornou-se governador de Buenos Aires em 1829. Apesar de se intitular federalista, Rosas estava mais para oportunista – federalista enquanto convinha, ele passou para o lado unitarista assim que conquistou o controle da cidade. O governador determinou que todo comércio internacional deveria passar por Buenos Aires em lugar de ser feito a partir das províncias e lançou mão de precedentes políticos nefastos, criando a *mazorca* (sua implacável polícia política) e institucionalizando a tortura.

1776

Buenos Aires torna-se capital do novo Vice-Reinado do Rio da Prata, que incluía os territórios dos atuais Paraguai, Uruguai, Bolívia e Argentina.

1806 e 1807

Tropas britânicas atacam a cidade, mas são rechaçadas pelo povo de Buenos Aires em duas batalhas, as celebradas La Reconquista e La Defensa.

25 de maio de 1810

Em um enorme protesto público, Buenos Aires declara sua independência da Espanha e, para celebrar a ocasião, renomeia a principal praça da cidade, que passa a ser chamada Plaza de Mayo.

OS EFÊMEROS ANOS DOURADOS

A queda de Rosas veio em 1852, pelas mãos de Justo José de Urquiza, um governador rival que tentou transferir o poder para a sua província natal, Entre Rios. Em protesto, Buenos Aires separou-se brevemente das Províncias Unidas, mas foi restabelecida como capital quando Bartolomé Mitre esmagou as forças de Urquiza em 1861. Desde então, Buenos Aires deixou para trás seu passado se tornou o centro de poder inconteste do país.

A economia passou por um grande crescimento e Buenos Aires transformou-se, no fim da década de 1860, em uma cidade portuária de 90 mil habitantes. Imigrantes jorravam da Espanha, da Itália e da Alemanha, seguidos por ondas vindas da Croácia, Irlanda, Polônia e Ucrânia. A população cresceu quase sete vezes entre 1869 e 1895, chegando a mais de 670 mil pessoas. Os novos residentes trabalhavam no porto, viviam apertados em cortiços, desenvolveram o tango e deram início ao movimento trabalhista de esquerda. A invasão de europeus não apenas elevou Buenos Aires à condição de grande capital internacional, como também deu à cidade a sua rica herança multicultural, famosas idiossincrasias e marcantes diferenças políticas.

À época do centenário da independência da Argentina, em 1910, Buenos Aires era uma verdadeira metrópole. Os anos seguintes testemunharam a construção do metrô, ao passo que empresas britânicas construíram modernos sistemas de abastecimento de gás e energia elétrica e de esgoto. Buenos Aires vivia o auge de uma Era de Ouro, com ruas movimentadas apinhadas de negócios, arte, moda e arquitetura. A Argentina ficou rica nessa época, graças à produção de carne. Os avanços na tecnologia de refrigeração e a habilidade do país em exportar carne bovina para terras distantes foram determinantes para o sucesso econômico. No início da Primeira Guerra Mundial, a Argentina era um dos dez países mais ricos do mundo, à frente da França e da Alemanha.

Forças conservadoras dominaram a esfera política até 1916, quando o líder do Partido Radical, Hipólito Yrigoyen, assumiu o controle do governo em eleições justas e democráticas. Depois de um longo período de governo das elites, era a primeira vez que a florescente classe média argentina conquistava voz política.

Essa foi também a época em que a sorte do país começou a mudar, infelizmente não para melhor. Os preços das exportações caíram, os salários estagnaram e os trabalhadores ficaram cada vez mais insatisfeitos e militantes. A Semana Trágica, quando mais de cem manifestantes foram mortos durante uma greve de trabalhadores da indústria da carne, foi o ponto culminante dessas tensões; alguns dizem que essa reação radical ocorreu em função de pressões de interesses internacionais sobre o governo. O *crash* de Wall Street em 1929 deu o golpe final nos mercados exportadores, e alguns meses depois os militares assumiram o poder. A Era de Ouro rapidamente se transformou em uma memória distante. Esse foi o primeiro de muitos golpes militares que se abateram sobre o país durante o século e interferiram em seu progresso. Estudiosos já argumentaram que os eventos que culminaram com o colapso econômico de 2001 reportam-se ao golpe militar liderado pelo general José Félix Uribiru em 1930.

A ERA DOS PERÓN

Durante a II Guerra, os pobres do interior rural migraram para Buenos Aires em busca de trabalho. A população da cidade quase triplicou e ela logo abrigava um terço da população da Argentina (a proporção se mantém na atualidade). A força crescente das classes trabalhadoras urbanas levou o tenente-general populista Juan Domingo Perón à presidência em 1946.

1829

O caudilho federalista Juan Manuel de Rosas assume o controle de Buenos Aires e torna-se seu governador; a influência de BA cresce drasticamente nos 23 anos do seu governo, antes que ele seja derrubado por José de Urquiza.

1861

O poeta e fundador do jornal *La Nación*, Bartolomé Mitre, governador da província de Buenos Aires, torna-se presidente após derrotar as forças federais de Urquiza.

1871

Deficiências no abastecimento de água e no sistema de esgotos levam a um grande surto de febre amarela, que mata mais de 10% da população da cidade.

Perón ficou baseado por algum tempo na Itália e desenvolveu o seu próprio estilo de fascismo, um abrandamento do de Mussolini. Ele rapidamente nacionalizou a grande indústria, inclusive as ferrovias, e criou o primeiro Estado de bem-estar social argentino. Inspirando-se na Itália e na Alemanha fascistas, Perón cuidadosamente cultivou sua imagem icônica e realizou grandes comícios populares na Plaza de Mayo.

A glamorosa Eva Duarte, antiga estrela de novelas do rádio, tornou-se uma primeira-dama celebridade ao casar-se com Perón e um ícone que eclipsaria o próprio marido. Conhecida como Evita, aproximava-se, em sua poderosa fundação de assistência social, das mulheres das classes mais pobres com a construção de escolas e hospitais e doações de mamadeiras e carrinhos de bebê. As massas tinham empatia por Evita, também de origem humilde. Sua morte prematura, em 1952, aconteceu pouco antes de as coisas azedarem e o poder político do marido despencar.

Depois da morte de Evita, Perón financiou subornos a trabalhadores simplesmente imprimindo dinheiro, atrasou a economia, censurou a imprensa e perseguiu a oposição. Incrivelmente menos popular sem Evita, ele foi deposto por um golpe militar em 1955, depois de dois mandatos. Perón exilou-se na Espanha enquanto uma série de golpes militares abalava o país. Quando voltou, em 1973, havia forte tensão entre partidos de esquerda e direita; mesmo que tivesse vivido para cumprir o terceiro mandato até o fim, a tarefa seria muito árdua. A sucessora de Perón, sua desventurada terceira esposa Isabelita, tinha ainda menos força política, e sua derrubada, por uma junta militar em 1976, não chegou a surpreender.

Apesar de os efeitos das conquistas políticas de Perón serem discutíveis, o peronismo, amplamente inspirado em seus ideais, permanece.

A GUERRA SUJA

Os novos governantes militares instituíram o Processo de Reorganização Nacional, conhecido como El Processo, conduzido pelo notório Jorge Rafael Videla. Aparentemente um esforço para reformar a cultura política da Argentina e modernizar a economia debilitada, o Proceso foi pouco mais do que uma tentativa dos tempos de Guerra Fria de aniquilar ou intimidar qualquer tipo de oposicionismo de esquerda no país.

Baseado em Buenos Aires, um grupo guerrilheiro de esquerda conhecido como Montoneros bombardeou prédios estrangeiros, sequestrou executivos em troca de resgate e roubou bancos para financiar a luta armada contra o governo. Os Montoneros, em sua maioria jovens de classe média com bom nível educacional, foram caçados pelo governo militar em uma campanha conhecida como La Guerra Sucia (a Guerra Suja). Algo entre 10 e 30 mil civis morreram; muitos simplesmente "desapareceram" quando caminhavam pela rua ou dormiam em suas camas. A maioria foi torturada até a morte ou sedada e atirada de aviões no rio da Prata. Qualquer um que parecesse minimamente simpático aos Montoneros podia ser detido, torturado ou assassinado. Muitas pessoas continuam "desaparecidas" até hoje.

Os líderes militares foram responsáveis pela decadência de diversos aspectos de bem-estar do país e também da economia nacional. Quando Ronald Reagan chegou ao poder nos EUA em 1981, ele dissolveu a condenação da junta por abusos contra os direitos humanos e chegou até mesmo a receber os generais em Washington, DC. Com o apoio dos EUA, os militares foram capazes de recorrer a empréstimos internacionais para financiar o desenvolvimento nacional, mas não demorou para que a corrupção drenasse os cofres públicos em favor de contas numeradas na Suíça.

1916

Hipólito Yrigoyen, líder do Partido Radical, popular entre a classe média, é eleito presidente e institui o salário mínimo para controlar a inflação. Ele é reeleito em 1928.

1930

Hipólito Yrigoyen é deposto por um golpe militar liderado pelo general José Félix Uriburu, que fica no poder por dois anos, antes que a ordem civil seja restabelecida.

1946

O tenente-general populista Juan Domingo Perón é eleito presidente. Perón e sua jovem esposa Evita introduzem salários mais altos e campanhas de bem-estar social, além de grandes mudanças na estrutura política.

ESMA: O AUSCHWITZ ARGENTINO

Em uma rua movimentada do bairro de Nuñez, em Buenos Aires, fica o imponente prédio da Escola Mecânica da Armada, mais conhecido como ESMA. Durante o governo militar de 1976-83, ele serviu como um infame centro de detenção onde cerca de 5 mil pessoas foram brutalmente torturadas e assassinadas. Prisioneiros vendados eram transportados em caminhões até o prédio, levados ao porão, sedados e mortos. Alguns foram assassinados por pelotões de fuzilamento e outros drogados e atirados de aviões no rio da Prata em dois "voos da morte" semanais. O prédio também serviu como maternidade clandestina para bebês arrancados de suas mães (muitas das quais eram depois assassinadas) e entregues a militares ou policiais sem filhos.

Em 2004, como parte do esforço de Kirchner de revisitar os crimes da Guerra Suja, o prédio foi transformado em museu, entregue a um grupo de direitos humanos e renomeado Espaço da Memória e Promoção dos Direitos Humanos. Mas reviver a memória foi como abrir a caixa de Pandora, e logo teve início um debate em relação ao direcionamento do museu – se ele deveria ser educacional, pungente, moralizador ou realista. A inauguração foi atrasada pelo debate, além da insistência de grupos de direitos humanos para que todos os prédios do campus, alguns ainda utilizados pela Marinha, fossem desocupados. A Marinha, por fim, se mudou para outro local.

Finalmente, chegou-se à conclusão de que o melhor era manter o espaço desocupado, com algumas placas explicativas, de modo a homenagear as vítimas. Durante as visitas (acesse www.derhuman.jus.gov.ar/espacioparalamemoria) pelas salas sombrias, guias contam histórias das vidas trágicas dos detentos. De acordo com o fotógrafo Marcelo Brodsky, cujo irmão desapareceu na ESMA, "o lugar é carregado de sessões de tortura, gritos abafados, odores e sons". Essa lembrança do estado de terror argentino permite que o visitante reflita sobre a fragilidade da democracia e contemple o mal das ditaduras militares não apenas na Argentina, mas em todo o mundo.

Em 2007, a La Marca Editora publicou um excelente livro sobre o debate público que cercou a abertura da ESMA. Organizado por Marcelo Brodsky, *Memoria en construcción* conta com a participação de mais de 65 artistas e coletivos de artistas, que refletem acerca desse tema delicado.

Outro antigo centro de tortura, esse mais acessível, é o porão do velho prédio do Club Atlético em San Telmo (o prédio foi demolido e não existe mais), localizado sob uma avenida. Veja o Passeio Histórico a pé na p. 105.

A VOLTA DA DEMOCRACIA

A ditadura militar que governou o país com punho de ferro durou de 1976 a 1983. O general Leopoldo Galtieri assumiu as rédeas da draconiana junta militar em 1981, mas o seu poder fazia água: a economia estava em recessão, as taxas de juros estavam nas alturas e manifestantes tomavam as ruas de Buenos Aires. Um ano depois, Galtieri tentou desviar a atenção nacional ao incitar o Reino Unido à guerra pelo controle das ilhas Falkland (conhecidas na Argentina como Las Islas Malvinas). Os britânicos tinham mais interesse pelas ilhas do que a junta imaginava e a Argentina foi facilmente derrotada. O golpe de misericórdia veio quando o submarino nuclear britânico *Conqueror* torpedeou o cruzador *General Belgrano*, matando 323 homens. A Argentina afirma até hoje que o navio estava voltando ao porto.

Envergonhado e comprovadamente ineficiente, o regime militar desmoronou e um novo governo civil, tendo à frente Raúl Alfonsín, assumiu o poder em 1983. Alfonsín teve algum sucesso e conseguiu negociar alguns empréstimos internacionais, mas não conseguiu conter a inflação ou controlar os gastos públicos. Em 1989, a inflação estava fora de controle; Alfonsín deixou o cargo cinco meses antes do fim do mandato e Carlos Menem assumiu a presidência.

1955

Em 15 de junho de 1955, antiperonistas do exército usam aeronaves da Marinha para bombardear partidários de Perón na Plaza de Mayo, matando 350 pessoas. Alguns consideram esse golpe de Estado fracassado um prelúdio da Guerra Suja.

1976

A junta militar liderada por Jorge Rafael Videla substitui Isabelita Perón no poder; isso marca o início da Guerra Suja, que envolveu forte repressão e erradicação do governo civil.

1982

O general Leopoldo Galtieri incita o Reino Unido a participar de uma guerra pelo controle da ilhas Falkland (ou Malvinas), mas a Argentina é facilmente derrotada pelos britânicos.

MENEM E O "MILAGRE ECONÔMICO"

Sob as orientações do seu sagaz ministro da Economia, Domingo Cavallo, o astuto Carlos Menem introduziu reformas de livre-comércio para deter a derrocada da economia argentina. Muitas indústrias estatais foram privatizadas e, o mais importante, o peso foi, por lei, mantido em paridade com o dólar americano. Investimentos estrangeiros choveram sobre o país. Buenos Aires voltou a prosperar: prédios foram restaurados e novos negócios pipocavam por todo lado. O antigo porto da capital, Puerto Madero, passou por reformas e foi transformado em área de lazer; o turismo cresceu e o otimismo estava no ar. Os habitantes de Buenos Aires compravam carros novos e celulares e tiravam férias no exterior.

Apesar de a economia argentina parecer robusta ao observador casual, no segundo mandato de Menem (1995–99) a situação já era delicada. A inflexibilidade imposta pelas reformas econômicas dificultava a competitividade externa do país e a crise mexicana de 1995 abalou muitos bancos em Buenos Aires. Menem não apenas falhou em controlar os gastos públicos: a corrupção era tão disseminada que ocupava diariamente as manchetes dos jornais.

A CRISE ECONÔMICA

Quando a estagnação econômica se transformou em recessão, os eleitores se voltaram para o prefeito de Buenos Aires, Fernando de la Rúa, e o elegeram presidente em 1999. Ele se defrontou com a necessidade de cortar gastos públicos e aumentar impostos durante a recessão.

A situação da economia piorou, os investidores entraram em pânico, o mercado de capitais estava à beira do colapso e o país não parecia ser capaz de honrar os seus débitos. Cavallo foi novamente nomeado ministro da Economia e, em janeiro de 2001, em vez de declarar uma moratória, ele recorreu ao FMI para um empréstimo de US$20 milhões.

A Argentina vinha operando no vermelho e não conseguia mais arcar com o seu estilo de vida. A fachada de economia de sucesso caíra e a realidade de fraqueza e dívidas foi exposta. À medida que as nuvens de tempestade se formavam, houve uma corrida aos bancos. Entre julho e novembro, os argentinos sacaram cerca de US$20 bilhões dos bancos, então esconderam o dinheiro sob o colchão ou o mandaram para o exterior. Em um esforço desesperado de manter o dinheiro no país, o governo impôs um limite de saque mensal de mil dólares. Chamada de *corralito* (curralzinho), a estratégia abalou diversos setores informais da economia que operam com dinheiro (táxis, mercearias) e o povo inevitavelmente ganhou as ruas. Enquanto o governo tentava reter a moeda forte restante, todas as economias depositadas em bancos foram convertidas em pesos e o que restava de confiança no governo se foi. Manifestantes de classe média juntaram-se às multidões em uma série de panelaços e tanto Cavallo quanto de la Rúa renderam-se ao inevitável e renunciaram.

Dois novos presidentes assumiram o poder e renunciaram no decorrer de uma semana e o maior calote mundial de uma dívida externa foi anunciado. O terceiro presidente a assumir o posto, o ex-governador da província de Buenos Aires, Eduardo Duhalde, conseguiu manter-se no cargo. Para dar mais flexibilidade à economia ele acabou com a paridade entre o peso e o dólar, em vigor há uma década. O peso desvalorizou rapidamente e as poupanças do povo foram reduzidas a uma fração do valor anterior. Em janeiro de 2002, os bancos ficaram abertos por apenas seis dias e a confiança no governo era praticamente nula. A economia deixou de girar: o dinheiro ficou escasso, as importações pararam e a demanda por artigos não essenciais despencou. Mais de metade do extremamente orgulhoso povo argentino viu-se abaixo da linha

1983	1989	1992 e 1994
O regime militar desmorona; o governo civil é restaurado sob a liderança de Raúl Alfonsín, do Partido Radical, que deixa o cargo cinco meses antes do fim do mandato em função de problemas ligados ao crescimento da inflação.	O peronista Carlos Menem sucede Alfonsín como presidente e controla a hiperinflação, que havia chegado a 197% ao mês, com reformas que desencadeiam grande crescimento econômico.	Em 1992, um atentado a bomba na Embaixada de Israel em Buenos Aires mata 29 e fere mais de 200; em 1994, 85 pessoas morrem e mais de cem são feridas em um centro comunitário judeu.

O POVO VAI ÀS RUAS

Assim como o tango e o *dulce de leche* (doce de leite), os protestos de rua são um conhecido passatempo do povo de Buenos Aires. Esteja a cidade atravessando uma fase de prosperidade ou em meio a uma recessão, alguém estará na rua protestando contra alguma coisa, a não ser que haja lei marcial. A Plaza de Mayo há muito é o ponto focal dos protestos.

As vozes de discordância mais conhecidas são as das Madres de la Plaza de Mayo (Mães da Praça de Maio). Em 30 de abril de 1977, 14 mães cujos filhos desapareceram durante a Guerra Suja marcharam na Plaza de Mayo, exigindo saber o que havia acontecido com seus filhos. O governo militar as desprezou, alegando que eles haviam simplesmente se mudado para o exterior, mas as mulheres continuaram a marchar toda quinta-feira portando seus icônicos lenços brancos. Elas desempenharam um papel histórico essencial como o primeiro grupo a se opor abertamente à junta militar e abriram as portas para protestos posteriores. Em 1986, as Mães se dividiram em dois grupos. A Asociación Madres de la Plaza de Mayo é presidida por Hebe de Bonafini, a corajosa e muitas vezes controversa ativista que, em 2006, anunciou que o grupo deixaria de participar da *marcha de la resistencia* na Plaza de Mayo por não ver o governo do presidente Kirchner como responsável pelos desaparecimentos. O outro grupo, as Madres de la Plaza de Mayo Línea Fundadora, liderado por Nora Cortiñas, ainda marcha toda quinta-feira para defender causas sociais na Argentina.

Mesmo em 1996, quando a economia ia bem e o país estava sob controle civil, muitos protestos irromperam, principalmente contra a corrupção e a reforma da previdência social. Aposentados atiravam ovos em prédios do governo e eram repelidos por caminhões com canhões de água. Os protestos causados pelo colapso econômico de 2001 foram grandes e inflamados. Milhares de pessoas – tanto nas áreas mais pobres quanto nos bairros de classe média – reuniram-se espontaneamente em parques de Buenos Aires. Aos gritos de "*¡Qué se vayan todos!*" (que saiam todos), elas batiam em panelas – um ato conhecido como *cacerolazo* (panelaço). Tanto o ministro da Economia quanto o presidente acabaram por renunciar e alguns dos políticos que não haviam fugido do país foram agredidos nas ruas. As pessoas sentiam-se traídas pelo governo e fizeram questão de deixar isso bem claro.

Ainda há demonstrações públicas na Plaza de Mayo, seja para protestar contra o preço da carne e do tomate ou o fechamento de um hospital. Elas continuam sendo barulhentas, mas costumam ser pacíficas hoje em dia.

de pobreza nacional: a outrora confortável classe média acordou nas classes mais baixas e as antigas classes baixas enfrentaram grandes privações. Homens de negócios comiam em "sopões" e o número de sem-teto disparou.

ENTRA NÉSTOR KIRCHNER

Duhalde, para seu crédito, conseguiu usar sua articulação partidária para manter o país unido até as eleições de abril de 2003. Muitos candidatos entraram em cena; os dois principais foram Carlos Menem (que abdicou da aposentadoria para entrar na corrida) e Néstor Kirchner, o praticamente desconhecido governador da pouco populosa província de Santa Cruz, na Patagônia. Menem renunciou à candidatura antes do segundo turno e Kirchner foi eleito presidente.

Kirchner foi o antídoto para os astutos e desonestos políticos de Buenos Aires. Ele era um forasteiro que fizera carreira no interior, um político com imagem de sinceridade e austeridade. O povo buscava um reinício e alguém em quem confiar – e encontraram isso em Kirchner.

1999

O prefeito de Buenos Aires, Fernando de la Rúa, é eleito presidente da Argentina como resultado da insatisfação com a corrupta administração Menem; ele herda uma dívida pública de US$114 bilhões.

2001

A Argentina dá o maior calote de dívida externa da história; a economia está irremediavelmente arruinada, o que desencadeia protestos e tumultos por todo o país.

2003

Néstor Kirchner – governador da província de Santa Cruz, na Patagônia – é eleito presidente da Argentina com 22% dos votos.

Durante o mandato, Kirchner definiu a si mesmo como um lutador determinado. Em 2003, ele conseguiu negociar um acordo com o FMI, pelo qual a Argentina pagaria apenas os juros dos empréstimos. Em 2006, a Argentina pagou a dívida de US$9,5 milhões, um feito e tanto, e a aprovação pública do presidente chegou à casa dos 80%. O país crescia a uma média anual de 8%, a taxa de pobreza caiu para cerca de 25% e o desemprego despencou. Um dos efeitos do colapso econômico de 2001 havia sido o crescimento do turismo internacional, com estrangeiros desfrutando da cosmopolita Buenos Aires a preço de barganha e injetando dinheiro na economia.

Entretanto, nem tudo foram rosas. O fato de a Argentina ter pago a sua dívida foi incrível, mas isso não trouxe estabilidade econômica. Na verdade, diversos problemas afloraram durante a presidência de Kirchner – altas taxas de inflação provocadas pela carência crescente de energia, desigualdade na distribuição de renda e alargamento do fosso entre ricos e pobres, que lentamente obliterava a classe média. É provável que as taxas oficiais de inflação tenham sido (e continuem a ser) manipuladas para mascarar a ineficiência do governo no controle inflacionário.

Já no campo da política internacional, a beligerância de Kirchner foi direcionada a forças externas. Em novembro de 2005, quando George Bush visitou o país para participar da Cúpula das Américas, sua presença desencadeou uma série de protestos pelo país. Apesar de o sentimento antiamericano unir a maioria dos argentinos, alguns temiam que a aproximação entre Kirchner e Hugo Chávez afastasse potenciais investidores dos EUA e da Europa.

Kirchner fez esforços admiráveis no sentido de reparar os abusos contra os direitos humanos cometidos pela ditadura militar. Em 2005, a suprema corte da Argentina anulou a lei de anistia que protegia ex-militares suspeitos de crimes durante a Guerra Suja, o que deu origem a uma sucessão de julgamentos que colocou diversos deles atrás das grades até o fim da vida.

AS PROVAS E PROVAÇÕES DE CRISTINA

Quando Néstor Kirchner saiu de cena em julho de 2007, em favor da candidatura da esposa na corrida presidencial, muitos passaram a se perguntar: seria a "rainha Cristina" (como costuma ser chamada em função do seu comportamento refinado) um mero joguete do marido, que passaria a governar dos bastidores?

Nas eleições presidenciais de outubro de 2007, Cristina Fernández de Kirchner teve sucesso na sua ambição de passar de primeira-dama a presidenta. A fraca oposição e o poder do marido foram alguns dos motivos por trás da vitória esmagadora de Cristina, apesar da falta de propostas concretas durante a campanha. Apesar de não ser a primeira vez que a Argentina tinha uma mulher como chefe de Estado (Isabel Perón teve um curto mandato depois de herdar o cargo do marido), Cristina foi a primeira presidenta eleita do país. Advogada e ex-senadora, ela já foi muito comparada a Hillary Clinton; política com gosto por moda e queda por vestidos chiques e bolsas de grifes exclusivas, ela também evoca lembranças de Evita.

A conturbada primeira presidência de Cristina foi marcada por escândalos, decisões impopulares, altas taxas de inflação e índices de aprovação vertiginosos. Nos seus primeiros dias no cargo, um venezuelano entrou na Argentina carregando quase US$800 mil em uma mala e mentiu quanto à origem do dinheiro (acredita-se que tenha sido um auxílio de Hugo Chávez à campanha de Cristina). Em março de 2008, Kirchner elevou consideravelmente o imposto de exportação sobre a soja, enfurecendo os produtores, que fizeram manifestações e bloquearam estradas. Em junho de 2009, a base de sustentação de Cristina foi esmagada quando o partido do governo perdeu a maioria nas duas casas do Congresso. Pouco depois,

2007

A advogada, senadora e ex-primeira dama Cristina Fernández de Kirchner torna-se a primeira presidenta da Argentina eleita pelo voto popular.

2010

Em maio, a Argentina celebra o bicentenário de sua independência com uma grande festa; a av. 9 de Julio, em Buenos Aires, é fechada para diversas festividades e o Teatro Colón é reaberto depois de quatro anos de restauração.

2011

A morte prematura de Néstor Kirchner no final de 2010 abala Cristina Kirchner, que apesar disso é reeleita em outubro.

ela promulgou uma lei impopular de modo a atingir o Grupo Clarín, um conglomerado de mídia desfavorável ao seu governo. Enquanto isso, a Argentina era acossada por uma taxa de inflação extraoficialmente estimada em mais de 25%.

Nem tudo, porém, são más notícias na Argentina. A economia cresceu consideravelmente sob o governo de Kirchner, impulsionada pelo crescimento no consumo e pela grande demanda por bens agrícolas e industrializados do país. À verdadeira moda peronista, Cristina implementou uma ampla gama de programas sociais para reforçar a previdência social, dar auxílio a crianças pobres e ajudar a julgar casos relacionados a crimes contra a humanidade. Em julho de 2010, ela também promulgou uma lei que legaliza o casamento entre pessoas do mesmo sexo na Argentina – o primeiro país latino-americano a fazê-lo.

Mas, em 27 de outubro de 2010, a presidência de Cristina sofreu um duro golpe com a morte inesperada de Néstor Kirchner, aparentemente por infarto. Como se esperava que Néstor concorresse à presidência em 2011, isso foi visto como um desastre para a dinastia Kirchner. O povo foi solidário com a dor da presidenta, mas, ao mesmo tempo, muitos acreditavam que a morte do marido poderia significar o fim do seu poder – e de quaisquer ambições de reeleição. Entretanto, sua popularidade continuou relativamente alta no início de 2011, e, apesar da oposição de Ricardo Alfonsín (deputado de centro-esquerda e filho do ex-presidente Raúl Alfonsín) e Hermes Binner, do Partido Socialista, Cristina venceu confortavelmente no primeiro turno. O que, sem dúvida, foi uma grande vitória e algo que nem mesmo seu popular marido, infelizmente, pôde conquistar ou testemunhar.

ARTES

A cena artística de Buenos Aires sempre foi vibrante, mas na década seguinte à crise econômica de 2001 houve uma explosão de energia criativa na cidade. Os infortúnios trazidos pela crise parecem ter sido um estímulo tão grande à criatividade quanto a ditadura militar havia sido uma mordaça. Ficaram para trás os tempos de galerias esnobes, filmes com gordos orçamentos e peças com montagens extravagantes dos abastados anos 1990. Uma nova e renovadora abordagem "mãos à obra" floresceu a partir das adversidades, principalmente no cinema, no teatro e nas artes visuais. Os cineastas passaram a produzir filmes de qualidade com orçamentos limitados, artistas passaram a exibir suas obras em galerias descoladas e grupos de teatro passaram a se apresentar em residências particulares e outros locais não convencionais. Hoje, o não convencional tornou-se tendência, desencadeando uma explosão de atividade artística facilmente acessível e diversificada o bastante para agradar a todos os gostos.

Muitos portenhos talentosos que deixaram o país imediatamente após a crise em busca de melhores oportunidades têm voltado desde então. Ao lado daqueles que aguentaram firme durante os tempos difíceis, esses artistas trouxeram sofisticação cosmopolita e senso de inovação à cena artística de BA. Esse renascimento criativo tem atraído um número crescente de estrangeiros à cidade, vista como um destino vibrante e acessível graças às vantajosas taxas de câmbio.

MÚSICA E DANÇA

Música e dança estão arraigadas no espírito de Buenos Aires, principalmente quando o assunto é o bem de exportação mais famoso da cidade, o tango, ou um gênero em crescimento na Argentina, a *cumbia* digital. A cena musical de Buenos Aires é hoje um híbrido de sons e estilos que se sobrepõem. Estilos tradicionais de música popular, tango e *cumbia* são renovados pela tecnologia digital, criando uma música global que ganha reconhecimento em festivais de todo o mundo.

Mas os clássicos continuam a ter espaço. A ópera de Buenos Aires tem seu palco tradicional no palaciano Teatro Colón (p. 71). Esse teatro incrível, um dos melhores do mundo, passou por quatro anos de restauração antes de ser reaberto em 2010, durante as festividades do bicentenário da independência argentina. Outros espaços, como o Teatro Avenida (p. 172), frequentemente têm em cartaz espetáculos de música clássica, dança moderna e balé. E os amantes do balé já devem saber que Buenos Aires é a terra do superastro Julio Bocca, aposentado desde 2007.

Para referências sobre aulas, *milongas* e shows de tango, veja a p. 164.

OS ASTROS DO TANGO

Gardel

Em junho de 1935, uma mulher cubana cometeu suicídio em Havana e duas outras tentaram envenenar-se em Nova York e Porto Rico, tudo pelo mesmo homem – com quem nunca haviam se encontrado. O homem era o cantor de tango Carlos Gardel, conhecido como o Rei do Tango ou El Zorzal Criollo (tordo típico da região), que acabava de morrer em um acidente aéreo na Colômbia.

Nascido na França, Gardel era a epítome do imigrante portenho, trazido a Buenos Aires aos três anos de idade pela mãe, pobre e solteira. Durante a juventude, ele trabalhou em uma infinidade de pequenos empregos e entretinha os vizinhos com o seu canto arrebatador. A carreira de músico começou depois que fez amizade com o uruguaio José Razzano, e os dois formaram uma dupla popular até que Razzano perdesse a voz. De 1917 em diante, Gardel seguiu carreira solo.

Carlos Gardel teve um papel preponderante na criação do tango-canção. Praticamente sozinho, ele levou o estilo da periferia de Buenos Aires para Paris e Nova York. Sua voz doce e seu carisma o transformaram de imediato em um astro na América Latina. O momento não podia ser melhor, já que ele chegou à fama durante os anos de ouro do tango, nas décadas de 1920 e 1930. Gardel foi um astro do disco e do cinema, mas sua carreira foi tragicamente encerrada pelo acidente aéreo.

Todos os dias, uma procissão constante de peregrinos visita o túmulo de Carlos Gardel no Cementerio de la Chacarita, em Buenos Aires, onde não é difícil ver um cigarro aceso entre os dedos de metal da sua estátua em tamanho natural. A grande e dedicada comunidade dos seus seguidores, conhecidos como gardelianos, não passa um dia sem escutar suas canções ou assistir aos seus filmes. Outra medida da sua influência duradoura é o dito popular "Gardel canta melhor a cada dia". Elvis não teve a mesma sorte.

Piazzolla

Gardel pode ter levado o tango ao mundo, mas foi El Gran Ástor (o Grande Ástor), como os argentinos costumam chamar Ástor Piazzolla (1921-92), quem ampliou os limites do gênero. O grande compositor argentino e virtuose do *bandoneón*, que tocou na renomada orquestra de Aníbal Troilo no final da década de 1930 e início da década de 1940, foi o grande inovador do tango. Ele revolucionou o gênero tradicional ao acrescentar elementos de jazz e música clássica, como contrapontos, fugas e diversas harmonias.

Esse novo estilo, conhecido como *nuevo tango*, foi sucesso na Europa (Piazzolla viveu na Itália e na França) e na América do Norte (ele passou parte da infância e da adolescência e depois temporadas esporádicas em Nova York). Na sua terra natal, entretanto, ele encontrou uma resistência considerável: havia até mesmo um dito que pregava que "na Argentina tudo pode mudar – menos o tango". Foram precisos alguns anos para que o controverso e inovador estilo de Piazzolla fosse aceito e ele chegou até mesmo a receber ameaças de morte por romper com a tradição.

Piazzolla foi um compositor prolífico. Estima-se que a sua obra inclua mil composições, entre as quais trilhas sonoras de cerca de quarenta filmes, uma ópera composta com o poeta Horacio Ferrer, *María de Buenos Aires*, e composições baseadas em textos e poemas de Borges.

O legado de Piazzolla continua vivo. Alguns grandes músicos contemporâneos, como Yo-Yo Ma, gravaram álbuns dedicados ao Grande Ástor (como *Soul of Tango – The Music of Ástor Piazzola*, de 1999). A nova onda de tango eletrônico com frequência usa *samples* de suas músicas e o álbum *Ástor Piazzolla Remixed*, de 2003, com faixas produzidas por DJs e produtores internacionais, traz suas músicas em arranjos com vocais e batidas eletrônicas.

Tango

Nas palavras do seu grande poeta Discépolo, o "tango é um pensamento triste que se pode dançar". Apesar de as origens exatas serem incertas, acredita-se que a dança tenha surgido em Buenos Aires na década de 1880. Legiões de imigrantes europeus, principalmente homens da classe trabalhadora, chegaram à cidade para perseguir a fortuna no novo país. Eles se instalaram em subúrbios da capital, como La Boca e Barracas, mas, sentindo saudades da terra natal e das mulheres que haviam deixado para trás, buscavam cafés e bordéis para aplacar a solidão. Ali (segundo reza a lenda), esses imigrantes dançavam uns com os outros enquanto esperavam que as amantes ficassem disponíveis – as mulheres eram raras nessa época!

Em virtude da aparente vulgaridade dessa dança que pertencia basicamente aos bairros pobres do sul da cidade, ela foi desprezada pelas elites que viviam nos elegantes bairros residenciais da região norte, mas influenciou alguns jovens das classes mais abastadas. Esses playboys rebeldes, conhecidos como *niños bien*, levaram a novidade para Paris e criaram uma febre – a dança se tornou uma expressão aceitável dos desejos humanos, expressos nas pistas de dança de cabarés elegantes. A tendência se espalhou pela Europa e chegou até mesmo aos EUA, e 1913 foi considerado por alguns como "o ano do tango". Quando a dança, amadurecida, refinada e famosa, voltou a Buenos Aires, finalmente conquistou a respeitabilidade que merecia. E assim tiveram início os anos dourados do tango.

Em 1955, entretanto, a Argentina transformou-se em um Estado militar intolerante a atividades artísticas ou "nacionalistas" – entre as quais o tango, imensamente popular. Alguns tangos foram banidos e a dança foi relegada aos subterrâneos devido aos toques de recolher e à limitação imposta a reuniões em grupo. A dança só voltou à tona em 1983, quando caiu a junta – e, uma vez de volta à superfície, floresceu e passou por um renascimento. Depois de sufocados pelos rigores do jugo militar, os argentinos ansiavam por uma nova vida, criatividade e *movimento*. O tango voltou a ser popular – e continua a sê-lo até hoje.

Tango-canção

Os pequenos grupos que embalavam o tango em seus primórdios eram influenciados por estilos como polca, *habanera* e melodias espanholas e italianas, além da percussão de inspiração africana do *candombe* (um estilo musical percussivo uruguaio). O *bandoneón*, um tipo pequeno de acordeão, foi introduzido nesses grupos e se transformou no instrumento por excelência do tango. As letras dos tangos eram permeadas pela nostalgia de um meio de vida em extinção e resumiam a nova experiência urbana dos imigrantes. Os temas abrangiam desde sentimentos profundos sobre bairros em transformação à figura da mãe, da amizade entre homens à traição das mulheres. As letras, às vezes rudes e outras vezes tristes, eram cantadas no dialeto das ruas conhecido como *lunfardo*.

Nenhum músico influenciou o tango como Carlos Gardel, o lendário cantor que tipificou a alma do gênero (veja quadro, p. 33). Ele chegou ao estrelato durante a era de ouro do tango e era um ícone cultural quando morreu em um acidente aéreo, no auge da popularidade. Com o passar dos anos, figuras como Osvaldo Pugliese, Susana Rinaldi e Eladia Blásquez também deram vida ao tango. Mas foi Ástor Piazzola, entretanto, que revolucionou completamente o estilo com o seu *nuevo tango*, que introduziu elementos de jazz e música clássica em canções tradicionais – e conquistou alguns inimigos no caminho (veja quadro, p. 33).

Hoje, uma nova leva de músicos mantém o tango vivo e sob os holofotes. O grupo mais popular é a cooperativa de 12 músicos **Orquesta Típica Fernández Fierro** (www.fernandezfierro.com), com o seu carismático cantor Walter Chino Laborde e diversos álbuns fantásticos, com novos arranjos para tangos tradicionais. Um documentário sobre a orquestra foi produzido pelo diretor argentino radicado no Brooklyn **Nicolas Entel** (www.orquestatipica.com)

Duas outras jovens orquestras merecem atenção, a **Orquesta Típica Imperial** (www.orquestaimperial.com.ar), que toca regularmente em *milongas* por toda cidade, e a **El Afronte** (www.elafronte.com.ar), que toca às segundas e quartas-feiras no **Maldita Milonga** (Peru 571; Mapa p. 76), em San Telmo. A El Afronte também toca na feira de antiguidades de San Telmo aos domingos, em frente à Iglesia Nuestra Señora de Belen.

Você descobrirá que o tango é muito popular no rádio (principalmente na estação de tango FM Tango 92.7).

Neotango

Assim como acontece com o resto da cena musical de Buenos Aires, um novo tipo de tango evolui a partir de uma fusão de sons e estilos – renovando o apelo do gênero entre as gerações mais jovens. Os músicos têm sampleado e remixado tangos clássicos, acrescentado batidas eletrônicas, *scratches* e *loops* sintetizados, além de outras heresias surpreendentes. Esse novo gênero tem sido chamado de diversos nomes, tango fusion, electrotango, tango eletrônico ou neotango.

A banda baseada em Paris Gotan Project (um trio franco-suíço-argentino) foi a primeira a popularizar o estilo com o seu álbum de estreia *La revancha del tango*, que incorpora à mistura trechos de discursos de Che Guevara e Eva Perón e traz remixagens do austríaco Peter Kruder. Os álbuns posteriores (principalmente *Lunático* e *Tango 3.0*) não são tão inovadores quanto o primeiro, mas nem por isso são menos incríveis, se você gostar do som do Gotan.

O melhor álbum do gênero até o momento é, possivelmente, *Bajofondo Tango Club*, do grupo Bajofondo, vencedor do Grammy e liderado pelo produtor argentino Gustavo Santaolalla, ganhador de dois Oscars de melhor trilha sonora original por *O segredo de Brokeback Mountain* e *Babel*. Santaolalla também foi responsável pelas trilhas sonoras de *Amores brutos* e *21 gramas* e produziu álbuns de artistas do calibre de Café Tacuba e Kronos Quartet. Considerado mais argentino do que o Gotan Project (que conta com apenas um integrante argentino) e mais centrado no tango, o primeiro álbum mistura clássicos e tangos de artistas contemporâneos (além de incluir *bandoneonistas* e ótimos vocais de Adriana Varela) com uma base hipnótica de lounge, house e *trip-hop*. O segundo álbum do Bajofondo, *Mar Dulce*, é uma obra atraente que acrescenta música popular e rock na mistura e conta com a participação de cantoras estrangeiras como a estrela espanhola do hip-hop Mala Rodríguez e a luso-canadense Nelly Furtado.

Outro coletivo de neotango que conquistou renome internacional é o Tanghetto, que recebeu duas indicações no Grammy Latino. O sexteto funde elementos de rock, jazz, flamenco e *candombe* (um estilo musical uruguaio).

Rock e pop

O rock argentino teve início no fim da década de 1960, encabeçado por três bandas – Almendra (ótimas melodias e letras poéticas), Manal (blues ubano) e Los Gatos (pop). Mas a evolução foi lenta. Os regimes militares de 1966 e 1976 não tinham a menor simpatia pelo liberalismo e a liberdade representados pelo rock. E não ajudou nada o fato de o roqueiro anárquico Billy Bond ter induzido um grande tumulto em um show no Luna Park, em 1972, reforçando a imagem do rock como uma ameaça social.

Bandas underground e shows ocasionais mantiveram o gênero vivo e depois da Guerra das Malvinas, em 1982 (quando letras em inglês foram proibidas nas rádios), as emissoras descobriram o *rock nacional* e ajudaram a dar força ao movimento. O rock argentino produziu ícones como Charly Garciá (ex-integrante da banda pioneira Sui Generis) e Fito Páez (um pop-hippie com consciência social). O sensível poeta-compositor Alberto Luis Spinetta, da Almendra, também exerceu grande influência no rock do país, com a posterior incorporação do jazz em seus discos. Outra figura mítica é Andrés Calamaro, líder da banda Los Abuelos de la Nada, dos anos 1970, que depois emigrou para a Espanha, onde formou o aclamado Los Rodríguez – ele enveredou em uma carreira solo no fim dos anos 1990. Muitos desses roqueiros continuam a gravar: em 2010, Charly Garciá lançou o álbum *Kill Gill*, e *On the Rock*, de Andrés Calamaro, foi indicado ao Grammy Latino.

Entre as bandas de rock nacional mais recentes estão o agora extinto Soda Stereo (*Fuerza natural*, do ex-integrante Gustao Cerati, ganhou o Grammy Latino de melhor álbum de rock em 2010); o hipongo Los Divididos (descendentes da famosa banda Sumo); o trio de Mendoza Los Enanitos Verdes; o nada convencional Babasónicos; o cult Patricio Rey y sus Redonditos de Ricota (o lendário líder da banda, Indio Solari, hoje segue carreira solo); e Los Ratones Paranóicos, que em 1995 abriram para os Rolling Stones na extremamente bem-sucedida temporada de cinco shows da banda em Buenos Aires.

Os Los Fabulosos Cadillacs (vencedores do Grammy de Melhor Banda de Rock Latino Alternativo em 1998) popularizaram o ska e o reggae, ao lado de bandas como Los Auténticos Decadentes, Los Pericos e Los Cafres. A Almafuerte, descendente da anterior Hermética, é a principal banda de heavy metal de Buenos Aires. As bandas Dos Minutos e Expulsados buscam emular a lenda do punk rock Ramones, popular na Argentina. A banda Les Luthiers satiriza a classe média e os militares em canções irreverentes tocadas com instrumentos incomuns, muitos dos quais construídos pela banda. Outro personagem excêntrico é Sandro, conhecido como o Elvis argentino, cuja morte em janeiro de 2010 levou dezenas de milhares de portenhos às ruas em sua homenagem.

Mas o rock argentino não é exclusivamente masculino. A cantora Patricia Sosa tem voz cativante e toca um misto de rock, soul e blues; a comparação mais próxima no mundo de língua inglesa seria Janis Joplin. A cantora-compositora a conquistar mais recentemente fama internacional é Juana Molina, cuja música ambiente com nuances eletrônicas tem sido comparada à de Björk. Juana Chang and the Wookies combinam indie, rock de garagem e punk (a cantora está agora na banda Kumbia Queers). Fique de olho em duas novatas, Denise Murz, uma diva do eletropop ao estilo de Lady Gaga, e a talentosa Sol Pereyra, cujo som tem pegada mais popular.

Hoje, algumas das mais inovadoras bandas argentinas incluem a versátil Los Piojos (que mistura rock, blues, ska e os estilos uruguaios *murga* e *candombe*), a interessante Miranda!

(eletropop), a irreverente Bersuit Vergarabat (que mistura música influenciada por diversos estilos e letras politizadas, ofensivas e de protesto), a libertária La Renga (proletária, nonsense e politizada), a La Portuaria, que colaborou com David Byrne (rock influenciado por jazz e R&B), a Gazpacho (pop rock) e a Valentin y Los Volcanos (indie pop com ótimas guitarras). E não deixe de conferir o multicultural, alternativo e eclético Kevin Johansen.

Jazz e blues

Ambos os estilos têm um número considerável de fãs e músicos entre os portenhos, e você não deve ter dificuldade para assistir a bons shows em casas renomadas (veja a p. 160).

Um bom número dos grandes nomes do jazz argentino emigrou (entre eles Lalo Schifrin e Gato Barbieri). Entre os que ficaram estão o guitarrista Luis Salinas, cuja música é suave e melódica (ele tem estilo semelhante ao de George Benson, mas um pouco menos eloquente). Não deixe de conferir as suas interpretações jazzísticas de formas tradicionais argentinas como *chacarera*, *chamamé* e tango. O *bandoneonista* Dino Saluzzi, de Salta, que começou a gravar na década de 1970, foi o primeiro a fundir música popular, tango e jazz. O filho de Dino, José, é considerado um dos jovens guitarristas mais promissores da Argentina.

Outro jovem músico filho de uma lenda do jazz nacional é Javier Malosetti, filho do pianista Walter Malosetti. Sua banda, Electro Hope, mistura jazz, blues, rock e swing com ritmos latinos e funk. Também merece destaque o jovem guitarrista de jazz Tomás Becú, cujo álbum de estreia, *Bushwick* (2007), é sensacional. Para um jazz experimental confira o Gordöloco Trío, que funde música ambiente, funk e jazz em músicas que duram 20 minutos.

O baterista Sebastián Peyceré, que toca um som com forte influência do funk, rodou o país com Salinas, participou de *jams* no Blue Note e tocou com nomes como Paquito D'Rivera, BB King e Stanley Jordan. A Caoba Jazz é a versão de BA dos Sultans of Swing, uma banda que há anos toca jazz de Nova Orleans dos anos 1920 e 1930 por pura curtição. Fique de olho também em Andrea Teresa, uma das melhores vozes da cena de jazz local.

O alto grau de permutação entre as cenas de jazz e rock de Buenos Aires é ilustrado pelo caminho do mago da guitarra Pappo. Decano da cena local, Pappo foi integrante da revolucionária banda de rock Los Abuelos de la Nada e em seguida participou das bandas seminais de blues/rock Pappo's Blues e Los Gatos, entre outras. Quando Pappo começa a dedilhar a sua Gibson, você esquece que a voz e as letras dele não são exatamente excepcionais. Ele toca blues-rock com pegada e se destaca pelas interpretações de músicas de mestres americanos como Howlin' Wolf, BB King e Muddy Waters.

O cantor e guitarrista Miguel "Botafogo" Vilanova é um graduado da Pappo's Blues e figura respeitada por mérito próprio. A Memphis La Bluesera está em atividade na cena de blues de BA há um bom tempo e continua a empolgar; eles trabalharam com a lenda americana Taj Mahal. Também digna de destaque, a La Mississippi é uma banda com sete integrantes que toca blues-rock desde o fim da década de 1980.

Latina e eletrônica

Os jovens baladeiros de Buenos Aires abraçaram a tendência da *música tropical* que invadiu a América Latina em anos recentes. Muitas noitadas na cidade são embaladas ao som de ritmos afro-latinos como salsa, merengue e principalmente *cumbia*. Originária da Colômbia, a *cumbia* combina ritmos dançantes e melodias contagiantes, com frequência reforçadas por metais. Um desdobramento do estilo é a *cumbia experimental* ou *cumbia villera*, uma versão eletrônica que é o som do momento na noite da cidade. Três dos maiores nomes da *cumbia* digital são Villa Diamante, El Remolón e Frikstailers, DJs do coletivo conhecido como Zizek Urban Beats Club, que tem selo próprio, o ZZK Records, e organiza uma festa mensal chamada Super Zizek (whatsupbuenosaires.com/superzizek).

O movimento da *cumbia* digital é mais do que apenas a mistura de uma infinidade sons feita por DJs talentosos. Um dos seus precursores é Axel Krygier, o rei da música latina psicodélica, cujo último álbum, *Pesebere* (2010), é uma fusão brilhante de jazz, rock, *cumbia*, música eletrônica, música popular argentina e sons experimentais. A Kumbia Queers é uma banda feminina com integrantes argentinas e mexicanas cuja versão da *cumbia* é conhecida como *tropipunk*.

A dance music é popular em Buenos Aires, com DJs que tocam nas casas noturnas até o amanhecer. Preste atenção em alguns nomes: Bad Boy Orange (ótimos no *drum and bass*); Aldo Haydar (verdadeiro veterano da house progressivo); o local alçado à condição de astro internacional Hernán Cattaneo (você o adorou no Burning Man, lembra?); e Gustavo Lamas (que mistura pop ambiente e *electrohouse*). O mestre do *trance-house* John Digweed fez fama tocando nas noites de Buenos Aires e do balneário uruguaio Punta del Este.

Um dos espetáculos musicais mais interessantes de BA é o La Bomba del Tiempo, um coletivo que reúne alguns dos principais percussionistas do país. As apresentações explosivas são conduzidas por Santiago Vázquez, que se comunica com os músicos usando uma linguagem de sinais misteriosa – o resultado é uma incrível sintonia em improvisos que simulam a música eletrônica e soam diferentes a cada vez. Durante o verão, eles tocam a céu aberto no Ciudad Cultural Konex (veja a p. 170), além de participarem de happenings e festas na cidade.

Música popular

A música popular argentina foi inspirada por gerações de imigrantes e conta com uma infinidade de estilos, como *chacarera*, *chamamé* e *zamba*. O falecido Atahualpa Yupanqui foi um gigante da música popular argentina, fortemente influenciada pela região andina no noroeste e países do norte, principalmente Bolívia e Peru. Os Los Chalchaleros, uma instituição popular do norte do país, estão em atividade há mais de cinquenta anos. O artista popular argentino mais conhecido internacionalmente talvez tenha sido a cantora Mercedes Sosa, de Tucumán, cujas letras politizadas e progressistas lhe renderam o título de "a voz dos sem voz".

Merecem destaque artistas contemporâneos como El Chaqueño Palavecino, de Salta; Suna Rocha (também atriz), de Córdoba; Eduardo Falú; Antonio Tarragó Ross; Víctor Heredia; León Gieco (moderno o bastante para adotar e ocasionalmente adaptar o rap); e o Conjunto Pro Música de Rosario. O compositor e violonista Horacio Guarany, cujo álbum de 2004 *Cantor de cantores* foi indicado ao Grammy Latino de Melhor Álbum de Música Popular, se apresenta regularmente em BA. Da geração mais jovem, os artistas a observar são Chango Spasiuk (acordeonista que popularizou o *chamamé* no exterior e participa de festivais de world music), Mariana Baraj (cantora e percussionista que faz experiências com música tradicional da América Latina, além de elementos de jazz, música clássica e improvisação), e Soledad Pastorutti (cujos dois primeiros álbuns foram os campeões de venda da Sony na Argentina – de todos os tempos!).

Todos os gêneros da música argentina têm vivido o mesmo fenômeno de fusão da música eletrônica com sons mais tradicionais. A música popular digital, assim como acontece com a *cumbia* digital e o neotango, está explodindo. A dupla Tenolec (uma cantora e uma sintetizadorista) combina canções tradicionais da comunidade indígena Toba (muitas das quais transmitidas pela tradição oral), do norte do país, e sons eletrônicos. A cantora também usa instrumentos típicos nos shows, criando um caloroso clima de fusão ao estilo world music. Dois outros grupos a acompanhar são o Onda Vaga, uma banda acústica que acrescenta clima de jazz a músicas tradicionais, e o fantástico Tremor, a única banda representada pela ZZK Records, que mistura flautas andinas, o instrumento de percussão argentino *bombo legüero*, guitarras e sintetizador, uma fusão de sons antigos e digitais. Também representado pela ZZK, o DJ de música popular digital Chancha via Circuito, cujo álbum de 2010 *Río arriba* mistura flautas melódicas e ritmos lentos, faz um som mais para o meditativo do que para o dançante.

Para shows de música popular, veja a p. 161.

Balé e dança moderna

Quantas cidades do mundo podem gabar-se de encher estádios para apresentações de dança? Não temos certeza, mas Buenos Aires certamente é uma delas. Embora o amor dos portenhos por cultura sem dúvida mereça parte do crédito, a maior parte vai para o *enfant terrible* do balé de BA, Julio Bocca. E não apenas porque ele posou nu com uma parceira de dança para a *Playboy*. Nascido em 1967, Bocca começou a dançar ao quatro anos e aos 14 já solava no balé de câmara do Teatro Colón. Em 1985, depois de temporadas com companhias em Caracas e no Rio de Janeiro, ele conquistou a medalha de ouro na Competição Internacional de Balé de Moscou e no ano seguinte foi convidado por Mikhail Baryshnikov para juntar-se ao American Ballet Theatre como dançarino principal. Em 1990, Bocca fundou a sua companhia, o Ballet Argentino, extremamente

A EXPLOSÃO DA ARTE DE RUA EM BUENOS AIRES

Buenos Aires é internacionalmente conhecida por sua inovadora e vibrante cena de arte de rua, que experimentou um grande florescimento em anos recentes. O crescimento do grafite foi estimulado pelo caos político decorrente da crise econômica de 2001. A princípio, boa parte da arte de rua, basicamente rabiscos inconformados nas paredes de bancos e prédios do governo, era apenas uma voz de protesto. Hoje em dia, com obras de Bansky sendo leiloadas na Sotheby's por valores estonteantes, a arte de rua da capital adquiriu a condição de verdadeira forma de arte a se aspirar. Grafites da cidade foram incluídos em diversos livros de fotografia e expostos em mostras internacionais na Argentina e no exterior.

Apesar de a arte de rua de BA abranger formas como pichações, adesivos e pôsteres, são os estênceis que têm chamado mais atenção. Esses grafites visualmente impressionantes e muitas vezes divertidos podem ser vistos em calçadas, lixeiras e paredes. Muitos são interpretações de slogans e logos de publicidade e comentários satíricos sobre temas sociais correntes.

A cidade tem diversos coletivos de rua, com destaque para os grupos Bs As Stencil (www.bsasstencil.org), Rundontwalk (www.rundontwalk.com.ar), Burzaco Stencil e Fase. Alguns artistas, como Pum Pum (cujo trabalho pode ser admirado nas paredes do bar Mundo Bizarro, p. 150) e Gualicho (www.gualicho.cc), tornaram-se celebridades do circuito underground de arte de rua. Para conferir o trabalho cativante desses e outros artistas locais, vá até o Post Street Bar (www.poststreetbar.com; Thames 1885), um bar descolado em Palermo coberto de estênceis; a galeria da casa (www.hollywoodincambodia.com.ar), no segundo andar, é especializada em arte de rua.

E que tal um passeio de grafites? Sim, existe um em BA – reserve o seu lugar no Graffiti Mundo (www.graffitimundo.com) e faça uma visita a bairros cheios de arte colorida.

Entre os melhores livros sobre a cena de arte de rua de BA estão duas publicações de uma editora independente da cidade, a La Marca Editora: *¡Hasta la victoria, stencil!*, de 2005, e *1000 stencils*, de 2007, que inclui obras de toda a Argentina. Confira também o excelente *Textura Dos: Buenos Aires Street Art* (2010), de Matt Fox-Tucker e Guilherme Zauith.

popular no país e bem recebido no exterior. Em 2006, Bocca se apresentou pela última vez com o American Ballet Theatre. Ele fez a última turnê em 2007 e em seguida se aposentou da dança.

As companhias de renome internacional que vale a pena conferir são a Tangokinesis (www.tangokinesis.com), um grupo de tango contemporâneo formado em 1992, o Ballet del Mercosur e o Ballet Concierto; os dois últimos misturam produções clássicas e contemporâneas. Entre as companhias mais experimentais, que combinam dança e teatro, estão a Descueve, o Grupo Krapp e a Compañia Contenido Bruto.

É possível assistir a apresentações de dança de estilos variados, do balé clássico ao flamenco, de dança do Oriente Médio a todas as variedades de dança moderna, em palcos como o venerável Colón, o Teatro Avenida e o Teatro San Martín (que tem uma companhia própria, o Ballet Contemporáneo del Teatro San Martín).

LITERATURA

É impossível falar de literatura argentina sem mencionar o influente poema épico *Martín Fierro* (1872), de José Hernández. Essa história sobre um *gaucho* fora da lei não apenas lançou as bases da tradição literária *gauchesca* na Argentina, como também inspirou o nome de uma breve mas importante revista literária dos anos 1920, que publicava textos de vanguarda baseados no princípio da "arte pela arte".

Muitos dos maiores lumes da literatura argentina chamavam Buenos Aires de lar, mas todos, a não ser um, haviam se apagado ao fim do século 20. A luz que brilhava mais forte era, sem dúvida, a de Jorge Luis Borges (1899-1986), um dos maiores escritores do século. Autor prolífico e leitor insaciável, Borges possuía um intelecto que buscava perguntas difíceis e delas espremia respostas. Apesar dos seus textos supereruditos, ele também era tão bem-humorado que muitas vezes é difícil dizer se está falando sério ou brincando (apesar de frequentemente fazer as duas coisas). Desde o início da carreira, uma de suas formas preferidas era a análise erudita de textos inexistentes, e mais de uma vez ele se viu em apuros por produzir farsas ou simulações literárias. Alguns desses textos foram incluídos na sua *História universal da infâmia* (1935), um livro ao qual alguns atribuem a origem do realismo fantástico na literatura latino-americana.

O humor seco e irônico de Borges é complementado (em obras posteriores) por um estilo preciso e sucinto que é um deleite de se ler. O seu paradoxal *Ficções* (1944) – parte parábola, parte fantasia – torna indistinta a fronteira entre mito e verdade, ao enfatizar o conceito de que a realidade é apenas uma questão de percepção e que o número de realidades possíveis é infinito. Outros temas que fascinavam Borges eram a natureza da memória e dos sonhos, labirintos e a relação entre o leitor, o escritor e a obra escrita. A coleção *Obras completas* (1999) reúne toda a sua literatura.

Apesar de ter recebido diversos prêmios em vida – incluindo o Prêmio Cervantes, a Legião da Honra e a OBE (Ordem do Império Britânico) –, Borges não foi premiado com o Nobel. Ele se divertia com o fato bem à sua moda: "Não me oferecer um Prêmio Nobel tornou-se uma tradição escandinava. Eles não me premiam desde que nasci".

Julio Cortázar (1914-84) talvez seja, depois de Borges, o autor mais conhecido fora da Argentina. Filho de pais argentinos, ele nasceu na Bélgica, se mudou para Buenos Aires aos quatro anos e morreu no autoexílio em Paris aos 70 anos. Suas histórias geralmente tiram os personagens da vida cotidiana e os transportam para situações fantásticas surreais. Um dos seus contos foi adaptado no filme *Blow-Up*, de Michelangelo Antonioni. O romance *O jogo da amarelinha* (1963) se desenrola simultaneamente em Buenos Aires e Paris e requer que o leitor primeiro leia o livro na ordem direta e então o releia, "jogando amarelinha" pelos capítulos em um padrão prescrito mas não linear, para ter uma visão completamente diferente da história.

O último seguidor vivo da tradição literária de Borges é Ernesto Sábato (1911-2011), cujos romances complexos e inflexíveis tiveram enorme influência sobre novas gerações de escritores argentinos. A sua novela existencialista *O túnel* (1948) conta a história de um pintor portenho tão obcecado com sua arte que isso distorce seus relacionamentos com tudo e todos.

Adolfo Bioy Casares (1914-99) e Borges eram amigos próximos e colaboradores ocasionais. A novela de ficção científica *A invenção de Morel* (1940) não apenas deu a Alain Resnais a trama para o seu clássico filme *O ano passado em Marienbad*, como também introduziu a ideia de *holodeck* décadas antes da série *Star Trek*.

O primeiro amor de Manuel Puig (1932-90) era o cinema, e boa parte da sua obra consiste apenas de diálogos, usados de forma a criar efeitos incríveis. Ser abertamente gay e crítico de Perón não ajudou a ampliar seus horizontes na Argentina, de modo que Puig passou muitos anos no exílio. Seu romance *The Buenos Aires Affair* (1973) é um livro empolgante que explora a relação entre assassino e vítima (e artista e crítica), apresentado como um policial desconstruído. Seu trabalho mais famoso é *O beijo da Mulher Aranha* (1976), a história cativante de um relacionamento entre dois homens que se desenvolve dentro de uma prisão argentina. O livro foi adaptado para o cinema em um filme homônimo vencedor do Oscar em 1985, estrelado por William Hurt.

O primeiro romance de Federico Andahazi, *O anatomista*, provocou impacto quando lançado em 1997. O tema delicado trata da "descoberta" do clitóris no século 16 por um veneziano que posteriormente é acusado de heresia. Andahazi (1963-) baseou o seu livro bem escrito em um fato histórico e consegue tirar algumas risadas do leitor, apesar de abordar assuntos sérios. Seu premiado romance histórico *O conquistador* (2006) é a história de um jovem asteca que "descobre" a Europa antes da chegada de Colombo à América, enquanto seu último livro, *Pecar como Dios manda* (2008), levanta a hipótese de que, para entender a essência da sociedade, é preciso compreender a teia de relações sexuais sobre as quais é construída.

O premiado Ricardo Piglia (1941-) é um dos mais conhecidos escritores argentinos contemporâneos. Ele escreve ficção durona e é mais conhecido pelos romances policiais com percepção social e clima noir, como *A cidade ausente* (1992), *Dinheiro queimado* (1997) e *Alvo noturno* (2010).

Outro escritor prolífico é Tomás Eloy Martínez (1934-2010). O seu *O romance de Perón* (1988) – biografia ficcionalizada do controverso líder populista – e a sequência *Santa Evita* (1996) – que acompanha as viagens do corpo embalsamado de Evita pelo mundo – foram grandes sucessos.

Duas expatriadas americanas deixaram marcas na cena literária de BA. Anna Kazumi Stahl escreveu *Flores de un solo día* (2001) em *rioplatense* (uma variação do espanhol usada na região do rio da Prata), que fala de uma menina americana que viveu em Buenos Aires desde os oito anos com a mãe japonesa muda. *Kiss and Tango* (2005), de Marina Palmer, é a história amplamente autobiográfica de uma mulher que abandona um emprego prestigioso de publicitária em Nova York para mergulhar em um mundo sedutor de tango e *milongas* em Buenos Aires (adaptado em um filme estrelado por Sandra Bullock que deve ser lançado em 2012).

Dois nomes da nova geração de escritores argentinos estão na boca de todos na cidade – Washington Cucurto e Gabriela Bejerman. Cucurto é dono da Eloísa Cartonera, uma pequena editora que lança obras de jovens autores em livros impressos em papelão coletado pelos *cartoneros* (catadores de lixo) da cidade – compre-os em La Boca: Aristóbulo del Valle 666. Bejerman, uma artista multimídia que segue carreira musical sob o nome artístico Gaby Bex, lançou recentemente um álbum que une algumas de suas poesias e música eletrônica. Fique de olho também em Andrés Newman, Oliverio Coelho e Pedro Mairal.

A cena da poesia também está estourando em Buenos Aires, com muitos poetas e leituras praticamente todas as noites da semana. Alguns dos lugares que organizam eventos de poesia são a Casa Brandon (p. 98; Luis María Drago 236; www.brandongayday.com.ar), em Villa Crespo, e o Asobi Bar (Araóz 2148), em Palermo, onde, às quintas-feiras, poetas e VJs (DJs visuais) apresentam seus experimentos com poesia e diversas mídias.

Listas de eventos relacionados à poesia podem ser encontradas em dois sites (em espanhol): www.poesiaurbana.com.ar e www.paginadepoesia.com.ar.

TEATRO

O teatro é abundante em Buenos Aires. A cidade tem mais de cem casas e o público anual é da ordem de centenas de milhares de espectadores. Enquanto as montagens variam de peças clássicas a performances multimídia e cabarés luxuosos, as atuações tendem a ter nível profissional.

A vigorosa comunidade teatral da cidade começou a se formar alguns anos depois que BA tornou-se capital em 1776, e continuou a florescer no século 19. A primeira forma popular foi o *circo criollo*, coloridos espetáculos de circo com trapezistas, palhaços e malabaristas em temáticas distintamente sul-americanas; a obra mais famosa foi *Juan Moreira*, sobre um *gaucho* fora da lei. Então veio o *sainete*, dramas grotescos e informais focados nos imigrantes e seus dilemas, que teve em Alberto Vacarezza o seu maior nome. O *sainete* está passando por um renascimento, com companhias como o Teatro Escuela Buenos Aires fazendo apresentações pela cidade. O teatro decolou formalmente no fim do século 19 com os esforços artísticos e financeiros da família Podestá e dramaturgos como Florencio Sánchez, Gregorio de Laferrere e Roberto Payró. Mas foi na década de 1980 que a comunidade teatral começou a romper com as normas tradicionais e dar origem ao movimento de vanguarda hoje predominante na Argentina. Dois teatros foram essenciais nessa transformação, o Centro Cultural Ricardo Rojas (veja a p. 224) e o hoje extinto Parakultural.

O dramaturgo mais famoso da Argentina talvez seja Juan Carlos Gené, antigo diretor do Teatro General San Martin que hoje administra o Celcit (Centro Latinoamericano de Creación e Investigación Teatral; veja o quadro da p. 170). Alguns dos mais renomados diretores e dramaturgos contemporâneos da cena off-Corrientes são Ricardo Bartis, Rafael Spregelburd, Federico León, Mauricio Kartun e Daniel Veronese. As estrelas em ascensão do teatro argentino são Mariana Chaud, Matías Gandolfo, Mariano Pensotti, Santiago Gobernori, Matías Feldman e Lola Arias.

Ao contrário do que acontece em muitos países, os atores de teatro argentinos tendem a mover-se com naturalidade entre os palcos, o cinema e a TV. Talvez nomes como Norma Leandro, Federico Luppi e Cecilia Roth sintam-se menos incomodados com isso em virtude de o público e as oportunidades de trabalho serem menores na Argentina do que em centros como Londres, Nova York e Los Angeles.

O teatro argentino ainda acalenta a paixão por dramaturgos europeus como Beckett e Chekhov. O melhor do teatro clássico pode ser visto no Teatro General San Martín e no Teatro Nacional Cervantes (veja a p. 83).

A av. Corrientes (entre avs. 9 de Julio e Callao) é a tradicional região de teatros de Buenos Aires – equivalente à Broadway, em Nova York, e ao West End londrino –, mas companhias e palcos grandes e pequenos podem ser encontrados por toda a cidade. A av. Corrientes, inclusive, já teve dias melhores, e há quem prefira os espetáculos do circuito off-Corrientes (teatro alternativo/independente); mas não se deve confundir com o teatro chamado Off Corrientes que funciona na avenida. O termo existe desde pelo menos 1982, ano em que a Juan José Campanella (hoje um diretor famoso) escreveu e produziu uma peça de mesmo nome. O termo "off-Corrientes" hoje faz parte do léxico local.

Em anos recentes ocorreu uma evolução nas companhias independentes que apresentam trabalhos experimentais, alguns em teatros próprios, principalmente em Palermo, Abasto, Almagro e San Telmo, outros em locais pouco convencionais. Para uma lista dos melhores teatros experimentais, veja a p. 170. Outras companhias excêntricas a acompanhar são El Teatro Sanitario de Operaciones (TSO), El Ojo del Panoptico, El Descuve e Grupo Ojcuro.

Os anos 1980 também foram palco do movimento do *teatro callejero* (teatro de rua), ainda popular e apresentado em praças, parques e às vezes até mesmo no metrô. As companhias de maior destaque são a La Runfla, Grupo Boedo Antiguo, Brazo Largo e Las Chicas del Blanco. Nos últimos dez anos, um número crescente de pessoas envolvidas com o teatro tem enveredado por experiências solo, o que deu origem a um tipo de teatro clandestino – dramaturgos e diretores que produzem suas obras em espaços alternativos com custos mínimos e sem autorização oficial. Muitas peças são apresentadas em residências pela cidade e promovidas basicamente pelo boca a boca. Algumas dessas apresentações costumam ser divulgadas no site www.alternativateatral.com (em espanhol), a melhor fonte de informação sobre o teatro independente.

Outro movimento popular na Argentina que ganhou fama internacional depois da temporada do grupo De La Guarda na Broadway foi o circo moderno. Essa combinação de circo tradicional e dança e teatro contemporâneos é marcada por muita ação aérea, acrobacias e ausência de diálogos – ótimo para quem não fala espanhol. Em 2005, Diqui James, um dos fundadores do De La Guarda lançou em projeto próprio chamado Fuerzabruta. É um espetáculo impressionante de luzes, música eletrônica, dança aérea e água. É bem provável que você se molhe. A companhia geralmente está em turnê, então não deixe de visitar o site para consultar a agenda de espetáculos (www.fuerzabruta.net).

Fique atento aos espetáculos do grupo La Arena (o último sucesso, "Sanos y Salvos", foi apresentado em diversos palcos de Buenos Aires) no **Club de Trapecistas** (www.clubdetrapecistas.com.ar); e apresentações da **Brenda Angiel Aerial Dance Company** (www.aerialdance.com).

Também são dignos de nota as companhias de orientação comunitária, que trabalham com moradores locais nas suas peças. Os mais notáveis são o veterano **Grupo de Teatro Catalinas Sur** (www.catalinasur.com.ar) – que tem um palco próprio em La Boca – e o **Circuito Cultural Barracas** (www.ccbarracas.com.ar) – que encena uma festa de casamento há 10 anos, com atores profissionais e espectadores celebrando juntos.

A temporada teatral é mais movimentada no inverno, entre junho e agosto, mas há abundância de espetáculos o ano todo. Muitos dos espetáculos mais populares mudam-se para o balneário de Mar del Plata no verão.

CINEMA

Buenos Aires Buenos Aires está no centro da indústria cinematográfica argentina, que, apesar das dificuldades impostas pela aguda falta de recursos, produziu uma leva de diretores e filmes do novo cinema argentino. Apesar de o movimento não poder ser identificado como uma escola de cinema, uma vez que inclui uma miscelânea de temas e técnicas, ele certamente é um novo movimento de produção cinematográfica que tem atraído atenção internacional, conquistado prêmios e espaço em festivais em Nova York, Berlim, Roterdã e Cannes. Infelizmente, boa parte da nova produção é mais aclamada no exterior do que

o melhor

BUENOS AIRES NAS TELAS

- **Nueve reinas** (Nove rainhas, 2000) apresenta grandes atuações de Gastón Pauls e Ricardo Darín como dois vigaristas que perseguem a sorte grande. Dirigido por Fabián Bielinsky.
- **Valentín** (2002) é a tocante história semiautobiográfica de um menino de oito anos criado pela avó na Buenos Aires da década de 1960. Dirigido por Alejandro Agresti.
- **Sur** (1988) fala de um homem libertado da prisão depois do fim da ditadura militar, em 1983, e perseguido por encontros com pessoas do seu passado. O pano de fundo é a bela trilha sonora composta por Piazzolla. Dirigido por Fernando Pino Solanas.
- **Pizza, birra, faso** (Pizza, cerveja, cigarro, 1998) conta a história de quatro delinquentes juvenis que tentam sobreviver nas ruas de Buenos Aires. Dirigido por Adrián Caetano e Bruno Stagnaro.
- **La historia oficial** (A história oficial, 1985) trata da adoção de filhos de "desaparecidos" durante a Guerra Suja. Vencedor do Oscar de Melhor Filme Estrangeiro. Dirigido por Luis Puenzo.
- **Un día de suerte** (Um dia de sorte, 2002) acompanha uma jovem portenha que deixa Buenos Aires com destino à Itália, um caminho inverso ao feito pelo avô décadas antes. Dirigido por Sandra Gugliotta.
- **El secreto de sus ojos** (O segredo dos seus olhos, 2009) é um thriller ambientado nos incertos anos 1970, de pré-ditadura. Vencedor do Oscar de Melhor Filme Estrangeiro. Dirigido por Pablo Trapero.
- **Derecho de familia** (Direito de família, 2006) é a história de um jovem professor que tenta libertar-se da influência do pai ao se tornar pai. Dirigido por Daniel Burman.

na Argentina, onde o público tende a dar preferência às salas multiplex que exibem produções hollywoodianas e comédias românticas. O que talvez aconteça porque esses filmes artísticos lidam com temas próximos demais – como sobrevivência, alienação, busca de identidade e sexualidade reprimida.

O filme tido como o ponto de partida para o novo cinema argentino é *Rapado*, de Martín Rejtman, uma obra minimalista de 1992 que pela primeira vez transcendeu as fronteiras em um país onde os filmes tendiam a ser marcados por maus diálogos. No fim dos anos 1990, o governo federal suspendeu subsídios concedidos a escolas de cinema e à indústria cinematográfica. Apesar disso, dois filmes foram o estopim da "nova onda" – a produção de baixo orçamento *Pizza, birra, faso* (Pizza, cerveja, cigarro; p. 41), de Adrián Caetano e Bruno Stagnaro, e o retrato em preto e branco de Pablo Trapero da luta das classes trabalhadoras argentinas, *Mundo grúa*, de 1999. Trapero tornou-se um dos mais respeitados cineastas argentinos, tendo no currículo filmes como *El bonarense* (2000), o road movie *Familia rodante* (2004), *Nacido y criado* (2006), a história dura da desgraça de um homem na Patagônia, e o noir *Carancho* (2010), uma história de amor cujo personagem principal é um oportunista amoral que frequenta salas de emergência e locais de acidentes em busca de clientes para o seu escritório de advocacia.

Um dos maiores astros do novo cinema argentino é Daniel Burman, o correlato portenho de Woody Allen, que lida com o tema identidade no personagem de um jovem judeu na Buenos Aires de hoje. Entre os seus filmes estão *Esperando al mesíah* (Esperando o messias, 2000), *El abrazo partido* (O abraço partido, 2004) e *Derecho de familia* (Direito de família; p. 41). Outro trabalho a reforçar a fama de Burman foi a coprodução em *Diários de motocicleta*, de Walter Salles, inspirado em Che Guevara. Seu filme mais recente, *Dos hermanos* (Dois irmãos, 2010), que conta a história de dois irmãos que perderam a mãe recentemente, é baseado no romance *Villa Laura*, do argentino Sergio Dubcovsky.

Outro diretor a deixar uma marca no cinema argentino foi Fabián Belinsky. Ele deixou para trás uma obra pequena mas consistente que inclui o premiado *Nueve reinas* (Nove rainhas, p. 41), que inspirou um remake americano em 2004, *Criminal*. Seu último filme, o neonoir *El aura* (A aura, 2005), foi selecionado para o Festival de Sundance, além de ter sido o concorrente argentino ao Oscar em 2006.

Lucrecia Martel, que não gosta de ser rotulada como diretora do novo cinema argentino, deixou uma marca indelével no cinema contemporâneo do país. Seu primeiro filme, *La ciénega* (O pântano, 2001), e o seguinte, *La niña santa* (A menina santa, 2004), ambientados na sua nativa província de Salta, lidam com os temas de decadência social, burguesia argentina e sexualidade em face da culpa católica. Outro diretor aclamado, Carlos Sorín, leva o espectador ao sul distante da Argentina em duas das suas produções neorrealistas, *Historias minimas* (Histórias mínimas, 2002) e *Bombón el perro* (O cachorro, 2004).

El hijo de la novia (O filho da noiva), de Juan José Campanella, recebeu uma indicação ao Oscar de Melhor Filme Estrangeiro em 2001. O premiado *Luna de avellaneda* (Clube da Lua, 2004) é a história magistral de um clube social e daqueles que tentam salvá-lo. Campanella por fim ganhou o Oscar de Melhor Filme Estrangeiro em 2010, com *El secreto de sus ojos* (O segredo dos seus olhos; p. 41).

Outros filmes dignos de nota são *La historia oficial* (A história oficial; p. 41), de Luis Puenzo, vencedor do Oscar; a estreia de Sandra Gugliotta como diretora, *Un día de suerte* (Um dia de sorte; p. 41); *Un oso rojo* (2002), de Israel Adrián Caetano; *La libertad* (2001) e *Los muertos* (2004), de Lisandro Alonso; *Roma* (2004), de Adolfo Aristarain; *Iluminados por el fuego* (Iluminados pelo fogo, 2006), de Tristan Bauer; e *Mientras tanto* (Entretanto, 2006), de Diego Leman. Dois dos mais recentes diretores de sucesso são Alexis Dos Santos, com *Glue* (2006), uma história sobre amadurecimento centrada em um adolescente com sexualidade ambivalente, e Lucía Puenzo (filha de Luis Puenzo), com *XXY*, a história de uma hermafrodita de 15 anos, multipremiada em Cannes em 2007. Entre os filmes recentes que não devem passar em branco estão *El hombre de al lado* (O homem ao lado, 2009), de Mariano Cohn e Gastón Duprat, uma comédia de humor negro sobre a desconfortável intimidade da vida urbana; e *Rompecabezas* (Quebra-cabeça, 2010), da escritora e diretora Natália Smirnoff, sobre uma dona de casa que descobre um talento para montar quebra-cabeças e acaba por encontrar a si mesma.

ARTES VISUAIS

A crise econômica de 2001 foi uma bênção disfarçada para os artistas visuais de Buenos Aires. Apesar de esses tempos duros terem dificultado tocar a vida com arte, eles também desencadearam uma enxurrada de ideias e uma produção artística que deixou de lado os "árbitros oficiais" do gosto do público. Os artistas têm se unido em busca de apoio mútuo e cada vez mais dialogado uns com os outros e com o público (frequentemente sobre temas políticos), o que gera novas ideias e projetos.

O sentimento de "passamos juntos por isso" tem aproximado o público e os artistas e ajudado a romper a tirania dos austeros críticos conservadores e da arte de galeria, acostumados a ditar o que é aceitável. A cena de arte alternativa já se fortalecia em BA antes da crise, mas decolou a partir de então. Hoje é possível encontrar galerias, exposições e eventos artísticos nos lugares mais incomuns. O afluxo de visitantes estrangeiros ansiosos por comprar obras de qualidade a preços de barganha tem ajudado. E pode chegar o dia em que os representantes mais inovadores das artes visuais de Buenos Aires não mais precisarão vender obras no exterior para chegar ao sucesso.

Um bom exemplo é o pintor portenho Guillermo Kuitca (1961-), que mora e trabalha em BA, mas não expôs na cidade entre 1989 e 2003, quando imperava a ditadura estética dos museus de arte moderna. Kuitca é conhecido pelas técnicas inovadoras que incluem o uso de tecnologia digital para tratar fotografias, mapas e outras imagens e integrá-las a obras com temática mais ampla. Sua obra está em exibição em grandes coleções internacionais, como o Met, o MoMA e a Tate; ele teve exposições individuais e coletivas em eventos como a Bienal de Veneza de 2007. Uma retrospectiva de trinta anos do trabalho de Kuitca foi aberta no Miami Art Museum em 2009 e viajou para diversas galerias e museus em 2010.

Outro artista que conquistou fama em casa e no exterior foi Antonio Berni (1905-81), que costumava visitar favelas para coletar material que usava em suas obras. Diversas versões do seu tema *Juanito Laguna bañándose* (Juanito Laguna banhando-se) – um protesto contra a desigualdade social e econômica – têm alcançado valores expressivos em leilões.

Um dos artistas contemporâneos mais interessantes é Roberto Jacoby, que atua em diversos campos desde a década de 1960, da organização de espetáculos multimídia com temática social a instalações audiovisuais. Sua obra mais famosa, *Darkroom*, é uma performance em vídeo com tecnologia infravermelha pensada para um único espectador. Outros artistas internacionalmente reconhecidos que experimentam diversas mídias são a portenha radicada em Nova York Liliana Porter, que trabalha com vídeo, pinturas, imagens 3D, fotografias e uma coleção eclética de quinquilharias; Graciela Sacco, cujas instalações política e social provocadoras geralmente são montadas em espaços públicos; e o fotógrafo Arturo Aguiar, conhecido por explorar luzes e sombras em suas imagens misteriosas. Outro artista digno de nota é Marcelo Bordese, cujas pinturas exprimem um misto de sexualidade e religião ao mesmo tempo inquietante e cativante. Fique de olho também no jovem fotógrafo de BA Sebastián Friedman e seus retratos que lançam luz sobre temas sociais argentinos e na eclética artista pop Marta Minujín, que parece ter sempre em mente a citação de Marshall McLuhan, "a arte não é algo do que se possa escapar impune".

Em anos recentes, Buenos Aires testemunhou o crescimento de pequenas galerias concentradas em exibir talentos locais promissores, além de artistas mais renomados, argentinos e estrangeiros. Alguns destaques ficam para a **Daniel Abate** (www.danielabategaleria.com.ar); a **Appetite** (p. 113); a **Arte x Arte** (p. 99); e a **Galería Alberto Sendrós** (www.albertosendros.com).

Buenos Aires também experimentou o crescimento de intervenções urbanas, um movimento de artistas ativistas cujo trabalho chama atenção para temas sociais e urbanos nos espaços públicos da cidade. A figura de maior destaque é **Marino Santa María** (www.marinosantamaria.com), cujo premiado Proyecto Calle Lanín é obrigatório: formado por uma série de murais coloridos na estreita Calle Lanín (entre a Brandsen e a Suarez), na vibrante e florescente região artística de Barracas. Santa María está em alta e tem recebido encomendas para intervenções urbanas em outros locais de Buenos Aires e outras cidades argentinas. Grupo mais controverso e politicamente engajado, o **Mujeres Publicas** (www.mujerespublicas.com.ar) luta pelos direitos das mulheres através de uma série de intervenções públicas, como pôsteres provocativos; um deles diz "*¡Soy feliz, descubrí mi clitorís!*" (Sou feliz, descobri o meu clitóris!).

Algumas obras de artistas já mortos que vale a pena conferir são as pinturas restauradas de Antonio Berni, Lino Spilimbergo e outros no teto das Galerías Pacífico (p. 61), no Microcentro.

FILETEADO PORTEÑO

É impossível caminhar por Buenos Aires e não notar os coloridos ornamentos pintados do *fileteado* (também conhecido como *filete*), que decoram placas e prédios públicos. Essa bela arte estilística surgiu no início do século 20 em carroças, aparentemente inspirada em intrincadas peças italianas de ferro fundido. Com o passar do tempo, o *fileteado* migrou para trens e ônibus, suavizando esses veículos pesados com cores vibrantes e símbolos como flores, vinhas, pássaros, dragões e – é claro – a bandeira da Argentina.

Surpreendentemente, essa forma de arte já passou por perigo de extinção. Durante o Proceso, ou Guerra Suja (1976-83), o *fileteado* foi banido do transporte público. Os *fileteadores* precisaram pensar em outros locais criativos para o seu trabalho, e passaram a decorar placas, pôsteres, bancas de revistas e prédios, e a forma por fim evoluiu de simples toques decorativos a obras de arte propriamente ditas. Desde então, o *fileteado* se transformou em parte integrante da cultura artística portenha.

É possível comprar plaquetas em feiras de rua – ou *ferias* –, principalmente em San Telmo, onde Carlos Gardel é um tema bastante popular. Muitas plaquetas também são decoradas com provérbios e poesia. Para ver prédios cobertos de *fileteado*, fique com os olhos atentos em San Telmo, La Boca e Abasto (principalmente nas proximidades do Museo Casa Carlos Gardel, p. 97). Uma boa dica é o passeio Fileteado Porteño (veja a p. 230); você também terá a oportunidade de criar alguns desses trabalhos adoráveis (ou acesse www.fileteadoslucerom.com.ar).

O falecido Benito Quinquela Martín, que colocou o bairro popular de La Boca no mapa artístico, pintou óleos com cores vibrantes sobre a vida nas fábricas e no porto. Xul Solar, um fenômeno multitalentos que era bom amigo de Jorge Luis Borges, pintou paisagens de sonho inquietas inspiradas em Klee. As antigas casas de Quinquela (p. 79) de Solar (p. 96) são hoje museus que expõem suas obras.

Para informações sobre exposições, confira os seguintes sites e blogs (todos em espanhol): www.mapadelasartes.com/home, www.artistasdebuenosaires.blogspot.com, www.ramona.org.ar e www.arsomnibus.com.ar. As melhores épocas para se estar em BA se você desejar conhecer o mundo das artes são durante a **arteBA** (p. 21) e o evento anual **La Noche de los Museos** (A Noite dos Museus; p. 22).

ESCULTURA

Dada a origem europeia da cidade, a arte pública oficial de BA tende ao culto do herói e ao pomposamente monumental, expressos por estátuas equestres de militares como José de San Martín, Justo José de Urquiza e Julio Argentino Roca. Muitas têm posição de destaque em parques e praças, principalmente em Palermo. Os canteiros centrais da av. 9 de Julio também são bons lugares – apesar de movimentados – para ver algumas das principais estátuas da cidade.

Entre escultores contemporâneos mais conhecidos está León Ferrari (1920-), cujo trabalho lida com temas políticos antirreligiosos e antiamericanos (ele gosta de usar baratas como símbolo dos EUA). Sua obra mais famosa é *A civilização ocidental e cristã* (1964), que representa Jesus crucificado em um caça, com os braços estendidos sobre a asa, segurando uma bomba em cada mão. O artista fugiu para o Brasil durante o regime militar, em 1976, mas voltou em 1991. Sua retrospectiva no Centro Cultural Recoleta (p. 88) em 2004 foi brevemente fechada pela ação judicial de um padre, apenas para ser reaberta às filas enormes de pessoas ansiosas por ver sua obra controversa. Apesar da idade avançada, Ferrari ainda expõe esporadicamente em BA e no exterior.

Outro escultor que inspirou controvérsia política é Alberto Heredia (1924-2000), cujas obras ridicularizam a solenidade da arte pública oficial e criticam a sociedade argentina e a religião. O seu popular *El caballero de la máscara* representa um caudilho do século 19 como um cavaleiro sem cabeça. Durante o regime militar de 1976-83, essa escultura não podia ser exposta sob o título original, *El montonero*, que as autoridades acreditavam ter relação com o grupo de esquerda Montoneros. Outro artista abertamente político é Juan Carlos Distéfano (1933-), que passou vários anos exilado no Brasil enquanto trabalhava com temáticas antigovernistas. Distéfano usa texturas com poliéster, vidro, fibras e resinas para produzir superfícies coloridas em suas obras, muitas vezes perturbadoras.

A obra do falecido Rogelio Yrurtia (1879-1950) lida com as lutas e conquistas dos trabalhadores; admire a sua obra-prima *Canto al trabajo* na **Plazoleta Olazábal** (av. Paseo Colón), em San Telmo.

Muitas obras de menor tamanho de Yrurtia estão expostas no seu museu em Belgrano (p. 101), ao lado de obras de outros escultores notáveis. As esculturas cinéticas de Julio le Parc (1928-), radicado em Paris, impressionam pelos efeitos visuais alcançados a partir da maneira como a luz é refletida em superfícies lisas. Para um alívio cômico, as grotescas esculturas de papel machê (feito com lixo e livros) de Yoël Novoa, que já foi chamado de "o alquimista do papel", têm apelo com público de praticamente todas as idades e orientações políticas.

Entre as grandes escultoras argentinas estão Norma D'Ippolito, que já conquistou mais de vinte prêmios e trabalha basicamente com mármore de Carrara para criar obras contemporâneas que com frequência incorporam a figura humana. A sua *Homenagem a Raoul Wallenberg* honra o diplomata sueco que ajudou judeus durante a Segunda Guerra. Lucia Pacenza é outra artista premiada que também se especializou em esculturas de mármore, criadas principalmente como peças urbanas a serem instaladas a céu aberto. Ela estudou na Europa, no México e nos EUA e tem obras em países tão distantes como a Austrália. Outra escultora notável é Claudia Aranovich, que converte materiais diversos como resinas transparentes, alumínio, vidro e cimento em formas orgânicas e retratos naturais.

Observe a proeminente e bela escultura *Floralis genérica* (p. 86) na Plaza Naciones Unidas, na Recoleta. Criada pelo arquiteto Eduardo Catalano, essa flor de metal de 18 toneladas fechava as pétalas gigantes à noite – até que o mecanismo deixasse de funcionar.

ARQUITETURA

Que tal ver um *cabildo* (prefeitura) colonial? Você gosta de ornamentos franceses ou prefere um palácio cor-de-rosa? Talvez uma infinidade de casas pintadas em tons pastel? Ou simplesmente prédios residenciais? Buenos Aires ainda possui exemplos de muitos estilos arquitetônicos em voga em uma época ou outra da vida da cidade. Além de incríveis construções peculiares. Você verá o novo e o antigo justapostos, muitas vezes de forma berrante e frequentemente encantadora (às vezes na mesma estrutura), apesar de o novo ter ganhado cada vez mais espaço em anos recentes e em escala mais grandiosa do que nunca.

Restam poucos indícios das modestas casas térreas de adobe que se espalhavam às margens do Riachuelo depois da segunda ocupação de Buenos Aires, em 1580. Muitas passaram a ser habitadas por contrabandistas depois que a Coroa espanhola proibiu a exportação ou importação de bens a partir do povoado. As restrições fizeram que o preço dos materiais de construção importados disparasse, o que manteve os arredores bem simples, do ponto de vista arquitetônico, uma vez que os materiais locais deixavam muito a desejar. Para ter uma ideia de como eram os assentamentos em Buenos Aires, visite o El Zanjón de Granados (p. 105).

Como a cidade crescia lentamente, as casas permaneceram simples e as ruas sem pavimentação até 1776, quando a Coroa de Bourbon decretou a criação do novo Vice-Reinado do Rio da Prata, tendo Buenos Aires como capital. As coisas então passaram a acontecer mais rápido, e o centro de maior atividade se concentrava na atual Plaza de Mayo.

Seguindo o esquema colonial, a planta da cidade tinha como centro a praça principal, que era cercada pela prefeitura, a catedral e outros prédios importantes. Diversos bairros irradiavam a partir da praça principal, cada um dos quais com a sua igreja, que geralmente recebia o mesmo nome do bairro. Muitas cidades coloniais da América Latina mantêm essa estrutura no centro.

O Cabildo (antiga prefeitura, p. 66) de Buenos Aires é um belo exemplo de arquitetura colonial, apesar de a sua colunata, que no passado ocupava toda uma lateral da praça, ter sido severamente reduzida pela construção da av. de Mayo e das ruas que nela desembocam. A última das muitas reformas do Cabildo aconteceu na década de 1940, quando uma restauração devolveu a sua aparência original, mas sem a colunata. A maioria dos sobreviventes do período colonial são igrejas. Dividindo a Plaza de Mayo com o Cabildo, a Catedral Metropolitana (p. 65) começou a ser construída em 1752, mas

o melhor

CONSTRUÇÕES PECULIARES

- Obelisco (p. 71)
- Confitería del Molino (p. 103)
- Palacio de las Aguas Corrientes (p. 74)
- Iglesia Ortodoxa Rusa (p. 106)
- Facultad de Ingeniería (p. 106)
- Palacio Barolo (p. 74)

só foi concluída em 1852, quando já havia adquirido uma fachada de arquitetura neoclássica, quase secular.

Muitos exemplos de arquitetura pós-independência (posterior a 1810) podem ser encontrados nos bairros de San Telmo, uma das melhores áreas para se caminhar na cidade, e Montserrat. San Telmo também possui uma ampla variedade de arquitetura vernacular, como as *casas chorizos* (casas linguiça) – assim chamadas em virtude das formas longas e estreitas (algumas têm fachada de apenas 2m). O exemplo perfeito é a Casa Mínima (p. 105).

Na segunda metade do século 19, época de grande crescimento das exportações agrícolas argentinas, muito dinheiro passou a circular em Buenos Aires, nas mãos tanto de indivíduos quanto do governo. Todos estavam interessados em exibir sua riqueza com a construção de mansões e prédios públicos suntuosos e amplos bulevares ao estilo parisiense. Os prédios das primeiras décadas do *boom* econômico tinham basicamente estilo italiano, mas a influência francesa passou a se manifestar a partir do final do século 19. Mansardas e outros elementos deram clima parisiense a partes da cidade, o que permanece até os dias de hoje. A região arborizada de Palermo Viejo ainda mantém muitas das casas do século 19, que dão às redondezas um charme de cidade pequena.

O *art nouveau* era a última moda no início do século 20, e muitos exemplares atraentes do estilo permanecem. Alguns, como a antiga Confitería del Molino (p. 104), em frente ao Congreso, infelizmente não estão em condições muito boas.

Um dos pontos altos das primeiras cinco décadas do *boom* imobiliário é o palácio presidencial, conhecido como Casa Rosada (oficialmente, Casa de Gobierno; p. 64), erguido em 1882 a partir da construção de uma nova ala no antigo prédio dos Correios. Outros são o magnífico Teatro Colón (p. 71) e o imponente Palacio del Congreso (p. 74).

Os anos 1920 marcaram a chegada dos arranha-céus a Buenos Aires, na forma do Palacio Barolo (p. 74), com os seus 18 andares e 100m de altura. Esse edifício impactante foi o mais alto da Argentina (e um dos mais altos da América do Sul) da sua inauguração em 1923 até a conclusão do *art déco* Edificio Kavanagh (p. 82), de trinta andares, em 1936. O Kavanagh, por sua vez, era o maior edifício de concreto do mundo à época da sua inauguração e continua a ser um feito arquitetônico impressionante.

Nos anos 1930, prédios residenciais elegantes passaram a pipocar em Palermo e na Recoleta. Essa tendência continuaria de forma intermitente até a década de 1940, quando a cidade já tinha um metrô com diversas linhas.

Buenos Aires continuou a crescer na vertical e na horizontal durante o governo de Juan Perón (1946-55). Apesar de o crescimento econômico ter perdido embalo, edifícios comerciais e residenciais eram construídos em ritmo cada vez mais acelerado. Nessa época surgiram excentricidades como o Banco de Londres, na Calle Reconquista, projetado em 1959 por Clorindo Testa, cuja longa carreira em BA teve início no fim da década de 1940. O banco foi concluído em 1966, mas a Biblioteca Nacional (p. 96), também de Testa – que deve ter parecido incrível na prancheta em 1962 – estava absolutamente datada quando inaugurada (depois de muitos atrasos) em 1992. O estilo do prédio está em algum lugar entre uma plataforma de petróleo e uma Estrela da Morte inacabada.

Uma estimulante tendência de "reciclagem arquitetônica" teve início em Buenos Aires no fim do século 20 e continua hoje, ajudando a preservar gloriosas estruturas antigas da cidade. Mansões foram reformadas (e ampliadas, em alguns casos) e transformadas em hotéis de luxo, museus e centros culturais. Velhos mercados tiveram a glória original restaurada e outros voltaram à vida como shoppings, a exemplo do Mercado de Abasto (p. 97) e das Galerías Pacífico (p. 61).

Ao mesmo tempo, a primeira década do século 21 foi marcada pela construção de edifícios modernos na cidade. Prédios altos de vidro e aço erguem-se acima de construções mais antigas, muitos dos quais inovadores e impressionantes, como o Edificio Telefónica (originalmente Edificio República) na Calle Tucumán, entre a av. Madero e a Calle Bouchard. O projeto é de César Pelli, um argentino radicado nos EUA que também projetou as Petronas Towers, em Kuala Lumpur. Ultramoderno, o prédio é eficiente em energia e, de certos ângulos, as suas formas lembram um casco de navio. De outros, seus planos côncavos e convexos dão à estrutura a aparência de uma falsa fachada.

Um dos projetos arquitetônicos mais ambiciosos da Buenos Aires de hoje combina a reutilização de estruturas antigas e a construção de outras, ultramodernas. A renovação contínua de Puerto Madero (p. 68) transformou armazéns de tijolos dilapidados em prédios comerciais, restaurantes refinados, hotéis de luxo e apartamentos exclusivos. Contrastando com esses prédios de tijolos longos e baixos, as Torres El Faro, com seus 170m de altura, localizam-se na região leste de Puerto Madero. As duas torres unidas abrigam apartamentos de luxo.

Mas, de todas as joias arquitetônicas dessa região da cidade, a mais cativante é a Puente de la Mujer (p. 68), de Santiago Calatrava, e o prédio de quatro andares com cobertura de vidro do Museo Fortabat (p. 68), do arquiteto uruguaio Rafael Viñoli.

o melhor

PAUSAS NA NATUREZA

- Reserva Ecológica Costanera Sur (p. 70) Paraíso verde a poucos minutos das ruas movimentadas.
- Plaza San Martín (p. 82) Não é muito grande, mas os morros gramados são perfeitos para piqueniques e namorados apaixonados.
- Parques de Palermo (p. 90) Hectares e mais hectares de calçadões, com alguns jardins temáticos agradáveis aos olhos.
- Parque Lezama (p. 106) Este pequeno parque é a melhor opção de espaço aberto de San Telmo.
- Tigre (p. 200) Pântanos e canais tranquilos a apenas uma hora de carro do centro.

MEIO AMBIENTE E PLANEJAMENTO

Buenos Aires tem a sua cota dos problemas que afligem qualquer metrópole – barulho e poluição, concentração urbana e toneladas de lixo. Questões de planejamento ambiental e urbano finalmente passaram a ser reconhecidas em anos recentes e a administração da cidade lentamente tenta resolvê-los.

O TERRENO

Localizada na orla dos férteis pampas do centro da Argentina, Buenos Aires foi erguida em uma planície quase inteiramente plana de loess soprado pelo vento e sedimentos aluviais, outrora coberta pela rica vegetação rasteira nativa. O centro da capital espalha-se à margem direita do rio da Prata, que (apesar de todo portenho afirmar ser o rio mais largo do mundo) na verdade está mais para um enorme estuário. A largura vai de 40km no interior a 200km na foz, e o volume de sedimentos é tão grande que avança Atlântico adentro. O ponto mais alto de Buenos Aires é de apenas 25m e boa parte da cidade mal está acima do nível do mar.

A BUENOS AIRES VERDE

É possível referir-se a Buenos Aires (literalmente "bons ares") jocosamente e com mais exatidão como Malos Ares (maus ares). A qualidade do ar na cidade pode ser péssima, principalmente quando se caminha na rua entre ônibus que despejam fumaça preta no seu caminho. A frota de táxis da cidade, de mais de 40 mil veículos, não ajuda a melhorar a qualidade do ar, tampouco os milhares de carros particulares que engarrafam as ruas todos os dias. Afinal de contas, essa

MASSA CRÍTICA

Iniciado em São Francisco em 1992, o Massa Crítica é um evento ciclístico internacional dedicado a aumentar a consciência urbana do uso da bicicleta e reafirmar os direitos dos ciclistas. Ele é realizado em mais de trezentas cidades de todo o mundo e, apesar de os objetivos serem diferentes em cada uma delas, o evento não é uma corrida, um protesto ou uma manifestação e não pretende causar problemas a partir do bloqueio de ruas.

Em Buenos Aires, o Massa Crítica não tem líderes ou destinos predefinidos. As pessoas simplesmente aparecem com as suas bicicletas no Obelisco às 4h da manhã no primeiro domingo de cada mês – e passam a pedalar. Centenas de pessoas participam – e até cerca de mil em dias quentes e ensolarados. E você verá todo tipo de gente – ativistas, famílias, descolados, estrangeiros – em bicicletas grandes, pequenas e de todo tipo. Até mesmo alguns skatistas e patinadores comparecem ocasionalmente. Você pedalará nas ruas, mas com mais segurança do que imagina – ela aumenta com o tamanho da multidão. Muitos gritos e buzinas são exigidos; diversão garantida.

Para saber mais, acesse www.masacriticabsas.com.ar (em espanhol) – e envolva-se de uma vez, já que a revolução das bicicletas está apenas começando em Buenos Aires!

não é uma cidade onde os níveis de emissão de poluentes sejam levados muito a sério. Mas, para sorte de Buenos Aires, ventos e chuvas fortes frequentemente limpam o ar.

O centro da cidade praticamente não tem rios. O que é bom, já que, se existissem, sem dúvida estariam bastante poluídos. O rio Riachuelo, que margeia La Boca e é a principal hidrovia da cidade, está tão poluído que tem aparência e cheiro terríveis. A poluição sonora é outro grande problema, com construções, carros com escapamento furado e o uso indiscriminado da buzina atacando os tímpanos. BA foi considerada a quarta cidade mais barulhenta do mundo.

A cidade também gera milhões de toneladas de lixo por ano, fracamente reduzidas por tentativas pouco entusiasmadas de reciclagem oficial. A maior parte da reciclagem é feita por *cartoneros* (veja quadro, p. 48), catadores de lixo informais que criaram uma nova atividade econômica a partir da necessidade depois da mais recente crise econômica a assolar o país.

Do ponto de vista ecológico, a maior história de sucesso de BA é a Reserva Ecológica Costanera Sur (p. 70), localizada a oeste do centro. Esse pequeno paraíso pantanoso teve origem em um aterro criado como base para uma expansão da cidade, mas, em virtude de entraves econômicos e políticos nas duas últimas décadas, foi tomado por vegetação alagadiça nativa, atraindo aves migratórias e roedores aquáticos. Apesar de tentativas de incendiar a mata, provavelmente dos interessados em usar a área em caros projetos imobiliários, essa história de sucesso verde sobrevive para dar aos portenhos uma ideia de como a região costeira de Buenos Aires costumava ser há centenas de anos.

O mais recente e empolgante projeto com caráter ambiental da cidade, entretanto, é a criação de ciclovias protegidas – o objetivo é chegar a 100km – de modo a transformar o ciclismo em algo bem menos intimidador. Os trechos mais agradáveis estão nas proximidades dos parques de Palermo; de lá é possível pedalar quase todo o caminho até a Reserva Ecológica Costanera Sur, que inclusive fica bem mais interessante do banco de uma bicicleta. Para um mapa dessas ciclovias, acesse www.mejorenbici.gob.ar/?id=2.

Além disso, um ambicioso projeto de compartilhamento de bicicletas (www.mejorenbici.gob.ar) teve início no fim de 2010, dando aos moradores a oportunidade de "retirar" uma bicicleta em uma área – de graça – e entregá-la em outra. O programa é voltado exclusivamente a residentes

OS CARTONEROS DE BUENOS AIRES

Você os verá principalmente à noite, agachados ao meio-fio, vasculhando lixo e puxando carroças carregadas. Eles não são os sem-teto, os loucos, drogados ou mesmo ladrões da cidade. São pessoas comuns, mas alguns dos cidadãos mais pobres de Buenos Aires – eles são *cartoneros*, ou catadores de lixo. Muitos costumavam ter empregos regulares ou eram até mesmo empresários, mas foram atropelados pela crise de 2001. Com os níveis de desemprego ainda altos e nenhum amparo de seguridade social, catar lixo foi a única forma que encontraram de sobreviver.

Estima-se em 20 mil o número de *cartoneros* em BA, mas apenas um quarto é "oficial" (reconhecidos pela prefeitura e uniformizados). Cerca de 70% são homens. Eles vasculham diariamente as 5 mil toneladas diárias de lixo geradas pela cidade e coletam qualquer coisa que possa ser vendida a quilo nos *depositos* (empresas de reciclagem). Eles costumam atuar em áreas de cerca de 15 quarteirões e são ocasionalmente forçados a subornar policiais. Muitos se ferem com seringas e cacos de vidro. Esse não é um trabalho fácil, mas é honesto – o faturamento diário de um cartonero pode ser de AR$100 ou mais.

Enquanto a maioria dos *cartoneros* trabalha de forma independente, muitos trabalham para cooperativas de bairro. Algumas organizam vacinações e oferecem creches para os filhos de membros que trabalham à noite. Mas nas famílias mais pobres até mesmo as crianças precisam trabalhar a noite toda. Alguns *cartoneros* estão na faixa dos 50 ou 60 anos.

Em 2005, a prefeitura de Buenos Aires aprovou uma lei "Lixo Zero" que estabelece cotas para que o governo reduza o descarte de materiais recicláveis – mas a campanha foi desorganizada e as conquistas, mínimas. Ao menos os *cartoneros* fazem a sua parte na preservação do meio ambiente – estima-se que 10% do lixo da cidade seja reciclado por eles.

Não é de surpreender que a derrocada econômica da Argentina tenha fomentado essa atividade informal de reciclagem e que os menos favorecidos precisem usar a criatividade e a determinação para fazer por si mesmos o que o governo deixa de fazer. Os *cartoneros* fazem lembrar que há mais em Buenos Aires do que a riqueza cintilante do centro, como as outras áreas da cidade onde vivem os pobres.

Quer saber mais? Visite a **Eloisa Cartonera** (☎ 15-5502-1590; Aristóbulo del Valle 666; ⏲ seg-sex 14-18h). Essa editora independente sem fins lucrativos compra papelão de *cartoneros* e o transforma em livros baratos. É possível que lá tenham respostas para as suas perguntas relativas aos *cartoneros*. A editora fica em uma região afastada de La Boca, de modo que se você sentir-se desconfortável em ir sozinho (ou não falar espanhol), pode ser interessante fazer a visita no passeio de La Boca da Anda Responsible Travel (p. 230).

na cidade (que possam comprová-lo), e não turistas. Se você estiver visitando a cidade e quiser mais informações sobre como pedalar nela, confira as pp. 176, 219 e 230.

Há também um sistema de corredores de ônibus elevados sendo construído na cidade, mas que não afetará as necessidades de transporte do turista, já que é voltado para demandas locais.

Alguns hotéis tentam fazer a sua parte construindo com materiais reciclados e usando equipamentos com economia de energia; alguns exemplos são o Eco Pampa Hostel (p. 196), o Mine Hotel (p. 193) e o Casa Calma (p. 190). E fique de olho no novo Own Hotel próximo da Plaza de Mayo, recém-inaugurado e, supostamente, o primeiro hotel da Argentina com certificação LEED.

O que se espera é que a onda verde continue a empolgar os portenhos e que eles lentamente mudem a sua percepção do que significa preservar o meio ambiente – e a sua amada cidade.

PLANEJAMENTO URBANO E DESENVOLVIMENTO

O planejamento e o desenvolvimento urbano de Buenos Aires não são assuntos que preocupem a maioria dos políticos argentinos, a não ser em ano de eleição. O mais comum é que promessas feitas durante a campanha voem pela janela depois da vitória. É quase uma sorte que boa parte da cidade tenha sido erguida e desenvolvida durante o fim do século 19, quando os tempos eram bons e o dinheiro jorrava como vinho. Essa foi a época em que a Argentina era um dos países mais ricos do mundo e a imigração maciça trouxe mão de obra qualificada e ideias da Europa. No início do século 20, grandes parques e praças e amplas avenidas foram construídos, além de linhas de metrô e trem.

Nas últimas décadas, a situação econômica piorou, a população cresceu e a dispersão urbana levou os subúrbios da cidade a se estenderem por centenas de quilômetros; Buenos Aires é hoje uma das cidades mais populosas do planeta. Favelas, ou *villas miserias*, a maioria localizada em bairros distantes do centro, abrigam os habitantes mais pobres da cidade; algumas surgem até mesmo em áreas próximas do centro, como a favela de tamanho considerável atrás da estação de ônibus de Retiro. Puerto Madero, entretanto, é um projeto de revitalização urbana relativamente novo que deu muito certo. A seção leste é hoje uma região em desenvolvimento acelerado, com edifícios residenciais e comerciais de luxo.

Outras áreas da cidade bastante visitadas pelos turistas, como San Telmo e Palermo Viejo, também passaram por processos de revitalização nos últimos anos. Muitos edifícios altos foram construídos em Palermo Viejo – e outros continuam a ser erguidos –, provocando protestos de vizinhos que preferiam que a região mantivesse a aparência tradicional.

Para projetos de transporte ecologicamente correto, confira a seção A Buenos Aires Verde.

GOVERNO E POLÍTICA

A política de Buenos Aires confunde-se com a política argentina de modo geral, já que a maioria das instituições governamentais – para não mencionar os setores econômico e financeiro e boa parte do eleitorado nacional – reside na capital.

A cidade de Buenos Aires (também conhecida como Capital Federal) recebeu a condição de distrito federal (de forma semelhante à Cidade do México e Washington, DC) em 1880. Apesar de com isso a cidade ter adquirido autonomia da circundante província de Buenos Aires (cuja capital foi transferida para La Plata), seus habitantes pouco participavam da sua administração; o presidente da República nomeava o prefeito.

A constituição da Argentina foi reformada na década de 1990, dando ao Distrito Federal a liberdade para eleger o seu prefeito, e em 1996 Fernando de la Rúa, do Partido Radical, tornou-se o primeiro prefeito eleito pelo voto popular. De la Rúa foi então eleito presidente, mas renunciou ao cargo no auge da crise de 2001. O atual prefeito é Mauricio Macri, dono do clube de futebol Boca Juniors e empresário de direita, eleito em 2007 com 60% dos votos. Uma estrela sempre em ascensão, acreditava-se que concorreria à presidência em 2011.

As reformas também deram a Buenos Aires uma assembleia legislativa com 60 deputados, eleitos por representação proporcional para mandatos de quatro anos, com a possibilidade de reeleição para mais um mandato. Metade das cadeiras é disputada em eleições a cada dois anos. Depois de cumprir dois mandatos, o prefeito e os deputados só podem voltar a concorrer depois de quatro anos.

O maior partido político do país é o Judicialista (PJ), também conhecido como Partido Peronista (já que foi formado por Juan Perón), que tradicionalmente é apoiado pelas classes trabalhadoras. Outros partidos representativos são a Frente para la Victoria (FPV), a Unión Cívica Radical (UCR), o Partido Socialista (PS), a Propuesta Republicana (PRO) e a Coalición Cívica (CC).

MÍDIA

JORNAIS E REVISTAS

A Argentina é o país sul-americano com população mais culta, o que justifica uma grande oferta de jornais e revistas apesar da crise econômica contínua. A capital conta com mais de seis diários de circulação nacional, diversos dos quais com versões on-line, e muitos com orientação política definida. O centrista *Clarín* (www.clarin.com) tem uma das maiores circulações do mundo de língua espanhola e publica um excelente caderno de cultura aos domingos. O *La Nación* (www.lanacion.com.ar), fundado em 1870 pelo ex-presidente Bartolomé Mitre, é outro popular jornal moderado, preferido por leitores mais conservadores.

O *Página 12* (www.pagina12.com.ar) oferece bem-vindas perspectivas de esquerda, recheadas de opiniões populares, com boa circulação nos fins de semana. O *Ámbito Financiero* (www.ambitoweb.com), a voz matinal da comunidade financeira da capital, também tem um ótimo caderno de entretenimento e cultura. O *El Cronista* (www.cronista.com) e o *Buenos Aires Económico* são os seus rivais. Todos são publicados apenas durante a semana.

O diário em inglês *Buenos Aires Herald* (www.buenosairesherald.com) cobre a Argentina e o mundo de uma perspectiva internacional, enfatizando o comércio e as finanças. Outro jornal em inglês também voltado a viajantes e expatriados é o *Argentina Independent* (www.argentinaindependent.com), que publica reportagens aprofundadas sobre BA e a Argentina. O *Argentinisches Tageblatt* (www.tageblatt.com.ar) é um jornal em alemão que circula aos sábados.

Jornais americanos e europeus, como o *The New York Times*, o *USA Today*, o *The Guardian* e o *Le Monde* são vendidos em bancas na Calle Florida. Revistas como *Time*, *Newsweek* e *The Economist* também são fáceis de encontrar.

RÁDIO

Dezenas de estações FM são especializadas em música, notícias e informações para o público em geral. A La 2x4 FM 92.7 (www.la2x4.com.ar) toca tango; a FM 98.7 (www.radionacional.gov.ar), música popular argentina; a FM 97.4, música clássica; a FM 95.9, rock e pop nacional e internacional; a FM 98.3, apenas rock nacional; e a FM 97.1 transmite a BBC em inglês.

Para aqueles que buscam algo mais alternativo, a FM 88.7 La Tribu (www.fmlatribu.com) é uma das mais antigas rádios comunitárias da Argentina, que conquistou reconhecimento internacional pela visão alternativa e independente – artistas como Manu Chao e Naomi Klein até mesmo aparecem por lá quando estão em BA. A Radio 10 (AM 710) é uma rádio com forte apelo popular, ao passo que a FM 100.1 La Colifata (www.lacolifata.org) – literalmente "A Doida" – é administrada pelos pacientes de um manicômio.

TELEVISÃO

As privatizações e a revolução da TV a cabo trouxeram uma ampla variedade de programação à telinha, apesar de o horário nobre ainda ser dominado por reality shows, dançarinas se requebrando e novelas. É comum ver moças seminuas dançando e fazendo biquinho nos programas de auditório. Um programa engraçado que vale a pena conferir é o *Caiga quien caiga*, um programa de notícias que usa câmeras ocultas, sátira e efeitos sonoros para comentar atualidades.

Além de oitenta canais a cabo que incluem CNN, ESPN, BBC e uma variedade de canais europeus, a Argentina tem cinco principais canais abertos:

Canal 2 Também conhecido como América TV (www.america2.com.ar), esse canal é forte em esportes, notícias e entretenimento, além de ser conhecido pelo programa do horário de almoço de Mirta Legrand, que está no ar há meio século e recebe convidados para o almoço, embalado por conversas sobre atualidades.

ENTRANDO NA FACA EM BUENOS AIRES *Kristie Robinson*

Em um país onde Gonzalo Otálora conquistou as manchetes no ano passado com o seu livro *Feo* – sobre as desventuras dos feios na Argentina e a discriminação que sofrem na "terra do belo" –, não é de estranhar que ninguém pense duas vezes antes de entrar na faca.

A própria presidenta Cristina Kirchner é com frequência chamada de "a rainha do botox" pela imprensa local e, sem dúvida, é uma das mulheres de 54 anos com rosto mais macio do hemisfério Sul. Com uma liderança desse tipo, não é de espantar que o país tenha o maior índice de cirurgias plásticas por habitante. Pesquisas mostram que um em cada trinta argentinos faz algum tipo de procedimento durante a vida, algo que é reforçado pela política dos seguros de saúde de permitir uma cirurgia estética por ano. O fenômeno é tamanho que há dois anos algumas casas noturnas atraíam público em noites mais tranquilas sorteando cirurgias – o que foi rapidamente banido em muitas províncias, mas ainda acontece em outras.

De acordo com a Associação de Cirurgiões Plásticos de Buenos Aires, a demanda por cirurgias cresceu 200% desde 2002, e não foi coincidência que isso tenha acontecido depois da crise econômica. A Argentina ficou subitamente mais barata, e o turismo de todos os tipos cresceu – mas o *boom* de "turismo médico" foi nada menos do que revolucionário. Em vez de pagar US$15 mil por uma plástica facial nos Estados Unidos, muitos escolheram viajar para a "Paris do Sul" e combinar o procedimento com um pouco de tango, carnes e turismo por um terço do preço.

O "turismo estético" se popularizou e muitos pacotes incluem recepção no aeroporto, hotéis, a cirurgia em si e procedimentos de acompanhamento. Os homens têm recebido atenção especial na campanha para a atração de clientes estrangeiros e dois em cada dez pacientes operados na Argentina são homens.

Caminhe pela Recoleta, o bairro elegante que abriga muitas clínicas, e perceba que ninguém dá maior atenção a qualquer pessoa que caminhe pela rua com curativos no rosto, obviamente depois de uma cirurgia plástica. Muitos turistas apreciam essa receptividade e dizem que é possível desfrutar de verdade do período de recuperação.

Entretanto, não se podem desprezar os perigos de qualquer procedimento médico, quanto mais em um país estrangeiro cuja língua você pode não dominar. Muitos oportunistas embarcaram na onda, ansiosos por faturar nesse mercado lucrativo.

Para informações sobre clínicas e cirurgiões credenciados, visite o site da Associação Argentina de Cirurgiões Plásticos, www.sacper.com.ar. Um cirurgião bastante respeitado é o dr. Williams Bukret (www.drbukret.com), e uma empresa que ajuda turistas com os detalhes da viagem e das cirurgias é a Ren-u Medical Tourism Argentina (☎ 15-6649-2458; www.ren-u.com).

A jornalista Kristie Robinson, fundadora e editora do jornal The Argentina Independent, mora na Argentina há cinco anos.

Canal 7 O canal estatal é conhecido pela programação de interesse geral e cultural, com noticiário sério e o programa satírico *Peter Capusotto y sus videos*, que oferece um panorama fantástico e cortante da vida argentina.

Canal 9 (www.canal9.com.ar, in Spanish) *Caliente* na medida certa, o Canal 9 não tem o menor pudor em usar o sexo para vender; ele importa programas *trash* como *Top Model* e *Living With my Ex*.

Canal 11 (www.telefe.com.ar) Também chamado de Telefé, conhecido pelo programa popular de Susana Gimenez.

Canal 13 (www.canal13.com.ar) Canal de qualidade do Grupo Clarín, que transmite o programa *Caiga quien caiga*, além do popular telejornal *Telenoche*. O apresentador mais estelar da Argentina, Marcelo Tinelli, apresenta o popular *Bailando por un sueño* (Dançando por um sonho) nesse canal.

IDIOMA

O espanhol, comumente chamado de castelhano, é o idioma oficial da Argentina. O dialeto de Buenos Aires, também conhecido como *rioplatense*, tem forte influência italiana, da entonação cantada ao volume de gestos que acompanha. Alguns portenhos estudam inglês, principalmente gente envolvida com turismo e negócios, e muitos entendem melhor o idioma do que o falam.

A prática está desaparecendo, mas alguns argentinos descendentes de imigrantes mantiveram suas línguas nativas como uma insígnia de identidade. O gigante da literatura Jorge Luis Borges, por exemplo, cuja avó era inglesa, aprendeu o inglês antes do espanhol. Apesar de a maior colônia de imigrantes do país ser a italiana, o idioma não é tão falado (ou mesmo entendido) como esperam alguns turistas do país. Os falantes de alemão são muitos, a ponto de justificar a publicação de um semanário, o *Argentinisches Tageblatt*.

Para frases úteis em espanhol argentino, veja o capítulo Idioma, p. 237.

RELIGIÃO

O catolicismo romano continua a ser a religião oficial da Argentina, apesar de a reforma constitucional de 1994 ter garantido a possibilidade de um presidente não católico. E apesar de poucos argentinos frequentarem a igreja regularmente, os portenhos são dados a demonstrações de fé, como se benzerem ao passar em frente a uma igreja. Para um vislumbre sério de catolicismo nas proximidades de Buenos Aires, siga até Luján (p. 200); para catolicismo não tão sério, confira o Tierra Santa (p. 100).

O censo oficial da Argentina não coleta dados sobre filiação religiosa, de modo que os dados não são precisos. Mas uma coisa é certa: Buenos Aires tem a segunda maior população judaica das Américas (depois de Nova York). As ondas sucessivas de imigração judaica para a Argentina tiveram hiatos durante o regime do pró-nazista Perón, a Guerra Suja (quando os judeus foram vitimados em números desproporcionais) e, mais recentemente, durante a crise econômica.

Os protestantes respondem por cerca de 2% da população do país, assim como os muçulmanos. A maior mesquita da América do Sul fica em Palermo: o Centro Islámico Rey Fahd (p. 90).

O país tem a sua cota de testemunhas de Jeová e mórmons, além de hare krishnas (veja a p. 178). E, como em muitas outras partes da América Latina, o protestantismo evangélico ganhou espaço entre os cristãos argentinos – principalmente nas classes trabalhadoras –, mas o movimento parece estar perdendo ímpeto.

A espiritualidade e a veneração dos mortos têm grande importância na Argentina. Os visitantes dos cemitérios da Recoleta e de Chacarita em Buenos Aires – lugares vitais para se compreender a cultura religiosa do país – verão procissões maciças de peregrinos aos repousos eternos de ícones como Eva Perón, a vidente Madre María e o cantor de tango Carlos Gardel. Os visitantes se comunicam e pedem graças colocando as mãos sobre os túmulos e deixando oferendas (veja p. 88).

REGIÕES

o melhor

- **Cementerio de la Recoleta** (p. 86) Perca-se nessa labiríntica cidade dos mortos.
- **Plaza de Mayo** (p. 63) Faça parte da cultura de protesto de BA nessa praça histórica.
- **Teatro Colón** (p. 71) Junte-se à plateia desse impressionante teatro de nível internacional.
- **El Zanjón de Granados** (p. 77) Conheça a singular história arquitetônica da cidade.
- **Reserva Ecológica Costanera Sur** (p. 70) Faça um piquenique, pedale e passeie com a família nessa reserva.
- **Museo Nacional de Bellas Artes** (p. 88) Passeie em meio a obras de grandes artistas europeus e argentinos.
- **Palacio Paz** (p. 82) Mergulhe na opulência desse palácio com arquitetura francesa.
- **Feria de San Telmo** (p. 118) Cace antiguidades nessa vibrante feira de rua.

REGIÕES

Buenos Aires é uma surpresa para muitos viajantes. Alguns chegam esperando uma atmosfera mais "sul-americana", talvez pessoas com aparência mais latina ou menos cosmopolita. Ou, ainda, levam o apelido da cidade – a "Paris da América do Sul" – muito ao pé da letra e acreditam que BA é mais europeia do que na verdade é.

Essa é uma cidade singular. Ela sem dúvida tem arquitetura europeia em muitos bairros, mas com sutis imperfeições que lhe conferem ar casual. Há impressionantes construções históricas, ruas coloniais com calçamento de pedra, reluzentes arranha-céus e bairros despretensiosos. Parques arborizados, palácios luxuosos, bairros étnicos e favelas. Resumindo, há um pouco de tudo.

Essa é uma cidade singular. Ela sem dúvida tem arquitetura europeia em muitos bairros, mas com sutis imperfeições que lhe conferem ar casual.

BA é uma grande cidade, mas suas principais atrações se concentram em poucos bairros. De modo geral, é possível caminhar de uma a outra sem maiores problemas, e esse é, de fato, o modo perfeito de conhecer a metrópole. Claro, a qualidade do ar poderia ser melhor, há trânsito nas ruas e calçadas esburacadas, porém são poucas as ladeiras por aqui e muitos os cafés relaxantes, restaurantes e sorveterias. E, se você precisar ir até o outro lado da cidade, o transporte público é barato e abundante.

O centro é o coração de Buenos Aires, fervilhante do amanhecer ao anoitecer. Essa é uma região com muitos prédios de arquitetura europeia, que convivem lado a lado com construções modernas, algumas menos charmosas. A Calle Florida é uma sempre movimentada rua comercial de pedestres, e a leste ficam as docas de Puerto Madero – um bairro relativamente novo onde se encontram os imóveis mais caros da cidade.

Ao sul do centro localiza-se o charmoso bairro de San Telmo. A arquitetura é menos imponente e mais colonial do que no centro, com belas e encantadoras ruas estreitas.

Além de San Telmo fica o popular La Boca, o bairro mais colorido da cidade, cujas casas de chapas de metal pintadas de cores vibrantes costumam ser usadas como símbolo de BA.

A oeste do centro, ficam Congreso e Tribunales, a região jurídica da cidade, onde edifícios elegantes convivem com construções mais simples e encantadoras.

Retiro, imediatamente ao norte do centro, é um bairro com belas praças e palacetes deslumbrantes. Essa é uma região de classe alta, mas também comporta as principais estações de trem e ônibus da cidade, que não têm nada de elegante. A noroeste de Retiro fica a refinada Recoleta, que possui um vasto cemitério gótico, obrigatório para qualquer visitante. A Recoleta é *o* lugar para espiar os ricos e famosos de BA, uma região de cafés e restaurantes opulentos e butiques exclusivas.

Além da Recoleta localiza-se o grande bairro de Palermo. Pontilhado por parques amplos e estátuas monumentais, esse é o refúgio da classe média. A microrregião de Palermo Viejo abriga bares e restaurantes descolados e butiques transadas. Belgrano fica ainda mais ao norte, uma região de classe média alta basicamente residencial.

Os despretensiosos bairros populares de Villa Crespo, Once, Caballito e Boedo, que ficam a oeste, têm áreas em rápido desenvolvimento. As colônias judaica, peruana e coreana vivem nas cercanias do Once.

Vale destacar que, nos feriados, os horários de funcionamento das atrações listadas neste capítulo são semelhantes aos dos dias de semana. Algumas não abrem às segundas-feiras e, apesar de muitos oferecerem passeios, os guias geralmente falam apenas espanhol. Para empresas que organizam passeios de ônibus, de bicicleta e a pé, veja p. 230.

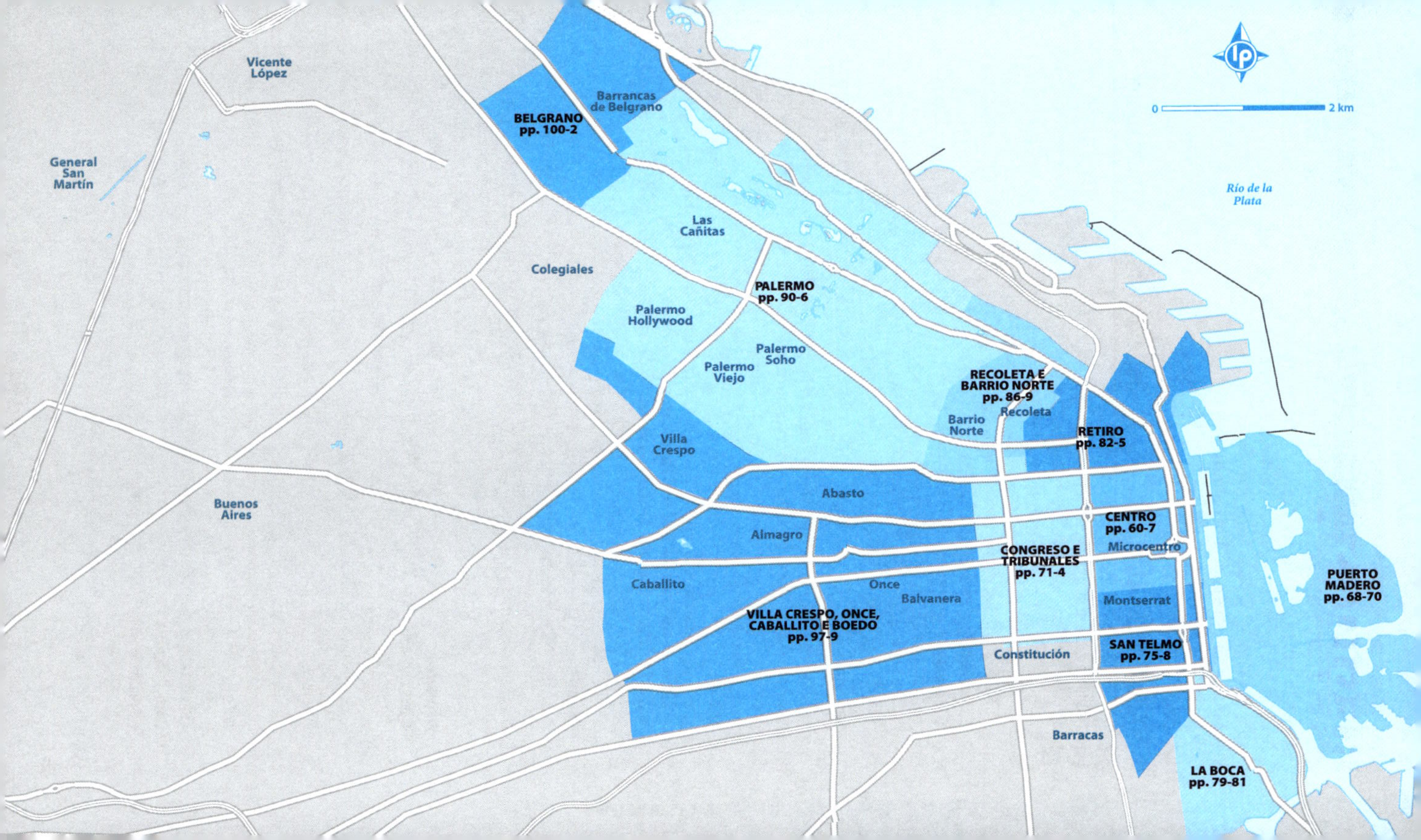

Vicente López
General San Martín
BELGRANO pp. 100-2
Barrancas de Belgrano
Las Cañitas
Colegiales
PALERMO pp. 90-6
Palermo Hollywood
Palermo Soho
Palermo Viejo
Villa Crespo
Buenos Aires
RECOLETA E BARRIO NORTE pp. 86-9
Recoleta
Barrio Norte
RETIRO pp. 82-5
Abasto
Almagro
CENTRO pp. 60-7
Microcentro
CONGRESO E TRIBUNALES pp. 71-4
Caballito
Once
Balvanera
VILLA CRESPO, ONCE, CABALLITO E BOEDO pp. 97-9
Montserrat
SAN TELMO pp. 75-8
Constitución
Barracas
LA BOCA pp. 79-81
PUERTO MADERO pp. 68-70
Río de la Plata
0
2 km

FAÇA SEU ROTEIRO

Misture e combine lugares para uma experiência singular em Buenos Aires. De shows de tango a bares decolados e locais históricos, recomendamos uma infinidade de atrações, lojas, bares, restaurantes e muito mais em oito regiões.

REGIÃO / ATIVIDADES	Atrações	Onde comprar	Onde comer
Centro e Puerto Madero	**Plaza de Mayo** (p. 63) **Manzana de las Luces** (p. 66) **Reserva Ecológica Costanera Sur** (p. 70)	**Galerías Pacífico** (p. 61) **El Ateneo** (p. 111) **Musimundo** (p. 112)	**Tomo I** (p. 125) **Brasserie Berry** (p. 125) **El Mercado** (p. 126)
Congreso e Tribunales	**Teatro Colón** (p. 71) **Plaza del Congreso** (p. 74) **Palacio de las Aguas Corrientes** (p. 74)	**Zival's** (p. 112)	**Chan Chan** (p. 129) **Pizzería Güerrín** (p. 129) **Plaza Asturias** (p. 128)
San Telmo	**El Zanjón de Granados** (p. 77) **Plaza Dorrego** (p. 75) **Museo Histórico Nacional** (p. 77)	**Gil Antigüedades** (p. 113) **Mercado de San Telmo** (p. 113) **Cualquier Verdura** (p. 114)	**La Vineria de Gualterio Bolívar** (p. 129) **Amici Miei** (p. 130) **Wafles Sur** (p. 131)
La Boca	**Fundación Proa** (p. 79) **Museo de Bellas Artes de la Boca Benito Quinquela Martín** (p. 79) **El Caminito** (p. 79)		**El Obrero** (p. 132) **Il Matterello** (p. 132) **Los Petersen** (p. 132)
Retiro	**Plaza San Martín** (p. 82) **Palacio Paz** (p. 82) **Museo de Arte Hispano-americano Isaac Fernández Blanco** (p. 83)	**Tierra Adentro** (p. 114) **Autoría** (p. 114) **Galería 5ta Avenida** (p. 116)	**Filo** (p. 133) **Gran Bar Danzón** (p. 132) **Sipan** (p. 132)
Recoleta e Barrio Norte	**Cementerio de la Recoleta** (p. 86) **Museo Nacional de Bellas Artes** (p. 88) **Floralis Genérica** (p. 86)	**Feria Plaza Francia** (p. 118) **Av. Alvear** (p. 111) **Wussman Shop** (p. 116)	**L'Orangerie** (p. 133) **Cumaná** (p. 134) **788 Food Bar** (p. 134)
Palermo	**Museo de Arte Latino-americano de Buenos Aires (Malba**; p. 90)	**Atípica** (p. 119) **Capital Diseño & Objetos** (p. 120) **Papelera Palermo** (p. 121)	**Little Rose** (p. 137) **Don Julio** (p. 137) **Il Ballo del Mattone** (p. 137)
Villa Crespo, Once, Caballito e Boedo	**Museo Casa Carlos Gardel** (p. 97) **Museo Argentino de Ciencias Naturales** (p. 99) **Mercado de Abasto** (p. 97)	**Mercado de Abasto** (p. 97) **Calle Murillo** (p. 111) **Outlets da Calle Aguirre** (p. 111)	**Sarkis** (p. 141) **Pan y Arte** (p. 141) **Bi Won** (p. 140)

COMO USAR ESTA TABELA

A tabela abaixo permite que você planeje um dia inteiro de atividades em qualquer área da cidade. Escolha qual região deseja conhecer, depois misture e combine lugares usando as listas correspondentes, montando assim o seu dia. O primeiro item de cada divisão contém o ponto turístico mais importante da área, enquanto os outros são preciosidades a serem descobertas.

Onde beber	Vida noturna e artes	Shows de tango
Café Richmond (p. 151) **La Cigale** (p. 144) **Café Tortoni** (p. 151)	**Asia de Cuba** (p. 157) **Bahrein** (p. 157) **Confitería Ideal** (p. 168)	**Café Tortoni** (p. 167) **Tango Porteño** (p. 166) **El Querandí** (p. 165)
Cruzat Beer House (p. 145) **Los 36 Billares** (p. 145) **Café de Los Angelitos** (p. 152)	**Maluco Beleza** (p. 159) **Ávila Bar** (p. 169) **Teatro Colón** (p. 71)	**Los 36 Billares** (p. 145)
Gibraltar (p. 146) **La Puerta Roja** (p. 146) **Bar Plaza Dorrego** (p. 153)	**Mitos Argentinos** (p. 160) **Centro Cultural Torquato Tasso** (p. 165) **Museum** (p. 159)	**El Viejo Almacén** (p. 166) **La Ventana** (p. 166) **El Balcón** (p. 167)
	Teatro de la Ribera (p.170)	
Florida Garden (p. 153) **Café Retiro** (p. 153) **Milión** (p. 147)	**Teatro Nacional Cervantes** (p. 83) **Teatro Coliseo** (p. 172) **El Living** (p. 158)	
La Biela (p. 153) **Casabar** (p. 148) **Clásica y Moderna** (p. 153)	**Notorious** (p. 161) **Basement Club** (p. 158)	
Casa Cruz (p. 149) **Congo Bar** (p. 149) **Mundo Bizarro** (p. 150)	**Crobar** (p. 158) **Pachá** (p. 160) **La Peña del Colorado** (p. 161)	
Las Violetas (p. 153) **Cervecería Cossab** (p. 151) **878** (p. 151)	**Ciudad Cultural Konex** (p. 170) **El Camarín de las Musas** (p. 170) **Amerika** (p. 156)	**Complejo Tango** (p. 165) **Esquina Carlos Gardel** (p. 166) **Esquina Homero Manzi** (p. 166)

GRANDE BUENOS AIRES

ÍNDICE DO MAPA
1 San Telmo p.76
2 Retiro p.84
3 La Boca p.80
4 Puerto Madero p.69
5 Centro p.62
6 Congreso e Tribunales p.72
7 Villa Crespo, Once, Caballito e Boedo p.98
8 Recoleta e Barrio Norte p.87
9 Palermo p.92
10 Belgrano p.101
Reserva Ecológica Costanera Sur
Puerto Madero
Canal Sur
Sargento Ponce
Vuelta de Rocha
Parque Lezama
La Boca
Brandsen
Av Patricios
San Telmo
Defensa
Montserrat
Av Montes de Oca
Avellaneda
Riachuelo
Estación Constitución
Barracas
Constitución
Congreso
Av Callao
Av Entre Ríos
Av Vélez Sarsfield
Av Rivadavia
Balvanera
Av Belgrano
Av Independencia
Av Juan de Garay
Av Jujuy
Av Caseros
Av Amancio Alcorta
Estación Once
Once
Av San Juan
Av Boedo
Boedo
Av Sáenz
Av Díaz Vélez
Parque del Centenario
Parque Rivadavia
Av La Plata
Av 27 de Febrero
Caballito
Av Castañares
Av Perito Moreno
Av FF de la Cruz
Lago Lugano
Para Autódromo Municipal (2km)
Golf Club
Parque Almirante Guillermo Brown
Av Juan Alberdi
Av S San Juan
Av Gaona
Parque Avellaneda
Av Eva Perón
Para Feria de Mataderos (4km); Museu Gaucho (4km)
Para Club Atlético Vélez Sársfield (4km)
Av Nazca

CENTRO

Onde beber p. 144 e p. 152; Onde comer p. 125; Onde comprar p. 111; Onde dormir p. 182

O centro de Buenos Aires é movimentado, com uma profusão de homens de terno e mulheres de saia lápis percorrendo apressadamente ruas estreitas, à sombra de arranha-céus e antigos edifícios de arquitetura europeia. Durante o dia, essa região é tomada por multidões e engarrafamentos, mas, com o êxodo que acontece ao fim do horário comercial, torna-se um lugar tranquilo. Situada entre Retiro e San Telmo (e flanqueada por Congreso e Puerto Madero), essa área central, coração e cérebro da cidade, é formada pelas microrregiões do Microcentro, Plaza de Mayo e Montserrat.

A rua de pedestres Calle Florida, com orientação norte-sul e principal artéria do Microcentro, fica coalhada de gente de negócios, consumidores e turistas que a usam para transitar pela região central sem o incômodo da fumaça dos ônibus e da buzina dos táxis. Músicos de rua, pedintes e camelôs também estão sempre presentes, contribuindo com o colorido e o agito. Em anos recentes, duas outras ruas – Reconquista e Suipacha – também passaram a ser exclusivas para pedestres, de modo a desafogar a Florida. A perpendicular Lavalle, que corre em sentido leste-oeste, também é fechada aos carros. A elegância de prédios como o das Galerías Pacífico (p. 61) fará que você se pergunte em que continente está.

Mais ao sul fica o centro bancário e financeiro de Buenos Aires, que conta com alguns museus singulares que vale a pena conferir. Depois vem a Plaza de Mayo, geralmente ocupada por pessoas descansando nos bancos ou fotografando os prédios, como a impressionante Casa Rosada (o palácio presidencial; p. 64). A praça também é epicentro de muitos protestos (a maioria pacíficos), de modo que, se alguém deseja expressar sua opinião em Buenos Aires, é provável que o faça ali. Infelizmente, é comum que haja barricadas para desencorajar a reunião de um grande número de *piqueteros* (piqueteiros); afinal, muitos dos protestos exigem a queda do governo.

Mais ao sul, nas proximidades de San Telmo, fica Montserrat, cujo principal destaque é a Manzana de las Luces (p. 66), um prédio histórico que no passado foi o principal centro de cultura da cidade. Nas redondezas, há alguns museus interessantes que podem justificar uma rápida visita.

Para informações sobre a impactante av. 9 de Julio e o Obelisco, veja seção Congreso e Tribunales (p. 71). Todas as ruas com orientação norte-sul mudam de nome na av. Rivadavia.

MICROCENTRO

Coração da cidade, o Microcentro costuma ser a primeira parada dos turistas. Esse é um lugar movimentado com edifícios altos e pessoas apressadas. A maioria das ruas e calçadas é estreita e agitada, o que pode ser bastante incômodo em algumas situações. Por sorte, a Plaza San Martín (p. 82) fica nas proximidades, a uma curta caminhada, e a região de Puerto Madero (e sua reserva ecológica, p. 68), também nas redondezas, é uma boa e refrescante opção para se recuperar do trânsito.

O Microcentro conta com construções impressionantes. Não deixe de conferir as imponentes Galerías Pacífico (p. 61), localizadas na rua de pedestres Calle Florida, enquanto a leste fica o ex-Correo Central (p. 61), a antiga sede dos correios. Mais próximos da Plaza de Mayo ficam o edifício **Standard Bank** (Mapa p. 62; 1924; esq. Florida e Diagonal Roque Sáenz Peña), em estilo renascentista espanhol, com frequência coberto de pichações e centro de atividades barulhentas, e o **Edificio Menéndez-Behety** (Mapa p. 62; 1926; Diagonal Roque Sáenz Peña 543) – outrora sede de um império patagônico da lã. Nas proximidades fica a **Casa de la Cultura** (Mapa p. 62; 1896; av. de Mayo 575), em estilo francês, antiga

o melhor

GRÁTIS

- **Feiras de rua de BA** (p. 118)
- **Passeios a pé** (p. 229)
- **Shows de tango gratuitos** (p. 164)
- **El Caminito** (p. 79)
- **Museo Nacional de Bellas Artes** (p. 88)
- **Parque 3 de Febrero** (p. 90)
- **Cementerio de la Recoleta** (p. 86)
- **Reserva Ecológica Costanera Sur** (p. 70)

sede do jornal *La Prensa* – vale a pena entrar e conferir o interior.

Diversos museus incomuns estão instalados no Microcentro, da casa do ex-presidente Mitre (o primeiro presidente da Argentina) a museus do dinheiro, da polícia e do tango; a região também conta com algumas igrejas interessantes. Caminhar pelo Microcentro é uma ótima forma de sentir o clima da cidade.

GALERÍAS PACÍFICO Mapa p. 62

☎ 5555-5110; www.progaleriaspacifico.com.ar; esq. Florida e av. Córdoba; 10-20h seg-sáb, 12-21h dom; Línea B Florida, Línea C Lavalle

Este belo shopping de arquitetura francesa que ocupa todo um quarteirão consumou o propósito comercial de seus idealizadores, em 1889. A crise mundial da década de 1890 levou à venda de parte do prédio à Ferrocarril del Pacífico, que ali instalou escritórios. A ferrovia depois comprou o restante do prédio, que se tornou propriedade estatal depois da nacionalização das ferrovias decretada por Perón.

Em 1945, uma reforma que dotou o prédio de tetos abobadados e uma claraboia central deu espaço a dezenas de pinturas dos muralistas Antonio Berni, Juan Carlos Castagnino, Manuel Colmeiro, Lino Spilimbergo e Demetrio Urruchúa. Todos eram adeptos do *nuevo realismo*, herdeiros de uma tendência anterior ao ativismo social na arte argentina. O prédio ficou semi-abandonado por muitos anos, mas uma equipe mexicano-argentina restaurou as pinturas em 1992.

A bela estrutura, que à noite fica pontilhada de luzes, é hoje um ponto de encontro central, com lojas de grifes e uma ampla praça de alimentação; o excelente Centro Cultural Borges ocupa o último andar. Ocasionalmente, é possível assistir a shows de tango gratuitos em frente ao prédio, na Florida. Há passeios guiados em inglês e espanhol às 11h30 e às 16h30, de segunda a sexta.

IGLESIA SANTA CATALINA Mapa p. 62

☎ 4326-6190; Plaza San Martín 705; Línea B Florida, Línea C Lavalle

Santa Catalina foi fundada em 1745, quando se tornou o primeiro convento de Buenos Aires. Os ingleses invadiram a cidade pela primeira vez em 1806; na segunda, abrigaram-se no prédio. As tropas ocuparam o convento por dois dias, mas, apesar de terem danificado o prédio, não fizeram mal às freiras. Hoje uma igreja, Santa Catalina possui belos ornamentos folheados a ouro e altar barroco criado pelo entalhador espanhol Isidro Lorea.

TRANSPORTE: CENTRO

Ônibus Pegue o ônibus 29 para San Telmo; 29, 64, e 152 para La Boca; 64 para a Recoleta; 29, 59, 64 e 152 para a Plaza Italia, em Palermo.

Subte Quase todas as linhas do Subte irradiam do centro, e seguem em sentido norte-sul, de Retiro a San Telmo, ou para Palermo e outras áreas a leste.

EX-CORREO CENTRAL Mapa p. 62

Sarmiento 151; Línea B LN Alem

A construção do imponente Correo Central (1928), que ocupa todo um quarteirão, estendeu-se por vinte anos. O elegante projeto foi inspirado na sede dos correios de Nova York – o teto com mansardas foi acrescentado posteriormente. O prédio está sendo transformado em centro cultural, possivelmente com um museu, mas não há data prevista para inauguração. Confira durante sua visita e cruze os dedos.

MUSEO MITRE Mapa p. 62

☎ 4394-8240; www.museomitre.gov.ar; Plaza San Martín 336; entrada AR$5, franca seg; 13h-17h30 seg-sex; Línea B Florida

Esse museu foi instalado na casa colonial onde Bartolomé Mitre – primeiro presidente da Argentina, eleito sob a Constituição de 1853 – morou com a família. Dois pátios, salões, um gabinete, uma sala de bilhar e o antigo quarto de Mitre fazem parte do amplo complexo. Mitre governou entre 1862 e 1868 e passou a maior parte desse tempo liderando os exércitos do país contra o Paraguai. Quando deixou o cargo, fundou o influente jornal *La Nación*, uma instituição portenha até hoje. Como parte do museu fica ao ar livre, ele é fechado durante as chuvas mais fortes.

MUSEO HISTÓRICO DR. ARTURO JÁURETCHE Mapa p. 62

☎ 4331-1775; Sarmiento 364; entrada franca; 10-18h seg-sex; Línea B Florida, Línea B LN Alem

Espalhado por diferentes mezaninos, esse museu é dedicado à caótica história econômica da Argentina. O acervo engloba temas como as primeiras regiões econô-

CENTRO

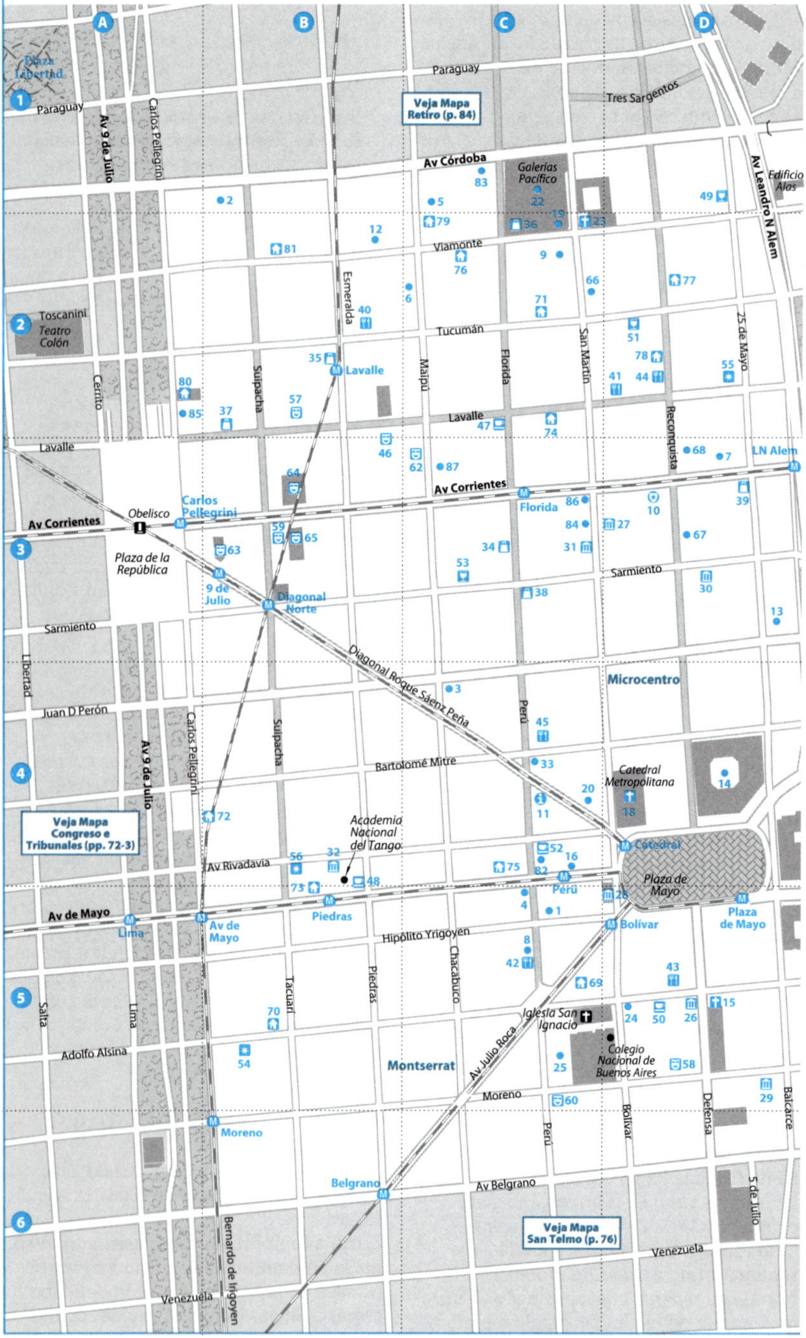
A
B
C
D
1
2
3
4
5
6
Plaza Libertad
Paraguay
Av 9 de Julio
Carlos Pellegrini
Veja Mapa Retiro (p. 84)
Tres Sargentos
Av Córdoba
Galerías Pacífico
Edificio Alas
Av Leandro N Alem
Viamonte
Esmeralda
Toscanini
Teatro Colón
Tucumán
Cerrito
Suipacha
Lavalle
Maipú
Florida
San Martín
Reconquista
25 de Mayo
LN Alem
Av Corrientes
Obelisco
Carlos Pellegrini
Plaza de la República
9 de Julio
Diagonal Norte
Sarmiento
Libertad
Juan D Perón
Diagonal Roque Sáenz Peña
Microcentro
Perú
Bartolomé Mitre
Catedral Metropolitana
Veja Mapa Congreso e Tribunales (pp. 72-3)
Academia Nacional del Tango
Av Rivadavia
Catedral
Plaza de Mayo
Av de Mayo
Lima
Piedras
Bolívar
Hipólito Yrigoyen
Chacabuco
Tacuarí
Salta
Adolfo Alsina
Iglesia San Ignacio
Colegio Nacional de Buenos Aires
Montserrat
Av Julio Roca
Moreno
Defensa
Balcarce
Belgrano
Av Belgrano
5 de Julio
Veja Mapa San Telmo (p. 76)
Venezuela
Bernardo de Irigoyen

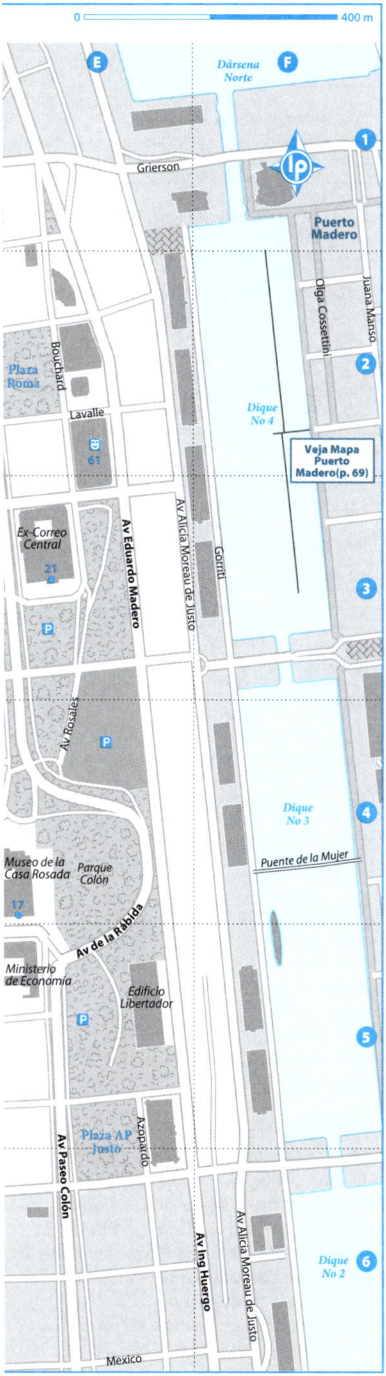

micas do país, o financiamento da independência política e a criação do crédito público. Há também exposições interessantes de cédulas e falsificações, que, sem dúvida, foram cuidadosamente estudadas por muitos falsários de BA. Exemplares de cédulas antigas, como a nota de um milhão de pesos de 1981, dão uma ideia da hiperinflação com a qual os portenhos foram forçados a viver no passado. E o mais útil para o viajante: um mostruário oferece dicas para distinguir as cédulas verdadeiras das falsas.

MUSEO DE LA POLICÍA FEDERAL

Mapa p. 62

☎ 4394-6857; Plaza San Martín 353, 7º andar; entrada franca; 🕑 14-18h seg-qui; Ⓜ Línea B Florida

Esse excêntrico museu policial localiza-se em frente ao Museo Mitre. O acervo conta com uma infinidade de uniformes e medalhas, todas exibidas com orgulho. Há também exposições sobre "atividades ilegais" (rinhas de galo e jogo), drogas (inclusive um braço postiço com uma agulha espetada!), armas e até mesmo um cão policial empalhado. Evite levar crianças até a sala dos fundos – entre os destaques de embrulhar o estômago, estão fotografias forenses e manequins de vítimas de assassinato. Atenção: é necessário apresentar documento com foto.

MUSEO MUNDIAL DEL TANGO Mapa p. 62

☎ 4345-6967; av. Rivadavia 830; entrada AR$15; 🕑 14-20h seg-sex; Ⓜ Línea D Piedras

Esse museu, voltado somente aos fãs, fica localizado abaixo da Academia Nacional del Tango. Amplas salas expositivas mostram desde discos e fotos antigas a textos e pôsteres históricos. Há também alguns sapatos de tango, mas o ponto alto é um dos famosos chapéus de Carlos Gardel. Entrada pela av. Rivadavia.

PLAZA DE MAYO

Você encontrará a histórica Plaza de Mayo, marco zero dos protestos mais veementes da cidade, na confluência da Diagonal Roque Sáenz Peña com a av. Rivadavia. Quando voltou a ocupar Buenos Aires em 1580, Juan de Garay providenciou a construção da Plaza del Fuerte (praça do forte), de acordo com a lei espanhola. Depois chamada de Plaza del Mercado e então Plaza de la Victoria (depois

CENTRO

INFORMAÇÕES
Academia Buenos Aires 1 C5
Alianza Francesa 2 B1
Biblioteca Lincoln (veja 7)
Centro Cultural Borges (veja 19)
Expanish 3 C4
Farmacity 4 C5
Federal Express 5 C1
Instituto Cultural Argentino-Norteamericano 6 C2
Instituto Goethe 7 D3
MasterCard 8 C5
OCA 9 C2
Polícia Turística 10 D3
Quiosque de Turismo Florida 11 C4
Say Hueque 12 B2
Universidad de Buenos Aires (UBA) 13 D3

ATRAÇÕES (pp. 60-7)
Banco de la Nación 14 D4
Basílica de San Francisco 15 D5
Casa de la Cultura 16 C4
Casa Rosada 17 E4
Catedral Metropolitana 18 D4
Centro Cultural Borges 19 C2
Edificio Menéndez-Behety 20 C4
Ex-Correo Central 21 E3
Farmacia de la Estrella (veja 26)
Galerías Pacífico 22 C1
Iglesia Santa Catalina 23 C2
Librería de Avila 24 D5
Manzana de las Luces 25 C5
Museo de la Ciudad 26 D5
Museo de la Policía Federal 27 D3
Museo del Cabildo 28 D5
Museo Etnográfico Juan B. Ambrosetti 29 D5
Museo Histórico Dr. Arturo Jáuretche 30 D3
Museo Mitre 31 C3
Museo Mundial del Tango 32 B4
Standard Bank 33 C4

ONDE COMPRAR (pp. 111-12)
Casa López (veja 22)
El Ateneo 34 C3
El Coleccionista 35 B2
Montagne 36 C2
Musimundo 37 B2
Musimundo 38 C3
Winery 39 D3

ONDE COMER (pp. 125-6)
Brasserie Berry 40 B2
California Burrito Company (CBC) 41 D2
D'Oro 42 C5
Furai-Bo 43 D5
Pura Vida 44 D2
Tomo 1 (veja 80)
Vía Flamina 45 C4

ENTRETENIMENTO (p. 164)
Cartelera Espectáculos 46 B3

ONDE BEBER (pp. 143-53)
Café Richmond 47 C2
Café Tortoni 48 B4
La Cigale 49 D1
La Puerto Rico 50 D5
Le Bar 51 D2
London City 52 C4
New Brighton 53 C3

VIDA NOTURNA (pp. 155-61)
Alsina 54 B5
Bahrein 55 D2
Cocoliche 56 B4

ARTES (pp. 163-72)
Atlas Cinemas 57 B2
Café Tortoni (veja 48)
Celcit 58 D5
Confitería Ideal 59 B3
El Querandí 60 C5
Escuela Argentina de Tango (veja 19)
La Puerto Rico (veja 50)
Luna Park 61 E2
Plaza Bohemia 62 C3
Teatro del Pueblo 63 B3
Teatro Gran Rex 64 B3
Teatro Opera 65 B3

ESPORTES E ATIVIDADES (pp. 173-80)
Le Parc 66 C2
Megatlon 67 D3
YMCA 68 D3

ONDE DORMIR (pp. 182-4)
562 Nogaró Buenos Aires 69 C5
Clan House 70 B5
Claridge Hotel 71 C2
Gran Hotel Argentino 72 B4
Gran Hotel Hispano 73 B5
Grand King Hotel 74 C2
Hotel Avenida 75 C4
Hotel Carsson 76 C2
Hotel Facón Grande 77 D2
Hotel Lafayette 78 D2
Hotel Maipú 79 C2
Panamericano Hotel & Resort 80 A2
V & S Hostel Club 81 B2

TRANSPORTE (pp. 217-22)
Aerolíneas Argentinas 82 C4
Air Canada 83 C1
Air France (veja 86)
Alitalia 84 C3
Continental 85 A2
KLM 86 C3
Omnilíneas 87 C3

das vitórias sobre os britânicos em 1806 e 1807), a praça adquiriu o nome de Plaza de Mayo em homenagem à independência de Buenos Aires da Espanha, proclamada em 25 de maio de 1810.

Hoje, essa praça arborizada atrai turistas com câmeras a tiracolo (além do ocasional ladrão de câmeras) e ativistas. E, às 15h30 das quintas-feiras, as Mães da Praça de Maio ainda marcham ao redor da praça, em sua campanha incansável pela busca da verdade sobre as atrocidades da Guerra Suja durante a ditadura militar de 1976-1983. Para mais informações sobre a Guerra Suja na Argentina, veja a p. 27.

No centro da praça fica a Pirámide de Mayo, um pequeno obelisco erguido em homenagem ao primeiro aniversário da independência de Buenos Aires da Espanha. Ao norte da praça fica a imponente sede do Banco de la Nación Argentina (1939), projetada pelo renomado arquiteto Alejandro Bustillo. A maioria dos prédios públicos da praça é do fim do século 19, quando a av. de Mayo ligou a Casa Rosada à Plaza del Congreso, obliterando a maior parte do histórico e nobre Cabildo.

CASA ROSADA Mapa p. 62

Línea D Catedral, Línea A Plaza de Mayo

A inconfundível e imponente fachada cor-de-rosa da Casa Rosada, o palácio presidencial da Argentina, domina toda a extremidade oeste da Plaza de Mayo. O prédio, que começou a ser construído durante o mandato de Domingo F. Sarmiento, ocupa o antigo terreno de fortificações costeiras coloniais. Hoje,

NÃO MISTURE OS MAYOS E OS PEÑAS

Alguns visitantes de primeira (ou talvez segunda) viagem podem se confundir com os nomes parecidos de algumas ruas e atrações. Mas não você:

25 de Mayo Rua que corre em sentido norte-sul de Retiro à Plaza de Mayo (maio, em espanhol).

Av. de Mayo Longa e importante avenida que corre em sentido leste-oeste, da Plaza del Congreso à Plaza de Mayo.

Diagonal Roque Sáenz Peña Rua diagonal que liga a Plaza de Mayo ao Obelisco.

Luis Sáenz Peña Rua que parte da Plaza del Congreso e corta o bairro de Constitución.

Plaza de Mayo Praça mais importante de BA.

Rodriguez Peña Rua que parte da Recoleta até a Plaza del Congreso.

entretanto, depois de sucessivos aterros, fica a mais de 1km da costa. O gabinete da presidenta Cristina Kirchner fica aqui, mas a residência oficial situa-se no calmo subúrbio de Olivos, ao norte.

A parte do palácio que dá para a Plaza de Mayo é, na verdade, o fundo do prédio. Foi daquela sacada que Juan e Eva Perón, o general Leopoldo Galtieri, Raul Alfonsín e outros políticos discursaram para multidões arrebatadas de argentinos quando sentiram necessidade de apoio popular. Madonna também canta dali no filme *Evita*.

A tonalidade salmão da Casa Rosada, que reluz ao entardecer, pode ter sido resultado da busca do presidente Sarmiento por paz durante o seu mandato, de 1868 a 1874 (ao misturar o branco dos federalistas ao vermelho dos unitaristas). Outra teoria, entretanto, defende que a a cor foi resultado da pintura do palácio com sangue bovino, prática comum no fim do século 19.

Inacessível durante o regime militar de 1976-83, a Casa Rosada está hoje aberta à visitação pública. Há visitas de 30min aos fins de semana (☎ 4344-3600; sáb e dom, 10-18h sem interrupção); é preciso apresentar documento com foto.

Escavações sob a Casa Rosada revelaram resquícios do Fuerte Viejo, uma ruína do século 18. Chegava-se a elas pelo Museo de la Casa Rosada, que está fechado há anos, mas deve ser reaberto no futuro.

Em 16 de junho de 1955, aeronaves da Marinha argentina atacaram a Casa Rosada e outras construções próximas na Plaza de Mayo, durante a Revolução Libertadora, que derrubou o regime de Juan Perón. Uma placa discreta na fachada do prédio do Ministerio de Economía lembra os ataques (procure os buracos de bala à esquerda das portas). A inscrição pode ser traduzida como: "As cicatrizes neste mármore foram fruto do desencontro e da intolerância. O registro dessas marcas na memória ajudará a nação a se encontrar em um futuro de grandeza".

Erguendo-se acima da Casa Rosada, na av. Colón, vizinha ao Parque Colón, fica o Edificio Libertador, a sede do Exército argentino e verdadeiro centro do poder político no país por muitas décadas. O prédio foi projetado por engenheiros militares inspirados no belo Correo Central. Um edifício gêmeo, projetado para a Marinha, nunca saiu do papel.

CATEDRAL METROPOLITANA Mapa p. 62

☎ 4331-2845; www.catedralbuenosaires.org.ar; San Martín 27; 8-19h seg-sex, 9h-19h30 sáb e dom; Línea D Catedral, Línea E Bolívar, Línea A Plaza de Mayo

Essa catedral solene, construída no terreno de uma antiga igreja colonial original, só foi concluída em 1827. O prédio é um importante marco religioso e arquitetônico da cidade, com baixos relevos de Jacó e José acima da fachada triangular e das colunas neoclássicas. O amplo interior é igualmente impactante, com uma profusão de detalhes barrocos e um elegante altar rococó.

O mais importante, entretanto, é o fato de esse prédio declarado patrimônio histórico nacional abrigar a tumba do general José de San Martín, maior herói argentino. No caos que se seguiu à independência, San Martín escolheu o exílio na França e nunca voltou vivo ao país (apesar de ter avistado Buenos Aires do barco no qual seguia para Montevidéu, em 1829). Fora do prédio, você verá a chama eterna que mantém vivo o seu espírito.

Há visitas à igreja e à cripta às 15h30 de segunda a sexta; visitas apenas à cripta às 11h45 de segunda a sexta. Todas as visitas guiadas são em espanhol. Há ainda uma programação de apresentações gratuitas (e ocasionais) de corais.

MUSEO DEL CABILDO Mapa p. 62

☎ 4342-5729; Bolívar 65; entrada AR$4; 🕒 10h30-17h qua-sex, 11h30-18h sáb e dom; Ⓜ Línea D Catedral, Línea E Bolívar, Línea A Plaza de Mayo

Obras modernas – entre as quais a da av. de Mayo – "podaram" duas vezes o prédio do Cabildo (prefeitura; 1765), mas ainda resta uma amostra significativa da colunata que no passado se estendia por toda Plaza de Mayo. O prédio de dois andares – que foi usado como prisão entre 1821 e 1878 – tem em seu acervo algumas lembranças das invasões britânicas no início do século 19 e pinturas modernas nos estilos colonial e pós-independência, além de contar com exposições temporárias. O pátio interno abriga uma pequena feira de artesanato às quintas e sextas e o café é um ótimo lugar para relaxar.

MONTSERRAT

Repleto de construções históricas e notáveis, Montserrat é o bairro mais antigo de Buenos Aires e suas áreas mais interessantes estão entre a Plaza de Mayo e San Telmo. Outrora endereço das famílias mais ricas da cidade, esse também era o centro político, econômico e cultural de BA, tendo como marco a Manzana de las Luces (p. 66). Aqui você encontrará construções históricas que ocupam todo um quarteirão; faça o passeio pelos subterrâneos.

A região de Montserrat também abriga as igrejas mais antigas da cidade, entre as quais a Iglesia San Ignacio (na Manzana de las Luces) e a Basílica de San Francisco, erguida pela ordem franciscana em 1754. Os apaixonados por livros não podem deixar de conhecer a Librería de Avila (Mapa p. 62; esq. Alsina e Bolívar). Inaugurada em 1785, essa é a livraria mais antiga de BA.

Entre os museus interessantes nessa região, estão o Museo de la Ciudad, que tem no seu acervo algumas das relíquias mais antigas da cidade, e o Museo Etnográfico Juan B. Ambrosetti, um museu antropológico que vale a pena conhecer.

MANZANA DE LAS LUCES Mapa p. 62

☎ 4342-3964; www.manzanadelasluces.org; Perú 272; Ⓜ Línea E Bolívar

Em tempos coloniais, a Manzana de las Luces (Quarteirão das Luzes) era o mais importante centro de cultura e conhecimento de Buenos Aires. Mesmo nos dias de hoje, o local ainda simboliza a alta cultura da capital – a Universidad de Buenos Aires tem ali uma escola preparatória.

Os primeiros a ocuparem a Manzana de las Luces foram os jesuítas, que ergueram diversas estruturas, como a Procuraduría (sede administrativa; 1730) – parte da qual ainda sobrevive. (Infelizmente para os jesuítas, em 1767 eles foram expulsos do local – e da Argentina – pelos espanhóis, que se sentiam politicamente ameaçados pela ordem). Além da sede administrativa, os prédios abrigavam nativos das províncias convertidos ao cristianismo. Durante o século 19, eles também sediaram diversos museus, escritórios do legislativo, escolas e universidades.

Na área norte do quarteirão, ficam dois dos cinco prédios remanescentes. Deles, partem túneis de defesa, construídos pelos jesuítas e descobertos em 1912, que ligam o quarteirão a pontos estratégicos da cidade; hoje, esses túneis podem ser visitados com guias.

A igreja mais antiga de BA, a Iglesia San Ignacio (1734), também fica aqui. Originalmente construído em adobe, em 1661, o prédio passou por diversas reformas ao longo dos séculos – hoje resta apenas um claustro original. A igreja divide uma parede com o Colegio Nacional de Buenos Aires (1863), uma escola preparatória onde gerações da elite argentina cursaram e ainda cursam o Ensino Médio.

Visitas (AR$7; 🕒 15h seg-sex; 16h30 e 18h sáb e dom) guiadas em espanhol estão disponíveis. Aulas, workshops, teatro e o Mercado de las Luces (uma feira de artesanato e antiguidades) também acontecem no local.

MUSEO DE LA CIUDAD Mapa p. 62

☎ 4343-2123; Defensa 219; entrada AR$1, franca seg e qua; 🕒 11-19h seg-sex, 10-20h sáb e dom; Ⓜ Línea E Bolívar, Línea A Plaza de Mayo

Caminhe em meio a exposições permanentes e temporárias sobre a vida e a história portenha, fotografias, móveis e brinquedos antigos e uma biblioteca de pesquisa. Portas de demolição e artigos domésticos antigos também estão em exposição no anexo, vizinho ao museu. Nas proximidades, na esquina das calles Alsina e Defensa, fica a Farmacia de la Estrella (1835), uma farmácia homeopática com maravilhosos balcões e estantes de madeira e forros do século 19 pintados com temática oriental.

MUSEO ETNOGRÁFICO JUAN B. AMBROSETTI Mapa p. 62

☎ 4331-7788; www.museoetnografico.filo.uba.ar; Moreno 350; doação AR$3; ⏰ 13-19h ter-sex, 15-19h sáb e dom; Ⓜ Línea A Plaza de Mayo

Esse pequeno mas atraente museu antropológico foi criado por Juan B. Ambrosetti não apenas como instituto para pesquisa e capacitação universitária, mas também como centro educacional para o público. O acervo conta com coleções arqueológicas e antropológicas do noroeste andino e da Patagônia. Há também belos artefatos de povos nativos, ao passo que uma sala Asiática e Africana conta com peças de valor inestimável.

PUERTO MADERO

Onde comer p. 126; Onde dormir p. 184

Passeie sem pressa pelo mais novo e menos convencional bairro de Buenos Aires, Puerto Madero, que faz limite a oeste com o centro. Aqui você encontrará uma longa linha de velhos armazéns de tijolos que foram convertidos em alguns dos mais exclusivos *lofts*, escritórios, hotéis e restaurantes da cidade. Quatro grandes diques fazem que a região lembre as docas de Londres – de fato, o projeto de Puerto Madero foi inspirado nas docas de Millwall e Royal Albert, na capital inglesa. A região ainda é uma obra em andamento e milhões de dólares continuam a ser investidos em arranha-céus que dominam a vista. Mas a maior parte do trabalho está pronta; calçadões fazem das caminhadas um prazer e há uma infinidade de cafés e restaurantes sofisticados para descansar. Puerto Madero, sem dúvida, vale uma visita, e os carros não serão visíveis a maior parte do tempo.

Mas as coisas nem sempre foram elegantes por aqui. A orla da cidade foi alvo de controvérsias em meados do século 19, quando interesses comerciais conflitantes passaram a disputar a localização de um porto moderno que serviria como base para o florescente comércio internacional argentino. Duas ideias vieram à tona. Uma era alargar e aprofundar o canal do Riachuelo e instalar o porto em La Boca, o que de fato aconteceu. A outra foi proposta por Eduardo Madero, um rico exportador com grande influência política e sólido suporte financeiro. Madero propôs que a área de alagadiços da cidade fosse convertida em uma série de diques e docas modernos, consistentes com as ambições da elite cosmopolita. Isso também foi feito, mas não exatamente como planejado.

À época da conclusão do projeto, em 1898 (quatro anos depois da morte de Madero), as obras de Puerto Madero haviam extrapolado o orçamento, e a reputação do exportador estava arranhada. As tentativas de Madero de comprar todos os aterros da região e os seus laços com políticos que haviam adquirido nas proximidades terras que tendiam a se valorizar eram vistos com suspeitas. Também do ponto de vista prático, o projeto não correu como planejado. Em 1910, o volume de carga já excedia a capacidade do novo porto, e a dificuldade de acesso ao terminal de trem na Plaza Once só piorava a situação. As novas instalações em La Boca eram um paliativo, mas o governo só conseguiu solucionar o problema em 1926, com a conclusão do Puerto Novo, em Retiro.

Puerto Madero, porém, encontrou finalmente sua vocação. Na costa leste dos diques, hotéis cinco estrelas como o Hilton e o Feana Hotel + Universe (p. 184), projetado por Philippe Stark, fincaram raízes e investiram milhões. Altos edifícios residenciais estão por todo lado, e a moderna Colección de Arte Amalia Lacroze de Fortabat (também conhecida como Museo Fortabat) – um museu projetado por Rafael Viñoly para abrigar a coleção da rica socialite argentina Amalia Fortabat – é um marco reluzente.

Outras atrações singulares de Puerto Madero incluem a impactante Puente de la Mujer, que atravessa o Dique 3, uma ponte moderna que lembra um anzol ou mesmo uma harpa – mas supostamente representa um casal dançando tango. Projetada pelo espanhol Santiago Calatrava e basicamente construída na Espanha, essa ponte de pedestres de 160m que custou AR$6 milhões gira 90° (quando o mecanismo funciona) para permitir a passagem de embarcações. Há também um museu incomum, o Museo Fragata Sarmiento (p. 70), um antigo veleiro da Marinha que era usado principalmente como navio de treinamento pela Marinha argentina.

Na extremidade leste de Puerto Madero – banhada pelas águas barrentas do rio da Prata – fica a Reserva Ecológica Costanera Sur (p. 70), uma grande área alagadiça com vegetação nativa repleta de lagunas, animais selvagens e tranquilas estradas de terra. Venha quando desejar uma pausa do ar, do barulho e do concreto do centro. A reserva proporciona um forte contraste com os vizinhos edifícios, restaurantes e hotéis elegantes e, felizmente, está aberta a todos e sem qualquer custo.

COLECCIÓN DE ARTE AMALIA LACROZE DE FORTABAT Mapa p. 69

☎ 310-6600; www.coleccionfortabat.org.ar; Olga Cossettini 141; entrada AR$15; 12-21h ter-dom; 4

Esse museu imperdível, localizado no extremo norte de Puerto Madero, rivaliza com a impactante arquitetura moderna do Malba, em Palermo. Em exposição, está a coleção da bilionária e filantropa Amalia Lacroze de Fortabat, principal acionista da maior indústria de cimento da Argentina e mulher mais rica do país.

O prédio, projetado pelo renomado arquiteto uruguaio Rafael Viñoli, é uma criação de aço, vidro e concreto – um material no

PUERTO MADERO

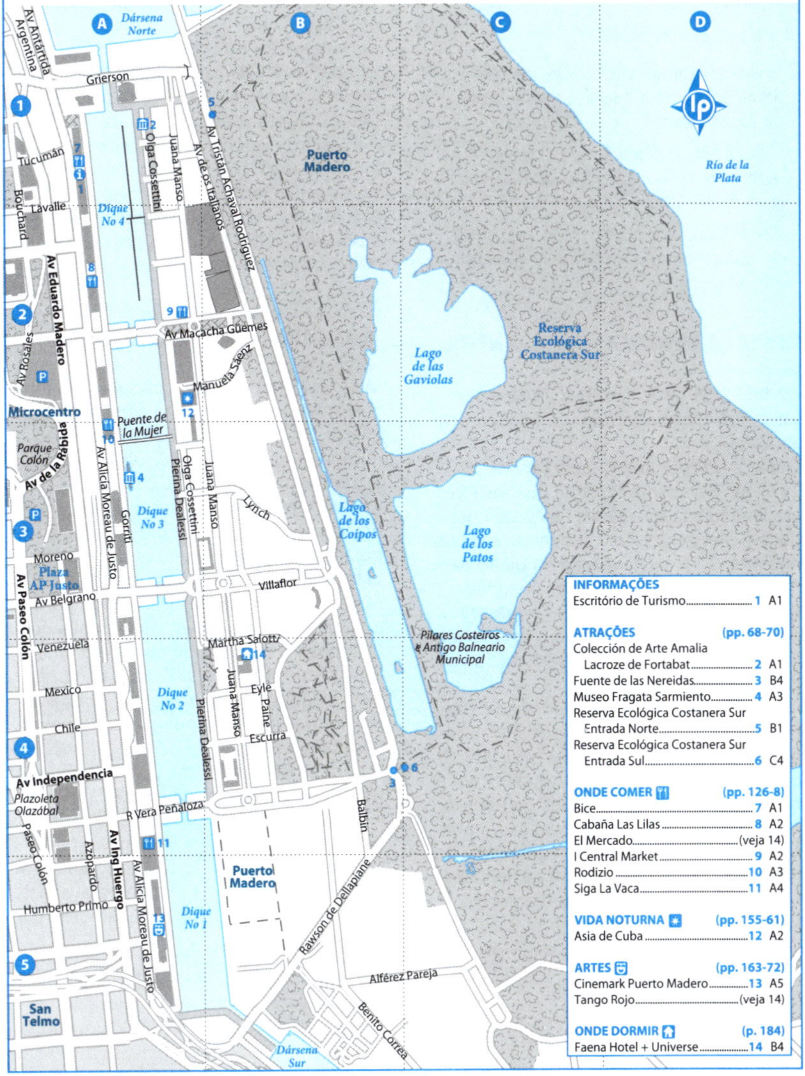

mínimo apropriado, tendo em vista a patrona. Concluído em 2008, o museu tem mais de 6.000m², com diversos pisos onde estão expostas obras de grandes artistas nacionais e internacionais. Há galerias dedicadas a Antonio Berni e Raúl Soldi (famosos pintores argentinos) e obras de mestres como Dalí, Klimt, Rodin e Chagall; procure o retrato pop de Fortabat, de Andy Warhol, na galeria de retratos de família. O mais interessante no prédio em si, entretanto, talvez sejam os painéis móveis de alumínio acima do teto envidraçado, que abrem e fecham para impedir que o sol incida sobre as delicadas obras. Lacroze exigiu essa funcionalidade para ser capaz de apreciar sua coleção e as estrelas ao mesmo tempo.

Visitas em espanhol de terça a domingo às 15h e 17h; telefone antecipadamente para visitas guiadas em inglês para grupos.

TRANSPORTE: PUERTO MADERO

Ônibus Os ônibus 64, 126, 152, que fazem a linha LN Alem/Paseo Colón, o deixarão a três quarteirões de Puerto Madero.

Subte A estações de metrô mais próximas são a LN Alem (Línea B) e as estações finais das linhas A, D e E, na Plaza de Mayo.

Bonde A curta linha de bonde de BA corre paralela às docas de Puerto Madero e deve, um dia, seguir até La Boca.

RESERVA ECOLÓGICA COSTANERA SUR Mapa p. 69

☎ 4893-1588; av. Tristán Achával Rodríguez 1550; 🕑 8-19h ter-dom nov-mar, 8-18h ter-dom abr-out; 🚌 4

Durante o Proceso, a ditadura militar de 1976-83, o acesso à costa de Buenos Aires era limitado, já que a área havia sido dragada e preenchida com sedimentos do rio da Prata. Com a estagnação do plano para uma nova cidade-satélite nas proximidades do porto, árvores, vegetação rasteira, pássaros e roedores ocuparam essa área de 350ha com ecossistema semelhante ao do delta do Paraná.

Em 1986, a área foi transformada em reserva ecológica. E, apesar de incêndios ocasionais provocados por empresários do ramo imobiliário com interesses na região, não ficaram cicatrizes permanentes – esse alagadiço rústico e luxuriante sobreviveu e a reserva se transformou em destino popular para lazer e caminhadas. Em fins de semana ensolarados, você verá dezenas de pessoas em piqueniques, ciclistas e famílias passeando. Os observadores de pássaros ficarão surpresos ao saber que mais de 250 espécies fazem escala por aqui e alguns poucos sortudos podem avistar tartarugas de rio ou ratões-do-banhado. Na extremidade oeste da reserva, é possível admirar as plácidas águas barrentas do rio da Prata.

Passeios disponíveis nos fins de semana às 10h30 ou 15h30; passeios noturnos às sextas-feiras também estão disponíveis (ligue antes). Nos fins de semana e feriados é possível alugar bicicletas nas proximidades das entradas norte e sul.

MUSEO FRAGATA SARMIENTO Mapa p. 69

☎ 4334-9386; Dique 3; entrada AR$2; 🕑 10-19h; 🚌 64, 152

Mais de 23 mil cadetes e oficiais da Marinha passaram por treinamento a bordo desse veleiro de 280 pés, que deu 37 voltas ao mundo entre 1899 e 1938. Construído em Birkenhead, Inglaterra, ao custo de £125 mil em 1897, esse navio impecável nunca participou de combates. A bordo, há registros detalhados de suas extensas viagens, uma galeria sobre os seus comandantes, uma infinidade de itens náuticos, como uniformes antigos e até mesmo um cão empalhado (Lampazo, o mascote do navio) em uma pose serena. Olhe pelas escotilhas, visite a cozinha e a sala de máquinas e observe os ganchos onde a tripulação costumava pendurar redes.

O presidente americano Theodore Roosevelt (procure a sua foto) foi um dos visitantes ilustres a bordo, mas talvez o maior teste de resistência do navio tenha acontecido na visita do sucessor de Roosevelt, William Howard Taft, que pesava mais de 140kg e, sem dúvida, subiu a bordo para fazer uma refeição.

CONGRESO E TRIBUNALES

Onde beber p. 152; Onde comer p. 128; Onde comprar p. 112; Onde dormir p. 185

A região de Congreso é uma interessante mistura de cinemas e teatros antigos e comércio agitado com um toque de fervor político. Os prédios ainda conservam a aura europeia, mas essa área é um pouco mais sisuda do que o centro. O clima é mais local, com aura de glórias passadas e ausência da multidão de engravatados. Mas isso não quer dizer que o Congreso não seja interessante para caminhar e explorar.

O limite entre o Congreso e o centro é definido pela av. 9 de Julio, "a mais larga do mundo!", como os orgulhosos portenhos gostam de se vangloriar. Isso não é exatamente verdade, mas a avenida tem dezesseis pistas no trecho mais largo; as ruas paralelas Cerrito e Pellegrini fazem que pareça ainda mais larga. Felizmente, canteiros centrais proporcionam pausas para os milhares de pedestres que atravessam essa avenida titânica todos os dias, o que, apesar disso, não torna a travessia menos intimidadora (e ela não pode ser feita de uma vez sem que se precise correr – acredite em nós). Na esquina da 9 de Julio com a Corrientes fica o famoso **Obelisco**, que se ergue 67m acima da oval Plaza de la República. Inaugurada em 1936, no aniversário de quatrocentos anos do primeiro assentamento espanhol no rio da Prata, o Obelisco simboliza Buenos Aires tanto quanto a Torre Eiffel representa Paris ou Monumento a Washington representa Washington, DC. Depois de grandes conquistas no futebol, torcedores se reúnem ao redor do monumento para comemorar; ele também é usado como marco zero para medir as distâncias a partir do centro.

Alguns quarteirões a noroeste do Obelisco ficam a Plaza Lavalle e a neoclássica **Escuela Presidente Roca** (1902). Do outro lado da praça ficam o Palacio de la Justicia (1904) e os seus Tribunales (tribunais federais). O célebre Teatro Colón também fica nas proximidades e reforça a elegância da região. No extremo noroeste da praça, símbolos judaicos adornam a fachada do Templo de la Congregacíon Israelita, maior sinagoga da Argentina. Barreiras de concreto travestidas de canteiros foram construídas depois de ataques recentes contra alvos judeus. O **Museo Judio Dr. Salvador Kibrick** (Mapa p. 72; ☎ 4123-0832; Libertad 769; entrada AR$30, mediante documento com foto; 15-17h30 ter e qui) fica na sinagoga e conta com itens e exposições relacionados à história dos judeus na Argentina.

Seis quarteirões a oeste da Plaza Lavalle fica o Palacio de las Aguas Corrientes, de interessante arquitetura escandinava. Se você gosta de prédios incomuns, vale a pena conferir; planeje a visita de modo a conhecer o pequeno e excêntrico museu do palácio (p. 74). Por fim, siga a oeste por cerca de sete quarteirões a partir da Plaza Lavalle até o Palacio del Congreso, com sua praça e o monumento obrigatório. Esse é outro destino comum de *piqueteros* e seus protestos.

O Congreso fica a oeste da av. 9 de Julio e a uma caminhada breve da Plaza de Mayo, no centro. A av. Corrientes é uma via importante e a mais antiga região de teatros da cidade. A av. de Mayo, outra artéria importante, conecta dois lugares significativos – a Plaza del Congreso e a Plaza de Mayo. Todas as ruas com orientação norte-sul mudam de nome na av. Rivadavia.

TEATRO COLÓN Mapa p. 72

☎ 4378-7100; www.teatrocolon.org.ar; Libertad 621; Línea D Tribunales

O imponente Teatro Colón, com os seus sete andares e palco de nível internacional para ópera, balé e música clássica, é um dos maiores marcos de Buenos Aires e uma das grandes fontes de orgulho da cidade. O Colón é o principal teatro para artes cênicas de BA e o único do tipo no país. Esse era o maior teatro do hemisfério Sul até a inauguração da Ópera de Sydney, em 1973. O prédio, que ocupa um quarteirão, tem capacidade para 2,5 mil espectadores sentados e outros 500 em pé. A inauguração aconteceu em 1908 com uma apresentação de *Aïda*, de Verdi, e os visitantes têm ficado boquiabertos desde então. O Teatro Colón já apresentou atrações renomadas, como Enrico Caruso, Plácido Domingo, Luciano Pavarotti e Arturo Toscanini. As montagens de balés e ópera são frequentes e ingressos gratuitos são distribuídos em certas ocasiões. Não são raras apresentações especiais, sob comando presidencial, nos feriados patrióticos de 25 de maio e 9 de julho.

As demoradas reformas do teatro interromperam as visitas guiadas aos bastidores (em diversos idiomas) por muito tempo, mas elas foram retomadas em 2011. Essas visitas são oferecidas diariamente a cada 15min entre 9 e15h45 e duram 1h (US$15) – em inglês e espanhol. Se desejar uma visita em português ou francês, telefone para ☎ 4378-7128 com

CONGRESO E TRIBUNALES

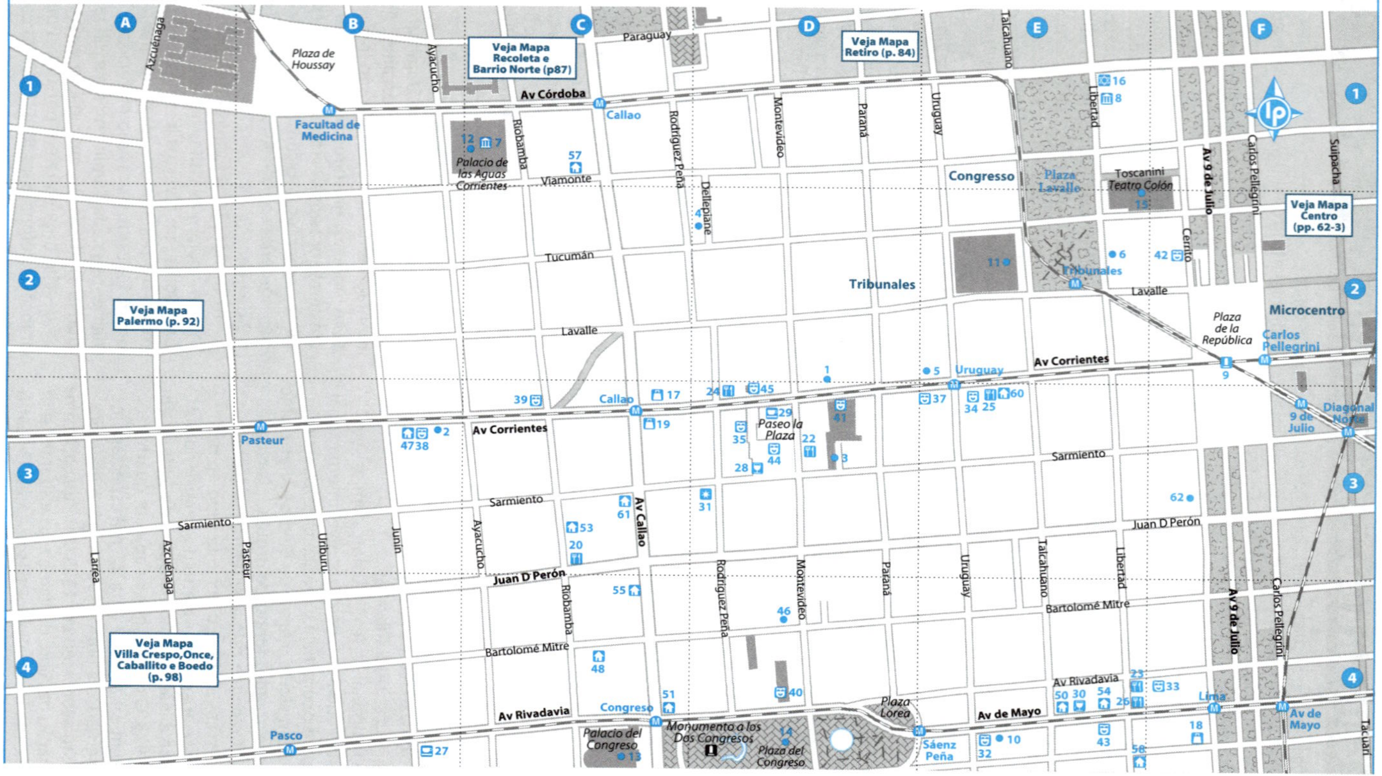

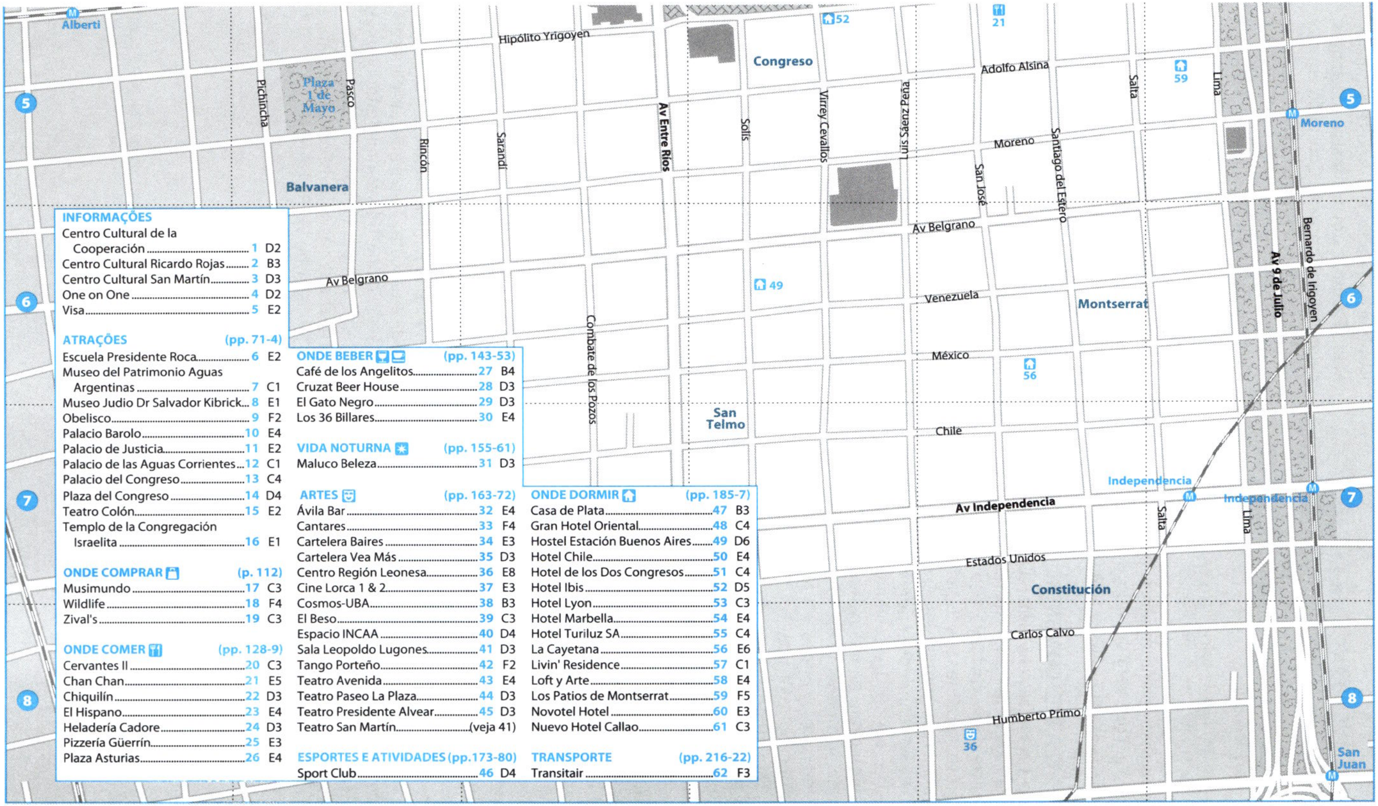

INFORMAÇÕES

Centro Cultural de la Cooperación ... 1 D2
Centro Cultural Ricardo Rojas ... 2 B3
Centro Cultural San Martín ... 3 D3
One on One ... 4 D2
Visa ... 5 E2

ATRAÇÕES (pp. 71-4)

Escuela Presidente Roca ... 6 E2
Museo del Patrimonio Aguas Argentinas ... 7 C1
Museo Judio Dr Salvador Kibrick ... 8 E1
Obelisco ... 9 F2
Palacio Barolo ... 10 E4
Palacio de Justicia ... 11 E2
Palacio de las Aguas Corrientes ... 12 C1
Palacio del Congreso ... 13 C4
Plaza del Congreso ... 14 D4
Teatro Colón ... 15 E2
Templo de la Congregación Israelita ... 16 E1

ONDE COMPRAR (p. 112)

Musimundo ... 17 C3
Wildlife ... 18 F4
Zival's ... 19 C3

ONDE COMER (pp. 128-9)

Cervantes II ... 20 C3
Chan Chan ... 21 E5
Chiquilín ... 22 D3
El Hispano ... 23 E4
Heladería Cadore ... 24 D3
Pizzería Güerrín ... 25 E3
Plaza Asturias ... 26 E4

ONDE BEBER (pp. 143-53)

Café de los Angelitos ... 27 B4
Cruzat Beer House ... 28 D3
El Gato Negro ... 29 D3
Los 36 Billares ... 30 E4

VIDA NOTURNA (pp. 155-61)

Maluco Beleza ... 31 D3

ARTES (pp. 163-72)

Ávila Bar ... 32 E4
Cantares ... 33 F4
Cartelera Baires ... 34 E3
Cartelera Vea Más ... 35 D3
Centro Región Leonesa ... 36 E8
Cine Lorca 1 & 2 ... 37 E3
Cosmos-UBA ... 38 B3
El Beso ... 39 C3
Espacio INCAA ... 40 D4
Sala Leopoldo Lugones ... 41 D3
Tango Porteño ... 42 F2
Teatro Avenida ... 43 E4
Teatro Paseo La Plaza ... 44 D3
Teatro Presidente Alvear ... 45 D3
Teatro San Martín ... (veja 41)

ESPORTES E ATIVIDADES (pp. 173-80)

Sport Club ... 46 D4

ONDE DORMIR (pp. 185-7)

Casa de Plata ... 47 B3
Gran Hotel Oriental ... 48 C4
Hostel Estación Buenos Aires ... 49 D6
Hotel Chile ... 50 E4
Hotel de los Dos Congresos ... 51 C4
Hotel Ibis ... 52 D5
Hotel Lyon ... 53 C3
Hotel Marbella ... 54 E4
Hotel Turiluz SA ... 55 C4
La Cayetana ... 56 E6
Livin' Residence ... 57 C1
Loft y Arte ... 58 E4
Los Patios de Montserrat ... 59 F5
Novotel Hotel ... 60 E3
Nuevo Hotel Callao ... 61 C3

TRANSPORTE (pp. 216-22)

Transitair ... 62 F3

TRANSPORTE: CONGRESO E TRIBUNALES

Ônibus Pegue o ônibus 6 em Retiro e o ônibus 64 no Microcentro.

Subte Líneas A e B, no Microcentro.

dois dias de antecedência para fazer a reserva. Você verá de tudo, do porão às salas de ensaio, do palco à sala de concerto.

PLAZA DEL CONGRESO Mapa p. 72

Línea A Congreso, Sáenz Peña

Na região de Congreso, na extremidade oeste da av. de Mayo, fica a Plaza del Congreso, geralmente ocupada por pombos e famílias a alimentá-los. O Monumento a los Dos Congresos honra os congressos de Buenos Aires, em 1810, e Tucumán, em 1816, que culminaram na independência da Argentina. A imponente escadaria de granito simboliza os Andes, e a fonte na sua base, o oceano Atlântico.

Em frente à praça, do outro lado da av. Callao, fica o colossal Palacio del Congreso, com seu domo verde. Tendo custado mais do que o dobro do orçamento projetado, o Congreso criou um precedente para projetos de obras públicas na Argentina. Inspirado no Capitólio, de Washington, DC, e encimado por um domo de 85m, o palácio foi concluído em 1906.

Dentro do Congreso, o Senado oferece visitas guiadas em inglês e espanhol (☎ 4010-3000, ramal 2410; seg, ter, qui e sex às 11h e 14h). Siga até a entrada na av. Hipólito Yrigoyen 1849; leve documento com foto.

PALACIO BAROLO Mapa p. 72

☎ 4381-1885; www.pbarolo.com.ar; av. de Mayo 1370; Línea A Sáenz Peña

Esse edifício de concreto de 22 andares, construído pelo magnata do algodão Luis Barolo e projetado pelo arquiteto italiano Mario Palanti, é um dos mais impactantes da região do Congreso. Concluído em 1923, esse já foi o mais alto arranha-céu de Buenos Aires (até a construção do Edificio Kavanagh; veja a p. 82). O projeto singular do edifício foi inspirado na Divina comédia de Dante; os seus 100m de altura são uma referência a cada canto, o total de andares, ao número de versos por canto (22), e a estrutura, dividida em inferno, purgatório e paraíso. No topo, há um farol com uma incrível vista de 360 graus da cidade.

O edifício oferece visitas guiadas de 45min em inglês e espanhol, de hora em hora, entre 16h e 19h, de segunda a quinta (AR$40). Visitas especiais nas quais o farol é aceso são oferecidas às quintas (20h) e incluem uma taça de vinho (AR$70).

PALACIO DE LAS AGUAS CORRIENTES Mapa p. 72

Esq. avs. Córdoba e Riobamba; Línea D Facultad de Medicina, Callao

O engenheiro sueco Karl Nyströmer e o engenheiro norueguês Olaf Boye ajudaram a criar essa bela e eclética estação de tratamento de água. Popularmente conhecido como Obras Sanitarias, ela foi inaugurada em 1894 e ocupa um quarteirão. O prédio é encimado por um teto com mansardas ao estilo francês, e a sua fachada consiste de 170 mil azulejos e 130 mil blocos ingleses.

No segundo andar, fica o pequeno e excêntrico Museo del Patrimonio Aguas Argentinas (☎ 6319-1104; entrada franca; 9-13h seg-sex). A coleção de belos azulejos, torneiras, juntas de encanamento de cerâmica inglesas e até mesmo vasos sanitários e bidês é bem iluminada e exposta. Visitas guiadas oferecem uma visão de bastidores do interior do prédio e dos grandes tanques de tratamento (seg, quar e sex às 11h). Leve documento com foto e entre via Riobamba.

SAN TELMO

Onde beber p. 146; Onde comer p. 129; Onde comprar p. 112; Onde dormir p. 187

San Telmo é um adorável bairro com ruas de paralelepípedos, mansões coloniais e rica história. Fazer uma caminhada ao sul da Plaza de Mayo é como voltar ao século 19. No entanto, por ser um destino turístico muito popular, está se desenvolvendo rapidamente. Dezenas de pousadas abriram as portas, butiques refinadas não param de surgir e a demanda estrangeira elevou os preços dos imóveis vertiginosamente. Os moradores de San Telmo tremem ao pensar que seu querido *barrio* possa se tornar o próximo Palermo Viejo (p. 90).

Historicamente, San Telmo é famoso pelas violentas lutas que ocorreram quando tropas britânicas, em guerra contra a Espanha, invadiram a cidade em 1806. Elas ocuparam o bairro até o ano seguinte, quando a resistência portenha contra-atacou. Os britânicos avançaram até a estreita Calle Defensa, mas a milícia empurrou os invasores de volta aos navios. A vitória deu aos portenhos confiança em sua capacidade de se manter separados da Espanha, mesmo que a independência da cidade tivesse que esperar mais três anos.

San Telmo tornou-se então um bairro elegante e refinado, mas, no fim do século 19, uma epidemia de febre amarela levou os ricos a buscarem locais mais favoráveis, a oeste e ao norte do atual Microcentro. Com a chegada dos imigrantes europeus, muitas das mansões de San Telmo tornaram-se *conventillos* (cortiços). Um desses *conventillos* era o **Pasaje de la Defensa** (Mapa p. 76; Defensa 1179). Originalmente construído para a família Ezeiza, em 1880, ele chegou a abrigar 32 famílias. Hoje é um edifício graciosamente desgastado com pátios cercados de antiquários. Para fazer outra visita ao passado, conheça o impressionante El Zanjón de Granados (p. 77).

No coração de San Telmo está a **Plaza Dorrego** (esq. Defensa e Humberto Primo), que recebe a popularíssima feira de antiguidades Feria de San Pedro Telmo (p. 118) aos domingos. As ruas são fechadas para o tráfego, e a praça é ocupada por dezenas de bancas que vendem antiguidades e artigos de colecionador. Artistas de rua, de estátuas humanas e bandas de percussão a dançarinos de tango profissionais, divertem o público. A Calle Defensa fica fechada da av. Belgrano até o Parque Lezama, que tem sua própria feira de fim de semana com artesanato e artigos de segunda mão – porém muito menos visitada que a feira da Plaza Dorrego. Esta é a suposta localização da fundação de Buenos Aires, em 1536. No lado oposto ao parque, na av. Brasil, está a maravilhosa Iglesia Ortodoxa Rusa, projetada pelo arquiteto Alejandro Christopherson e construída no fim do século 19 com materias trazidos de São Petersburgo. Nas proximidades, há ainda o Museo Histórico Nacional (p. 77) da cidade.

Ao norte, na av. Paseo Colón, que é mais industrial, a Plazoleta Olazábal é lar da obra-prima do escultor Rogelio Yrurtia, *Canto al trabajo* (trazida do seu endereço original, a Plaza Dorrego). Do outro lado da *plazoleta*, fica a neoclássica e feiíssima Facultad de Ingeniería da Universidad de Buenos Aires (originalmente construída para a Fundación Eva Perón). Trata-se de um ponto turístico excêntrico, descrito por Gerald Durrell como "um cruzamento do Partenon com o Reichstag". Um quarteirão abaixo, fica outro edifício extravagante, a **Iglesia Dinamarquesa** (Mapa p. 76; Carlos Calvo 257), uma igreja luterana neogótica de tijolos aparentes projetada com base em plantas dos arquitetos dinamarqueses Rönnow e Bisgaard e concluída 1930. Dois quarteirões a oeste, o **Mercado San Telmo** (Mapa p. 76; 8-20h) é um mercado de antiguidades que está em funcionamento desde 1897 e onde se encontra uma profusão de roupas, utensílios domésticos e comida barata. A seção principal ainda é um mercado de carnes e hortaliças e o prédio ocupa todo um quarteirão, o que fica mais evidente apenas depois que se entra por uma das modestas portas na calçada. Não deixe de reparar no incrível teto original.

A barroca e neocolonial **Iglesia Nuestra Señora de Belén** (Mapa p. 76; Humberto Primo 340) foi uma escola jesuítica até 1767, quando a ordem dos belemitas assumiu o controle. Os fãs de Jorge Luis Borges não podem deixar de conhecer o **Centro Nacional de la Música** (Mapa p. 76; México 564), que costumava ser a Biblioteca Nacional – da qual Borges foi diretor por muitos anos.

San Telmo fica ao sul do centro da cidade – o suficiente para torná-lo oficialmente um bairro popular. Suas vias principais são Balcarce e Defensa; nelas você encontrará os lugares mais interessantes para os turistas. A leste da Balcarce, as ruas passam a ser industriais e ficam desertas à noite. Portanto, assim como acontece com os limites mais ao sul, próximos a La Boca, devem ser evitadas. Já durante o dia, são ótimas, e bem a leste fica uma das extremidades de Puerto Madero – região luxuosa cuja distância de San Telmo pode ser facilmente transposta a pé.

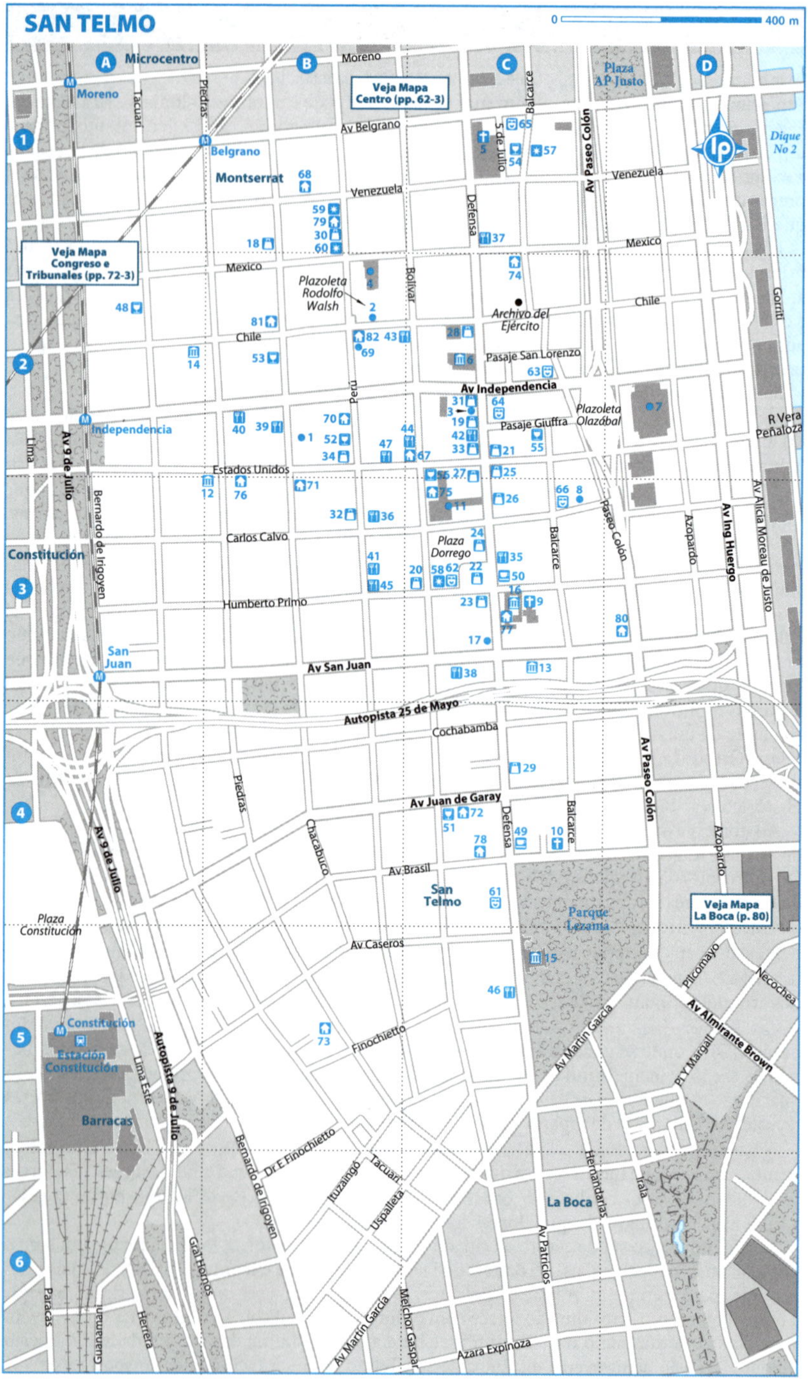
SAN TELMO
0
400 m
Microcentro
Moreno
Tacuarí
Piedras
Veja Mapa Centro (pp. 62-3)
Balcarce
Plaza AP Justo
Av Belgrano
Belgrano
Montserrat
5 de Julio
Av Paseo Colón
Venezuela
Dique No 2
Defensa
Mexico
Veja Mapa Congreso e Tribunales (pp. 72-3)
Plazoleta Rodolfo Walsh
Bolívar
Archivo del Ejército
Chile
Gorriti
Pasaje San Lorenzo
Av Independencia
Plazoleta Olazábal
Pasaje Giuffra
R Vera Peñaloza
Perú
Independencia
Lima
Av 9 de Julio
Estados Unidos
Bernardo de Irigoyen
Paseo Colón
Azopardo
Av Ing Huergo
Av Alicia Moreau de Justo
Carlos Calvo
Plaza Dorrego
Constitución
Humberto Primo
San Juan
Av San Juan
Autopista 25 de Mayo
Cochabamba
Av Juan de Garay
Chacabuco
Av Brasil
San Telmo
Veja Mapa La Boca (p. 80)
Plaza Constitución
Parque Lezama
Av Caseros
Pilcomayo
Necochea
Av Almirante Brown
Finochietto
Av Martín García
Pi Y Margall
Estación Constitución
Lima Este
Autopista 9 de Julio
Barracas
Dr E Finochietto
Tacuarí
Ituzaingó
Uspallata
Hernandarias
Irala
La Boca
Av Patricios
Gral Hornos
Paracas
Herrera
Guanahani
Melchor Gaspar
Azara Expinoza

SAN TELMO

EL ZANJÓN DE GRANADOS Mapa p. 76

☎ 4361-3002; www.elzanjon.com.ar; Defensa 755; visitas 11h, 12h, 13h e 14h seg-sex, a cada 30min 13-18h dom; 29

Esse incrível sítio arqueológico urbano, um dos lugares mais singulares de BA, é a realização do sonho de Jorge Eckstein, que encontrou as ruínas após comprar o terreno para um projeto comercial e, então, restaurou-as. O Zanjón (barranco) hoje oferece um vislumbre fascinante da história arquitetônica da cidade.

Túneis, canos de esgoto e cisternas construídos sobre um córrego (a partir de 1730) forneceram a base para uma das construções mais antigas de BA, que mais tarde se tornou uma mansão e depois abrigou um cortiço e algumas lojas. Reconstruído meticulosamente tijolo a tijolo, e com iluminação bastante atraente, esse "museu" também contém vários pátios e até mesmo uma torre de vigia. Há algumas relíquias em exposição nos inúmeros corredores, quartos e salas, mas os destaques são os próprios cômodos.

Você pode escolher entre dois tipos de visita: com 1h de duração, de segunda a sexta-feira (AR$50), ou de 30min, aos domingos (AR$30). Ligue para reservar com antecedência, principalmente se precisar de guias que falem inglês.

MUSEO HISTÓRICO NACIONAL

Mapa p. 76

☎ 4307-1182; Defensa 1600; entrada franca; 11-18h qua-dom; 29

Localizado no Parque Lezama e considerado o lugar onde Buenos Aires foi fundada, está o museu histórico nacional da cidade. Ele se dedica à exibição de itens relacionados à revolução argentina de 25 de maio de 1810.

TRANSPORTE: SAN TELMO

Ônibus Pegue o ônibus 59 para a Recoleta e Palermo, e o 29, para La Boca, Plaza de Mayo e Palermo.

Subte A Línea C liga o extremo oeste de San Telmo e Retiro.

o melhor

MUSEUS DE ARTE

- Museo Nacional de Bellas Artes (p. 88)
- Museo de Arte Latinoamericano de Buenos Aires (Malba; p. 90)
- Museo Nacional de Arte Decorativo (p. 91)
- Colección de Arte Amalia Lacroze de Fortabat (Museo Fortabat; p. 68)
- Museo de Arte Moderno de Buenos Aires (MAMBA; p. 78)

No interior, os objetos ficam expostos de maneira um tanto esparsa, mas organizada. Além de documentos antigos e de uma sala de vídeo, há retratos de presidentes e outras figuras históricas, e você pode visitar uma recriação dos aposentos de José de San Martín – herói militar e libertador da Argentina e outros países sul-americanos.

No entanto, talvez a exposição mais interessante seja a de algumas pinturas mostrando negros africanos celebrando o carnaval e dançando *candombe* (gênero musical baseado em percussão e criado no início do século 18 por escravos trazidos à região do rio da Prata). A história dos negros na Argentina é limitada e misteriosa – o país comercializava escravos, mas hoje pouquíssimas pessoas de descendência africana vivem aqui.

O relógio do herói argentino Manuel Belgrano foi roubado do museu em 2007 e, desde então, as coisas nunca mais foram as mesmas. Esteja preparado para um sistema de segurança rígido durante a visita – bolsas e mochilas são revistadas, e há guardas por toda parte.

MUSEO DE ARTE MODERNO DE BUENOS AIRES Mapa p. 76

☎ 4342-2938; www.museodeartemoderno.buenosaires.gov.ar; av. San Juan 350; entrada AR$1, grátis ter; 🕑 12-21h seg-sex, 11-20h sáb e dom; 🚌 29

Instalado em um antigo armazém de fumo, esse museu (abreviado MAMBA) reabriu em dezembro de 2010 após ficar fechado por cinco anos, devido a uma reforma de AR$85 milhões (que deve prosseguir até 2012). Ele ainda estava fechado durante nosso período de pesquisa, mas você encontrará cinco andares de salões de exposição novos em folha com apresentações multimídia de artistas argentinos contemporâneos, além de obras clássicas internacionais. Há ainda uma biblioteca, um auditório de 240 lugares, uma loja de lembranças e um café.

MUSEO PENITENCIARIO Mapa p. 76

☎ 4361-0917; Humberto Primo 378; entrada franca; 🕑 14-18h qui-dom; 🚌 29

Esse edifício de 1760 já foi convento e depois presídio feminino, antes de se tornar museu penitenciário em 1980. Celas restauradas dão uma ideia da condição em que as presas viviam. Não deixe de ver as bombas de gás lacrimogênio para controlar rebeliões, as bolas de tênis usadas para esconder drogas e os uniformes antigos.

MUSEO DEL TRAJE Mapa p. 76

☎ 4343-8427; Chile 832; entrada por doação; 🕑 15-19h ter-dom; Ⓢ Línea C Independencia

Próximo à fronteira com Montserrat, esse pequeno museu de moda está sempre trocando de roupa. Você pode encontrar roupas de casamento do fim do século 19, vestimentas populares no início do século 20 ou até mesmo peças usadas por viajantes da rota da seda. Se tiver sorte, poderá ver acessórios como pentes, chapéus e bengalas elegantes em exposição. As visitas (em espanhol) são feitas às 17h aos domingos; estão disponíveis informações em inglês.

CONVENTO DE SANTO DOMINGO Mapa p. 76

☎ 4331-1668; esq. Defensa e Belgrano; Ⓢ Línea E Bolívar, Línea A Plaza de Mayo

Marcando o início de San Telmo, esse prédio dominicano do século 18 tem história longa e excêntrica. Na torre leste, você verá recriações das marcas deixadas pelo ataque às tropas britânicas aquarteladas aqui durante a invasão de 1806. A basílica (somente visitas agendadas) exibe as bandeiras que foram capturadas dos britânicos. Secularizado durante a presidência de Bernardino Rivadavia (1826–27), o edifício tornou-se museu de história natural e sua única torre original funcionou como observatório astronômico até o governador Juan Manuel de Rosas devolvê-lo à ordem dos dominicanos.

LA BOCA

Onde comer p. 131 Onde dormir p. 188

Morada da classe operária, La Boca é um bairro frequentado sobretudo pelos locais e costuma ser retratado como símbolo de Buenos Aires. Em meados do século 19, abrigou imigrantes vindos da Espanha e da Itália que se estabeleceram às margens do Riachuelo – o sinuoso rio que separa a cidade da circundante província de Buenos Aires. Muitos vieram na próspera década de 1880 e acabaram trabalhando em empacotadoras e armazéns locais, processando e despachando boa parte da valiosa carne argentina. Após dar nova pintura aos barcos, os moradores costumavam usar os restos de tinta nas fachadas de suas casas, criando involuntariamente o que mais tarde daria fama a La Boca. Porém, isso também causou problemas. A cor que tornou famoso o bairro acabou chegando ao rio, que pagou caro por todo o lixo industrial e o petróleo despejados. Por isso, hoje as águas do porto abandonado são cobertas por uma grossa camada de óleo nas cores do arco-íris. Cascos enferrujados de navios afundados também podem ser vistos, o que mantém a história de La Boca bastante presente.

O El Caminito é a rua mais famosa do bairro e o principal destino dos turistas. Com nome inspirado em um tango, a viela oferece um colorido panorama que rendeu milhões de fotografias. Ônibus cheios de turistas com câmeras a tiracolo lotam as ruas vizinhas, principalmente nos fins de semana, quando é montada uma pequena feira de artesanato perto da orla. Artistas de rua e dançarinos de tango se apresentam por alguns trocados e você pode tirar fotos com eles ou atrás de divertidos bonecos de papelão. Vale a pena visitar alguns museus de arte das redondezas e, próximo ao rio, há um calçadão de onde é possível aspirar de perto o ar do Riachuelo.

O símbolo da comunidade é o time de futebol Boca Juniors, equipe em que atuou o genial Diego Maradona. O time joga no estádio La Bombonera, que fica a apenas quatro quarteirões na direção do centro e contém um museu com detalhes sobre o sucesso do Boca, entre outras coisas.

A caminho de La Boca, repare na Casa Amarilla, situada na altura do número 400 da av. Almirante Brown. Ela é uma réplica da casa de campo do almirante Brown, o fundador irlandês da Marinha argentina. Três quarteirões adiante (olhe para a curva à esquerda), você verá a curiosa estrutura gótica chamada Torre Fantasma. Ao chegar ao Riachuelo, saia do ônibus e percorra os últimos quarteirões a pé. Observe a Puente Nicolás Avellaneda, que atravessa o Riachuelo, ligando La Boca ao subúrbio industrial de Avellaneda – antes da construção dessa ponte, em 1940, enchentes haviam levado várias outras. Desse local, siga pela margem do rio até El Caminito.

La Boca se localiza na extremidade sul do centro da cidade, logo depois de San Telmo. A avenida principal, av. Almirante Brown, percorre metade do bairro e vai até o rio, onde se encontra a oeste com a av. Don Pedro de Mendoza e passa por El Caminito. Todos os ônibus param ali e voltam. O estádio La Bombonera fica a quatro quarteirões ao norte do rio, na Calle Del Valle Iberlucea.

FUNDACIÓN PROA Mapa p. 80

☎ 4104-1000; www.proa.org; av. Don Pedro de Mendoza 1929; entrada AR$10; 🕑 11-19h ter-dom; 🚌 29, 64, 152

Amplos salões com pé-direito alto e paredes brancas abrigam as exposições temporárias que passam por essa elegante fundação. Apenas artistas nacionais e internacionais de vanguarda são convidados para expor aqui, ajudando a estimular a cena artística de Buenos Aires com obras contemporâneas de uma variedade de mídias e temas. Há também salas de vídeo e um auditório, além de uma incrível biblioteca. O terraço é o lugar mais transado de La Boca, perfeito para relaxar tomando uma bebida ou fazendo um lanche com vista para o Riachuelo. O museu tem uma rica programação anual com palestras, aulas, oficinas, shows e mostras de cinema, além de oferecer wi-fi grátis.

MUSEO DE BELLAS ARTES DE LA BOCA BENITO QUINQUELA MARTÍN Mapa p. 80

☎ 4301-1080; www.museoquinquela.gov.ar; av. Don Pedro de Mendoza 1835; doação sugerida AR$5; 🕑 10-18h ter-sex, 11-18h sáb e dom; 🚌 29, 64, 152

Outrora casa e estúdio de Benito Quinquela Martín (1890–1977), esse museu de

TRANSPORTE: LA BOCA

Ônibus Pegue os ônibus 29, 64 e 152 no centro; todos seguem até o Caminito.

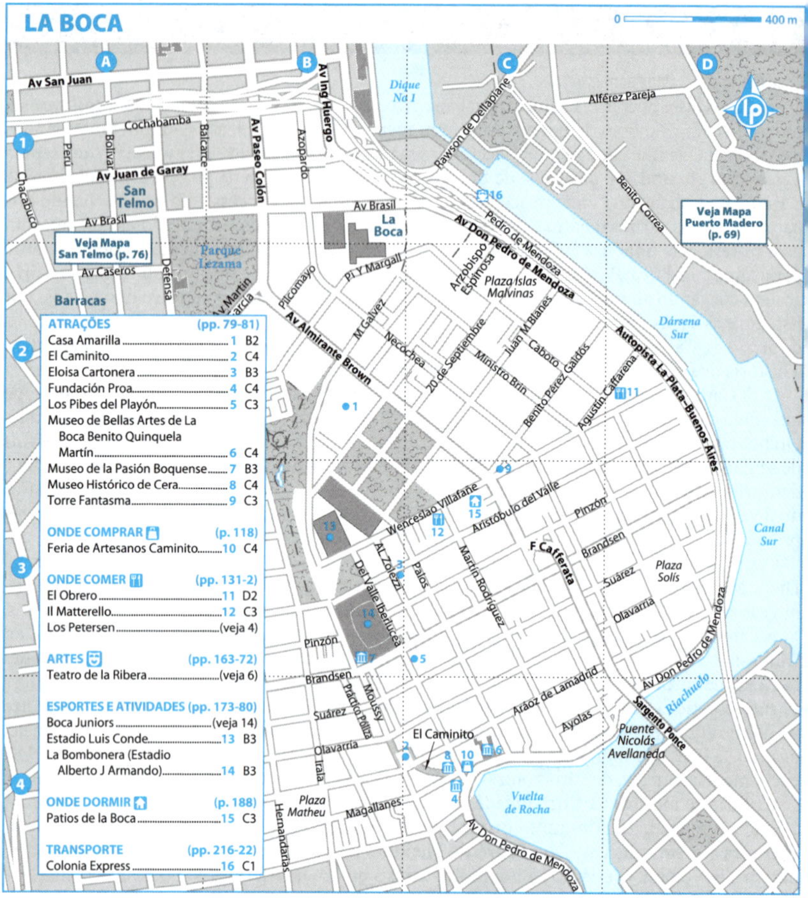

belas-artes exibe obras dele e de outros artistas argentinos contemporâneos. Algumas exposições são temporárias, mas o museu sempre oferece boas coleções, dispostas em salões espaçosos.

Sustentando o tema marítimo desse museu, está a pequena mas incrível coleção permanente de *mascarones* – ou carrancas, esculturas de madeira que costumavam ornamentar as proas dos veleiros que singravam o Prata. Há também esculturas externas nos terraços, e o piso mais alto oferece vistas maravilhosas do porto. O último andar abriga as pinturas surrealistas de Martín, cujas pinceladas amplas e fortes, além das cores escuras, têm como temas recorrentes o porto, as silhuetas de trabalhadores, chaminés e reflexos na água.

MUSEO DE LA PASIÓN BOQUENSE

Mapa p. 80

☎ 4362-1100; www.museoboquense.com; Brandsen 805; entrada AR$28; 10-18h; 29, 64, 152

Moderno e com boa estrutura, esse museu de futebol narra a história do estádio de La Bombonera, o temido caldeirão portenho, do Boca Juniors e seus maiores ídolos, com vídeos de jogadas sensacionais, painéis sobre campeonatos, troféus e, é claro, muitos goooools. Há um teatro 360º em um auditório em forma de bola de futebol gigante, uma coleção de camisas antigas e uma loja de lembranças. O museu fica no estádio, a poucos quarteirões da zona turística do El Caminito. Pagando alguns pesos a mais, você também pode admirar o gramado.

ALERTA SOBRE LA BOCA

La Boca não é um bairro para caminhadas casuais – algumas áreas podem ser bem barra-pesada. Não se distancie da orla do rio, do Caminito (e ruas turísticas vizinhas) ou do estádio La Bombonera, principalmente se estiver com uma câmera cara. E não atravesse a ponte sobre o Riachuelo – não há nada para ver, de qualquer forma. Para passear a pé por La Boca em segurança, confira a seção de Passeios a Pé na p. 229; a agência Anda Responsible Travel tem uma boa opção.

LOS PIBES DEL PLAYÓN Mapa p. 80

☎ 4303-4010; www.pibesdelplayon.blogspot.com; Del Valle Iberlucea 938; 🕑 9-18h; 🚌 29, 64, 152

Essa pequena padaria pertence a uma cooperativa administrada por uma mulher muito dinâmica, Cristina Mangravide, que queria melhorar a vida das crianças mais pobres de La Boca. Produtos caseiros – incluindo alfajores, os deliciosos sanduíches de biscoitos que fazem a fama da Argentina – são confeccionados pelos adolescentes rebeldes da região. É uma causa nobre: os jovens se mantêm ocupados adquirindo conhecimentos que poderão ser úteis no futuro e você tem a chance de ajudá-los enquanto satisfaz seu desejo por doces.

MUSEO HISTÓRICO DE CERA Mapa p. 80

☎ 4301-1497; www.museodecera.com.ar; Del Valle Iberlucea 1261; entrada AR$10; 🕑 11-20h; 🚌 29, 64, 152

Reproduções de cera de cabeças (literalmente) famosas da Argentina e dioramas de cenas marcantes da história do país são a especialidade dessa pequena instituição de gosto duvidoso. Entre os personagens em exposição estão Juan de Solís, Guillermo Brown, Mendoza, Garay e Rosas. Além disso, há cobras empalhadas e assustadores membros de cera mostrando picadas dos animais – nada que valha o preço da entrada.

RETIRO

Onde beber p. 147 e p. 152; Onde comer p. 132; Onde comprar p. 114; Onde dormir p. 190

Bem localizado e exclusivo, Retiro é um dos bairros mais refinados de Buenos Aires – mas nem sempre foi assim. A região abrigou um mosteiro no século 17 e mais tarde tornou-se o retiro de campo de Agustín de Robles, um governante espanhol. Desde então, a atual Plaza San Martín – localizada em uma colina – já foi endereço de um mercado de escravos, um forte e até mesmo uma arena de touradas. Hoje em dia, é tudo muito mais calmo e exclusivo.

O paisagista francês Carlos Thays projetou a arborizada Plaza San Martín, cujo proeminente monumento é, como não poderia deixar de ser, a estátua equestre de José San Martín. Muitos dignitários visitam o local para honrar o libertador do país, deixando coroas de flores aos pés da estátua. Na descida da colina da praça, você verá o *Monumento a los caídos de Malvinas*, um memorial aos jovens que morreram na guerra de 1982.

Ao redor da praça há vários prédios públicos que são pontos turísticos, como o Palacio San Martín (p. 82), uma mansão de estilo *art nouveau* construída para a prestigiosa família Anchorena. Mais tarde, tornou-se a sede do Ministério de Relações Exteriores. Hoje é usada principalmente para fins oficiais. Há também o impressionante Palacio Paz (também conhecido como Círculo Militar; p. 82), construído em 1909 para o fundador do jornal *La Prensa*, José C. Paz. O edifício já foi a maior residência da Argentina, com 12.000 m², e seus cômodos e corredores ricamente decorados merecem, sem dúvida, uma visita. Dentro do mesmo prédio fica o Museo de Armas (p. 83), parada obrigatória para os aficionados.

Localizado em um pitoresco quarteirão triangular na esquina da Florida com a Santa Fe, o neogótico **Palacio Haedo** (Mapa p. 84; av. Santa Fe 690) era a mansão da família Haedo, na virada no século 19. Hoje, abriga a administração de parques nacionais do país. Nas proximidades, fica um edifício residencial que foi o **último endereço de Jorge Luis Borges na Argentina** (Mapa p. 84; Maipú 994); procure pela placa no muro. O **Edificio Kavanagh** (Mapa p. 84; Florida 1035), por sua vez, é imperdível. Com 120m, essa monstruosidade *art déco* foi a estrutura de concreto mais alta do mundo à época da inauguração (1935). Nas proximidades, fica a **Basílica de Santísimo Sacramento** (Mapa p. 84; Plaza San Martín 1039), uma igreja de estilo francês consagrada pela família Anchorena em 1916.

Outro atração da região é a Torre de los Ingleses (p. 83), de 76m, que fica em frente à Estación Retiro (estação de trem). Ela foi construída em 1915, quando os britânicos controlavam as ferrovias argentinas. Apesar de boa parte de Retiro ser elegante e habitada pela elite, a região além da rodoviária é ocupada por favelas e não se recomenda explorá-la.

Mais ao norte, fica o luxuoso Museo de Arte Hispanoamericano Isaac Fernández Blanco (p. 83), cujo jardim oferece uma pausa do agito do bairro. Do outro lado da av. 9 de Julio, está o incrível Teatro Nacional Cervantes (p. 83), com arquitetura espanhola e um museu teatral. Em frente, ficam a Plaza Lavalle e outros pontos turísticos. Veja o bairro Congreso (p. 71) para mais detalhes.

Retiro se localiza logo ao norte do Microcentro e a leste da Recoleta. A maior parte da região é compacta, fácil de conhecer a pé. Há grandes terminais de transporte, que incluem a estação de trem e a rodoviária, e as vias principais são as avs. del Libertador, Santa Fe e Córdoba.

PALACIO SAN MARTÍN Mapa p. 84

☎ 4819-8092, ramal 8150; Arenales 761; Ⓢ Línea C San Martín

Construído em 1912 para a poderosa família Anchorena, essa impressionante mansão é na verdade composta de três prédios independentes que circundam um pátio de pedra. Ela foi projetada pelo arquiteto Alejandro Christophersen e ostenta escadarias de mármore, salas de jantar grandiosas e um jardim com um pedaço do Muro de Berlim. Há ainda um pequeno porém bom museu, que exibe artefatos pré-colombianos da região noroeste, além de algumas pinturas de artistas latino-americanos. O local é aberto a visitações, que podem ser suspensas a qualquer momento.

PALACIO PAZ Mapa p. 84

☎ 4311-1071, ramal 147; www.palaciopaz.com.ar; Santa Fe 750; somente visitas guiadas AR$20; 🕑 11h e 15h ter-sex, 11h sáb; Ⓢ Línea C San Martín

Outrora residência de José C. Paz – fundador do jornal *La Prensa*, ainda em circulação – esse opulento palácio de estilo francês é o mais majestoso de BA. Os seus 12.000 m² encerram cômodos adornados com paredes de mármore, salões com detalhes folheados a ouro e corredores com assoalho de madeira. A *pièce de résistance* é o grande salão circular com mosaicos no piso, detalhes em mármore e uma cúpula com vitrais. Quase todos os materiais vieram da Europa e as peças foram montadas aqui. Há também um jardim modesto nos fundos do prédio. Visitas guiadas em inglês (AR$35) estão disponíveis às quartas e quintas-feiras, às 16h.

MUSEO DE ARMAS Mapa p. 84

☎ 4311-1071; av. Santa Fe 702; entrada AR$10; 🕓 13-19h seg-sex; Ⓢ Línea C San Martín
Mesmo quem já serviu às forças armadas provavelmente nunca viu tantas armas. Esse museu labiríntico exibe uma excelente coleção de mais de 2 mil bazucas, canhões, metralhadoras, mosquetes, pistolas, armaduras, lanças e espadas. Há até mesmo máscaras de gás para cavalos. A evolução dos rifles e revólveres é bem documentada e há também uma pequena porém incrível sala de armas japonesas. A coleção é imensa, impressionante, organizada, bem sinalizada e pode fazer você sentir vontade de explodir alguma coisa.

TORRE DE LOS INGLESES Mapa p. 84

Plaza Fuerza Aérea Argentina; Ⓢ Línea C Retiro
Erguendo-se majestosamente em frente à Plaza San Martín, essa versão com 76m de altura do Big Ben foi doada pela comunidade britânica da cidade em 1916. Durante a Guerra das Malvinas (1982), a torre foi bombardeada e o governo renomeou-a oficialmente de Torre Monumental – mas o nome nunca pegou. A Plaza em que ela se situa costumava ser chamada de Plaza Británica, mas é hoje chamada Plaza Fuerza Aérea Argentina.

MUSEO DE ARTE HISPANOAMERICANO ISAAC FERNÁNDEZ BLANCO Mapa p. 84

☎ 4327-0228; www.museofernandezblanco.buenosaires.gov.ar; Suipacha 1422; entrada AR$1; 🕓 14-19h ter-sex, 11-19h sáb e dom; Ⓢ Línea D San Martín
Esse museu foi instalado em uma bela mansão de 1921 em estilo colonial peruano, uma reação às influências francesas na arquitetura argentina na virada do século 19. Sua excepcional coleção de arte colonial inclui objetos de prata do Alto Peru (atual Bolívia), telas a óleo de temas religiosos, estátuas jesuítas, roupas, móveis, prataria e outros itens coloniais. Não percebemos muitos esforços em organizar os objetos em contextos históricos, mas tudo está em excelentes condições e a iluminação é boa. Além disso, o forro côncavo do primeiro andar possui uma pintura belíssima. O museu tem ainda um jardim que oferece um santuário verde isolado do tumulto da cidade.

Também conhecido como Palacio Noel, em homenagem ao arquiteto que projetou o edifício, o museu e sua coleções sofreram danos (já reparados) no bombardeio de 1992 à embaixada israelense, que na época situava-se na esquina da Arroyo com Suipacha. O espaço onde ficava o prédio foi transformado em um pequeno parque – ainda é possível ver o contorno da construção em um muro vizinho.

TRANSPORTE: RETIRO

Ônibus Pegue o ônibus 59 para a Recoleta e Palermo, 22, 45 e 126 para San Telmo, 150 para o Congreso.
Subte A Línea C liga Retiro ao extremo oeste de San Telmo.

o melhor

MUSEUS EXCÊNTRICOS

- Museo del Patrimonio Aguas Argentinas (p. 74)
- Museo Histórico de Cera (p. 81)
- Museo de la Pasión Boquense (p. 80)
- Museo de la Policía Federal (p. 63)
- Museo del Traje (p. 78)
- Museo de Armas (p. 83)

TEATRO NACIONAL CERVANTES Mapa p. 84

☎ 4815-8883; www.teatrocervantes.gov.ar; av. Córdoba 1155; Ⓢ Línea D Tribunales
É impossível não reparar no ornamentadíssimo Teatro Cervantes, seis quarteirões a sudoeste da Plaza San Martín. Esse prédio histórico data de 1921 e foi construído com recursos privados, mas adquirido pelo Estado após a falência, em 1926. A fachada é uma réplica daquela da Universidad de Alcalá de Henares, na Espanha. O edifício foi reformado em 1961, após um incêndio. Do grande saguão até a sala de espetáculos principal, com macias cadeiras de veludo vermelho, você respirará a longa história do lugar (um tanto mofado). O Cervantes definitivamente aparenta ter a idade que

RETIRO
0
400 m
Río de la Plata
Dársena Norte
Puerto Madero
Dique No 4
Av Antártida Argentina
Av Alicia Moreau de Justo
Grierson
Bouchard
Av Eduardo Madero
Av Leandro N Alem
25 de Mayo
Torre Catalinas Plaza
Laminar Plaza
Torre Bank Boston
Av Comodoro Py
E de Brasil
Av de los Inmigrantes
Av Ramos Mejía
Martín Zuviría
Plaza Canadá
Plaza del Carril
Plaza Fuerza Aérea Argentina
San Martín
Estación Retiro
Retiro
Plaza Libertador General San Martín
Padre Mugica
Quiroga
Basavilbaso
Esmeralda
Suipacha
Arroyo
Carlos Pellegrini
Av 9 de Julio
Cerrito
Libertad
Talcahuano
Uruguay
Paraná
Montevideo
Pizzurno
Rodríguez Peña
Callao
Av del Libertador
Plaza Pellegrini
Av Santa Fe
Arenales
Juncal
Dr Rojas
Florida
Marcelo T de Alvear
Reconquista
Tres Sargentos
Maipú
Paraguay
Av Córdoba
Viamonte
Centro Naval
Galerías Pacífico
Microcentro
Veja Mapa Centro (pp. 62-3)
Plaza Libertad
Plaza Lavalle
Congresso
Plaza Vicente López y Planes
Plaza de Peña
Veja Mapa Recoleta e Barrio Norte (p. 87)
Recoleta
Barrio Norte
Posadas
Ayacucho
Av Alvear
Av Quintana
Rodríguez Peña
Vicente López
Guido
Av Callao
Av Las Heras
Pacheco de Melo
Parera
Plaza Intendente Alvear

RETIRO

INFORMAÇÕES

- Alhec 1 D4
- American Express 2 D3
- British Arts Centre 3 C2
- Casa de Misiones 4 C3
- Consulado do Brasil 5 C2
- Consulado da Itália 6 C4
- Correo Internacional 7 E1
- DHL Internacional 8 D4
- Dirección Nacional de Migraciones 9 F2
- Hospital Británico (clínica) 10 B4
- Hostelling International 11 D4
- Quiosque de Turismo (veja 82)
- Quiosque de Turismo P. San Martin 12 D3
- Secretaria de Turismo de la Nación 13 C3
- Tangol 14 D4
- VOS 15 B4
- Western Union 16 C4
- Wow Argentina 17 C3

ATRAÇÕES (pp. 82-5)

- Basílica de Santísimo Sacramento 18 E3
- Edificio Kavanagh 19 D3
- Jorge Luis Borges (última residência) 20 D3
- Monumento a los Caidos de Malvinas 21 D3
- Museo de Armas 22 D3
- Museo de Arte Hispanoamericano Isaac Fernández Blanco 23 C2
- Museo Nacional del Teatro 24 C4
- Palacio Haedo (Parques Nacionales) 25 D3
- Palacio Paz 26 D3
- Palacio San Martín 27 D3
- Teatro Nacional Cervantes 28 C4
- Torre de los Ingleses 29 E2

ONDE COMPRAR (pp. 114-16)

- Autoría 30 C3
- Camping Center 31 D4
- Casa López 32 D3
- Gabriella Capucci 33 B2
- Galería 5ta Avenida 34 B3
- Galería Ruth Benzacar 35 D3
- Josefina Ferroni 36 B3
- Kel Ediciones 37 B4
- La Martina 38 D4
- María Vázquez 39 C1
- Papelera Palermo 40 C3
- Patio Bullrich 41 C1
- Tierra Adentro 42 D2
- Welcome Marroquinería 43 E3
- Winery 44 E4

ONDE COMER (pp. 132-3)

- Dadá 45 E4
- El Cuartito 46 B4
- El Federal 47 E3
- Empire Thai 48 E4
- Filo 49 E4
- Freddo 50 A3
- Gran Bar Danzón 51 C3
- Le Sud 52 D2
- Sipan 53 D4

ONDE BEBER (pp. 143-53)

- Buller Brewing Company 54 E4
- Café Retiro 55 D2
- Druid In 56 E3
- Florida Garden 57 D4
- Flux Bar 58 C4
- Kilkenny 59 E3
- Marriott Plaza Bar 60 D3
- Milión 61 B3

VIDA NOTURNA (pp. 155-61)

- El Living 62 B4

ARTES (pp. 163-72)

- Atlas Cines Patio Bullrich (veja 41)
- Escuela Argentina de Tango 63 B3
- Teatro Coliseo 64 C4

ONDE DORMIR (pp. 189-90)

- Casa Calma 65 C3
- Dazzler Hotel 66 C4
- Elevage Hotel 67 D4
- Four Seasons Buenos Aires 68 C2
- Hotel Central Córdoba 69 E3
- Hotel Principado 70 E4

TRANSPORTE (pp. 216-22)

- American Airlines 71 D3
- Avis 72 C2
- British Airways 73 C2
- Buquebus (escritório) 74 D4
- Buquebus (terminal) 75 F4
- Colonia Express (escritório) 76 D4
- Delta 77 C3
- Hertz 78 C4
- Lan 79 C4
- Manuel Tienda León (MTL) 80 E2
- New Way 81 D3
- Terminal de Ônibus de Retiro 82 E1
- Swissair 83 D3

tem – carpetes e acabamentos já viram tempos melhores –, mas projetos de restauração estão em andamento. Até lá, aproveite a elegância, mesmo desbotada, com uma visita (ligue para informações sobre os horários). O teatro apresenta peças, comédias, musicais e espetáculos de dança a preços acessíveis.

MUSEO NACIONAL DEL TEATRO

Mapa p. 84

☎ 4815-8883, ramal 156; av. Córdoba 1199; entrada franca; 10-18h seg-sex; Línea D Tribunales

O Teatro Cervantes (entre pela porta da esquina) abriga o Museo Nacional del Teatro, que acompanha o teatro argentino desde os primórdios em tempos coloniais, destacando as contribuições feitas no século 19 pela família Podestá – imigrantes italianos que popularizaram o drama *gauchesco Juan Moreira*. O acervo conta com peças como o terno usado por Gardel em seu filme hollywoodiano *El día que me quieras* e o *bandoneón* que pertenceu a Paquita Bernardo, a primeira argentina a tocar o instrumento semelhante ao acordeão (ela morreu de tuberculose em 1925, aos 25 anos). Há também uma galeria de fotos de grandes nomes do teatro do país.

RECOLETA E BARRIO NORTE

Onde beber p. 147 e p. 153; Onde comer p. 133; Onde comprar p. 116; Onde dormir p. 191

A Recoleta é o Rolls Royce de Buenos Aires. É onde os ricos vivem em apartamentos luxuosos e mansões e passam o tempo livre fazendo compras em butiques caras, como Cartier e Armani. É onde os privilegiados passeiam com seus poodles mimados e tingem o cabelo de tons cada vez mais suntuosos. É onde a elite toma café em ambientes elegantes aos domingos, com suas melhores roupas. E finalmente descansa em paz no famoso cemitério local (veja adiante).

Uma informação interessante sobre esse refinado bairro é que ele foi resultado de uma epidemia. Muitos portenhos da alta sociedade viviam em San Telmo, mais ao sul da cidade, nos anos 1870. Porém, durante uma epidemia de febre amarela, eles se mudaram para a região mais distante possível, ou seja, para a Recoleta e o Barrio Norte, do outro lado de Buenos Aires. Hoje, os melhores exemplos da riqueza do suntuoso bairro estão na av. Alvear, onde se localizam muitas mansões antigas (e novas butiques).

Repleta de parques exuberantes, monumentos, arquitetura francesa e largas avenidas, a Recoleta é mais conhecida pelo Cementerio de la Recoleta. Essa atração obrigatória é uma necrópole surpreendente onde, assim como em vida, gerações da elite argentina repousam em berço esplêndido (veja o quadro na p. 88).

Vizinha do cemitério, a **Iglesia de Nuestra Señora del Pilar** (1732) é uma igreja colonial barroca e monumento histórico nacional; subindo as escadas, você encontra um pequeno museu (AR$5). Ao lado, fica o Centro Cultural Recoleta (p. 88), um dos melhores centros culturais da cidade. Logo em frente, a Plaza Intendente Alvear hospeda a popular feira de artesanato de fim de semana, Feria Plaza Francia (p. 118). Atravessando a praça, na R. M. Ortiz, fica a "rua dos restaurantes", o reduto gastronômico dos turistas – apesar de poucos lugares merecerem uma visita (p. 133).

Entre os edifícios notáveis do bairro estão o lindo Palais de Glace, de arquitetura francesa, e a decrépita **Facultad de Ingeniería** (Mapa p. 87; Faculdade de Engenharia; esq. General Las Heras e Azcuénaga), um prédio neogótico projetado pelo arquiteto uruguaio Arturo Prins, mas nunca concluído.

Já a bela e interessante escultura **Floralis Genérica** fica bem no centro Plaza Naciones Unidas (logo atrás do Museo Nacional de Bellas Artes). Ela foi projetada e fundida pelo arquiteto Eduardo Catalano e concluída em 2002. As pétalas de 20m dessa flor gigantesca de alumínio e aço costumavam se fechar do pôr do sol ao amanhecer, como uma flor de verdade – até as engrenagens se quebrarem.

O Barrio Norte não é exatamnente um bairro, mas uma extensa área residencial no sul da Recoleta. Alguns o consideram uma microrregião da Recoleta (outras partes confundem-se com Retiro e Palermo) – tudo depende da pessoa com quem você estiver falando. Entretanto, o Barrio Norte tem ambiente mais acessível do que o irmão mais luxuoso, principalmente nas proximidades da agitada av. Santa Fe. Aqui, você encontrará centenas de lojas, todas competindo pela atenção dos consumidores e convenientemente servidas por ônibus e metrô (coisa pouco comum na Recoleta).

A faculdade de medicina da Universidad de Buenos Aires, além de alguns hospitais e muitas lojas de equipamentos médicos, situam-se mais ao sul, próximo da av. Córdoba. A atmosfera é cheia da energia dos jovens estudantes e, com frequência, uma feira de artesanato é montada na Plaza de Houssay.

A Recoleta situa-se com elegância entre Retiro e Palermo, enquanto o Barrio Norte fica logo ao sul e mais perto do Once. As principais atrações concentram-se ao redor do cemitério e você pode caminhar facilmente do centro até o bairro. As vias principais incluem as avs. Las Heras, Santa Fe, Córdoba, Callao e del Libertador.

CEMENTERIO DE LA RECOLETA Mapa p. 87

☎ 4803-1594; esq. Junín e Guido; entrada franca; 🕑 7-18h; 🚌 59

Pode-se dizer que esse cemitério seja a principal atração de Buenos Aires e uma atração obrigatória na lista de qualquer turista. Você pode caminhar por horas e horas nessa incrível morada dos mortos, onde inúmeras alamedas são margeadas por impressionantes estátuas e túmulos de mármore. Dê uma olhada nas criptas e não deixe de conferir os caixões empoeirados – os quais guardam, em sua maioria, os restos mortais de membros da elite da cidade – e tente decifrar a história de seus ocupantes. Presidentes do passado, heróis militares, políticos influentes

RECOLETA E BARRIO NORTE

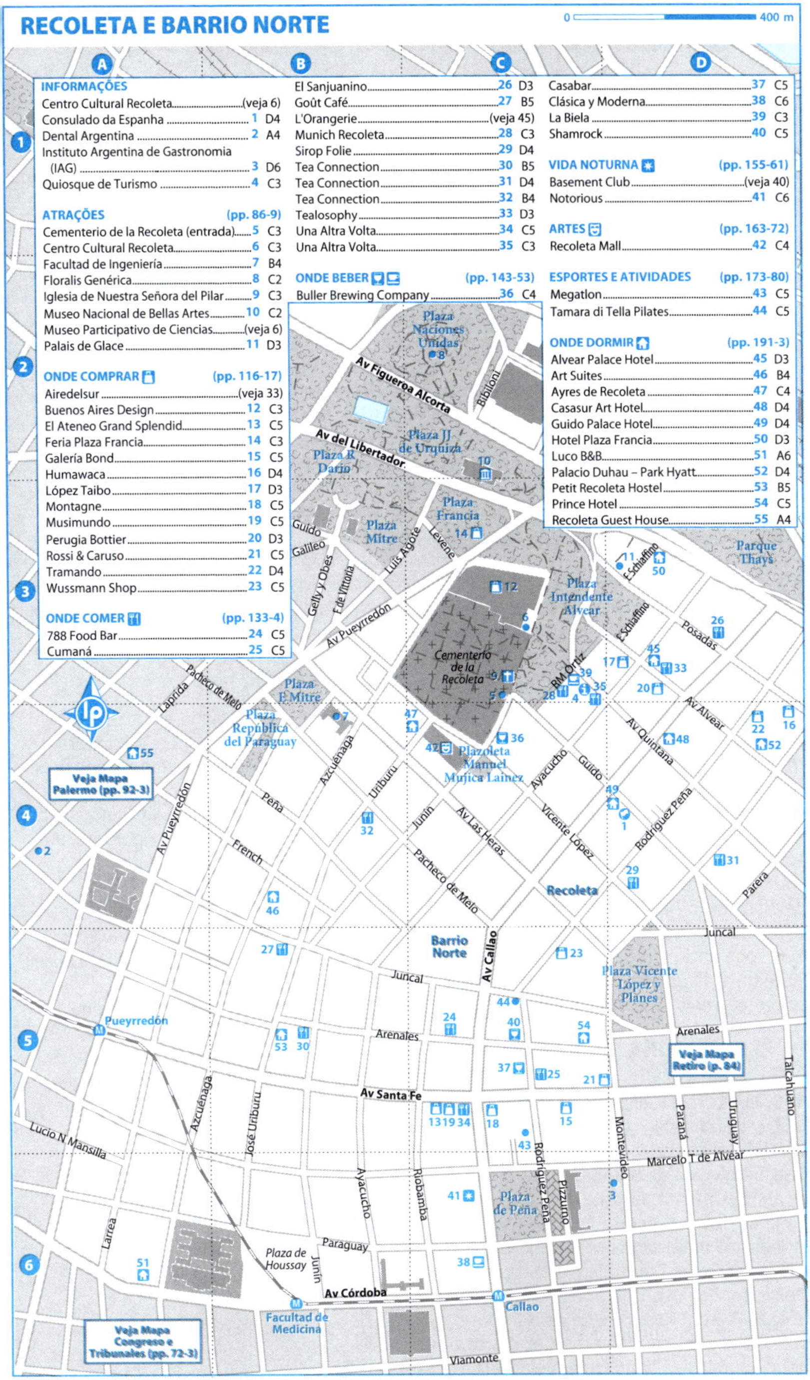

INFORMAÇÕES
- Centro Cultural Recoleta .... (veja 6)
- Consulado da Espanha 1 D4
- Dental Argentina 2 A4
- Instituto Argentina de Gastronomia (IAG) 3 D6
- Quiosque de Turismo 4 C3

ATRAÇÕES (pp. 86-9)
- Cementerio de la Recoleta (entrada) 5 C3
- Centro Cultural Recoleta 6 C3
- Facultad de Ingeniería 7 B4
- Floralis Genérica 8 C2
- Iglesia de Nuestra Señora del Pilar 9 C3
- Museo Nacional de Bellas Artes 10 C2
- Museo Participativo de Ciencias .... (veja 6)
- Palais de Glace 11 D3

ONDE COMPRAR (pp. 116-17)
- Airedelsur .... (veja 33)
- Buenos Aires Design 12 C3
- El Ateneo Grand Splendid 13 C5
- Feria Plaza Francia 14 C3
- Galería Bond 15 C5
- Humawaca 16 D4
- López Taibo 17 D3
- Montagne 18 C5
- Musimundo 19 C5
- Perugia Bottier 20 D3
- Rossi & Caruso 21 C5
- Tramando 22 D4
- Wussmann Shop 23 C5

ONDE COMER (pp. 133-4)
- 788 Food Bar 24 C5
- Cumaná 25 C5
- El Sanjuanino 26 D3
- Goût Café 27 B5
- L'Orangerie .... (veja 45)
- Munich Recoleta 28 C3
- Sirop Folie 29 D4
- Tea Connection 30 B5
- Tea Connection 31 D4
- Tea Connection 32 B4
- Tealosophy 33 D3
- Una Altra Volta 34 C5
- Una Altra Volta 35 C3

ONDE BEBER (pp. 143-53)
- Buller Brewing Company 36 C4
- Casabar 37 C5
- Clásica y Moderna 38 C6
- La Biela 39 C3
- Shamrock 40 C5

VIDA NOTURNA (pp. 155-61)
- Basement Club .... (veja 40)
- Notorious 41 C6

ARTES (pp. 163-72)
- Recoleta Mall 42 C4

ESPORTES E ATIVIDADES (pp. 173-80)
- Megatlon 43 C5
- Tamara di Tella Pilates 44 C5

ONDE DORMIR (pp. 191-3)
- Alvear Palace Hotel 45 D3
- Art Suites 46 B4
- Ayres de Recoleta 47 C4
- Casasur Art Hotel 48 D4
- Guido Palace Hotel 49 D4
- Hotel Plaza Francia 50 D3
- Luco B&B 51 A6
- Palacio Duhau – Park Hyatt 52 D4
- Petit Recoleta Hostel 53 B5
- Prince Hotel 54 C5
- Recoleta Guest House 55 A4

MORTE GLORIOSA EM BUENOS AIRES

Apenas em Buenos Aires os ricos e poderosos mantém o status mesmo após a morte. Quando as décadas de fartura de comida e bebida cobram seu preço, a alta sociedade da cidade atravessa cerimoniosamente a rua até o Cementerio de la Recoleta (p. 86), para reunir-se aos antepassados no lugar que visitaram religiosamente por toda a vida.

Os argentinos têm o estranho hábito de homenagear suas mais importantes personalidades não na data de nascimento, mas na da morte (afinal, não eram ninguém quando nasceram). Em nenhum outro lugar a obsessão pela morte se faz mais evidente do que na Recoleta, onde gerações e gerações da elite descansam gloriosamente em seus mausoléus. O preço do metro quadrado aqui está entre os mais altos da cidade: há um ditado que diz que "é mais barato viver com extravagância a vida toda do que ser enterrado na Recoleta".

Ser rico não garante um lugar especial aqui; o sobrenome também tem muito peso. Os poucos felizardos de famílias como Alvear, Anchorena, Mitre ou Sarmiento têm espaço garantido. Os restos mortais de Evita estão nesse cemitério (no jazigo da família Duarte), mas o fato de ela não ter sido parte da aristocracia e ter dedicado a vida não aos ricos de BA, mas sim aos pobres, enfureceu os figurões da cidade. Para encontrá-la, siga até o primeiro grande cruzamento depois da entrada, onde há uma estátua. Vire à esquerda, continue até que um mausoléu bloqueie seu caminho, contorne-o e entre à direita numa "rua" larga. Após três quarteirões, olhe para a esquerda e provavelmente verá pessoas no local, além de montes de flores.

Um cemitério maior, porém menos turístico, é o Cementerio de la Chacarita (p. 58; ☎ 4553-9338; 680 Guzman; 🕒 7-18h), localizado no bairro da Chacarita. Ele foi inaugurado na década de 1870 para receber as vítimas da epidemia de febre amarela em San Telmo e La Boca. Apesar de mais democrático e modesto, as tumbas mais elaboradas se igualam às mais luxuosas da Recoleta. Uma das mais visitadas pertence a Carlos Gardel, o famoso cantor de tango. Plaquetas de todos os lugares do mundo cobrem a base de sua estátua em tamanho natural, muitas agradecendo-lhe pelas graças concedidas. Como Evita, Juán Perón e outros, Gardel é quase um santo por quem inúmeros argentinos têm devoção quase religiosa. As datas de nascimento e morte de Gardel são motivo de peregrinação e enchem as ruas do cemitério.

Outra personalidade espiritual que está em Chacarita é Madre María Salomé, discípula do famoso curandeiro Pancho Sierra. Todos os dias, mas principalmente no segundo dia de cada mês (ela morreu em 2 de outubro de 1928), seguidores de sua seita cobrem o túmulo com cravos brancos. Outras criptas que merecem uma visita são as de Juán Perón e do aviador Jorge Newbery. Para visitar o Chacarita, pegue a Línea B do Subte, desça na Frederico Lacroze e atravesse a rua.

e outros ricos e famosos foram carregados pelos portões. Procure o túmulo de Evita, como fazem todos os visitantes; veja as indicações no quadro acima.

Visitas guiadas em inglês são oferecidas às segundas e quintas-feiras, às 11h. Já em espanhol, às terças e sextas às 9h30, 11h, 14h e 16h. A entrada é franca. Voluntários da associação Amigos del Cementerio de la Recoleta vendem mapas a preços baixos, mas você pode também comprar o excelente guia de Robert Wright em pdf no endereço www.recoletacemetery.com.

MUSEO NACIONAL DE BELLAS ARTES Mapa p. 87

☎ 5288-9900; www.mnba.org.ar; av. del Libertador 1473; entrada franca; 🕒 12h30-20h ter-sex, 9h30-20h sáb, dom e feriados; 🚌 17, 62, 67

Essa antiga casa de bombas do sistema de abastecimento de água da cidade foi projetada pelo arquiteto Julio Dormala e modificada mais tarde por Alejandro Bustillo (famoso pelo centro cívico em estilo alpino em Bariloche, no norte da Patagônia). Hoje esse é o museu de arte mais importante da Argentina, cujo acervo conta com obras-primas de Benito Quinquela Martín, Xul Solar, Edwardo Sívori e outros artistas argentinos dos séculos 19 e 20. No térreo, há também obras de mestres estrangeiros, como Cézanne, Degas, Picasso, Rembrandt, Toulouse-Lautrec e Van Gogh. Outras atrações incluem exposições temporárias, um cinema, shows e palestras.

CENTRO CULTURAL RECOLETA Mapa p. 87

☎ 4803-1040; www.centroculturalrecoleta.org; Junín 1930; 🕒 14-21h sex-sex, 10-21h sáb e dom; 🚌 59

Parte do convento franciscano original e vizinho da igreja e do cemitério homônimos, esse atuante centro cultural abriga galerias de arte, salas de exposição e um cinema. Além de também oferecer eventos, cursos e oficinas, o seu Museo Participativo de

TRANSPORTE: RECOLETA E BARRIO NORTE

Ônibus Os ônibus 59 e 64 partem do Microcentro e sobem a av. Las Heras.

Subte A Línea D tem estações na região sul da Recoleta.

Ciencias (p. 91) é um espaço que as crianças desvendam ativamente. Ocasionalmente são exibidos filmes ao ar livre no verão.

PALAIS DE GLACE Mapa p. 87

☎ 4804-1163; www.palaisdeglace.gov.ar; Posadas 1725; ⏲ 14-20h ter-sex, 8-20h sáb e dom; 🚌 17, 62, 67

Instalado em um incomum edifício circular que já foi rinque de patinação no gelo e salão de tango (felizmente, em momentos diferentes!), o espaçoso Palais de Glace hoje oferece uma diversidade de exposições temporárias, artísticas e históricas. Não deixe de conferir o segundo andar, cujo interessante teto e outros detalhes arquitetônicos justificam uma visita. O local fica aberto a visitas guiadas (apenas em espanhol) aos sábados e domingos, às 16h30 e 17h30.

PALERMO

Onde beber p. 148; Onde comer p. 134; Onde comprar p. 117; Onde dormir p. 193

Palermo é o paraíso na terra para a classe média de Buenos Aires. Seus grandes parques gramados – elegantemente pontuados por monumentos – são destinos populares nos fins de semana, quando muitas famílias enchem os caminhos sombreados, pedalam pelas ciclovias e remam nos lagos tranquilos. As áreas verdes de Palermo, porém, nem sempre foram frequentadas pelas massas. A região ao redor do Parque 3 de Febrero era o retiro particular do ditador Juan Manuel de Rosas durante o século 19 e tornou-se um parque público somente após sua queda – no dia 3 de fevereiro de 1852. Ironicamente para Rosas, o homem que o depôs – seu ex-aliado Justo José de Urquiza – monta seu cavalo em um monumento grandioso na esquina das avs. Sarmiento e Presidente Figueroa Alcorta. Os pontos mais interessantes do parque, entretanto, incluem o Jardín Japonés (p. 95), o Jardín Zoológico (p. 95), o Jardín Botánico Carlos Thays, o Planetario Galileo Galilei (veja p. 91), o Campo Argentino de Polo e o Hipódromo Argentino. Logo ao sul do zoológico, fica um dos grandes pontos turísticos de Palermo, a Plaza Italia, um canteiro central em forma de meia-lua e importante terminal de transporte. Nas proximidades, encontra-se o La Rural (também conhecido como Predio Ferial), um grande centro de exposições que recebe de tudo, de desfiles de moda a exposições agropecuárias.

Para os turistas, a melhor atração de Palermo é a microrregião Palermo Viejo. Mais ou menos delimitada pelas avenidas Santa Fe, Córdoba e Dorrego e a Calle Scalabrini Ortiz, essa é uma das regiões que mais lança tendências na capital. Ela ainda é subdividida em Palermo Hollywood (ao norte dos trilhos do trem) e Palermo Soho (ao sul dos trilhos), ambos repletos de belos edifícios, ruas de paralelepípedos e calçadas arborizadas. Dezenas de restaurantes étnicos e ultramodernos satisfazem aqueles que desejam comida japonesa, vietnamita, brasileira, grega e até mesmo norueguesa, apesar de os primeiros lugares da lista serem ocupados pela cozinha internacional (veja p. 134). Há também vários bares e casas noturnas na região; visitar as redondezas da Plaza Serrano nas noites de fim de semana é uma maravilha. Os grandes estilistas de vanguarda de Buenos Aires também possuem dezenas de butiques no local. Há ainda muitas lojas refinadas de utensílios domésticos e outras lojas interessantes. Por fim, existem inúmeros lugares para se hospedar – a área abriga diversos hotéis-butique, pousadas e albergues.

Outra microrregião (porém muito menor e mais descontraída) de Palermo é Las Cañitas, mais ao norte. Ela ocupa alguns quarteirões próximos aos campos de polo. Essa é basicamente uma área residencial vizinha a Belgrano, e o nome é uma homenagem às plantações de cana-de-açúcar que existiam por aqui. Hoje em dia, no entanto, o doce fica por conta das atraentes sobremesas encontradas nas dezenas de restaurantes da av. Báez, a principal via comercial. A alguns quarteirões de distância, há vários restaurantes, bares, cafés e uma ou outra casa noturna, que ficam bastante agitados à noite. A sudeste de Las Cañitas fica o **Centro Islámico Rey Fahd** (Mapa p. 92; ☎ 4899-0201; www.ccislamicoreyfahd.org.ar; av. Bullrich 55), construído com dinheiro saudita em um terreno doado pelo ex--presidente e atual fora da lei Carlos Menem. Visitas guiadas em espanhol acontecem às terças, quintas e sábados ao meio-dia (traga documento com foto e entre pela av. Int. Bullrich).

Muitos museus importantes e elegantes embaixadas também se localizam em Palermo, principalmente em Palermo Chico (também chamada de Barrio Parque), microrregião de elite que faz divisa com a Recoleta, habitada por muitos ricos e famosos da cidade. Palermo é um dos maiores bairros de Buenos Aires e situa-se a noroeste da Recoleta. As vias principais incluem as avs. Santa Fe, del Libertador e, na fronteira sul, a av. Córdoba.

MUSEO DE ARTE LATINOAMERICANO DE BUENOS AIRES (MALBA) Mapa p. 92

☎ 4808-6541; www.malba.org.ar; av. Figueroa Alcorta 3415; entrada AR$20, qua AR$8; 🕓 12-20h qui-seg, até 21h qua; 🚌 67, 102

Esse cintilante e arejado museu de arte moderna é um dos mais novos e bonitos de BA. Criado pelo patrono das artes Eduardo F. Costantini, o Malba conta com um acervo de arte latino-americana clássica e contemporânea, com obras de artistas como os argentinos Xul Solar e Antonio Berni, além do casal mexicano Diego Rivera e Frida Kahlo. Excelentes exposições temporárias são feitas em diferentes salões. Há também programações infantis ocasionais e um cinema que exibe filmes alternativos. Uma pequena livraria, uma loja de lembranças e um refinado café--restaurante completam o cenário. Ligue pra solicitar visitas guiadas em inglês.

BUENOS AIRES PARA CRIANÇAS

Quem viaja com crianças tem opções variadas no que diz respeito a atividades em Buenos Aires. Nos fins de semana, famílias lotam os parques de Palermo para fazer caminhadas, piqueniques ou praticar esportes. Os shopping centers ficam cheios de carrinhos de bebê, mas lugares ideais para a família, como zoológicos, museus e parques temáticos, também são destinos muito procurados. Os portenhos simplesmente adoram crianças – e isso é visível.

As áreas verdes da cidade incluem o Parque 3 de Febrero, em Palermo, onde nos fins de semana o tráfego é fechado no anel viário ao redor do jardim de rosas (aqui você pode alugar bicicletas, barcos e patins). Outros programas bons para crianças incluem o Planetario Galileo Galilei (Mapa p. 92; ☎ 4771-9393; www.planetario.gov.ar; esq. av. Sarmiento e Roldán), o zoológico (p. 95) e o jardim japonês (p. 95). Quem está no centro da cidade e precisa relaxar um pouco em meio à natureza pode conhecer a Reserva Ecológica Costanera Sur (p. 70), uma grande reserva natural, ótima para observar pássaros, passear em agradáveis trilhas de terra e aproveitar a ausência de tráfego; também conta com aluguel de bicicletas.

A maioria dos grandes shopping centers possui parquinhos, fliperamas, cinemas e lojas de brinquedos. O Paseo Alcorta (p. 121) tem vários brinquedos de parques de diversões próximos a uma ampla praça de alimentação, enquanto o Mercado de Abasto (p. 97) ostenta o ótimo Museo de los Niños (Museu das Crianças; Mapa p. 98; ☎ 4861-2325; www.museoabasto.org.ar; av. Corrientes 3247; entrada adulto/2-18 anos AR$12/24 seg-sex, AR$15/30 sáb e dom; 🕒 13-20h ter-dom, diariamente jan-fev) onde as crianças entram em uma cidade em miniatura que tem de tudo: correio, hospital e até mesmo emissora de TV. O Abasto possui também um miniparque de diversões.

Localizado em San Telmo, o Museo Argentino del Títere (Museu de Fantoches; Mapa p. 76; ☎ 4307-6917; www.museoargdeltitere.com.ar; Piedras 905; entrada franca; 🕒 9h30-12h30, 15-18h ter, qua e sex, 15-18h qui, sáb e dom; espetáculos para a família 16h e 17h30 sáb e dom fev-set, 17h30 out-dez, espetáculos para adultos 21h sáb mai-nov) tem uma fascinante coleção de fantoches importados e nacionais, mas os shows, que custam apenas AR$25, é que divertirão a garotada. Não deixe de visitar o Museo Participativo de Ciencias (Mapa p. 87; ☎ 4806-3456; www.mpc.org.ar; Junín 1930; entrada AR$16; 🕒 10-17h seg-sex, 15h30-19h30 sáb e dom; os horários podem variar de acordo com as temporadas), no Centro Cultural Recoleta. Esse museu de ciências apresenta atrações interativas que visam ao aprendizado lúdico – o aviso diz *"prohibido no tocar"*. Os cristãos podem levar os filhos ao Tierra Santa (p. 100), um parque temático religioso diferente de tudo que você já viu.

Fora do centro, em Caballito, fica o Museo Argentino de Ciencias Naturales (p. 99), com inúmeras salas contendo enormes ossos de dinossauros, conchas delicadas, insetos assustadores e animais empalhados.

Visitar Tigre (p. 200), logo ao norte do centro, é um excelente passeio. Lá, pegue o divertido Tren de la Costa; os trilhos terminam no Parque de la Costa (p. 202), um parque de diversões com brinquedos e atividades. Nas proximidades, há passeios de barco e uma feira de artesanato e utensílios domésticos.

A cerca de 45min de carro da cidade fica o excepcional Parque Temaikén (☎ 034-8843-6900; www.temaiken.org.ar; Ruta Provincial 25 km 1, Escobar; adultos/crianças 3-10 anos AR$65/50, estacionamento AR$12; 🕒 10-19h ter-dom dez-fev, até 18h mar-nov). Apenas espécies mais exóticas (como suricatos e tigres) são exibidas aqui, em amplos espaços naturais cercados. O belo lugar é organizado e se assemelha a um parque. Há atrações incríveis, como um borboletário, um lindo aquário e um grande aviário com muitos papagaios e tucanos. Áreas interativas fornecem estímulo mental e os serviços oferecidos incluem aluguel de carrinhos, loja de lembranças e restaurantes. Saindo de Temaikén fica um parquinho administrado pela Heladería Munchi. Nas terças-feiras, paga-se meia-entrada (exceto feriados).

A maioria dos restaurantes recebe crianças, mas, se um lugar aparenta ser "muito requintado", é bom perguntar se ele aceita crianças da idade em questão. O mesmo vale para acomodações (com exceção talvez de pequenos hotéis-butiques ou pousadas) – mais uma vez, vale a pena perguntar.

Para mais detalhes sobre viajar com crianças para Buenos Aires, veja a p. 225.

MUSEO NACIONAL DE ARTE DECORATIVO Mapa p. 92

☎ 4801-8248; www.mnad.org; av. del Libertador 1902; entrada AR$5, grátis ter; 🕒 14-19h ter-dom mar-dez, 14-19h ter-sáb jan e fev; 🚌 59, 60

Esse museu localiza-se na maravilhosa mansão de estilo *beaux arts* chamada Residencia Errázuriz Alvear (1917), que apresenta belos elementos, como colunas coríntias e uma magistral escadaria de mármore inspirada no palácio de Versailles. Há também um incrível salão com teto de madeira entalhada, vitrais e uma enorme lareira de pedra.

A mansão já foi residência do aristocrata chileno Matías Errázuriz e sua esposa, Josefina de Alvear, e hoje expõe muitos de seus luxuosos pertences. Tudo, desde as pinturas religiosas renascentistas e pratos de porcelana até as esculturas italianas e móveis antigos, pertenceu a Errázuriz. Há ainda algumas obras de El Greco, Manet

PALERMO

A
B
C
D
1
2
3
4
5
6
Plaza Belgrano
Belgrano
Veja Mapa Belgrano (p. 101)
Av V Alsina
Hipódromo Argentino
Virrey Loreto
Zebala
11 de Septiembre
Villanueva
Teodoro García
Av Federico Lacroze
5 de la Independencia
José Hernández
Olleros
Gorostiaga
J Newbery
B Matienzo
Migueletes
Av del Libertador
Las Cañitas
Av Cabildo
Palpa
3 de Febrero
Maure
Arce
Av Báez
Ortega Y Gasset
Av L Chenaut
Arévalo
Arguibel
Av Luis María Campos
Huergo
Clay
Campo Argentino de Polo de Palmero
Campo Argentina de Polo
Olleros
Zapata
Ciudad de la Paz
Colegiales
Savio
Ministro Carranza
Estación Ministro Carranza
Palermo
Av Int Bullrich
Beruti
Arévalo
Dr Emilio Ravignani
Angel Justiniano Carranza
Bonpland
Fitz Roy
Humboldt
Godoy Cruz
JSM de Oro
Darregueyra
Uriarte
Paraguay
Zapiola
Arenal
Dorrego
Costa Rica
El Salvador
Nicaragua
Soler
Guatemala
Estación Palermo
Álvarez Thomas
Palermo Hollywood
Av Juan B Justo
Palermo Soho
José Antonio Cabrera
Honduras
Gorriti
Av Forest
F Lacroze
Estación Federico Lacroze
Juan Ramírez de Velasco
Aguirre
Nicaragua
Soler
Uriarte
Niceto Vega
Av Córdoba
Darwin
Serrano
Plaza Serrano
El Salvador
Plaza Palermo Viejo
Veja Ampliação
Cementerio de la Chacarita
Dorrego
Av Juan B Justo
Jufré
Castillo
Gurruchaga
Acevedo
Lerma
Malabia
José Antonio Cabrera
Av Scalabrini Ortiz
Villa Crespo
Thames
Jorge Luis Borges
El Salvador
Costa Rica
Nicaragua
Gurruchaga
Honduras
Gorriti
Armenia
Plaza Serrano
Plaza Palermo Viejo
Aráoz
Loyola
Aguirre
Lavalleja
Av Estado del Israel
Rocamora
Guardia Vieja
Pringles
Palestina
Humahuaca
Lambaré
Malabia
Angel Gallardo
Av Corrientes
Luis María Drago

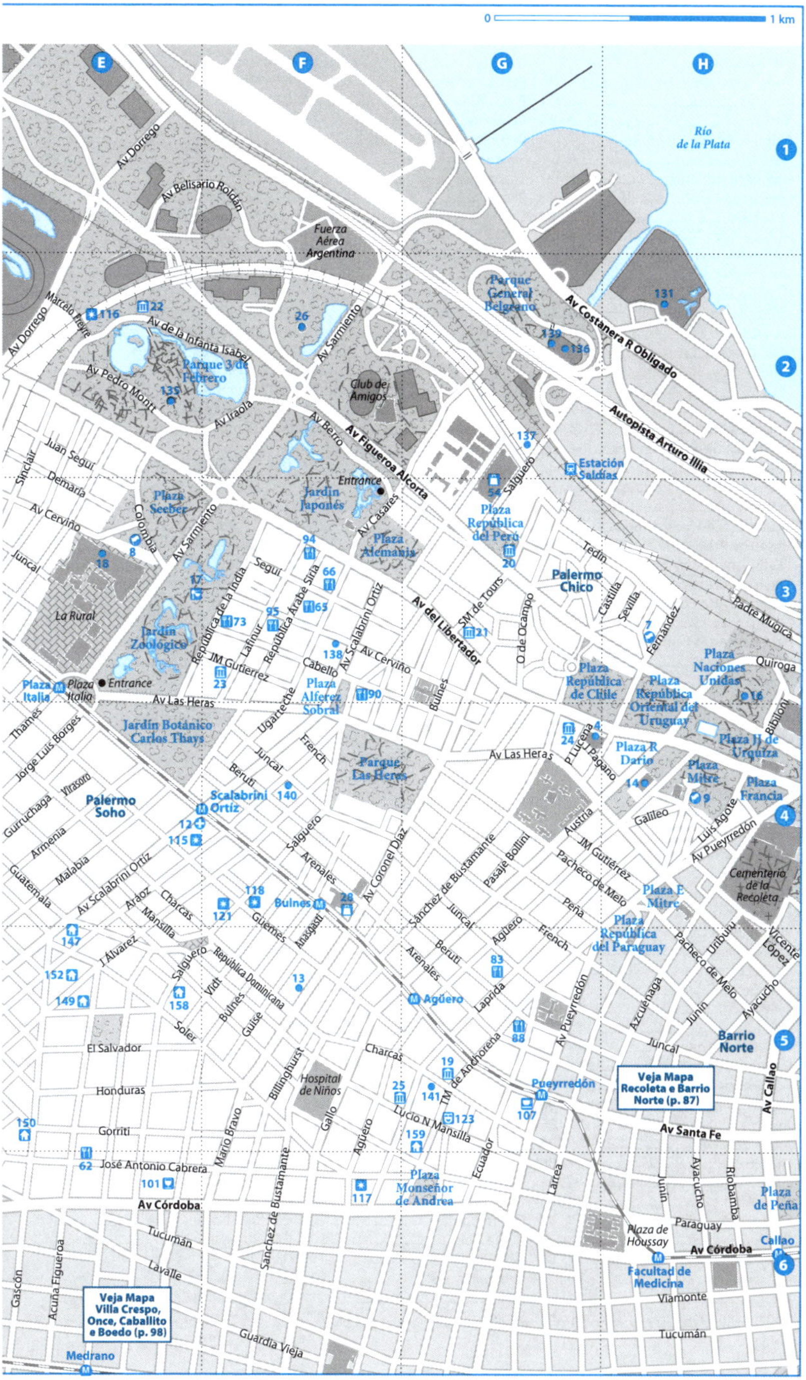
0
1 km
Río de la Plata
Fuerza Aérea Argentina
Parque General Belgrano
Av Costanera R Obligado
Autopista Arturo Illia
Av Dorrego
Av Belisario Roldán
Marcelo Freire
Av de la Infanta Isabel
Parque 3 de Febrero
Av Pedro Montt
Av Iraola
Av Sarmiento
Club de Amigos
Av Berro
Av Figueroa Alcorta
Entrance
Jardín Japonés
Av Casares
Plaza Alemania
Estación Saldías
Salguero
Plaza República del Perú
Palermo Chico
Tedín
Castilla
Sevilla
Fernández
Padre Mugica
Quiroga
Plaza Naciones Unidas
Plaza Seeber
Colombia
Juan Seguí
Demaría
Sinclair
Av Cerviño
Juncal
La Rural
Jardín Zoológico
República de la India
Seguí
República Árabe Siria
Lafinur
Scalabrini Ortiz
Av del Libertador
SM de Tours
O de Ocampo
Plaza República de Chile
Plaza República Oriental del Uruguay
Plaza II de Urquiza
Bibiloni
JM Gutiérrez
Cabello
Plaza Alferez Sobral
Bulnes
Plaza Italia
Av Las Heras
Jardín Botánico Carlos Thays
Thames
Jorge Luis Borges
Ugarteche
French
Juncal
Beruti
Parque Las Heras
P Lucena
LT Pagano
Plaza R Darío
Plaza Mitre
Plaza Francia
Galileo
Luis Agote
Av Pueyrredón
Palermo Soho
Gurruchaga
Virasoro
Armenia
Malabia
Guatemala
Av Scalabrini Ortiz
Scalabrini Ortiz
Salguero
Arenales
Av Coronel Díaz
Sánchez de Bustamante
Pasaje Bollini
Austria
Pacheco de Melo
Peña
Plaza E Mitre
Cementerio de la Recoleta
Araoz
Charcas
Mansilla
Güemes
Anasagasti
Bulnes
Plaza República del Paraguay
Uriburu
Vicente López
J Álvarez
Salguero
República Dominicana
Vidt
Guise
Soler
Agüero
Laprida
Av Pueyrredón
Azcuénaga
Junín
Ayacucho
Barrio Norte
Agüero
El Salvador
Honduras
Gorriti
José Antonio Cabrera
Av Córdoba
Charcas
Hospital de Niños
Billinghurst
Mario Bravo
Gallo
TM de Anchorena
Lucio N Mansilla
Ecuador
Pueyrredón
Veja Mapa Recoleta e Barrio Norte (p. 87)
Av Santa Fe
Av Callao
Plaza Monseñor de Andrea
Larrea
Junín
Ayacucho
Riobamba
Plaza de Peña
Paraguay
Plaza de Houssay
Av Córdoba
Callao
Facultad de Medicina
Viamonte
Tucumán
Tucumán
Lavalle
Sánchez de Bustamante
Guardia Vieja
Gascón
Acuña Figueroa
Veja Mapa Villa Crespo, Once, Caballito e Boedo (p. 98)
Medrano

PALERMO

INFORMAÇÕES

- Anda Responsible Travel ... 1 D5
- Areatres ... 2 C4
- Areatres ... 3 B6
- Automóvil Club Argentino (ACA) ... 4 G4
- Biblioteca Nacional ... (veja 14)
- Consulado e Embaixada da Austrália ... 5 B1
- Embaixada da Alemanha ... 6 C2
- Embaixada do Canadá ... 7 H3
- Embaixada do EUA ... 8 E3
- Embaixada do RU ... 9 H4
- Instituto Geográfico Militar ... 10 C2
- Say Hueque ... 11 D4
- Swiss Medical ... 12 E4
- Vamos ... 13 F5

ATRAÇÕES (pp. 90-6)

- Biblioteca Nacional ... 14 H4
- Centro Islàmico Rey Fahd ... 15 D2
- Floralis Genérica ... 16 H3
- Jardín Zoológico ... 17 E3
- La Rural ... 18 E3
- Museo Casa de Ricardo Rojas ... 19 G5
- Museo de Arte Latinoamericano de Buenos Aires (Malba) ... 20 G3
- Museo de Arte Popular José Hernández ... 21 G3
- Museo de Artes Plásticas Eduardo Sívori ... 22 E2
- Museo Evita ... 23 F3
- Museo Nacional de Arte Decorativo ... 24 G4
- Museo Xul Solar ... 25 F5
- Planetario Galileo Galilei ... 26 F2

ONDE COMPRAR (pp. 117-21)

- 28 Sport ... 27 A6
- Alto Palermo ... 28 F4
- Arte Étnico Argentino ... 29 B6
- Atípica ... 30 D5
- Bokura ... 31 A6
- Bolivia ... 32 A6
- Boutique del Libro ... 33 D4
- Calma Chicha ... 34 A6
- Capital Diseño and Objetos ... 35 A6
- Cora Groppo ... 36 B6
- DAM ... 37 B6
- El Cid ... 38 A6
- Feria Plaza Serrano ... 39 A6
- Hermanos Estebecorena ... 40 C3
- Humawaca ... 41 B6
- Jazmín Chebar ... 42 B6
- Josefina Ferroni ... 43 A6
- Juana de Arco ... 44 B6
- La Mercería ... 45 B6
- Lo de Joaquin Alberdi ... 46 A5
- Maria Cher ... 47 B6
- Mercado de las Pulgas ... 48 B4
- Mishka ... (veja 54)
- Mishka ... 49 B6
- Mission ... 50 A6
- Mission ... 51 C4
- Nadine Zlotogora ... (veja 29)
- Owoko ... 52 B6
- Papelera Palermo ... 53 A6
- Paseo Alcorta ... 54 G3
- Rapsodia ... 55 B6
- Recursos Infantiles ... 56 A5
- Sabater Hermanos ... 57 B5
- Trosman ... 58 D4
- Zivals ... 59 D5

ONDE COMER (pp. 134-9)

- Almacén Oui Oui ... 60 C3
- Artemisia ... 61 B4
- Artemisia ... 62 E6
- Azema Exotica Bistró ... 63 C3
- Bangalore ... 64 C4
- Bella Italia ... 65 F3
- Bella Italia Grill & Bar ... 66 F3
- Bio ... 67 D4
- Cluny ... 68 B6
- Don Julio ... 69 D4
- El Último Beso ... 70 D4
- Freud & Fahler ... 71 B6
- Green Bamboo ... 72 C3
- Guido's Bar ... 73 F3
- Il Ballo de Mattone ... 74 C4
- Krishna ... 75 D5
- La Dorita ... 76 C4
- Las Cholas ... 77 D2
- Las Cortaderas ... 78 C2
- Lelé de Troya ... 79 D4
- Little Rose ... 80 B6
- Mark's Deli & Coffeehouse ... 81 B6
- Miranda ... 82 C4
- Museo Evita Restaurante ... (veja 23)
- Natural Deli ... 83 G5
- Natural Deli ... 84 C1
- Novecento ... 85 D2
- Olsen ... 86 C4
- Oui Oui ... 87 C3
- Oviedo ... 88 G5
- Persicco ... 89 C1
- Persicco ... 90 F3
- Rave ... 91 C5
- Social La Lechuza ... 92 D4
- Sudestada ... 93 C3
- Un Altra Volta ... 94 F3
- Voulezbar ... 95 F3

ONDE BEBER (pp. 143-53)

- Acabar ... 96 C4
- Antares ... 97 D2
- Antares ... 98 A6
- Bach Bar ... 99 D5
- Bar 6 ... 100 B6
- Bulnes Class ... 101 E6
- Carnal ... 102 C4
- Casa Coupage ... 103 D4
- Casa Cruz ... 104 D4
- Chueca ... 105 C4
- Congo Bar ... 106 C4
- El Olmo ... 107 G5
- Home Hotel ... 108 C4
- Kim y Novak ... 109 D3
- Mundo Bizarro ... 110 C5
- Sitges ... 111 D6
- Sugar ... 112 B6
- Unico ... 113 C4
- Van Koning ... 114 D2

VIDA NOTURNA (pp. 155-61)

- Club Aráoz ... 115 E4
- Crobar ... 116 E2
- Glam ... 117 F6
- La Peña del Colorado ... 118 F4
- Los Cardones ... 119 D4
- Niceto Club ... 120 C4
- Thelonious Bar ... 121 F4

ARTES (pp. 163-72)

- Caserón Porteño ... (veja 145)
- Dance & Move ... 122 A4
- Escuela Brasileña de Danzas ... 123 G5
- La Viruta ... 124 D5
- Salon Canning ... 125 D5
- Tiempo de Gitanos ... 126 C4

ESPORTES E ATIVIDADES (pp. 173-80)

- Boulder ... 127 C2
- Campo Argentino de Polo ... 128 D2
- Campo Municipal de Golf ... 129 C1
- Centro Valletierra ... 130 B6
- Costa Salguero Driving Range ... 131 H2
- Espacio Oxivital ... 132 D4
- Hipódromo Argentino ... 133 D1
- Home Hotel ... (veja 108)
- Kurata Dojo ... 134 D3
- Parque 3 de Febrero ... 135 E2
- Parque General Belgrano ... 136 G2
- Salguero Tenis ... 137 G2
- Ser Spa ... 138 F3
- Sprint Haupt ... 139 G2
- Tamara di Tella Pilates ... 140 F4
- Vida Natural ... 141 G5

ONDE DORMIR (pp. 193-6)

- Abode ... 142 D4
- Bait Hostel ... 143 D4
- Casa Las Cañitas ... 144 D2
- Caserón Porteño ... 145 B3
- Che Lulu Guesthouse ... 146 D4
- Duque Hotel ... 147 E5
- Eco Pampa Hotel ... 148 D4
- Hotel Costa Rica ... 149 E5
- Ke Viva el Mundo ... 150 E5
- Livian Guesthouse ... 151 D6
- Magnolia Hotel ... 152 E5
- Mine Hotel ... 153 D5
- Noa Noa Lofts ... 154 C4
- Old Friends Hotel ... 155 D5
- Own Hotel ... 156 C4
- Palermitano ... 157 D4
- Posada Palermo ... 158 E5
- Reina Madre Hostel ... 159 G5
- Rendezvous Hotel ... 160 C4
- Rugantino Hotel ... 161 D4

TRANSPORTE (pp. 216-22)

- Automóvil Club Argentino (ACA) ... (veja 5)

TRANSPORTE: PALERMO

Ônibus Os ônibus 29, 59, 64 e 152 passam no Microcentro com destino à Plaza Italia; o 39 segue do Congreso a Palermo Viejo; o 111 vai do Microcentro a Palermo Viejo.

Subte A Línea D é o meio de transporte mais rápido até a região da Plaza Italia, em Palermo.

e Rodin. Visitas guiadas em inglês são feitas às terças e sábados às 14h30 (AR$15). Em dias ensolarados, você pode relaxar no adorável café na área externa.

JARDÍN ZOOLÓGICO Mapa p. 92

☎ 4011-9900; www.zoobuenosaires.com.ar; esq. avs. Las Heras e Sarmiento; entrada AR$15-22, franca até 12 anos; 10-18h ter-dom, até 17h abr-set; Línea D Plaza Italia

Instalado em 18ha no meio de Palermo, o Jardín Zoológico de Buenos Aires é um zoológico satisfatório que abriga muitos ambientes fechados "naturais" e de bom tamanho para os exemplares de mais de 350 espécies. Em fins de semana ensolarados, ele fica lotado de famílias que se divertem com os amplos espaços verdes, lagos artificiais e, é claro, os próprios bichos. Algumas das estruturas habitadas por eles são impressionantes; não deixe de ver a morada do elefante. O aquário, a ilha dos macacos, o espaço para os répteis e o grande aviário são outros destaques. Algumas atrações especiais (como um show de leões-marinhos ou o carrossel) têm custo adicional.

O zoológico é conhecido por ter obtido sucesso na reprodução de condores e tigres brancos, além de possuir uma fazenda educativa voltada às crianças. Aves aquáticas, lebres da patagônia, nútrias (roedores semiaquáticos) e felinos selvagens vivem à solta.

JARDÍN JAPONÉS Mapa p. 92

☎ 4804-4922; www.jardinjapones.org.ar; esq. avs. Alcorta e Casares; entrada AR$8; 10-18h; 67, 102

Inaugurado em 1967 e então doado à cidade em 1979 (no centenário da chegada dos primeiros imigrantes japoneses), o Jardín Japonés é um dos jardins mais bem cuidados da capital – e é um excelente lugar para descanso. No interior, você pode fazer uma escala em um restaurante japonês (que serve ótimos sushis), de frente para plácidos lagos de carpas com belas pontes. A casa de chá é ótima para fazer uma pausa, e há bonsais à venda. A cultura japonesa pode ser vivenciada em exposições ocasionais e oficinas de *ikebana*, *haiku*, *origami*, *taiko* (percussão japonesa), entre outros. Visite o site para ver os horários. Visitas guiadas em espanhol ocorrem todos os dias às 15h.

MUSEO DE ARTES PLÁSTICAS EDUARDO SÍVORI Mapa p. 92

☎ 4774-9452; www.museosivori.org.ar; av. de la Infanta Isabel 555; entrada AR$1, franca qua e sáb; 12-20h seg-sex, 10-20h sáb e dom; 10, 34

Homenagem ao pintor ítalo-argentino que estudou na Europa, esse moderno museu de arte argentina (localizado no Parque 3 de Febrero) tem espaços abertos que recebem exposições frequentes e diversas. As obras parisienses de Sívori refletem os temas europeus, mas outras mais recentes retomam os motivos argentinos, principalmente aqueles associados à vida rural nos pampas. Porém, a maioria das obras expostas é de outros artistas renomados do país, como Benito Quinquela Martín, Antonio Berni e Fernando Fader. O museu conta com um jardim de esculturas e um refinado café, e ocasionalmente são exibidas peças e shows e oferecidos cursos e oficinas.

MUSEO EVITA Mapa p. 92

☎ 4807-0306; www.museoevita.org; Lafinur 2988; entrada AR$5/15; 11-19h ter-dom; Línea D Plaza Italia

Quase todas as grandes personalidades do país possuem um museu, e Eva Perón (1919–52) não seria exceção. O Museo Evita imortaliza a heroína nacional com vídeos, fotos, livros, pôsteres, manchetes de jornais – até mesmo suas impressões digitais estão registradas. Entretanto, os objetos mais interessantes são, sem dúvida, suas roupas: vestidos, sapatos, bolsas, chapéus e blusas repousam com orgulho atrás de vidros, engomados e imaculados. Até mesmo carteiras e perfumes de Evita estão em exposição. Nosso item favorito é uma foto dela chutando uma bola de futebol – de salto alto. Há um elegante café no local.

MUSEO DE ARTE POPULAR JOSÉ HERNÀNDEZ Mapa p. 92

☎ 4803-2384; www.museohernandez.org.ar; av. del Libertador 2373; entrada AR$1, franca dom; 13-19h qua-sex, 10-20h sáb e dom; 67, 102

O destaque do primeiro prédio desse museu de tamanho modesto são itens de

PASSEANDO COM O CACHORRO

Buenos Aires possui uma legião de *paseaperros* (passeadores de cães), que podem ser vistos com até vinte cães nas ruas. Eles passeiam por regiões como a Recoleta, os parques de Palermo e até mesmo pelo centro da cidade, com animais de vários tipos, de vira-latas encardidos a cães de raça, todos abanando o rabo de alegria.

Os *paseaperros* são contratados por atarefados moradores de apartamentos que não podem ou não querem reservar um tempo para exercitar seus bichinhos – e que estão dispostos a pagar até AR$30 mensais por esse curioso serviço. Já que a maioria dos *paseaperros* não paga impostos, fica com o pagamento "limpo" no fim do mês.

A cada dia, milhares de cães depositam toneladas (quase literalmente) de excremento nas ruas e parques da capital. Você o perceberá assim que colocar os pés nas ruas de BA. Remover as fezes dos cachorros é uma exigência da prefeitura, mas não há fiscalização. Portanto, tenha muito cuidado com onde pisa – você verá montinhos de todas as texturas e tamanhos espalhados por quase todas as calçadas. Fique de olho principalmente em um tipo que a autora apelidou de *dulce de leche*.

Ainda assim, as dezenas de cãezinhos encoleirados são bastante obedientes e sempre divertidos de assistir, além de darem ótimas fotos para levar para casa.

artesanato e folclore em excelentes condições, além de um espaço subterrâneo para diversas exposições temporárias, cujos temas variam de acessórios *gauchos* a peças modernas para xadrez. Na parte traseira, ficam as exposições permanentes com peças artesanais dos índios Mapuche, como ponchos incrivelmente detalhados, além de uma curiosa e incompatível coleção de extravagantes fantasias de carnaval.

MUSEO XUL SOLAR Mapa p. 92

☎ 4824-3302; www.xulsolar.org.ar; Laprida 1212; entrada AR$10; 🕒 12-20h ter-sex, 12h-18h30 sáb, fechado em fev; Ⓢ Línea D Aguero, Pueyrredón

Xul Solar foi pintor, inventor, poeta e amigo de Jorge Luis Borges. Esse museu (que ocupa a sua antiga mansão) exibe mais de oitenta de suas pinturas singulares e coloridas, apesar de suaves. O estilo de Solar, que remete a Klee, ambienta figuras fantásticas, quase saídas de desenhos infantis, em paisagens cubistas surreais. As obras são exóticas o bastante para justificar uma classificação própria. Visitas guiadas em espanhol são feitas às terças e quintas-feiras, às 16h, e aos sábados, às 15h30.

MUSEO CASA DE RICARDO ROJAS Mapa p. 92

☎ 4824-4039; Charcas 2837; Ⓢ Línea D Aguero, Pueyrredón

Caminhe sob a fachada, inspirada na Casa de Independencia, em Tucumán, e contemple um curioso pátio cercado de motivos arquitetônicos europeus e incas. O famoso educador e escritor argentino Ricardo Rojas viveu aqui de 1929 a 1957 e, em seu escritório, escreveu a renomada obra *El santo de la espada* (1933). Observe na vitrine seus livros originais – a biblioteca contém 20 mil volumes. Uma antiga sala de jantar com móveis de época também remete ao passado. Telefone para se informar sobre horários de funcionamento, já que o museu estava fechado para reforma durante o período de pesquisa.

BIBLIOTECA NACIONAL Mapa p. 92

☎ 4808-6000; www.bn.gov.ar; Agüero 2502; 🕒 9-21h seg-sex, 12-19h sáb e dom, visitas guiadas em espanhol 15h seg-sex; 🚌 59, 60

Após duas décadas de problemas e atrasos na construção, a biblioteca nacional finalmente se mudou para esse prédio feio e colossal em formato de cogumelo, em 1992. Proeminentes personalidades literárias argentinas e latino-americanas, como Ernesto Sábato, já deram palestras aqui. Outros eventos incluem oficinas, concertos e atividades culturais. Visitas guiadas em inglês são oferecidas às segundas, terças e quintas-feiras, às 15h. Traga documento com foto e esteja preparado para preencher um formulário para entrar. Não há acesso à internet disponível e a biblioteca pode estar fechada em janeiro.

VILLA CRESPO, ONCE, CABALLITO E BOEDO

Onde beber p. 151; Onde comer p. 140; Onde dormir p. 196

A zona leste de Buenos Aires – ao sul de Palermo e leste de Congreso –, pouco turística, é ótima para sair do agito de outras áreas. São bairros populares que apresentam uma ou outra surpresa para os turistas, como galerias de arte, cafés e alguns shoppings.

Cada vez mais visada, Villa Crespo tem popularidade crescente, que se deve principalmente à proximidade de Palermo Viejo – logo ao sul da av. Córdoba, que divide os dois bairros. Os preços de imóveis e aluguéis em Palemo Viejo, que aumentam vertiginosamente, estão levando restaurantes, bares e inquilinos a se mudarem para o sul, à procura de mais opções, encontradas nas ruas pacatas de Villa Crespo. O bairro é também facilmente acessível pelo Subte, o que não deixa de ser uma ótima notícia.

É difícil encontrar em Buenos Aires um lugar mais diverso do que o colorido e étnico bairro Once, habitado por um número considerável de judeus, peruanos e coreanos. Seu coração comercial fica na Estación Once, onde se situa uma incrível concentração de lojas de roupas populares. As lojas, muitas das quais de imigrantes, garantem o movimento da região dia e noite. Há uma atmosfera colorida, sem pretensões primeiro-mundistas, no bairro – o que pode ser uma mudança bem-vinda em Buenos Aires.

Próximo ao Once fica o Mercado de Abasto (p. 97), um dos shoppings mais atraentes da cidade – tanto por dentro como por fora. Ele conta com ótimas opções de entretenimento para as crianças, desde um miniparque de diversões até um "museu infantil" (veja o quadro na p. 91). Na área externa do shopping, há uma pequena estátua de Carlos Gardel, o famoso cantor de tango que começou a se apresentar nesse bairro. Quatro quarteirões a nordeste, na Juán Jaurés, fica o Museo Casa Carlos Gardel, em sua homenagem. Muitos teatros alternativos também ficam na região.

A oeste do Once está Caballito, um bairro calmo e agradável onde os moradores seguem sua rotina diária e não há turistas. O grande e circular Parque del Centenario abriga o Museo Argentino de Ciencias Naturales (p. 99), um ótimo museu de ciências naturais que, sem dúvida, merece uma visita devido aos velhos animais empalhados e à incrível sala de esqueletos.

O boêmio bairro de Boedo também não recebe muitos turistas – ainda. Ele possui bares interessantes e cafés particularmente envolventes, como o lindo Las Violetas (p. 153) e o Esquina Homero Manzi (p. 166), que também oferece caros shows de tango. O cruzamento das avs. San Juan e Boedo tem rica história e fica sobre a linha do metrô.

Todos esses bairros ficam a leste do centro da cidade e são acessíveis pelo Subte. Villa Crespo situa-se logo ao sul de Palermo Viejo e ao norte de Caballito, enquanto o Once fica ao sul de Congreso (estação Plaza Miserere do Subte). Boedo localiza-se ao sul, e a maioria dos pontos turísticos fica próxima à estação Boedo.

MERCADO DE ABASTO Mapa p. 98

☎ 4959-3400; www.abasto-shopping.com.ar; av. Corrientes 3247; 10-22h; Línea B Carlos Gardel

Bem a oeste da cidade, em Abasto, fica o histórico Mercado de Abasto (1895), transformado, com o capital do megainvestidor George Soros, em um dos shoppings mais bonitos da cidade. O edifício, que já foi um grande mercado, recebeu um prêmio de arquitetura em 1973 pela fachada da av. Corrientes – à noite, os arcos iluminados podem ser vistos à distância. São mais de duzentas lojas, grandes cinemas e praça de alimentação, além de um McDonald's *kosher*. É ótimo para famílias, pois há um divertido museu infantil, fliperamas e um miniparque de diversões. O pequeno bairro de Abasto foi lar da lenda do tango Carlos Gardel – há uma estátua do cantor numa rua para pedestres próxima da av. Anchorena.

MUSEO CASA CARLOS GARDEL

Mapa p. 98

☎ 4964-2071; Jean Jaurés 735; entrada AR$1, franca qua; 11-18h seg, qua-sex, 10-19h sáb e dom; Línea B Carlos Gardel

Esse museu pequeno, mas notável, é um tributo à voz mais famosa do tango. Localizado na antiga casa de Gardel, o museu conta sobre a parceria com José Razzano e exibe objetos do cantor. Não há muito para se ver, então somente verdadeiros fãs ou os mais curiosos devem se deslocar até essa parte da cidade para fazer uma visita. Procure por lá um conjunto de prédio coloridos.

VILLA CRESPO, ONCE, CABALLITO E BOEDO

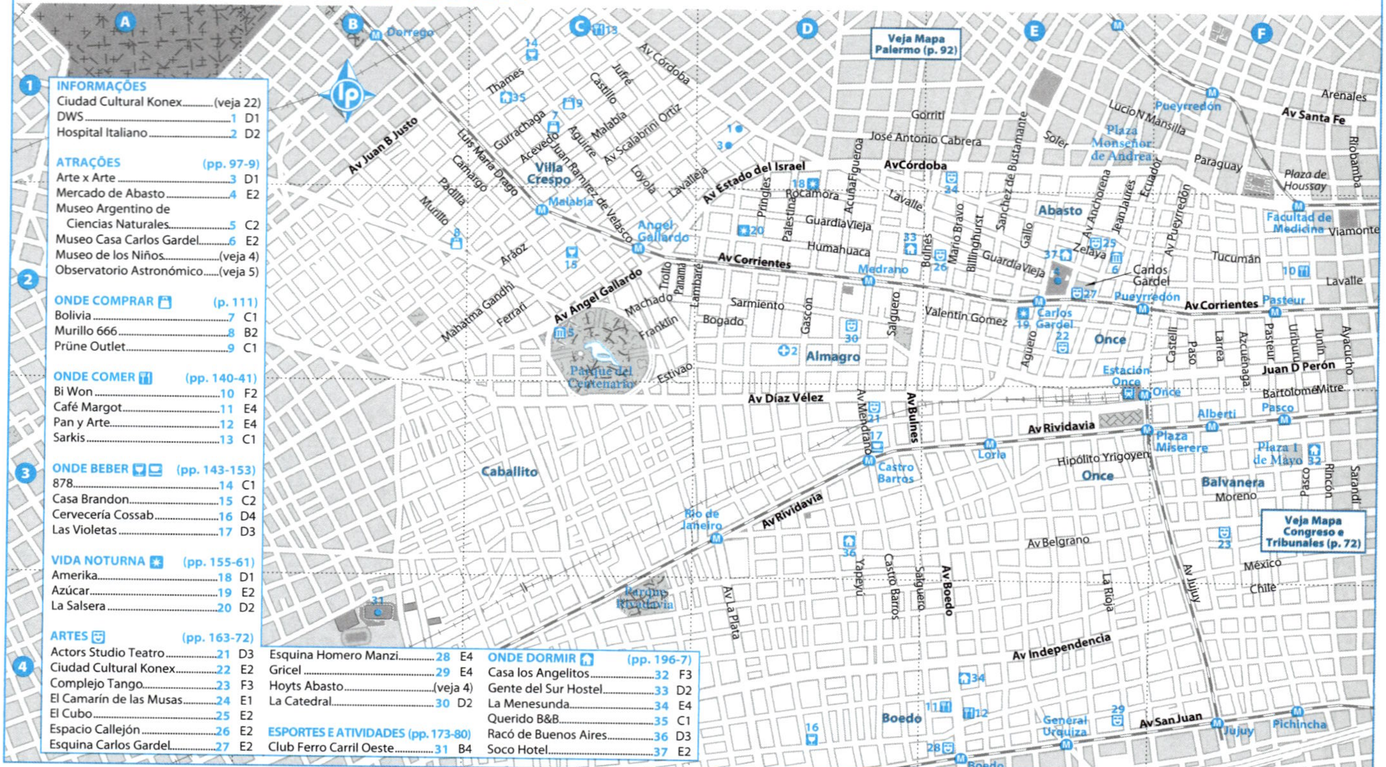

INFORMAÇÕES
Ciudad Cultural Konex (veja 22)
DWS 1 D1
Hospital Italiano 2 D2

ATRAÇÕES (pp. 97-9)
Arte x Arte 3 D1
Mercado de Abasto 4 E2
Museo Argentino de Ciencias Naturales 5 C2
Museo Casa Carlos Gardel 6 E2
Museo de los Niños (veja 4)
Observatorio Astronómico (veja 5)

ONDE COMPRAR (p. 111)
Bolivia 7 C1
Murillo 666 8 B2
Prüne Outlet 9 C1

ONDE COMER (pp. 140-41)
Bi Won 10 F2
Café Margot 11 E4
Pan y Arte 12 E4
Sarkis 13 C1

ONDE BEBER (pp. 143-153)
878 14 C1
Casa Brandon 15 C2
Cervecería Cossab 16 D4
Las Violetas 17 D3

VIDA NOTURNA (pp. 155-61)
Amerika 18 D1
Azúcar 19 E2
La Salsera 20 D2

ARTES (pp. 163-72)
Actors Studio Teatro 21 D3
Ciudad Cultural Konex 22 E2
Complejo Tango 23 F3
El Camarín de las Musas 24 E1
El Cubo 25 E2
Espacio Callejón 26 E2
Esquina Carlos Gardel 27 E2
Esquina Homero Manzi 28 E4
Gricel 29 E4
Hoyts Abasto (veja 4)
La Catedral 30 D2

ESPORTES E ATIVIDADES (pp. 173-80)
Club Ferro Carril Oeste 31 B4

ONDE DORMIR (pp. 196-7)
Casa los Angelitos 32 F3
Gente del Sur Hostel 33 D2
La Menesunda 34 E4
Querido B&B 35 C1
Racó de Buenos Aires 36 D3
Soco Hotel 37 E2

> **TRANSPORTE: VILLA CRESPO, ONCE, CABALLITO E BOEDO**
>
> **Ônibus** Pegue o ônibus 140 do Microcentro para Villa Crespo, o 26 para o Once, o 105 para Caballito, o 126 para Boedo.
>
> **Subte** As Líneas A, B e E são as formas mais rápidas de se chegar a esses bairros.

MUSEO ARGENTINO DE CIENCIAS NATURALES Mapa p. 98

☎ 4982-6595; www.macn.secyt.gov.ar; Ángel Gallardo 470; entrada AR$3; 14-19h; Línea B Angel Gallardo

Bem a oeste da capital, fica o Parque del Centenario, um amplo espaço aberto oval que contém esse excelente museu de ciências naturais. Em exposição, está uma coleção de meteoritos, rochas e minerais, conchas, insetos e réplicas de dinossauros. Há ainda impressionantes modelos em tamanho real de um tubarão-elefante e um peixe-lua, e as salas de animais empalhados e esqueletos são especialmente divertidas. Traga as crianças: elas podem se enturmar com as centenas de outras crianças que vêm em excursões escolares.

Próximo dali fica o Observatorio Astronómico (☎ 4863-3366; www.asaramas.com.ar; Patricias Argentinas 550). Telefone ou entre no site, pois os horários de visita variam de acordo com a estação do ano.

ARTE X ARTE Mapa p. 98

☎ 4772-6754; Lavalleja 1062; 13-20h seg-sex; Línea B Angel Gallardo

Os amantes de galerias de arte não podem deixar de ir a esse grande espaço de exposição com 1.800m^2 (nada mal para uma galeria alternativa). Qualquer pessoa pode entrar e ver o que está exposto: obras que variam de fotografias, arte digital a exibições de vídeo, tudo contemporâneo. Há também uma biblioteca e um auditório. O espaço fecha de dezembro a março e costuma abrir aos sábados. Entre em contato para confirmar.

BELGRANO

Onde comer p. 141

A agitada av. Cabildo, coração de Belgrano, é uma incrível mistura de barulho e néon. Essa via de mão dupla com lojas de roupas, sapatos e utilidades domésticas ajuda a sustentar o consumismo em massa dos portenhos. Para ter mais paz e tranquilidade, vá aos quarteirões de ambos os extremos da avenida, nos quais Belgrano começa a se tornar um bairro arborizado e repleto de museus, praças, parques e bons restaurantes.

Um quarteirão a leste da avenida, a praça do bairro é onde se situa a modesta, mas divertida Feria Plaza Belgrano (p. 118). Em fins de semana de sol, fica cheia de compradores e famílias com crianças. Nas proximidades, encontra-se a Iglesia de la Inmaculada Concepción, igreja de estilo italiano popularmente conhecida como La Redonda, devido ao seu maravilhoso domo.

A poucos metros da praça, fica o Museo Histórico Sarmiento (p. 100), que homenageia um dos notáveis da história argentina. Ali perto também se localiza o Museo de Arte Español Enrique Larreta (p. 100), uma mansão com belas obras de arte e jardins. Cerca de cinco quarteirões ao norte, há outro museu, o Museo Casa de Yrurtia (p. 101), que celebra o renomado escultor argentino.

Quatro quarteirões a nordeste da Plaza Belgrano, o paisagista francês Carlos Thays aproveitou os contornos das Barrancas de Belgrano para criar uma atraente área verde pública, em um dos poucos morros da cidade. Aposentados passam as tardes debruçados sobre tabuleiros de xadrez debaixo de um *ombú* e, nas noites de sábado e domingo, o coreto recebe uma *milonga* (baile de tango; veja p. 167) ao ar livre.

Em frente às Barrancas, no outro lado da Juramento, o bairro chinês de Belgrano ocupa três quarteirões da Arribeños, com mais lojas invadindo as ruas laterais. Não venha às segundas-feiras, entretanto, pois muitos lugares não abrem. Mas venha no animado Ano-Novo chinês (p. 21), quando a festa pega fogo.

Você provavelmente chegará a Belgrano pela av. Cabildo, seja de ônibus ou Subte, que passa por baixo dela. A Plaza Belgrano fica um quarteirão a leste da Cabildo, na Juramento. A maioria dos pontos de interesse fica nos arredores da praça. As Barrancas de Belgrano, onde você encontrará as estações de trem e ônibus do bairro, fica a cerca de quatro quarteirões da praça.

REZANDO PELO KITSCH

Cansou dos mesmos sermões de domingo? O **Tierra Santa** (Mapa p. 101; ☎ 4784-9551; www.tierrasanta-bsas.com.ar; av. Costanera R. Obligado 5790; adultos/crianças de 3-11 anos AR$30/12; 9-21h sex, 12-20h sáb, dom e feriados abr-nov, 16h-0h sex-dom e feriados dez-mar) pode ser o que você precisa.

Entre nesse parque temático religioso e maravilhosamente cafona inspirado em Jerusalém e vá direto ao presépio, com luzes coloridas e bonecos toscos que desfalecem sobre o menino Jesus. Melhor ainda é a criação do mundo, com água corrente e estátuas de animais em tamanho natural. A poucos metros dali, um Jesus robótico de mais de 12m se levanta do Calvário, abre o olhos e finalmente ergue as mãos sobre os emocionados devotos a sua frente. Perdeu o show? Não se desespere: outra ressurreição acontecerá em seguida.

O parque não é destinado apenas aos cristãos – há reproduções do Muro das Lamentações, além de uma sinagoga e uma mesquita. Então, independentemente de sua religião, saboreie um *shawarma* ou assista a um show árabe. É um espetáculo que você não verá em nenhum outro lugar da Terra – muito menos na Terra Santa.

MUSEO DE ARTE ESPAÑOL ENRIQUE LARRETA Mapa p. 101

☎ 4784-2640; www.museolarreta.buenosaires.gov.ar; Juramento 2291; entrada AR$1, franca qui; 13-19h seg-sex, 10-20h sáb e dom; Línea D Juramento

O romancista Enrique Larreta (1875–1961), apaixonado pela cultura espanhola, residiu nessa elegante casa de estilo colonial em frente à Plaza Belgrano. Hoje sua coleção de arte particular é exposta ao público. O prédio, grande e espaçoso, exibe obras de arte espanhola, móveis de época, peças religiosas em madeira, escudos e armaduras – tudo com uma rica iluminação. Visitas guiadas em espanhol ocorrem às 17h, de segunda a sexta-feira, e também às 16h e 18h, aos sábados e domingos. Não deixe de conferir o agradável jardim nos fundos.

MUSEO HISTÓRICO SARMIENTO Mapa p. 101

☎ 4782-2354; www.museosarmiento.gov.ar; Juramento 2180; entrada AR$5, franca qui; 13-18h seg-sex, 15-19h sáb e dom; Línea D Juramento

Localizado em frente à Plaza Belgrano,

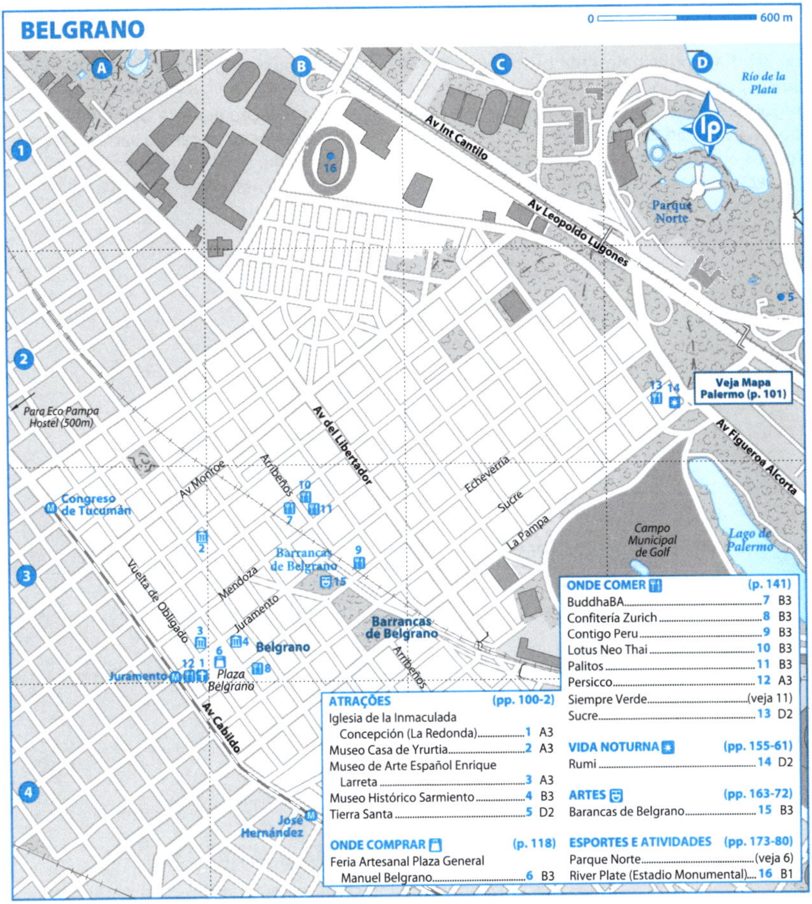

esse museu abriga objetos pertencentes a Domingo F. Sarmiento, um dos mais famosos presidentes, diplomatas e educadores argentinos. Apesar de suas origens provincianas, Sarmiento recebeu educação clássica e foi um escritor eloquente. Ele analisou a Argentina do século 19 sob um ponto de vista cosmopolita e claramente eurocêntrico, o que fica claro em sua polêmica obra-prima *Facundo* (cujo subtítulo é *Civilización y barbarie*).

O edifício serviu brevemente como sede do Congreso Nacional durante a presidência de Nicolás Avellaneda (1874–80), quando ambas as câmaras votaram pela federalização da cidade de Buenos Aires. A casa abriga a escrivaninha, a cama e outros móveis de Sarmiento, além de fotos, objetos pessoais e o aparelho auditivo do ex-presidente. É perfeito para os fanáticos por história.

MUSEO CASA DE YRURTIA Mapa p. 101

☎ 4781-0385; O'Higgins 2390; entrada AR$5, franca ter; 13-19h ter-sex, 15-19h sáb e dom; Línea D Juramento

O recluso Rogelio Yrurtia (1879–1950), conhecido pela escultura *Canto al trabajo*, que fica na Plazoleta Olazábal em San

TRANSPORTE: BELGRANO

Ônibus Os ônibus 29, 59, 64 e 152 ligam Belgrano ao centro.

Subte A Línea D é o acesso mais rápido a Belgrano; a estação Juramento fica a um quarteirão da praça.

Telmo, projetou essa casa de estilo neocolonial. A residência é repleta de obras de Yrurtia – principalmente bustos – e de sua esposa, a pintora Lía Correa Morales. Algumas peças são tão grandes que ficam quase esmagadas nos pequenos cômodos que as abrigam. Há também peças do professor e sogro de Yrurtia, Lucio Correa Morales, e de outros escultores e artistas.

Um pequeno e agradável jardim contém uma estátua de boxeadores maior que o tamanho natural, intitulada *Grupo combate de box*, exposta pela primeira vez na Feira Mundial de St. Louis de 1904. Também é notável a coleção eclética de móveis de Yrurtia, que inclui peças do Japão, Oriente Médio e Índia. E não se esqueça de ver o quadro de Picasso, *Rue Cortot, Paris*.

PASSEIOS A PÉ

PELO CORAÇÃO DE BUENOS AIRES

1 Plaza San Martín Comece por essa praça arborizada (p. 82), coração verde de Retiro e paraíso do ócio em dias de sol. A praça foi projetada pelo arquiteto e paisagista Carlos Thays; note a estátua equestre de um orgulhoso José de San Martín na extremidade oeste.

2 Palacio Paz Atravesse a av. Santa Fe até essa monumental mansão (p. 82), agora conhecida como Círculo Militar (1909). Programe-se caso deseje uma visita guiada em inglês (do contrário, ela será em espanhol), e vislumbre a grandeza de uma era distante.

3 Museo de Armas Esse museu de armas (p. 83) localiza-se no outro extremo do Círculo Militar. São salas e mais salas com armas de fogo, espadas e canhões, bem expostos e iluminados. Os aficionados por armas definitivamente não precisam ter pressa.

4 Galerías Pacífico Siga até a rua para pedestres Calle Florida e caminhe até esse elegante shopping (p. 61), um dos mais belos da capital. Mesmo que não goste de fazer compras, entre para admirar as pinturas do teto; há até mesmo shows de tango gratuitos (mediante doações) em frente ao shopping.

5 Café Richmond Buenos Aires é famosa pelos seus cafés, e o Richmond (p. 151) é um clássico. Pare se precisar de uma pausa rápida; a atmosfera fará que pense nos tempos em que Jorge Luis Borges costumava bebericar o seu café por aqui.

6 Teatro Colón Agora siga alguns quarteirões a oeste pela Calle Lavalle (exclusiva para pedestres) e atravesse a av. 9 de Julio, considerada por muitos argentinos a rua mais larga do mundo. O seu destino é o impactante Teatro Colón (p. 71), a ópera de BA e grande fonte de orgulho para os portenhos.

7 Obelisco O maior marco da cidade é este monumento (p. 71) de 67m. O Obelisco não é apenas usado como marco zero para medir distâncias a partir do centro, esse é *o* lugar para buzinar quando o seu time tem uma grande vitória.

8 Av. Corrientes Nos velhos tempos, essa importante avenida era a principal região de teatros de BA e alguns dos maiores da cidade ainda estão por aqui. A av. Corrientes também é conhecida pelas muitas livrarias (apesar de os títulos serem basicamente em espanhol).

9 Plaza de Mayo Volte à Florida e desça em direção à Diagonal Roque Sáenz Peña. Você chegará à histórica Plaza de Mayo (p. 63), onde estão localizados o palácio presidencial, a principal catedral da cidade e outros prédios importantes. Se ainda tiver energia, continue descendo e faça o Passeio Histórico (p. 105), ou siga à direita e faça o passeio da Plaza de Mayo ao Congresso (p. 103).

RESUMO DO ROTEIRO

Início Plaza San Martín
Fim Plaza de Mayo
Distância 3km
Duração 2h e 30min

PELO CORAÇÃO DE BUENOS AIRES

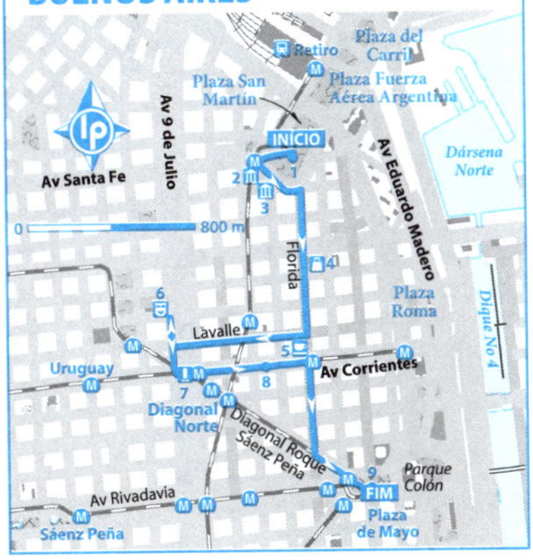

DA PLAZA DE MAYO AO CONGRESO

1 Plaza de Mayo Com rica história, essa é a praça (p. 60) mais importante de Buenos Aires e ponto focal das maiores manifestações da cidade. Casais passeiam despreocupados enquanto turistas vêm fotografar as muitas atrações das redondezas e camelôs vendem bandeiras e *bottons* patrióticos.

2 Casa Rosada Principal atração da praça, essa é a sede da presidência da Argentina (p. 64). O prédio é aberto à visitação pública e conta com um modesto museu (atualmente fechado para reformas) na ala sul e as ruínas de um forte colonial no subsolo.

3 Catedral Metropolitana A catedral (p. 65) mais importante de BA também fica na praça.

RESUMO DO ROTEIRO

Início Plaza de Mayo
Fim Obelisco
Distância 4km
Duração 3 horas

PLAZA DE MAYO AO CONGRESSO

Entre e olhe em volta. A tumba do general José de San Martín (já percebeu o nome em toda parte?) fica aqui, e a chama que arde do lado de fora mantém vivo o seu espírito.

4 Museo del Cabildo Bem próximo da catedral, esse pequeno museu foi instalado na antiga prefeitura (p. 66) de Buenos Aires, mas não espere nada de impressionante. Vá até o pátio dos fundos, onde há um café e nos fins de semanas é montada uma pequena feira de artesanato.

5 Museo de la Ciudad Da Plaza de Mayo, desça pela Calle Defensa até esse museu da cidade (p. 66), que traça parte da história de BA. Do outro lado da rua, fica a Basílica de San Francisco, erguida pela ordem franciscana e aberta em 1754; dentro dela, uma grande tapeçaria de Horacio Butler substitui um retábulo danificado pelo fogo.

6 Manzana de las Luces Outrora o centro de cultura de Buenos Aires, esse "Quarteirão da Iluminação" (p. 66), construído em 1730, é um dos mais antigos conjuntos arquitetônicos da cidade. Hoje, é um centro cultural que oferece cursos e workshops.

7 Café Tortoni Se precisar de uma pausa, dê um pulo nesse café (p. 151) histórico, sem dúvida o mais famoso da cidade. O Tortoni, que ficou tão popular entre os turistas, é quase uma caricatura de si mesmo, mas não deixa de oferecer uma experiência clássica e shows de tango acessíveis à noite.

8 Palacio Barolo Siga em frente na av. de Mayo e veja se consegue atravessar a larga av. 9 de Julio de uma vez só (dica: você precisará correr!). Pare nesse impressionante edifício histórico (p. 74) neogótico e, se tiver planejado bem o passeio, participe de uma visita guiada. Você terá uma vista magnífica de Buenos Aires da cúpula no 22º andar.

9 Plaza del Congreso Alguns quarteirões depois, você chegará ao Palacio del Congreso (p. 74), encimado por um domo verde, localizado nessa importante praça.

10 Confitería del Molino Um dos prédios mais incríveis de Buenos Aires é essa decrépita estrutura rococó encimada por uma torreta que hoje mofa sob o ar da cidade. O prédio foi projetado pelo arquiteto italiano Francisco Gianotti e inaugurado em 1916 como padaria, café e salão frequentado por artistas e políticos, mas fechado em 1997 por motivos financeiros.

11 Heladería Cadore Se você ainda não experimentou os melhores sorvetes argentinos, aqui está a sua chance. Siga alguns quarteirões até essa pequena *heladería artesanal* (p. 140) para tomar um sorvete delicioso – um dos melhores da cidade.

12 Obelisco Volte ao centro pela movimentada av. Corrientes, que abriga a região tradicional de teatros de BA. O Teatro General San Martín (p. 171) costuma ter boas (e gratuitas) exposições de arte. O seu destino é o monumento fálico da cidade, o Obelisco (p. 71).

RESUMO DO ROTEIRO

Início Quiosque de turismo no Dique 4
Fim Reserva Ecológica Costanera Sur
Distância 3km, não incluída a reserva
Duração 1h e 30min, não incluída a reserva

PASSEIO PELAS DOCAS

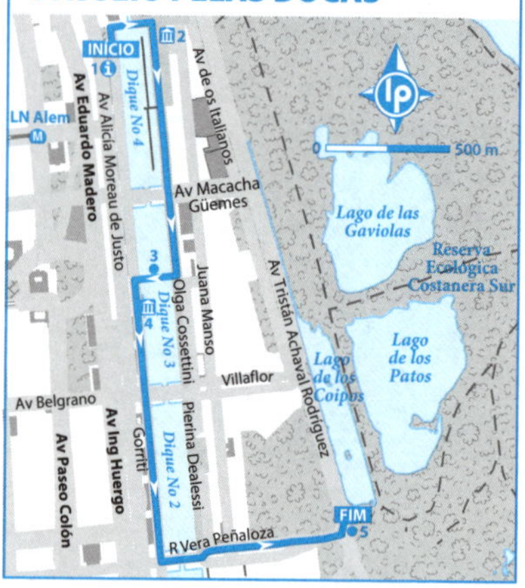

PASSEIO PELAS DOCAS

1 Escritório de turismo Não é um início exótico, mas você pode conseguir informações práticas nesse escritório de turismo (p. 229), localizado sob um antigo guindaste de carga no Dique 4.

2 Colección de Arte Amalia Lacroze de Fortabat Essa joia reluzente de Puerto Madero (p. 68) fica oculta sob as paredes envidraçadas de um edifico ultramoderno. Também chamado de Museo Fortabat, é parada obrigatória para os apreciadores de arte contemporânea.

3 Puente de la Mujer Margeie o Dique 4 e olhe para a outra margem, onde antigos armazéns de tijolos foram transformados em *lofts* e restaurantes exclusivos. Você logo chegará a essa impactante ponte suspensa (p. 68), projetada pelo espanhol Santiago Calatrava e quase inteiramente construída na Espanha.

4 Museo Fragata Sarmiento Pare nesse interessante museu (p. 70) – não há como se perder, já que ele fica a bordo do único navio à vista. Suba a prancha, pague o ingresso e explore o interior e o acervo náutico.

5 Reserva Ecológica Costanera Sur Caminhe pelo calçadão por diversos quarteirões, então entre à esquerda na Calle R. Vera Peñaloza e procure a elegante fonte chamada La Fuente de las Nereidas. Logo adiante fica a entrada sul dessa reserva ecológica (p. 70), que proporciona o único contato com a natureza na região central de BA.

PASSEIO HISTÓRICO

1 El Zanjón de Granados Programe o passeio de modo a visitar esse incrível complexo de túneis e arcadas de tijolos, resquícios das fundações das casas mais antigas de BA. Descoberto em 1985 – preenchido de entulho e lixo antigo –, esse sítio que foi reformado e recebeu iluminação misteriosa sem dúvida merece uma visita. (Para mais informações, veja p. 77).

2 Casa Mínima Próxima do El Zanjón, essa casa de estuque branco no número 380 da Calle San Lorenzo é um bom exemplo do estilo arquitetônico conhecido como *casa chorizo* (casa linguiça). Com pouco mais de 2m de largura, ela foi supostamente um presente de alforria de um senhor de escravos a um antigo servo.

3 El Desnivel Se estiver com desejo de comer uma *parrilla* (churrasco), pare nesse animado restaurante (p. 131), que se tornou um pouco popular demais entre os turistas nos últimos anos. Há bons motivos para isso – as carnes

RESUMO DO ROTEIRO

Início El Zanjón de Granados
Fim Bar Británico
Distância 1,5km
Duração 2h e 30min

PASSEIO HISTÓRICO

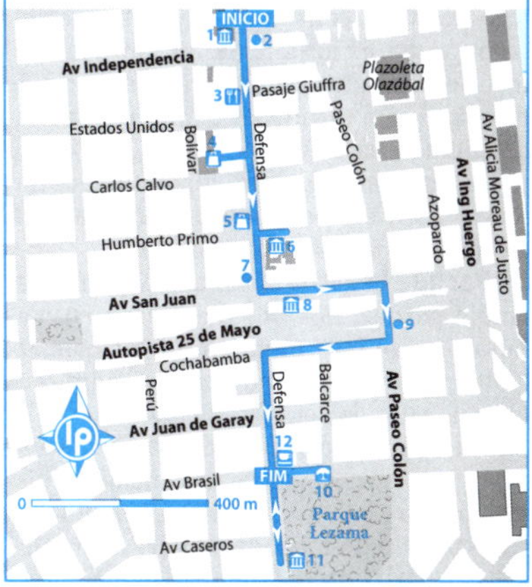

são baratas e maravilhosas e o atendimento mal-humorado pode ser divertido.

4 Mercado San Telmo Não deixe de visitar esse antigo mercado coberto (p. 75), que está em funcionamento desde 1897. Os moradores da região vêm até aqui para comprar frutas e verduras frescas, mas também há uma infinidade de bancas de lembranças e antiguidades para os turistas.

5 Plaza Dorrego Já de volta à Defensa, você logo chegará ao coração do bairro, a Plaza Dorrego. Entre segunda e sábado, este é um lugar relativamente tranquilo, mas aos domingos a feira mais conhecida de BA – a Feria de San Telmo (p. 118) – ocupa e praça e as ruas vizinhas. É uma experiência interessante que você não deve perder, mesmo que não goste de fazer compras. Algumas bancas são montadas na praça aos sábados.

6 Museo Penitenciario Vá até esse museu penitenciário (p. 78) para conferir parafernália prisional, e então à vizinha Iglesia Nuestra Señora de Belén, uma antiga escola jesuítica.

7 Pasaje de la Defensa Faça uma escala nessa antiga mansão (p. 75) que pertenceu à rica família Ezeiza (notabilizada pelo aeroporto) e depois se tornou *conventillo* (cortiço). No interior há uma profusão de lojas de lembranças, mas você terá uma boa ideia de como os ricos – e os pobres que vieram depois – costumavam viver.

8 Museo de Arte Moderno de Buenos Aires Esse museu (p. 78) de arte moderna foi aberto recentemente, depois de anos de reformas. Você encontrará exposições ousadas, além de obras de artistas argentinos de renome.

9 Club Atlético Memorial A localização desse memorial – em uma rodovia com tráfego pesado e constante – é terrível, assim como a sua história. Esse foi um dos centros de detenção secretos onde milhares de pessoas foram torturadas e mortas nos anos de chumbo da Guerra Suja (1976–84). Não restou nada além de um porão onde costumava existir um prédio de três andares, mas o cenário continua a ser sombrio.

10 Parque Lezama Famílias passeiam nesse amplo parque; nos fins de semana ensolarados, é montada uma feira de artesanato. Note os senhores jogando xadrez e admire as espirais azuis da bela Iglesia Ortodoxa Rusa.

11 Museo Histórico Nacional Visite esse museu (p. 77) para compreender melhor a história da Argentina. Acredita-se que Buenos Aires tenha sido fundada nesse exato local.

12 Bar Británico Descanse os pés nesse atraente bar-café (p. 153) de esquina e peça uma bebida – você merece. Se tiver sorte, conseguirá uma das disputadas mesas das janelas – e poderá admirar o cotidiano de San Telmo e o Parque Lezama, do outro lado da rua.

MORTE, ARTE, COMPRAS E... SEXO!

1 Cementerio de la Recoleta Comece com estilo nessa que é uma das grandes atrações turísticas de BA – o cemitério (p. 86) da Recoleta. Não é difícil passar horas por aqui examinando as centenas de túmulos trabalhados. E não se esqueça da câmera; os gatos de rua são ótimos temas com os monumentos ao fundo.

2 Recoleta Mall Confira esse shopping exclusivo recentemente reformado, reaberto em setembro de 2011 com 75 lojas, um multiplex com dez salas e um jardim no terraço.

3 Facultad de Ingeniería Acompanhe o muro do cemitério, entre à esquerda e então siga até essa incrível faculdade de engenharia neogótica, projetada pelo arquiteto uruguaio Arturo Prins e nunca concluída de fato. Um pouco de manutenção seria bem-vindo, mas, apesar da aparência castigada, esse é ainda é um dos prédios mais singulares de BA.

4 Acapulco Albergue Transitorio Os portenhos são, por assim dizer, *calientes*, e os motéis – que cobram por hora – são bastante comuns. Se não estiver sozinho e vocês precisarem de um pouco de privacidade, uma parada no número 2008 da Azcuénaga para uma rapidinha pode ser uma boa pedida – eles aceitam American Express.

5 Buenos Aires Design Precisa fazer compras para a sua casa? Então pare nesse grande shopping (p. 117); a oferta de peças de design é ótima.

6 Museo Nacional de Bellas Artes Agora atravesse a Plaza Francia e siga até esse excelente museu (p. 88), que tem no seu acervo arte clássica nacional e internacional. As obras são bem expostas e iluminadas e, o melhor de tudo, a entrada é franca.

7 Floralis Genérica Depois de se maravilhar com os mestres impressionistas, contorne o museu e atravesse a av. Alcorta para chegar até essa gigantesca flor de metal, projetada e financiada pelo arquiteto Eduardo Catalano. À noite, as gigantescas pétalas de alumínio costumavam se fechar, como as de uma flor de verdade, mas o mecanismo quebrou.

8 Feria Plaza Francia Volte à Alcorta passando pelo monumental prédio da Facultad de Derecho no caminho. Atravesse a passarela

RESUMO DO ROTEIRO

Início Cementerio de la Recoleta
Fim La Biela Café
Distância 2-3km
Duração 3 horas

MORTE, ARTE, COMPRAS E...

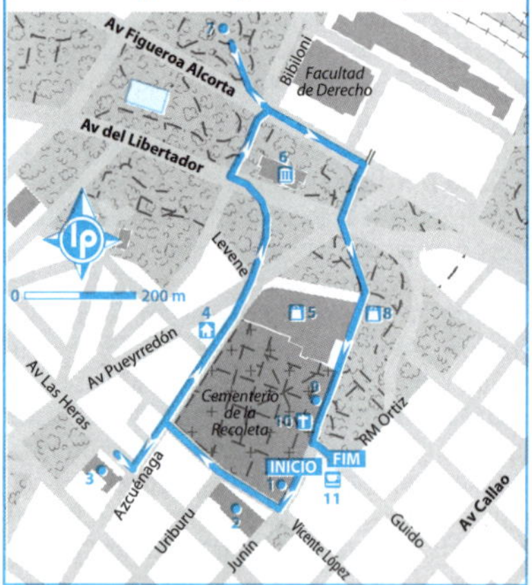

e siga até a Plaza Intendente Alvear (procure a placa "Paseo Recoleta"). Se for fim de semana, confira as bancas dessa divertida feira de artesanato.

9 Centro Cultural Recoleta Quando se cansar dos hippies e mímicos da feira, vá até esse centro cultural (p. 88) e admire as exposições nas galerias de arte. Se tiver filhos, o Museo Participativo de Ciencias (veja quadro, p. 91) pode ser uma boa pedida.

10 Iglesia de Nuestra Señora del Pilar Essa bela igreja é vizinha do centro cultural. Se chegar a tempo, confira o pequeno museu no piso superior, que conta com vestimentas, pinturas, textos e artefatos religiosos. É possível fotografar o cemitério da Recoleta das janelas.

11 La Biela Agora que está cansado, caminhe até a Calle R. M. Ortiz, repleta de restaurantes, e pare nesse belo café (p. 153), onde poderá se sentar entre portenhos ricos com alto nível de cafeína no sangue. Se estiver fazendo sol, escolha uma mesa no pátio em frente – ela valerá cada peso adicional.

PASSEIO PELO VERDE

1 Parque 3 de Febrero As grandes áreas verdes de Palermo são os pulmões da cidade – espaços tranquilos que no passado foram áreas de lazer da aristocracia. As visitas são melhores nos fins de semana, quando famílias fazem piquenique e jovens jogam futebol aqui e ali. A pista ao redor do jardim de rosas é fechada ao trânsito, mas é possível alugar bicicletas (ou patins) nos fins de semana.

2 Museo de Artes Plásticas Eduardo Sívori Localizado apenas um pouco adiante, esse museu (p. 95) com acervo dedicado à arte argentina pode interessar aos aficionados por arte contemporânea. Há ainda um café relaxante.

3 Rosedal Se você gosta de flores, atravesse a rua e em seguida a ponte que leva a esse belo e perfumado jardim de rosas. Siga adiante até chegar à av. Iraola, então entre a esquerda, caminhe por cerca de um quarteirão e entre à direita no sentido da av. Sarmiento.

4 Jardín Japonés Atravesse a av. Sarmiento (com cuidado!), caminhe na av. Berro por cerca de 500m e chegará ao jardim japonês (p. 95) de BA. Esse pequeno paraíso que recebe manutenção meticulosa possui lagos *koi*, belas pontes e uma casa de chá, o que faz dele um retiro sereno das ruas e do trânsito.

5 Museo de Arte Latinoamericano de Buenos Aires (Malba) Agora margeie a Plaza Alemania e caminhe por algumas ruas

RESUMO DO ROTEIRO

Início Parque 3 de Febrero
Fim Jardín Zoológico
Distância 5km
Duração 3-4 horas

PASSEIO PELO VERDE

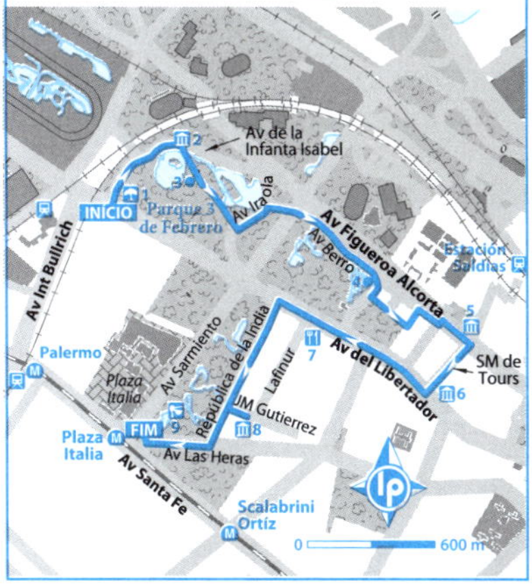

residenciais até chegar ao Malba, um espaçoso museu (p. 90) que alguns consideram ter mais estilo do que substância – mas que não deixa de ter obras excelentes em exposição.

6 Museo de Arte Popular José Hernàndez Para mais cultura, desça dois quarteirões até esse museu (p. 95) bem mais modesto, que expõe artesanato e arte popular.

7 Un Altra Volta De volta à av. del Libertador, pare nessa incrível sorveteria (p. 140) para uma casquinha de *dulce de leche granizado* (sorvete de doce de leite com raspas de chocolate). A casa também oferece doces, salgados e bebidas e há mesas na calçada nos dias de sol.

8 Museo Evita Depois de ceder à tentação, siga em frente na av. del Libertador e desça a rua que margeia o zoológico (muitas vezes malcheiroso) até esse interessante museu (p. 95), onde poderá apreciar uma coleção dedicada à maior personalidade feminina da Argentina. O espaço, moderno e organizado, conta com um bom café-restaurante.

9 Jardín Zoológico Se desejar ver animais exóticos, compre um ingresso e entre nesse zoológico (p. 95), que possui alguns belos prédios e onde os animais são relativamente bem tratados. Entre pela Plaza Italia.

ONDE COMPRAR

o melhor

- **Mercado de San Telmo** (p. 113)
- **Gil Antigüedades** (p. 113)
- **Materia Urbana** (p. 114)
- **Boutique del Libro** (p. 117)
- **Airedelsur** (p. 116)
- **Josefina Ferroni** (p. 116)
- **El Ateneo Grand Splendid** (p. 111)
- **Papelera Palermo** (p. 121)
- **Juana de Arco** (p. 120)

ONDE COMPRAR

Apesar de uma recessão mundial e da enorme queda no poder aquisitivo do peso argentino nos últimos anos, os cidadãos de Buenos Aires continuam a fazer compras como se não houvesse amanhã. Mesmo um breve passeio pelo shopping mais próximo no fim de semana fará você se perguntar como pessoas que parecem ganhar tão pouco conseguem gastar tanto. E não se trata apenas de consumo hedonista, mas sim de ter boa aparência enquanto se busca ascensão social – afinal, nunca se sabe quem vamos encontrar no caminho.

Ir às compras é muitas vezes um programa familiar, e os muitos shoppings atraem as crianças com áreas de entretenimento e fliperamas. O Paseo Alcorta (p. 121), em Palermo, tem um parque enorme no terceiro andar. Já o Mercado de Abasto (p. 97), no Once, ostenta um excelente museu infantil e um pequeno parque de diversões com grande variedade de brinquedos. Quase todos os shoppings modernos também têm cinemas com várias salas e praças de alimentação com restaurantes e sorveterias. Alguns oferecem, ainda, academias, salões de beleza e cybercafés.

Se a simples ideia de ir ao shopping lhe dá calafrios, encha o bolso de dinheiro e vá a um dos maravilhosos mercados de rua da cidade (p. 118). Em tardes ensolaradas de fim de semana, esses calçadões ficam repletos de bancas de artesanato e antiguidades, além de dançarinos de tango e gente vendendo de tudo, de suco de laranja feito na hora a empanadas caseiras.

Gosta de roupas de grife? Vá direto a Palermo Soho, onde butiques de estilistas de vanguarda margeiam as ruas arborizadas. Você também encontrará empórios de utilidades domésticas e modernas lojas de lingerie, butiques de jovens estilistas e cafés descolados onde lindas mulheres (em geral, rodeadas de sacolas de compras) bebericam expressos.

Mesmo sem querer, você passará por muitos outras regiões de compras, muitas das quais no centro, onde fica a Calle Florida, destino obrigatório de qualquer turista, mesmo aqueles que não têm intenção de comprar. Trata-se de um calçadão que atende aos mais variados fins e se agita com consumidores, turistas, artistas de rua e moradores indo e voltando do trabalho. Por ser uma avenida larga, a Santa Fe é menos receptiva aos pedestres, mas é tão proeminente quanto, já que é a principal via de comércio e serviços da cidade. San Telmo é o lugar perfeito para comprar antiguidades, enquanto a av. Pueyrredón, perto da estação de trem do Once, é o melhor local para encontrar roupas baratas. Já a maior concentração de joalherias fica na Libertad, ao sul da av. Corrientes. Para saber mais sobre ruas de compras populares, veja p. 111.

Um aviso antes de ir ao provador: os tamanhos correspondem aos do sistema europeu. Buenos Aires é uma cidade que valoriza muito o corpo e, além disso, os portenhos têm genes favoráveis. Portanto, as mulheres argentinas muitas vezes são mais magras do que as outras latino-americanas (e as turistas dos EUA, Europa e Austrália). As roupas produzidas aqui refletem isso, mas tamanhos maiores podem ser encontrados em algumas lojas de maior porte.

HORÁRIOS DE FUNCIONAMENTO

As lojas geralmente funcionam das 9h ou 10h às 20h ou 21h durante a semana e muitas ficam abertas por pelo menos algumas horas aos sábados. A maioria fecha aos domingos, a não ser que fiquem próximas a mercados de rua – os proprietários não podem se dar ao luxo de abrir mão do grande tráfego de pedestres.

IMPOSTOS E REEMBOLSO

Os impostos estão inclusos nos preços: o que você vê é o que você paga. Alguns lugares, porém, podem adicionar uma sobretaxa (ou *recargo*) para pagamento com cartão de crédito – pergunte antes de comprar.

Quem gasta mais de AR$70 em lojas que possuem o anúncio "Tax Free" (em inglês) tem direito a reembolso. Peça a nota fiscal em seu nome para o vendedor (você precisará de um documento) e, ao deixar o país, apresente-a na alfândega, onde o comprovante será carimbado e instruirão você sobre onde obter o reembolso. Chegue ao aeroporto com antecedência para fazer essa transação (veja p. 228).

PECHINCHAR

Assim como em outros países ocidentais, pechinchar não é aceito nas lojas. Produtos de preço alto, como joias e jaquetas de couro podem ser exceção em alguns lugares, principalmente se você levar mais de um. Pergunte educadamente se há "*descuento*" – muitos estabelecimentos e vendedores darão 10% se o pagamento for à vista. Em mercados de rua, é possível negociar os preços, mas, em geral, apenas se a compra incluir vários itens; tenha em mente que os vendedores são os próprios artistas tentando ganhar dinheiro para se sustentar. Mesmo se os preços parecerem inflacionados para os turistas, calcule se vale a pena (ou se é culturalmente respeitoso) tentar economizar um pouco. Em geral, se não há a intenção de pagar o preço de mercado, é melhor não levar.

Ao perguntar o preço, certifique-se da moeda em que o vendedor o está apresentando. A maioria cita o valor em pesos, mas alguns inescrupulosos mudam para dólares quando o cliente considera o preço bom. Se houver dúvidas quanto à idoneidade do comerciante, é interessante conferir o troco antes de sair da loja com as compras.

CENTRO

A principal rua comercial do centro da cidade é a Florida. A maioria dos turistas que vão a Buenos Aires faz uma visita obrigatória a esse calçadão. Em ambos os lados da rua (e, à noite, até no meio dela), há lojas e vendedores oferecendo roupas, calçados, joias e lembranças baratas. Os comerciantes atraem turistas com bons preços para jaquetas de couro e câmbio de moedas estrangeiras. Porém, alertamos que você encontrará jaquetas de couro mais baratas na Calle Murillo ou na Calle Aguirre (p. 111) e sem dúvida não é uma boa ideia trocar dinheiro nas ruas – cédulas falsas e outros golpes são problemas recorrentes.

EL ATENEO Mapa p. 62 — Livros e música

☎ 4325-6801; Florida 340 e 629; 🕑 9-20h seg-sex, até 17h sáb; hr variam de acordo com a loja

Essa famosa livraria de Buenos Aires possui uma quantidade limitada de títulos em inglês (incluindo alguns guias de viagem Lonely Planet) e uma boa seleção de CDs. Há várias filiais espalhadas pela cidade, incluindo a belíssima e lendária **Grand Splendid** (Mapa p. 87; av. Santa Fe 1860), um antigo cinema restaurado onde Carlos Gardel iniciou sua carreira. Ela é considerada uma das livrarias mais bonitas do mundo. Você pode absorver seu glamour tomando um expresso no café do local, situado no antigo palco.

RUAS DE COMPRAS

- Av. Santa Fe entre Scalabrini Ortiz e av. 9 de Julio (Mapa p. 92) – Aproximadamente trinta quarteirões de estabelecimentos que vendem de tudo – principalmente roupas. Continua em Belgrano, na av. Cabildo, onde há uma concentração ainda maior de lojas, cinemas e restaurantes de fast-food. Use sapatos confortáveis.
- Florida (Mapa p. 62) – Um paraíso de compras, com lojas de lembranças, couro, roupas refinadas e vários serviços para portenhos e turistas. Além dela, a Lavalle (também um calçadão) é a principal artéria do centro de Buenos Aires para os pedestres. À noite, camelôs expõem seus produtos no chão, sobre cobertores.
- Av. Alvear (Mapa p. 87) – O Cadillac das ruas comerciais de BA é a elegante Alvear, que oferece várias butiques de luxo para o seu já sobrecarregado cartão de crédito. Estilistas internacionais, como Louis Vuitton, Giorgio Armani, Nina Ricci, Bang & Olufsen, Hermès e Cartier, dividem espaço com galerias de arte e mansões opulentas.
- Calle Defensa (Mapa p. 76) – A rua de antiguidades de San Telmo é um ímã para os turistas, principalmente aos domingos, quando a feira de antiguidades entra em atividade. Não espere encontrar preços muito baixos; a demanda internacional e os ajustes devido à desvalorização da moeda local mantêm os preços lá em cima, principalmente para as melhores peças. Nos últimos tempos, lojas de roupas e outros produtos também se instalaram aqui.
- Av. Pueyrredón entre avs. Corrientes e Rivadavia (Mapa p. 98) – Localizada no Once, a Pueyrredón é repleta de lojas de roupas, calçados, acessórios, eletrodomésticos, malas e utilidades domésticas a preços acessíveis, além de ambulantes. Aqui você encontra os produtos mais baratos da cidade, mas a qualidade é baixa.
- Quarteirão do número 600 da Calle Murillo (Mapa p. 98) – Localizada em Villa Crespo, a Calle Murillo é o melhor lugar da cidade para comprar jaquetas de couro relativamente baratas, mas de alta qualidade. Esse quarteirão possui inúmeras lojas de fábrica que vendem jaquetas e acessórios de couro. Pechinche à vontade, principalmente se for pagar em dinheiro. Uma das lojas mais interessantes (e caras) é a Murillo 666 (Mapa p. 98; ☎ 4855-2024; Murillo 666).
- Outlets da Calle Aguirre (Mapa p. 98) – A altura do número 800 dessa rua é cheia de outlets, principalmente de roupas e calçados. Mulheres, confiram as estilosas bolsas de couro da Prüne Outlet (Mapa p. 98; ☎ 4776-8500; Gurruchaga 867). Há lojas semelhantes na vizinha av. Córdoba.

MONTAGNE

Mapa p. 62 Camping e atividades ao ar livre

☎ 4312-9041; www.montagneoutdoors.com.ar; Florida 719; 10h-20h30 seg-sáb, 10-20h dom

Essa loja vende roupas e equipamentos para camping e aventura de alta qualidade produzidos na Argentina. Depois de subir as escadas, você encontrará uma pequena, porém ótima seleção de barracas, mochilas, sacos de dormir e outros artigos – tudo perfeito para quem precisa de equipamentos de última hora antes de viajar para a Patagônia. Há várias filiais da Montagne, uma das quais no Barrio Norte (Mapa p. 87; av. Santa Fe 1780).

EL COLECCIONISTA Mapa p. 62 Música

☎ 4322-0359; www.elcoleccionistacd.com.ar; Esmeralda 562; 10h30-19h30 seg-sex

Essa pequena loja possui uma eclética seção de CDs de jazz, blues, salsa, música celta e rock sinfônico. Ela também adquire instrumentos musicais usados, então traga aquela guitarra ou bateria que está cansado de despachar para lá e para cá e troque-a por um *bandoneón* (instrumento semelhante ao acordeão onipresente no tango). Os funcionários entendem do riscado e você pode conseguir cartões de visita ou indicações de bons professores de música.

MUSIMUNDO Mapa p. 62 Música

☎ 4322-9298; Florida 267; 10-21h

Com mais de cinquenta filiais espalhadas pela cidade, esse é a maior varejista de música da Argentina, com seleções nacionais e internacionais. Estações de áudio facilitam muito a escolha dos melhores discos. Há unidades no Microcentro (Mapa p. 62; Lavalle 925), Barrio Norte (Mapa p. 87; av. Santa Fe 1844), Congreso (Mapa p. 72; av. Corrientes 1753) e na maioria dos shopping centers.

CONGRESO E TRIBUNALES

O Congreso é frequentado pelos políticos e advogados da cidade e não costuma ser visto como um destino de compras. Porém, na av. Corrientes encontram-se muitas das livrarias mais baratas de Buenos Aires, entre outros tipos de lojas, e, apesar de a maioria dos livros ser em espanhol, é divertido passar o tempo folheando-os.

WILDLIFE

Mapa p. 72 Camping e atividades ao ar livre

☎ 4381-1040; www.wildlifesports.com.ar; Hipólito Yrigoyen 1133; 10-20h seg-sex, 10-13h sáb

Esse é o lugar para quem procura comprar (ou vender) todos os tipos de equipamentos para camping e atividades ao ar livre antes de deixar Buenos Aires. Produtos como mosquetões para escalada, facas, barracas, mochilas, cordas, roupas para climas severos e acessórios militares podem ser encontrados nessa loja afastada dos grandes centros de compra.

ZIVAL'S Mapa p. 72 Música

☎ 5128-7500; www.tangostore.com; av. Callao 395; 9h30-10h seg-sáb

Uma das melhores lojas de música da cidade, principalmente se o assunto for tango, jazz e música clássica, com estações de áudio e uma grande e sortida prateleira de promoções. Há também uma filial em Palermo Viejo (Mapa p. 72; Serrano 1445). A loja também oferece o envio de CDs, DVDs e partituras para o mundo todo; confira o catálogo on-line e baixe algumas faixas no iTunes para descobrir de quais produtos gosta mais antes de comprar.

SAN TELMO

San Telmo é um bairro tradicionalmente conhecido pelos muitos antiquários. Porém, nos últimos anos, sua popularidade entre os turistas vem atraindo outros tipos de estabelecimentos. Butiques de grifes da moda e lojas de utilidades domésticas estão se mudando para cá, transformando a atmosfera das ruas. Os moradores temem que o seu adorado bairro se transforme em outro Palermo, mas, mesmo com a crescente valorização imobiliária, é pouco provável que a região perca a autenticidade e o charme originais.

EL BUEN ORDEN Mapa p. 76 Antiguidades

☎ 4307-8608; www.elbuenorden.com.ar; Defensa 894; 11-19h

Esse é um daqueles lugares para quem gosta de pequenas lojas à moda antiga, com prateleiras cheias de bugigangas, joias e rendas antigas, óculos escuros ao estilo Jackie Onassis, sapatos usados, luvas longas, chapéus e roupas extravagantes de tempos passados. O lugar é completamente desordenado – o nome é, sem dúvida, uma piada.

GIL ANTIGÜEDADES

Mapa p. 76 Antiguidades e moda

☎ 4361-5019; www.gilantiguedades.com.ar; Humberto Primo 412; 🕑 11-13h e 15-19h ter-dom

A vitrine com vestidos e camisolas que parecem saídos de *O grande Gatsby* atrai os passantes ao mais refinado empório de antiguidades de San Telmo. Objetos de decoração, como chaleiras de porcelana e caixas de chapéu de couro, são ofuscados pela incrível quantidade de peças de seda e vestidos de renda vitorianos – John Galiano, Catherine Deneuve e Salvatore Ferragamo são alguns dos famosos que já estiveram na loja em busca de inspiração durante visitas a Buenos Aires.

HERNANI Mapa p. 76 Antiguidades

☎ 4362-4437; Defensa 1047; 🕑 11h30-18h30

Essa luxuosa loja é um antigo negócio de família que passou de geração em geração e vende apenas peças sofisticadas. Móveis antigos imponentes, espelhos enormes, baús gigantescos, candelabros reluzentes, ricas tapeçarias e réplicas de esculturas famosas dão ao lugar uma atmosfera de museu. Os preços estão na casa dos milhares de dólares.

IMHOTEP Mapa p. 76 Antiguidades

☎ 4862-9298; Defensa 916; 🕑 11-18h dom-sex

Venha conferir essa excêntrica loja e suas curiosas peças de antiguidade. Pequenos objetos estranhos, como estatuetas indianas e de pedras preciosas, crânios de cerâmica, caixas de rapé chinesas e até mesmo gárgulas estão entre as bugigangas encontradas aqui. Os produtos de maior preço incluem uma cabeça de javali e uma máquina caça-níqueis.

MERCADO DE SAN TELMO

Mapa p. 76 Antiguidades

Calles Defensa, Bolívar, Carlos Calvo e Estados Unidos; 🕑 10-19h

Ocupando um quarteirão inteiro, esse Mercado foi construído em 1897 por Juan Antonio Buschiazzo, o mesmo arquiteto argentino nascido na Itália que projetou o cemitério da Recoleta. As claraboias de ferro fundido e vidro fazem dele um dos mercados mais envolventes de BA. É também onde os moradores locais compram produtos frescos, queijos e carnes. Procure malas de couro usadas, delicados *decanters* de vinho e óculos de sol retrô nas barracas de antiguidade do entorno. A maioria das bancas funciona nos fins de semana e fecha nos dias de semana.

APPETITE Mapa p. 76 Arte

☎ 4331-5405; Chacabuco 551; 🕑 14-19h seg-sáb

Para conferir as novidades do mundo da arte erótica, visite essa desorganizada loja – que, bem a propósito, já foi armazém de empacotamento de carnes. Os produtos certamente não são finas obras de arte, e ninguém espera que sejam: têm temática sexual um tanto violenta. No período de produção deste guia, a Appetite estava temporariamente fechada para reforma – passe por lá para ver o que está acontecendo.

WALRUS BOOKS Mapa p. 76 Livros

☎ 4300-7135; www.walrus-books.com.ar; Estados Unidos 617; 🕑 12-20h ter-dom

Montada por um fotógrafo americano, essa minúscula loja talvez seja a melhor livraria de títulos em inglês de Buenos Aires. Livros novos e usados de ficção e não ficção – mais de 4 mil títulos – enchem as prateleiras do organizado estabelecimento. Há ainda uma seção de clássicos latino-americanos traduzidos para o inglês.

MOEBIUS Mapa p. 76 Moda e acessórios

☎ 4361-2893; Defensa 1356; 🕑 10-13h e 15h-20h30 ter-sáb, 11h-20h30 dom

Essa curiosa lojinha parece o closet da irmã descolada que você nunca teve. As prateleiras estão cheias de peças assinadas pela estilista e proprietária Lilliana Zauberman, incluindo vestidos de jérsei caleidoscópicos e anos 1970, extravagantes biquínis com babados, saias com estampas de carpas e sapos, *trench coats* vermelho-cereja e bolsas de materiais reciclados. Peças de aproximadamente quinze estilistas são vendidas aqui – fique de olho em itens incomuns de materiais reciclados.

PUNTOS EN EL ESPACIO Mapa p. 76 Moda

☎ 4307-1742; www.puntosenelespacio.com.ar; Perú 979; 🕑 11-20h

Com peças de mais de quarenta estilistas, essa grande loja é um ótimo lugar para conferir coleções unissex bastante originais assinadas por estrelas ascendentes do mundo da moda local. Casa estilista expõe seus trabalhos em prateleiras separadas. Procure modernas roupas e acessórios de chuva e a bem-humorada linha de calçados de Hacer Pie. Uma segunda unidade, que se concentra em acessórios e decoração, foi inaugurada recentemente na esquina da Defensa com a Independencia, a alguns quarteirões da primeira.

UN LUGAR EN EL MUNDO Mapa p. 76 Moda

☎ 4362-3836; Defensa 891; 🕙 10h30-20h

Modelos divertidos, jovens e criativos (todos de estilistas argentinos) enchem as prateleiras dessa butique de roupas. A maioria é composta por peças femininas ousadas, como blusas colantes de tecidos finos e estampas coloridas que chamam a atenção. Acessórios como sapatos de couro envernizado com zíper e bolsas retrô de vinil também estão à venda.

CUALQUIER VERDURA

Mapa p. 76 Utilidades domésticas

☎ 4300-2474; www.cualquierverdura.com.ar; Humberto Primo 517; 🕙 12-20h qui-dom

Localizada em uma adorável casa antiga restaurada, essa divertida loja vende itens ecléticos que variam de roupas *vintage* e sabonetes divertidos (procure por eles no "banheiro") a luminárias feitas de disquetes reciclados, peças de decoração contemporâneas e brinquedos modernos. Passeie pela varanda na área externa e repare nos vitrais na parede e no Buda bebendo mate sobre a fonte.

L'AGO Mapa p. 76 Utilidades domésticas e acessórios

☎ 4362-3641/4702; www.lagosantelmo.com; Defensa 919 e 970; 🕙 10h-19h30

Objetos de decoração modernos e *kitsch* – de cuias para *mate* fluorescentes a ímãs de geladeira de Frida Kahlo, luminárias ecléticas, bonecas *kewpie* de plástico, carteiras de materiais reciclados com estampas de Elvis e bolsas de Marilyn Monroe – atraem viajantes e descolados para a graciosa L'Ago. Há uma filial do outro lado da rua; não deixe de conferir os delicados sabonetes artesanais com aromas singulares como chocolate, café e maracujá.

MATERIA URBANA

Mapa p. 76 Utilidades domésticas e arte

☎ 4361-5265; www.materiaurbana.com; esq. Defensa e Chile; 🕙 11-19h

Essa inovadora loja de decoração oferece o trabalho de mais de cem artistas locais. As peças mais exclusivas incluem curiosos desenhos a lápis, fotografias abstratas, estatuetas esculpidas em madeira, porta-objetos de couro com estampas de animais, além de joias de prata, madeira e corais. Há um fluxo quase constante de pedestres nos arredores da Materia Urbana, principalmente durante a feira de rua aos domingos.

RETIRO

Retiro é um bairro elegante e caro, que abriga boa parte das mais exclusivas lojas de artigos de couro e galerias de arte de Buenos Aires. Mas ele também atende ao público executivo do centro e aos turistas com uma infinidade de livrarias, butiques e lojas de vinhos e lembranças.

AUTORÍA Mapa p. 84 Arte e acessórios

☎ 5252-2474; www.autoriabsas.com.ar; Suipacha 1025; 🕙 9h30-20h seg-sex, 10-14h e 16h30-20h sáb

Essa interessante loja de artigos de design – repleta de joias de prata, excelentes livros de arte, moda de bom gosto e objetos estilosos, como bonecas pintadas e curiosos enfeites de mesa – traz um bem-vindo toque de modernidade ao conservador Retiro.

GALERÍA RUTH BENZACAR

Mapa p. 84 Arte

☎ 4313-8480; www.ruthbenzacar.com; Florida 1000; 🕙 11h30-20h seg-sex

Primeira galeria de arte contemporânea de Buenos Aires, esse espaço subterrâneo (acesso pelas escadas) é incrivelmente bem localizado, logo no início do calçadão da Florida. As obras que decoram as paredes do local são de artistas argentinos conhecidos internacionalmente, como Leandro Erlich, Jorge Macchi, Flavia Darin e Nicola Costantino. Faça uma visita e confira as obras.

TIERRA ADENTRO

Mapa p. 84 Arte e acessórios

☎ 4393-8552; Arroyo 882; 🕙 10-20h seg-sex, 10-18h sáb

Faça compras com consciência em uma das poucas lojas de comércio justo da cidade. A Tierra Adentro trabalha com organizações sem fins lucrativos que ajudam a preservar comunidades indígenas do norte do país. As práticas de comércio justo trazem à capital uma ótima variedade de capas para almofadas feitas à mão, cabides de parede coloridos e lindos colares mapuche de prata.

MODA DE VANGUARDA

Diga as palavras "Argentina" e "moda" na mesma frase. A imagem que mais vêm à cabeça é o físico definido e a aura nobre de Nacho Figueras, o jogador de polo e modelo portenho que ascendeu à fama quando Ralph Lauren o escolheu como rosto para as campanhas das suas linhas de camisas polo e perfumes. Mas é claro, não é de surpreender que a Argentina tenha lançado outro rosto bonito (temos que admitir, ele é apenas um entre muitos por aqui). Talvez mais impressionantes, porém muito menos conhecidos, sejam os superinovadores estilistas de alta-costura do país.

Após a crise econômica de 2001, centenas de jovens e talentosos estilistas saíram do anonimato para tentar viver da moda. Desde então, muitos dos estilistas mais ambiciosos vêm amadurecendo e se tornando profissionais completos, com luxuosas linhas de modelos esportivos e renome nos EUA, Europa e Ásia. Nomes famosos em Buenos Aires incluem **Maria Cher** (Mapa p. 92; www.maria-cher.com.ar; El Salvador 4714), conhecida por roupas desconstruídas com toques urbanos, Pablo Ramírez (Mapa p. 76; www.pabloramirez.com.ar; Perú 587), e **Jazmín Chebar** (Mapa p. 92; www.jazminchebar.com.ar; El Salvador 4702, Palermo), cujas obras divertidas e femininas foram escolhidas para serem expostas no Louvre durante a Semana de Moda de Paris de 1999. Conhecido por utilizar tecidos reciclados, **Martín Churba** é a mente por trás da **Tramando** (Mapa p. 87; www.tramando.com; Rodriguez Peña 1973), que tem lojas na Recoleta, em Nova York e Tóquio. Sofisticada e contida, **Cora Groppo** (Mapa p. 92; www.coragroppo.com; esq. El Salvador e Armenia) retrabalha volume e texturas em roupas para o dia a dia, desde jaquetas curtas ousadas a blusas transpassadas de várias camadas. **Jessica Trosman** (Mapa p. 92; www.trosman.com; Armenia 1998), cuja abordagem possui um olhar arquitetônico, exibe seus modelos pelo mundo inteiro e já figurou em importantes publicações de moda internacionais, como os livros *Sample* (Phaidon, 2005) e o mais recente *100 New Fashion Designers* (Laurence King, 2008).

Apesar de esses estilistas de vanguarda já terem começado a abrir lojas em outras partes do mundo, suas matrizes continuam em Buenos Aires. Faça um passeio por Palermo Soho ou shoppings de luxo, como o Patio Bullrich ou o Paseo Alcorta para conferir suas roupas nas vitrines – e nas belas mulheres que costumam fazer compras nesses lugares. Não fique surpreso se vir alguns homens parecidos com Nacho envergando óculos escuros espelhados.

KEL EDICIONES Mapa p. 84 — Livros

☎ 4814-3788; www.kel-ediciones.com; M. T. de Alvear 1369; 🕑 9-19h seg-sex, 9h30-13h30 sáb

O slogan dessa loja é "Livros em inglês para todos". Os temas incluem literatura, viagem, culinária, filosofia, arte, história e religião, além de dicionários e até mesmo alguns títulos da Lonely Planet. Se você procura algo específico, pesquise primeiro no site.

CAMPING CENTER Mapa p. 84 — Camping e atividades ao ar livre

☎ 4314-0305; Esmeralda 945; 🕑 10-20h seg-sex, 10-17h sáb

Você não vai encontrar preços baixos aqui, mas se estiver a caminho da Patagônia ou do Chile, vai adorar a seleção de equipamentos de camping e escalada de alta qualidade à venda nessa loja moderna. Há acessórios para escaladas em pedra e muitas roupas caras de famosas marcas internacionais.

GABRIELLA CAPUCCI Mapa p. 84 — Moda

☎ 4815-3636; www.gabriellacapucci.com; av. Alvear 1477; 🕑 10-20h seg-sáb

Apesar de não ser para todos, essa butique feminina é inegavelmente diferente de todas as outras da refinada av. Alvear. O pequeno espaço é cheio de belas camisetas de lantejoulas, bolsas criativas, cachecóis delicados, blusas *vintage*, travesseiros de veludo e acessórios ecléticos. Flores de crochê, contas gigantes e orquídeas artificiais decoram ou camuflam cetins e estampas de animais. As cores são vibrantes e as bijuterias, bastante excêntricas.

MARÍA VÁZQUEZ Mapa p. 84 — Moda

☎ 4815-6333; www.mvzmariavazquez.com.ar; Libertad 1632; 🕑 11-21h seg-sex, 10-18h sáb

Uma das mais renomadas estilistas argentinas, María Vázquez, cria vestidos de coquetel que se assemelham a lingeries, feitos de finas sedas, algodão rendado e cetins macios. Detalhes como contas, lantejoulas e *glitter* adicionam um brilho atraente aos modelos sensuais, que também incluem jeans inconfundíveis. Celebridades como Shakira, Xuxa e Naomi Campbell possuem peças da estilista. Há outras unidades em shoppings da cidade.

CASA LÓPEZ Mapa p. 84 — Artigos de couro

☎ 4311-3044; www.casalopez.com.ar; M. T. de Alvear 640/658; 🕑 9-20h seg-sex, 10h-18h30 sáb e dom

Entre na limusine e abra espaço para as sacolas cheias das melhores jaquetas, malas e acessórios de couro de BA. A aparência é conservadora, pouco moderna; o serviço é quase atencioso demais, então esteja preparado para conversar. Você encontrará filiais nas Galerías Pacífico (p. 61) e no shopping Patio Bullrich (p. 116).

WELCOME MARROQUINERÍA

Mapa p. 84 — Produtos de couro

☎ 4312-8911; M. T. de Alvear 500; ⏱ 10-14h e 15h-17h30 seg-sex, 10-14h sáb

Em funcionamento desde 1930, essa refinada loja afirma ser a empresa de produtos de couro mais antiga do país. Ela oferece malas, pastas, bolsas e acessórios feitos à mão e exclusivos, mas também conta com uma pequena seção de sapatos masculinos e femininos. A qualidade é alta, assim como os preços.

JOSEFINA FERRONI Mapa p. 82 — Calçados

☎ 5811-1951; www.josefinaferroni.com.ar; Arenales 1278; ⏱ 14-20h seg, 11-20h ter-sáb

Essa é a resposta argentina a Jimmy Choo. O glamour *vintage* e as cores atraentes das lindas botas, plataformas e sapatilhas *peep-toe* artesanais deram a Josefina Ferroni inúmeras fãs portenhas e crescente renome internacional. Há uma segunda unidade em Palermo (Mapa p. 92; Armenia 1687).

GALERÍA 5TA AVENIDA

Mapa p. 84 — Shopping center

av. Santa Fe 1270; ⏱ 11-20h seg-sáb

Você está à procura de roupas *vintage* ou de segunda mão? Essa antiga galeria de compras é parada obrigatória. Várias lojas vendem roupas usadas a preços relativamente justos até mesmo para os mochileiros com menos dinheiro. Procure as bancas de promoções para encontrar os melhores preços, mas saiba que algumas são apenas para os desesperados.

PATIO BULLRICH Mapa p. 84 — Shopping center

☎ 4814-7500; www.shoppingbullrich.com.ar; av. del Libertador 750; ⏱ 10-21h

O shopping center mais exclusivo de Buenos Aires já foi palco de leilões de animais, mas hoje em dia os produtos à venda por aqui são delicados tapetes persas, blazers de *tweed* e os últimos lançamentos da Dior. Há três andares de lojas e butiques caras, como Lacoste, Lacroix e Versace, além de cafés refinados, cinemas e uma variada praça de alimentação.

LA MARTINA Mapa p. 84 — Artigos esportivos

☎ 4576-7999; www.lamartina.com; Paraguay 661; ⏱ 10-20h seg-sex, 10-14h sáb

O polo é um esporte praticado pela elite de Buenos Aires, símbolo inconfundível de riqueza e refinamento – mas, mesmo para quem nunca montou em um cavalo, é interessante conferir as lindas botas de montaria de couro, capacetes e selas na principal loja de artigos para o esporte da Argentina. É provável que você veja jogadores de polo bonitos e impecavelmente vestidos andando pelos corredores. Há outras unidades espalhadas pela cidade.

WINERY Mapa p. 84 — Vinhos

☎ 4311-6607; www.winery.com.ar; av. Leandro N. Alem 880; ⏱ 9h-20h30 seg-sáb

Rede de primeira linha que oferece uma excelente seleção de vinhos, estrangeiros e argentinos. Nessa filial, você pode degustar antes de comprar. No moderno salão do piso inferior, mais de vinte rótulos são vendidos por taça – há também uma opção de degustação de cinco vinhos (AR$50). Há uma filial com café no Microcentro (Mapa p. 62; av. Corrientes 300).

RECOLETA E BARRIO NORTE

Exclusividade é a palavra-chave aqui. Se você estiver com a conta bancária preparada e disposto a pagar boas somas por produtos da mais alta qualidade, esses são os bairros perfeitos para ir às compras. Neles estão as melhores lojas de couro da cidade, além de muitas butiques de marcas famosas e vários nomes internacionais, como Armani, Cartier, Hermès e Versace.

AIREDELSUR Mapa p. 87 — Utilidades domésticas

☎ 4803-6100; www.airedelsur.com; av. Alvear 1883 (1129); ⏱ 10h30-19h30 seg-sex, até 16h30 sáb

A marca Airedelsur já era amada pelos portenhos muito antes de aparecer na conceituada revista de moda *Vogue*. O designer Marcelo Lucini se uniu a artesãos argentinos para criar objetos de decoração incrivelmente originais feitos de alpaca, madeira, ônix e outros materiais naturais. Reza a lenda que a rainha Rania da Jordânia já comprou mais de duzentas peças para seus palácios por aqui.

LÓPEZ TAIBO Mapa p. 87 Artigos de couro

☎ 4804-8585; www.lopeztaibo.net; av. Alvear 1902; ⏲ 10-20h seg-sex, 10-18h sáb

Os melhores artigos de couro podem ser encontrados nessa butique na Recoleta, que oferece tradição e excelência desde 1897. Os funcionários de preto oferecem bom atendimento aos homens de negócio bem-vestidos ou viajantes que aparecem procurando sapatos, cintos, jaquetas, pastas e – para quem não dá a mínima à PETA – peles. Você verá outras filiais espalhadas pela cidade.

ROSSI & CARUSO Mapa p. 87 Artigos de couro

☎ 4814-4774; www.rossicaruso.com; av. Santa Fe 1377; ⏲ 9h30-20h seg-sex, 10-19h sáb

Caso você esteja procurando uma sela de couro de qualidade ou uma boa faca *gaucha* de prata, veio ao lugar certo. Os artigos de couro, de botas de montaria e cintos a bolsas-carteiro, selas e copos de prata para mate, são fabricados com materiais argentinos. Pode esperar um atendimento profissional e preços altíssimos. Há outras filiais em BA, inclusive uma nas Galerías Pacífico (p. 61).

WUSSMANN SHOP Mapa p. 87 Papelaria

☎ 4811-2444; www.wussmannshop.com.ar; Rodriguez Peña; ⏲ 10h30-20h seg-sex, 11-14h sáb

Escritores e artistas se encantam com os belos papeis artesanais dessa luxuosa papelaria. Agendas com capa de couro, papéis de carta decorados com monogramas e cadernos de desenho gigantes são produzidos com papel reciclado. Faça uma visita e confira os exclusivos convites, cartões e papéis de presente pintados à mão para uma embalagem especial.

PERUGIA BOTTIER Mapa p. 87 Calçados

☎ 4804-6340; av. Alvear 1866; ⏲ 10-20h seg-sex, 10-14h sáb

Em funcionamento há mais de cinquenta anos, essa talvez seja a mais luxuosa loja de calçados femininos de Buenos Aires. Os modelos de inspiração europeia são feitos de couro argentino e italiano, e mudam a cada estação. Eles são feitos à mão e levam dez dias para serem finalizados. Os preços são altos, é claro, e variam de acordo com o estilo e o material.

GALERÍA BOND Mapa p. 87 Shopping center

Av. Santa Fe 1670; ⏲ 10-21h seg-sáb

Para fazer as tatuagens e piercings mais ousados da cidade, não há lugar melhor do que esse curioso shopping center. Os aspirantes a skatistas de Buenos Aires e seus colegas do punk rock também frequentam o local para comprar os últimos lançamentos em roupas e música. Pode esperar encontrar de tudo, de Hello Kitty a heavy metal.

BUENOS AIRES DESIGN
Mapa p. 87 Shopping center

☎ 5777-6000; av. Pueyrredón 2501; ⏲ 10-21h seg-sáb, 12-21h dom

Os móveis mais modernos e refinados se encontram sob o teto dessa loja. É o lugar ideal para procurar aquela luminária estilosa, vasos sanitários transados ou réplicas de cadeiras asiáticas. Há também utensílios para o dia a dia, além de lindos objetos de decoração e arte.

PALERMO

A grande microrregião de Palermo Viejo é o paraíso de compras dos fashionistas. Alguns anos atrás, a maioria das vitrines exibia roupas ousadas. Hoje, o bairro apresenta uma variedade maior de estilistas com artigos sofisticados que vão desde acessórios para a casa até livros, papéis de carta de luxo, sabonetes, velas, lembranças, brinquedos e chocolates finos. É muito fácil passar horas ou mesmo dias fazendo compras em Palermo; muitos viajantes em busca de peças de decoração consideram uma tarde de passeio aqui como parte do circuito turístico obrigatório.

MERCADO DE LAS PULGAS
Mapa p. 92 Antiguidades

esq. Álvarez Thomas e Dorrego; ⏲ 10-19h ter-dom

Esse mercado de antiguidades escuro e coberto de poeira vende artigos de segunda mão – produtos raros, como móveis de época, garrafas de refrigerante antigas, vasos de cerâmica, pinturas, gaiolas para pássaros, espelhos elegantes e móveis de metal para jardim.

BUTIQUE DEL LIBRO Mapa p. 92 Livros

☎ 4483-6637; www.butiquedellibro.com.ar; Thames 1762; ⏲ 10-22h seg-qui, até 23h sex, 11-23h sáb, 14-22h dom

Tire uma folga das compras nesse incrível santuário literário. Lindos livros de arte e design atraem muitos descolados locais. Para quem não lê espanhol, há algumas prateleiras com títulos em inglês, e o café na área dos fundos (com um bonito pátio a

MERCADOS E FEIRAS DE RUA

Tenha você pesos para torrar ou não, passear por feiras de rua nos fins de semana é um programa obrigatório em Buenos Aires. Há artesãos locais vendendo produtos criativos (ótimos para lembranças), além de artistas como músicos, mímicos e dançarinos de tango se apresentando por alguns trocados. Os restaurantes e cafés da vizinhança colocam disputadíssimas mesas na calçada, onde você pode descansar e pedir um café, sanduíche ou uma garrafa de vinho – e poucos lugares são melhores para observar os moradores ricos que passam por lá, turistas eufóricos e artistas de *dreadlock* no cabelo oferecendo bijuterias artesanais.

Os preços em geral são justos, mas, se estiver em dúvida, compare com os preços dos shoppings. Você pode pedir desconto se levar vários itens, mas lembre-se de que a maioria dos vendedores e artistas não ganha muito dinheiro. Se gostar mesmo de algo que tenha o preço razoável, é melhor pagar esse valor. Se achar que os preços são abusivos, diga apenas "*no, gracias*" e continue o passeio.

Enquanto caminha pelas feiras de rua, preste atenção em quem está perto de você e não tire os olhos de seus pertences valiosos – batedores de carteira ficam à espreita dos consumidores distraídos.

Feria Plaza Francia (Mapa p. 87; www.feriaplazafrancia.com; esq. avs. Pueyrredon e del Libertador; 🕑 11-20h sáb, dom e feriados) Localizada na Recoleta, essa adorável feira de rua tem centenas de barracas com acessórios de couro de alta qualidade, joias de bronze, chapéus de tecido, artesanato, sandálias, lembranças baratas e dezenas de outros produtos criativos. Hippies se reúnem aqui, vendedores circulam com suas guloseimas e mímicos se apresentam (ou ficam bem paradinhos). O site dá uma boa ideia do que você encontrará.

Feria de Artesanos Caminito (Mapa p. 80; esq. Caminito e Mendoza; 🕑 12-18h qui-dom e feriados) O tango é o tema predominante nos produtos dessa pequena e animada feira de artesanato, que deixa La Boca ainda mais colorido. Dançarinos de tango e músicos de rua competem pela sua atenção e, ao longo do próprio Caminito, há desenhos, pinturas e fotografias à venda.

Feria de Anticuarios (☎ 4743-8371; www.delanticuario.com; Estación Las Barrancas; 🕑 9h30-20h sáb, dom e feriados) Essa interessante feira de antiguidades no subúrbio de Acassuso, região norte da cidade, oferece produtos a preços mais baixos do que na feira de San Telmo, além de ser menor e menos lotada. Vasculhe pratarias antigas, pequenos objetos de coleção, luminárias e eletrodomésticos antigos. A melhor forma de se chegar é pelo Tren de la Costa, que sai de Olivos na Estación Maipú. Para chegar à estação pegue os ônibus 59, 60 ou 152 (ou pegue a linha Mitre de trem comum até o Tren de la Costa).

Feria de Mataderos (indicação Mapa p. 58; ☎ 4323-9532; www.feriademataderos.com.ar; esq. av. Lisandro de la Torre e de los Corrales; 🕑 11-20h dom mar-dez, 6-0h sáb jan-fev) Esse excelente mercado de rua fica no bairro popular de Mataderos. Os comerciantes oferecem artesanato e culinária tradicional, como *locro* (ensopado de milho e carne) e *humita* (deliciosa mistura de milho e queijo servida em casca do milho). Cantores folclóricos, dançarinos e *gauchos* a cavalo divertem o público e, nas proximidades, fica o **Museu Gaucho** (indicação Mapa p. 59; ☎ 4687-1949; av. de los Corrales 6436; entrada AR$2; 🕑 12h-18h30 dom mar-dez). Para chegar a partir do centro, pegue os ônibus 155 (também indicado como 180) ou 126. A feira fica a mais ou menos 1h de distância, mas vale a pena. Você também pode ir e voltar de táxi se não quiser perder tempo. Ligue fora da alta temporada para confirmar se o museu estará aberto.

Feria de San Pedro Telmo (Mapa p. 76; Plaza Dorrego; www.feriadesantelmo.com; 🕑 10-17h dom) Turistas e locais aglomeram-se nessa divertida feira. Aqui você encontrará joias, obras de arte, roupas *vintage*, itens de colecionador e muito, muito mais. Shows de tango, música e mímica garantem o entretenimento, enquanto os cafés nas calçadas oferecem pausas bem-vindas. Devido ao grande fluxo de pessoas, o tráfego da Calle Defensa é interrompido da av. Belgrano ao Parque Lezama, onde acontece uma feirinha simples de artesanato nos fins de semana. Bandas de tango e percussão brasileira também se apresentam ocasionalmente.

Feria Artesanal Plaza General Manuel Belgrano (Mapa p. 101; www.belgrarte.com.ar; Plaza Belgrano, esq. Juramento e Cuba; 🕑 10-20h sáb, dom e feriados) Que nome comprido! Belgrano abriga essa agradável feira de bairro, ótima para visitar em fins de semana de sol e que oferece artesanato criativo e de alta qualidade, além de alguns itens *kitsch*. Artistas de rua e leitores de tarô também atraem multidões.

Feria Plaza Serrano (Mapa p. 92; Plaza Serrano; 🕑 11-19h sáb e dom) Bijuterias, blusas de tricô, roupas transadas, bolsas hipongas, joias de vidro e acessórios de couro enchem as barracas dessa feira popular na Plaza Serrano, em Palermo Viejo. Ela não é grande, mas a praça é cercada de bares e restaurantes descolados, além de lojas com jeito de mercado onde estilistas independentes vendem seu trabalho. Nas estações mais quentes, a feira também abre nas tardes de quarta a sexta-feira.

céu aberto) é uma excelente desculpa para fazer uma pausa e tomar um café.

OWOKO Mapa p. 92 Artigos infantis

☎ 4502-9905; www.owoko.com.ar; El Salvador 4694; ⏲ 11-20h seg-sáb, 15-19h dom

Essa popular loja de roupas infantis possui um incrível senso de humor: sua filosofia é que as crianças deveriam se divertir com camisetas e acessórios como fazem com brinquedos e jogos. Os produtos de alta qualidade contam a história do Planeta Owoko e de seus personagens coloridos. Faça uma visita e veja as mães argentinas conferindo a última coleção (ou a banca de promoções). Há filiais pela cidade.

RECURSOS INFANTILES

Mapa. p. 92 Artigos infantis

☎ 4834-6177; Jorge Luis Borges 1766; ⏲ 15-20h seg, 8-20h ter-dom

Pequena, mas divertida, essa loja infantil oferece alguns brinquedos maravilhosos, todos fabricados na Argentina. Há os típicos bichos de pelúcia, brinquedos de madeira e quebra-cabeças, além de outros produtos legais, como miniteatro de fantoche e exclusivos instrumentos musicais feitos à mão. São oferecidos ainda livros em espanhol e roupas graciosas, além de um minúsculo café para satisfazer a fome da garotada (e dos pais cansados).

ARTE ÉTNICO ARGENTINO

Mapa p. 92 Artesanato e tecidos

☎ 4832-0516; www.arteetnicoargentino.com; El Salvador 4656; ⏲ 11-19h seg-sáb

Lindas mantas coloridas de tear são a principal atração dessa sofisticada loja localizada em uma antiga casa. As mais detalhadas, é claro, são as mais bonitas e caras. Todas são feitas de lã e tingidas naturalmente e podem ser usadas como tapetes leves. Espere preços acima de AR$2.000.

ATÍPICA Mapa p. 92 Artesanato e tecidos

☎ 4833-3344; www.atipicaobjetos.com.ar; El Salvador 4510; ⏲ 14-20h seg-sex, 11-20h sáb

Administrada por mãe e filha, essa lojinha oferece produtos artesanais de artistas locais e do norte do país que utilizam técnicas indígenas em seu trabalho. Todos os itens são únicos e feitos à mão. Eles variam de porta-retratos, enfeites para parede, réplicas de máscaras, cabaças pintadas à mão, tecidos e joias. A qualidade é alta e os preços, justos.

MISSION Mapa p. 62 Artesanato e tecidos

☎ 4832-3285; www.centralmission.com.ar; Pasaje Russel 5009; ⏲ 10-22h

Escondida em um beco próximo à Plaza Serrano, fica esse pequeno estabelecimento de artesanato e lembranças. É um ótimo lugar para comprar uma faca *gaucha*, peças artesanais de couro, cuias para mate ou garrafas de vinho achatadas para o seu pai. Há outra unidade em Palermo Hollywood (Honduras 5567).

BOKURA Mapa p. 92 Moda

☎ 4833-3975; www.bokura.com.ar; El Salvador 4677; ⏲ 11-20h

Este é o lugar para quem procura os últimos lançamentos da moda jovem transada. Com público-alvo jovem e masculino, essa moderna loja oferece jeans com apliques e ar de usados, além de camisetas retrô e suéteres clássicos. A loja em si, com bela decoração indiana, merece uma visita. Há um filial em San Telmo (Mapa p. 76; Defensa 891).

BOLIVIA Mapa p. 98 Moda

☎ 4832-6284; www.boliviaonline.com.ar; Gurruchaga 1581; ⏲ 11-20h seg-sáb, 15-20h dom

Não há nada aqui que homens jovens, modernos e provavelmente gays não amariam, de camisas de caubói rasgadas e tênis florais da Puma a cintos de plástico e lona. A loja é metrossexual ao extremo e um paraíso para os homens que não têm medo de usar estampas, xadrez e tons pastel. Outras unidades foram inauguradas recentemente nessa região da cidade. A que se encontra na Acevedo 638 é particularmente espaçosa.

DAM Mapa p. 92 Moda

☎ 4833-3935; www.dambutique.com.ar; Honduras 4775; ⏲ 11h30-20h30 seg-sáb

Agite seu guarda-roupas preto e entediante com um vestido de estampas florais vivas e estilo anos 1960 ou um macacão cheio de maçãzinhas verdes da DAM. Bem-humorada, vibrante e às vezes ousada demais, a linha casual da estilista Carola Besasso faz sucesso entre as jovens portenhas de espírito artístico.

EL CID Mapa p. 92 Moda

☎ 4832-3339; www.elcid.us; Gurruchaga 1732; ⏲ 11-20h seg-sáb

Algumas das mais finas roupas masculinas podem ser encontradas nessa butique em Palermo Viejo, que traz como destaque camisas, calças, jaquetas, acessórios e jeans assinados por Nestor Goldberg. Os materiais são da mais alta qualidade e a alfaiataria é refinada, moderna e casual.

HERMANOS ESTEBECORENA

Mapa p. 92 Moda

☎ **4772-2145; www.hermanosestebecorena.com; El Salvador 5960; ⌚ 11-13h e 13h30-21h seg-sex, 11-21h sáb**

Os irmãos Estebecorena aplicam sua enorme criatividade em blusas transadas, jaquetas que se dobram em bolsas, camisas polo e até mesmo roupas íntimas praticamente sem costura e extremamente confortáveis. O foco são roupas masculinas originais, estilosas e funcionais para deleite dos homens com inclinação artística. O número de peças é limitado, mas o que está lá compensa.

JUANA DE ARCO Mapa p. 92 Moda e acessórios

☎ **4833-1621; www.juanadearco.net; El Salvador 4762; ⌚ 11-20h seg-sáb, 14-20h dom**

Mariana Cortes cria peças com retalhos de tecidos, formando adoráveis modelos femininos ultraoriginais. Camisetas de cores vivas, cintos de botões e calcinhas *boxer* são outras opções. Há ainda calcinhas fio dental criativamente embaladas em caixas de ovos. Desça as escadas para conferir roupas de banho de crochê, chamativos acessórios artesanais que vão dar o que falar e fronhas com estampas de animais.

LA MERCERÍA Mapa p. 92 Moda e acessórios

☎ **4831-8558; Armenia 1609; ⌚ 11-20h seg-sex, 10-21h sáb, 13-20h dom**

Ímã de multidões de mulheres sorridentes nos fins de semana, essa butique oferece uma grande quantidade de acessórios brilhantes e coloridos, como bijuterias, travesseiros, cachecóis, perfumes e muitas bolsas. Chapéus enormes, extravagantes e perfeitos para ir ao hipódromo são sem dúvida os destaques. São produtos chamativos, desenhados para mulheres seguras de si.

NADINE ZLOTOGORA Mapa p. 92 Moda

☎ **4831-4203; www.nadinez.com; El Salvador 4683; ⌚ 11-20h seg-sáb**

Os lindos vestidos e blusas da Nadine Z. combinam estilo feminino e tecidos quase surreais, criando fantásticas peças românticas. Forros de materiais espessos e canelados, em geral de cores naturais ou com estampas florais, são cobertos por tules ou rendas com acabamento em seda – um banquete para os olhos e para a pele.

RAPSODIA Mapa p. 92 Moda

☎ **4832-5363; www.rapsodia.com.ar; El Salvador 4757; ⌚ 10-20h seg-sáb, 12-21h dom**

Com tecidos que variam de linho a couro, de modelos casuais a lantejoulas, essa grande butique é parada obrigatória para os fãs de moda. Estilos antigos e modernos se combinam em misturas exóticas, criando estilos criativos com toques descolados, ciganos e até mesmo militares. Há também jeans e biquínis ousados, além de uma seção para crianças e sofás para descansar os pés. Graças à enorme popularidade, hoje existem mais de dez lojas Rapsodia na cidade.

CALMA CHICHA

Mapa p. 92 Utilidades domésticas e artigos de couro

☎ **4831-1818; www.calmachicha.com; Honduras 4909; ⌚ 10-20h seg-sáb, 12-20h dom**

Sempre divertida e acessível, a Calma Chicha é especializada em utilidades domésticas e acessórios criativos produzidos na região com couro natural e artificial, pelo de ovelha e tecidos tingidos de cores vivas. A bem-humorada coleção inclui cadeiras borboleta (dica: elas são facilmente dobráveis, cabendo em uma maleta), capachos, jogos americanos, bolsas com mensagens e as populares jarras de pinguim – isso mesmo, iguais às usadas para servir o vinho da casa nas *parrillas* da região.

CAPITAL DISEÑO E OBJETOS

Mapa p. 92 Utilidades domésticas e acessórios

☎ **4834-6555; www.capitalpalermo.com.ar; Honduras 4958; ⌚ 10-20h seg-sáb**

Não há nada de que você – ou qualquer pessoa – realmente precise nessa divertida loja de variedades – a não ser que o objeto de desejo em questão seja uma criativa bolsa feita de produtos reciclados (como anéis de latas de alumínio) ou um curioso tapete de barbante que lembra um cão desgrenhado. Mulheres anarquistas e sensuais ficariam loucas pelo biquíni estampado com imagens de Che Guevara. O lugar é perfeito para visitar com os amigos.

SABATER HERMANOS

Mapa p. 92 Utilidades domésticas

☎ **4833-3004; www.shnos.com.ar; Gurruchaga 1821; ⌚ 11-20h seg-sáb, 13-19h dom**

Entre nessa pequena loja e deixe os seus sentidos se inebriarem com os sabonetes artesanais produzidos por uma família com tradição no ramo. Há barras de vários formatos, tamanhos e aromas, como chocolate, chá verde, morango e lima (nosso favorito).

HUMAWACA Mapa p. 92 Artigos de couro

☎ 4832-2662; www.humawaca.com; El Salvador 4692; 🕑 11-20h seg-sáb, 14-19h dom

A premiada estilista Ingrid Gutman dá forma e funcionalidade ao couro argentino em bolsas, mochilas e carteiras de linhas modernas e simples. Você verá também sua coleção especial à venda no Malba. Visite a outra loja na Recoleta (Mapa p. 87; Posadas 1380).

PAPELERA PALERMO Mapa p. 92 Papelaria

☎ 4833-3081; www.papelerapalermo.com.ar; Honduras 4945; 🕑 10-20h seg-sáb, 14-20h dom

Todos possuem contas de e-mail hoje em dia, mas visite essa maravilhosa papelaria e ficará tentado voltar a mandar cartas. Há uma ampla e inspiradora seção de lindos papéis de presente, cadernos de espiral artesanais (procure os motivos de Jesus e Evita) e livretos de couro ou pele de coelho.

28 SPORT Mapa p. 92 Calçados

☎ 4833-4287; www.28sport.com; Gurruchaga 1481; 🕑 11h-13h30, 14h30-20h seg-sáb

Para os fanáticos por artigos esportivos retrô, não há nada melhor do que essa loja única e bem-humorada, focada em apenas um produto e um estilo – sapatos masculinos com estilo anos 1950. Nela, os amantes dessas peças encontrarão qualidade e exclusividade. Os produtos são inspirados em calçados para futebol americano, boxe e boliche – e somente doze pares de cada modelo são produzidos.

MISHKA Mapa p. 92 Calçados

☎ 4833-6566; El Salvador 4673; 🕑 11-20h seg-sáb

O renomado estilista Chelo Cantón já foi arquiteto, mas hoje cria incríveis calçados exclusivos com um toque retrô-moderno, feminino e ligeiramente conservador. Experimente um par de botas de salto com cadarço ou, se não for tão ousada, prove sapatilhas mais tradicionais de veludo e brocado. Há outra unidade no shopping Paseo Alcorta, também em Palermo.

ALTO PALERMO Mapa p. 92 Shopping center

☎ 5777-8000; www.altopalermo.com.ar; av. Coronel Díaz 2098; 🕑 10-22h

Situado na movimentada av. Santa Fe, esse popular e reluzente shopping oferece dezenas de lojas de roupas, eletrônicos, utilidades domésticas, livrarias e joalherias luxuosas. Procures as unidades da Timberland, Lacoste, Hilfiger e Levi's (além de marcas argentinas). Os serviços oferecidos incluem praça de alimentação, cinema e um bom espaço para crianças no terceiro andar.

PASEO ALCORTA Mapa p. 92 Shopping center

☎ 5777-6500; www.paseoalcorta.com.ar; Salguero 3172; 🕑 10-22h

Esse é um dos maiores e mais refinados shoppings da cidade. As lojas femininas mais populares da Argentina estão aqui, assim como as butiques internacionais YSL, Lacroix e Dior. Outros estabelecimentos vendem peças de couro, roupas infantis, masculinas, esportivas e acessórios. Há uma ampla praça de alimentação, cinema e espaço de diversão para as crianças.

LO DE JOAQUIN ALBERDI

Mapa p. 92 Vinhos

☎ 4832-5329; www.lodejoaquinalberdi.com.ar; Borges 1772; 🕑 12h-21h30

Rótulos argentinos para todos os gostos e bolsos enchem as prateleiras e a adega dessa atraente casa de vinhos. Atravesse a rua e visite a loja irmã, a Cabernet, para degustar uma boa taça de Malbec no agradável terraço.

ONDE COMER

o melhor

- **Amici Miei** (p. 130)
- **Don Julio** (p. 137)
- **Green Bamboo** (p. 135)
- **La Vineria de Gualterio Bolívar** (p. 129)
- **Sipan** (p. 132)
- **Oviedo** (p. 135)
- **Cumaná** (p. 134)
- **Oui Oui** (p. 139)
- **Il Ballo del Mattone** (p. 137)

O QUE VOCÊ RECOMENDA? www.lonelyplanet.com/Buenos Aires

ONDE COMER

É oficial: um dos melhores motivos para se visitar Buenos Aires é a comida. Graças à alta concentração de imigrantes italianos e espanhóis, pizzarias tradicionais e restaurantes galegos à moda antiga proliferam ao lado de um número cada vez maior de restaurantes refinados, onde *chefs* de renome mesclam cozinhas discrepantes à primeira vista (alguém topa um prato nipo-peruano?) ou se aventuram em pratos franceses clássicos. Entretanto, a verdadeira estrela da culinária local é a carne, oriunda de animais criados nos pampas verdejantes dos arredores da cidade. A qualidade dos produtos agrícolas argentinos é excelente: no seu prato, ao lado de uma das melhores carnes do mundo, você pode desfrutar de abóbora de Neuquén assada e uma taça de Malbec de Mendoza, seguidas por uma sobremesa à base de morangos de Tucumán e creme de leite dos famosos laticínios da província de Buenos Aires. Come-se tão bem na cidade que você precisará de boas caminhadas entre o almoço e o jantar para queimar o excesso de calorias.

Todos os bairros de Buenos Aires são repletos de *parrillas* (churrascarias), que servem carnes impecáveis a preços razoáveis. Na verdade, você pode pedir um *bife de chorizo* (corte semelhante ao contrafilé brasileiro) em muitos cafés, bares e restaurantes, mas, para melhor qualidade, não deixe de ir a uma *parrilla*. Em todos os bairros, é possível encontrar ótimos sanduíches de carne, saladas, pizzas e massas italianas tradicionais. A maioria dos bares e cafés possui cardápios surpreendentemente extensos e fica aberta até o início da madrugada, o que faz deles paradas ideais para um lanche tarde da noite. Veja o capítulo Onde Beber (p. 144) para a nossa seleção de bares e cafés.

Os visitantes com gostos mais exóticos, entretanto, estão com sorte: Palermo se transformou na meca gastronômica de BA, com uma oferta de culinárias armênia, brasileira, mexicana, francesa, indiana, japonesa, árabe e do sudeste asiático, além de restaurantes "internacionais" especializados em cozinha *fusion*. Mas não se deixe levar pelas aparências: muitos restaurantes são elegantes e contemporâneos, mas oferecem comida apenas razoável. Se não estiver disposto a trocar boa comida por ambientes transados, faça o dever de casa: algumas das estrelas da cena culinária podem não reluzir tanto. Na dúvida, listas de reservas e salões movimentados são sempre bons sinais.

O guia on-line mais completo dos restaurantes de BA é o www.guiaoleo.com (em espanhol); para seleções em inglês, experimente o www.saltshaker.net.

Se estiver à procura de uma aula de culinária, veja a p. 225.

INFORMAÇÕES PRÁTICAS

Horários de funcionamento

Os restaurantes geralmente ficam abertos do meio-dia às 15h30 para almoço e das 20h à meia-noite ou 1h para jantar. Destacamos horários específicos nas resenhas apenas se um restaurante fugir desse padrão. Também é uma boa ideia telefonar antes para confirmar os horários, pois eles podem mudar.

Poucos lugares abrem cedo, já que os argentinos tendem a ser frugais pela manhã. Uma boa aposta para as tradicionais *medialunas* (croissant doce típico) com *cortado* (café com leite) são os muitos café da cidade, que costumam ficar abertos da manhã até tarde da noite, sem intervalos.

Quanto custa?

Graças ao crescimento da inflação, comer em Buenos Aires não é mais a barganha que costumava ser. No entanto, em termos relativos – principalmente levando-se em conta a altíssima qualidade das carnes e dos vinhos, além da ausência da necessidade de oferecer gordas gorjetas –, ainda há ótimos negócios a serem descobertos. Na maioria dos bons restaurantes, os pratos variam de AR$30 a AR$45 no jantar. Os almoços são mais acessíveis, principalmente se você se beneficiar dos *menus ejecutivos* (cardápios com preço fixo) de restaurantes mais refinados. Eles não incluem uma seleção extensa de entradas, porém o preço quase sempre inclui sobremesa, café e uma taça de vinho ou água com gás.

GUIA DE PREÇOS

$$$	pratos principais acima de AR$38
$$	pratos principais entre AR$20-38
$	pratos principais abaixo de AR$20

MISCELÂNEA GASTRONÔMICA DEFINIÇÕES

agua de canilla – água de torneira (potável em BA)
alfajor – Doce argentino por excelência; sanduíche de biscoito
chopp – chope
cortado – café com leite
cubierto – couvert
la cuenta – conta
dulce de leche – doce de leite
entrada – entrada
jugo (exprimido) – suco (natural)
licuado – vitamina, batida de leite
medialuna – croissant doce típico
milanesa – milanesa
postre – sobremesa
propina – gorjeta
submarino – chocolate mergulhado em leite quente
sandwiches de miga – sanduíches em pão sem casca
tenedor libre – restaurante self-service

É importante destacar que nem todos os restaurantes aceitam cartões de crédito ou débito – sempre pergunte antes, caso pretenda usá-los. Não se surpreenda se a conta incluir o *cubierto* (couvert), geralmente de AR$3 a AR$8 – que *não* tem nenhuma relação com a gorjeta.

Gorjetas

É de bom tom oferecer uma gorjeta (*propina*, em espanhol) de 10 a 15% do total da conta; tenha em mente que esse valor não pode ser acrescentado aos pagamentos com cartão de crédito ou débito.

Reservas

Se o seu destino for um restaurante popular, principalmente nos fins de semana, é aconselhável fazer uma reserva. Mesmo nos locais mais despretensiosos, nunca é demais reservar uma mesa para garantir – se você não dominar o espanhol, peça a um funcionário do seu hotel que faça a ligação. Os portenhos costumam jantar tarde e a maioria não come antes das 21h (mais tarde, nos fins de semana). Se chegar assim que um restaurante abrir é bem provável que consiga escolher uma mesa em qualquer lugar – mas você também perderá a oportunidade de observar os frequentadores e a vivacidade do ambiente nos horários mais movimentados.

CENTRO

Você não encontrará o melhor da culinária de Buenos Aires no centro, já que ali a maioria dos restaurantes funciona principalmente no almoço e fazendo entregas. Alguns nem mesmo abrem para o jantar, pois há uma diminuição drástica do movimento após o horário comercial. Até mesmo os bares tendem a abrir e fechar cedo na região. Isso, porém, não quer dizer que não haja boas opções, e os vegetarianos em especial terão boas surpresas. Além disso, os hotéis cinco estrelas geralmente têm restaurantes de primeira que, sem dúvida, abrem para o jantar (mediante reserva). Entre eles estão o Tomo 1, do Panamericano (p. 125), o Le Sud, do Sofitel (p. 132), e o El Mercado, do Faena (p. 126).

TOMO 1 Mapa p. 62 Argentina moderna $$$

☎ 4326-6695; Carlos Pellegrini 521; pratos principais AR$110-250; ⏲ almoço e jantar seg-sex, jantar sáb

Apesar de haver quem se incomode com os preços exorbitantes e a decoração formal, o Tomo 1 é, há muito, um ótimo negócio na esfera gourmet. As *chefs* e irmãs Ada e Ebe Concaro orgulhosamente promovem a tradição "gourmet portenho" – um misto das culinárias italiana e espanhola – em uma série de pratos com frutas e verduras da época, massas artesanais e peixes frescos. Experimente a famosa cozinha da casa com um cardápio *prix fixe* de três pratos. Os preços são de AR$235 por pessoa no almoço e AR$250 no jantar – a refeição acompanha *amuse bouches*, uma ótima taça de vinho, água mineral, café e deliciosos *petit fours*.

BRASSERIE BERRY Mapa p. 62 Francesa $$$

☎ 4394-5255; www.brasserieberry.com.ar; Tucumán 775; pratos principais AR$32-65; ⏲ almoço seg-qui, almoço e jantar sex e sáb

Com seus bancos de couro, cadeiras clássicas de bistrô francês, carta de vinhos anotada em um quadro negro e cozinha criativa, essa *brasserie* tem um autêntico clima *lyonnaise*. Atraídos pelos cardápios *prix fixe* no almoço e pelo bom serviço, banqueiros e executivos invadem o lugar nas tardes de semana; quando as multidões do centro voltam para casa para jantar, a *brasserie* é um lugar mais tranquilo e romântico para saborear quiches e vinhos de Bordeaux.

FURAI-BO Mapa p. 62 Japonesa $$

☎ 4334-3440; Adolfo Alsina 429; pratos principais AR$30-48; almoço seg-sex, jantar qua-sáb

Ao contrário dos restaurantes de sushi elegantes e descolados que, lentamente, dominam Palermo, está é uma autêntica casa de chá japonesa. Suba as escadas do prédio antigo até um espaço tranquilo inspirado em templos budistas; nas noites de fim de semana, o clima é reforçado por música cerimonial ao vivo. A especialidade da casa é o macarrão *ramen* com carne de porco. O cardápio também inclui sushis e *katsus* excelentes, além de sobremesas incomuns como o sorvete de *wasabi*.

D'ORO Mapa p. 62 Italiana $$

☎ 4342-6959; Perú 159; pratos principais AR$25-45; almoço e jantar seg-sáb

É de se esperar que um restaurante do centro voltado ao público do almoço sirva massas regulares, mas o D'Oro é um *wine-bar* e restaurante italiano sério que rivaliza com muitos da cidade. Venha para saborear pizzas com massa crocante, risotos de cogumelos, *cappellini* com manjericão fresco e tomates, *fettucine* com mariscos e *focaccia* com cobertura de alho. Há uma curta, mas bem selecionada carta de vinhos em taça e um simpático *sommelier* à disposição. Como muitas outras instituições do centro, o D'Oro é bem mais agradável depois que termina o pico do movimento do almoço.

PURA VIDA Mapa p. 62 Vegetariana $$

☎ 4393-0093; Reconquista 516; pratos principais AR$25-36; 9h-17h30 seg-sex

Alguém vai de suco de clorofila? Esse restaurante charmoso e ultrassaudável ajuda a equilibrar os efeitos da dieta portenha, rica em colesterol. Comece a manhã com uma tigela de frutas frescas e granola ou um copo de "Green Monster" (suco de pepino, maçã, limão e salsa). Durante o almoço, devore um sanduíche de *homus* e abacate ou uma salada de cogumelo *portabello* com tomate seco – você sentirá menos culpa quando ceder à tentação de um filé enorme e meio litro de Malbec mais tarde.

CALIFORNIA BURRITO COMPANY (CBC) Mapa p. 62 Mexicana $$

☎ 4328-3057; Lavalle 441; pratos principais AR$18-30; 8-23h seg-sex

Essa moderna casa de *burritos* – a primeira da América do Sul, de acordo com os donos americanos – é imensamente popular entre viajantes, expatriados e engravatados. As grandes *tortillas* de trigo, que podem ser recheadas com carnes, arroz, feijão e molhos de sua preferência, são enroladas à moda de São Francisco – algo até então inédito em BA. Uma dica: escolha o molho *fuego* se gostar de sabores ligeiramente picantes. Os *burritos* vegetarianos e as *margaritas* são outras especialidades da casa.

PUERTO MADERO

Uma das melhores áreas para se caminhar na cidade é Puerto Madero, onde calçadões margeiam antigos armazéns de tijolos convertidos em caros escritórios e *lofts* e – o mais importante para os viajantes – bons restaurantes. Quase todos têm vista para os diques e muitos contam com varandas cobertas. Você não encontrará nessa região elegante o melhor custo-benefício da cidade nem uma culinária das mais inspiradas: é a localização que conta.

A Cabaña Las Lilas (Mapa p. 69) é a *parrilla* mais famosa das redondezas, porém muitos a consideram uma armadilha para turistas – um tanto superestimada e com preços bastante exagerados. Não a resenhamos aqui, mas se tiver dinheiro para torrar, por favor, vá.

EL MERCADO Mapa p. 69 Mediterrânea $$$

☎ 4010-9200; Hotel Faena + Universe; Martha Salotti 445, Dique 2; pratos principais AR$90-120; 7-2h

Não se desespere se não estiver hospedado no fantástico Faena Hotel + Universe, projetado por Philippe Stark. Você ainda pode sentir o clima do lugar no El Mercado, um restaurante com decoração *shabby chic* (com ênfase no chic) e muitas antiguidades, e cujo cardápio elegante tem como pontos altos o *ceviche* (peixe cru), costelas de cordeiro e empanadas assadas em forno de barro. O premiado *chef* Mariano Cid de la Paz preside o lugar e o El Bistro, o irmão mais exuberante (e caro) no fim do corredor – passe por perto para conferir o espaço ofuscantemente branco, pontuado com detalhes vermelho-sangue e extravagantes unicórnios de gesso.

RODIZIO Mapa p. 69 Brasileira $$$

☎ 4334-3638; av. Alicia Moreau de Justo 838; pratos principais AR$60-70; almoço e jantar

Se você adora carne e não quer se dar ao trabalho de folhear um cardápio,

A MELHOR CARNE DO MUNDO

Você entra numa *parrilla* tradicional, passa pelo touro empalhado e pela churrasqueira que chia na entrada e se senta com fome, garfo e faca à mão. Não sabe quase nada de espanhol e nunca precisou escolher entre mais do que três ou quatro cortes na vida, mas há dez no cardápio. O que fazer?

Não se preocupe. Vamos esclarecer o que aparecerá no seu prato. São inevitáveis as variações dos itens abaixo de lugar para lugar, porém, seja lá o que pedir, é pouco provável que seja pouco saboroso.

Antes, entretanto, uma rápida aula de história. Os espanhóis que chegaram ao país trouxeram gado, abandonado quando os esforços de colonização foram rechaçados pela população nativa. Nos vicejantes pampas argentinos, os rebanhos encontraram o equivalente bovino do paraíso: pastagens férteis e abundantes com poucos predadores naturais para limitar o seu crescimento. As coisas foram ótimas até que os europeus decidiram recolonizar os pampas.

Hoje, o cruzamento com raças europeias intensifica o sabor do epítome da culinária argentina. Por que a carne é tão boa? Qualquer argentino que se preze dirá que isso acontece porque o gado pasta livremente nos férteis pampas e, portanto, não ingere as altas quantidades de milho, antibióticos e hormônios do crescimento consumidas pelo gado confinado nos Estados Unidos e na Europa (o que, entretanto, está mudando rapidamente). Isso produz uma carne mais magra, saborosa e nutritiva do que a de animais alimentados com grãos.

Dada a enorme capacidade do país de produzir carne, os argentinos tendem a ser grandes consumidores – e levaram à perfeição a arte do *asado* (churrasco), com o uso de carvão e apenas sal como tempero. Na churrasqueira, calhas escoam o excesso de gordura e o uso de alturas variadas expõe a carne ao volume de calor perfeito para assá-la. O *asado* é uma instituição familiar e geralmente acontece aos domingos nos quintais de todo o país. Se tiver a sorte de ser convidado para um, não recuse. Aqui está o que você pode esperar:

Uma *parrillada* tradicional, ou churrascada, é o tipo mais comum e tem um pouco de tudo, como *choripán* (sanduíche de linguiça), *pollo* (frango), *costillas* (costelas) e *carne* (carne bovina). Poderão ainda ser assados itens mais exóticos, como *chinchulines* (tripas), *mollejas* (timo) e *morcillas* (linguiça de sangue). Experimente todos, mas será preciso algum tempo para se acostumar com alguns.

Você também poderá ter à sua disposição os seguintes cortes em *parrillas* (churrascarias):

Bife de chorizo	Corte típico de contrafilé, o mais popular e muito saboroso.
Bife de lomo	Corte típico de filé mignon.
Bife de costilla	Bisteca; também chamado de *chuleta*.
Tira de asado	Corte de costela com ossos mais curtos.
Vacío	Fraldinha; mais dura, mas saborosa.
Cuadril	Picanha; geralmente servida em cortes finos.
Ojo de bife	Miolo de contrafilé; corte pequeno e extremamente saboroso.

Se não especificar o ponto da carne, ela geralmente virá *a punto* (ao ponto). Caso a prefira mais mal passada, peça *jugosa*, e se a quiser bem passada – bem, você que sabe (não, brincadeira) – diga *bien hecho*. Porém não deixe de experimentar o *chimichurri*, um saboroso molho feito com azeite, alho e salsa que dá um sabor especial à carne e inebriará as suas papilas gustativas. Ocasionalmente, você também poderá saborear a *salsa criolla*, um tipo de vinagrete feito com tomate e cebola picados e salsa.

Depois de comer a deliciosa carne argentina, passe pelos *asadores* (churrasqueiros) e agradeça pela refeição saborosa. Nas *parrillas* maiores, mais frequentadas por turistas, você pode até mesmo posar para uma fotografia ao lado das enormes churrasqueiras circulares, cercado por espetos com pedaços generosos de carne.

acomode-se na elegante Rodizio, uma autêntica churrascaria ao estilo brasileiro (self-service). Não será preciso nem ao menos se levantar – fique sentado e espere o garçom com faca a postos passar e servir generosos pedaços de carne no seu prato. A variedade de cortes é grande, então escolha à vontade, sem pressa. O ótimo buffet, uma sobremesa e um café estão inclusos no preço.

BICE Mapa p. 69 Mediterrânea $$$

☎ 4315-6216; av. Alicia Moreau de Justo 192; pratos principais AR$38-95; almoço e jantar

Com filiais espalhadas pelo mundo, o Bice é mais conhecido pela cozinha italiana de alta qualidade. As massas artesanais (tanto frescas quanto secas) são excepcionais: experimente o *fettuccine* preto com camarão ou o *ravioli* de espinafre com recheio de ricota e molho quatro queijos. Há também um delicioso risoto de alcachofra e aspargo, além de diversas opções de carnes e peixes. Termine a refeição com um *gelato*, crepe, musse com peras ou *semifreddo* de chocolate branco. O serviço é bom; faça um teste telefonando antes e pedindo uma mesa com vista para o dique.

SIGA LA VACA Mapa p. 69 Parrilla $$$

☎ 4315-6801; av. Alicia Moreau de Justo 1714; almoço AR$38-52, jantar AR$46-52; 🕑 almoço e jantar

Escolha essa excelente churrascaria *tenedor libre* (self-service) apenas se estiver com muita fome, uma vez que terá montanhas de comida à disposição. Destino indisfarçavelmente turístico, sim, mas divertido para carnívoros dispostos a experimentar diversos cortes de carne – e famílias com gostos seletivos. Depois da lauta refeição, você provavelmente precisará de uma longa caminhada pelos calçadões de Puerto Madero, quem sabe até a reserva ecológica.

I CENTRAL MARKET

Mapa p. 69 Argentina moderna $$

☎ 5775-0330; esq. Pierina Dealessi e Macacha Güemes; pratos principais AR$28-65; 🕑 8-0h

Esse agradável espaço na orla, que lembra um café elegante de Nova York, tem muitas faces: pela manhã, há um balcão de café onde você pode saborear um expresso e croissants enquanto lê o jornal; à tarde, um cardápio de refeições leves, mesas a céu aberto e uma delicatessen e loja de utilidades domésticas para vasculhar, enquanto à noite é aberto um glamoroso salão de jantar, especializado em pratos argentinos contemporâneos com harmonização de vinhos.

CONGRESO E TRIBUNALES

Dificilmente inspiradora em termos de cozinha contemporânea, a região de Congreso é mais voltada ao público dos escritórios, com *parrillhas* simples e comida rápida. Todavia, caminhe pelas ruas laterais e topará com joias chinesas, coreanas e peruanas. A maior marca cultural da região, entretanto, é o "bairro espanhol" de Buenos Aires (os quarteirões entre as avs. de Mayo e Salta); ali você encontrará bons restaurantes espanhóis e bascos com culinária tradicional. Está com desejo de comer sushi? Há diversos restaurantes japoneses simples, mas excelentes nas ruas a oeste da Plaza del Congreso, entre as avs. Independencia e Rivadavia.

PLAZA ASTURIAS Mapa p. 72 Espanhola $$

☎ 4382-7334; esq. avs. de Mayo e Salta; pratos principais AR$25-40; 🕑 almoço e jantar

Instalado em um ótimo ponto de esquina, na grandiosa av. de Mayo, este restaurante espanhol à moda antiga atrai durante o almoço uma multidão de portenhos com saudades das avós galegas. O cardápio reúne atrações tradicionais como *chorizo*, presunto, caçarola de batata e massas, além de pratos mais elaborados como *cazuela de mariscos*, um ensopado com mariscos, alho e ervas. Experimente o cardápio fixo, que oferece algumas opções de pratos e inclui café, sobremesa e uma taça de vinho.

EL HISPANO Mapa p. 72 Espanhol $$

☎ 4382-7534; Salta 20; pratos principais AR$22--65; 🕑 almoço e jantar

Cansou das carnes? Vá até esse elegante e charmoso restaurante espanhol cinquentenário que oferece pratos como *cazuela* (ensopado) de polvo, rã à provençal, escargot à andaluza... ou uma simples *paella*. A casa é especializada em frutos do mar, com atrações como truta grelhada, mariscos, ostras e lula frita. E não se esqueça de sobremesas como *natilla* (torta) ou *arroz con leche* (arroz doce) para arrematar a refeição sem carne (apesar de elas também estarem presentes no cardápio).

CHIQUILÍN Mapa p. 72 Argentina $$

☎ 4373-5163; Sarmiento 1599; pratos principais AR$20-38; 🕑 almoço e jantar

Destaque há oito décadas, o Chiquilín é um lugar excelente para levar, digamos, os seus pais. Esse é um restaurante grande e confortável com atmosfera acolhedora e clássica (incluindo os enormes presuntos pendurados), que lhe acrescenta alguma personalidade. O serviço é eficiente, o que é ótimo, já que não é incomum que o lugar fique lotado – mesmo à 1h da manhã aos sábados. As melhores escolhas são as carnes e as massas, apesar de pratos típicos como *paella* às segundas-feiras e *puchero* (ensopado de carnes e vegetais) às quartas-feiras serem alternativas bem-vindas do cardápio tradicional.

CHAN CHAN Mapa p. 72 Peruana $

☎ **4382-8492; Hipólito Yrigoyen 1390; pratos principais AR$18-35; 🕒 almoço e jantar ter-dom**

Esse pequeno e colorido restaurante peruano fica à sombra do imponente Palacio Barolo. Graças aos preços convidativos e ao serviço relativamente rápido, o lugar lota no almoço com os funcionários dos escritórios que dividem pratos de *ceviche* e *papas a la huancaina* (batatas com molho de queijo picante). Se tiver dificuldade para decifrar o cardápio, peça a uma das simpáticas garçonetes que explique as especialidades do dia, ou não arrisque e peça um *arroz chaufa* (arroz frito à moda peruana) e um refrescante *pisco sour*.

CERVANTES II Mapa. p. 72 Argentina $

☎ **4372-5227; Juan D. Perón 1883; pratos principais AR$15-27; 🕒 almoço e jantar**

O Cervantes II é uma ótima e acessível escolha da região, um lugar popular, moderno e despretensioso com atmosfera do Velho Mundo. Ele fica lotado de portenhos que pedem *agua de sifón* (água com gás) para acompanhar pratos como *bife de chorizo* ou *ravioles con tuco* (ravioli com molho). Há também a possibilidade de apostar em pratos rápidos como *milanesas*, omeletes e peixes. As porções são generosas e o serviço costuma ser eficiente.

PIZZERÍA GÜERRÍN Mapa p. 72 Pizza $

☎ **4371-8141; av. Corrientes 1368; fatias AR$3,50; 🕒 almoço e jantar**

Essa acessível, mas tradicional pizzaria é uma parada rápida para o público dos teatros e cinemas da av. Corrientes. Apenas aponte para uma fatia pré-assada no balcão de vidro e coma de pé com a multidão. Se quiser ser mais civilizado, sente-se e peça uma pizza – há uma grande variedade de sabores. O cardápio também conta com *empanadas* e muitas sobremesas.

SAN TELMO

A Plaza Dorrego, coração de San Telmo, é cercada por diversos cafés-restaurantes que abrem os guarda-sóis de segunda a sábado. Aos domingos, entretanto, a praça (e algumas ruas em volta) é tomada por bancas e turistas na sempre popular feira de antiguidades. San Telmo tradicionalmente abriga uma grande quantidade de *parrillas*, porém, com as implacáveis melhorias no bairro, bares e restaurantes mais inovadores, elegantes e caros têm se mudado para cá.

LA VINERIA DE GUALTERIO BOLÍVAR Mapa p. 76 Mediterrânea $$$

☎ **4361-4709; www.lavineriadegualteriobolivar.com; Bolívar 865; cardápio de degustação AR$230; 🕒 almoço a partir das 13h, jantar a partir das 21h ter-dom**

Esse pequeno restaurante gourmet eleva, por si só, a cena gastronômica de San Telmo a outro patamar. A casa, administrada por Alejandro Digilio, que trabalhou na cozinha do El Bulli (considerado por muitos o melhor restaurante do mundo), na Espanha, é conhecida pelas experimentações com texturas e temperaturas; prove essa inventiva cozinha contemporânea com um elaborado cardápio de degustação composto por pequenas porções de pratos, como quinoa ao curry e salmão ao alho com bacon. Os pratos são acompanhados por bons vinhos argentinos, entremeados com coquetéis para limpar o palato, como o drinque de frutas vermelhas com vodka e hortelã. A refeição é

CHÁ PARA DOIS

Seguindo a tradição londrina e das damas de sociedade, os portenhos incorporaram o ritual do chá da tarde. O que não quer dizer que o mate esteja perdendo espaço – fazer uma pausa para saborear um chá com biscoitos é apenas mais uma desculpa dessas almas sociais para se reunirem e fofocarem sobre a última (suposta) plástica de Cristina Kirchner.

Nessas elegantes casas de chá, você não apenas bebericará Earl Grey – com a enorme variedade de *petit fours*, doces e pães, a experiência está mais para uma refeição. A decana da cena do chá é a opulenta L'Orangerie (p. 133), no Alvear Palace Hotel, onde o serviço meticuloso e tortas absurdamente elegantes aguardam os clientes chegados a um bate-papo à moda antiga. Para uma parada mais contemporânea e refinada, vá até a Sirop Folie (Mapa p. 87; ☎ 4813-5900; http://siroprestaurant.com; Vicente Lopez 1661, Local 12; 🕒 a partir das 10h ter-dom).

Se estiver com pouco tempo, uma boa pedida é a casa de chá mais descolada da cidade, a Tealosophy (Mapa p. 87; ☎ 4804-7020; www.tealosophy.com; av. Alvear 1883 £37; 🕒 10h30-8h seg-sáb), ou absorver o ar do Velho Mundo em meio aos balcões de madeira da El Gato Negro (p. 152).

arrematada, como não podia deixar de ser, com sobremesas incrivelmente saborosas.

AMICI MIEI Mapa p. 76 Italiana $$$

☎ **4362-5562; www.amicimiei.com.ar; Defensa 1072; pratos principais AR$35-55; ⏲ almoço e jantar ter-dom**

Em poucos lugares da cidade é possível saborear um *carpaccio* de trufas negras ao som de um tenor italiano impecavelmente vestido cantando "O Sole Mio". Esse adorável restaurante italiano é conhecido pelo serviço refinado e pelos pães, pizzas e massas do *chef* Sebastian Rivas – confira o que acontece nos bastidores pelo vidro que dá para a padaria, na lateral do salão. Em épocas mais quentes, saboreie um *tagliatelle* com camarão no terraço dos fundos ou em uma charmosa mesa para dois com vista para a Plaza Dorrego.

CAFÉ SAN JUAN Mapa p. 76 Internacional $$$

☎ **4300-1112; av. San Juan 450; pratos principais AR$35-48; ⏲ almoço e jantar ter-dom**

Depois de estudar em Milão, Paris e Barcelona, o *chef* Leandro Cristóbal agora comanda a cozinha desse renomado bistrô de San Telmo. Comece com *tapas* fabulosos – intercalados com queijos de um laticínio familiar com 85 anos de história –, então passe para o camarão empanado com amêndoas, cogumelos do norte da Argentina ou uma incrível *bandiola* de porco (surpreendentemente tenra depois de nove horas na brasa). A maior parte dos frutos do mar chega da Patagônia diariamente, por avião, e o serviço é louvável. Reserve uma mesa para o jantar.

CASAL DE CATALUNYA Mapa p. 76 Espanhola $$

☎ **4361-0191; Chacabuco 863; pratos principais AR$28-55; ⏲ almoço e jantar ter-dom, jantar seg**

Esse excelente restaurante catalão fica localizado no centro de cultura catalã de BA – um belo prédio de 1886 que já foi um teatro glamoroso. Forte nos frutos do mar, como não podia deixar de ser, a casa tem especialidades que vão de um delicioso camarão ao alho e mariscos ao molho de tomate ao peixe do dia com *aioli* (molho de alho e azeite). Mas há outros pratos típicos espanhóis, como *jamón serrano* (presunto semelhante ao *prosciuto*), *paella* e leitão. Se você sabe o que é bom, não deixe de pedir o magnífico *crema Catalano* de sobremesa.

BRASSERIE PETANQUE Mapa p. 76 Francesa $$

☎ **4342-7930; www.brasseriepetanque.com; esq. Defensa e Mexico; pratos principais AR$28-45; ⏲ almoço e jantar ter-dom**

Essa ótima *brasserie* ao estilo parisiense é uma ótima pedida para um *brunch* de domingo ou jantares despreocupados. Garçons carismáticos servem aperitivos de cortesia enquanto você se decide entre

O MATE E O SEU RITUAL

Se houvesse uma bebida oficial da Argentina, essa seria o mate. Mais do que uma bebida comum, como o chá ou o café, o mate é um ritual compartilhado por famílias, amigos e colegas. Na verdade, compartilhar é, muitas vezes, o objetivo final.

A Argentina é a maior produtora e consumidora mundial de erva-mate, que também é popular no Chile, no Sul do Brasil, no Paraguai e principalmente no Uruguai, onde o consumo *per capita* é o dobro do argentino. (Muitos uruguaios não vão a lugar algum sem uma garrafa térmica sob o braço e uma cuia na mão. Talvez a mateína, estimulante da família da cafeína, tenha algo a ver com esse "vício".)

O preparo do mate é um ritual em si e há uma etiqueta informal para bebê-lo. O *cebador* (aquele que o prepara) enche a cuia quase até o topo de erva, despeja água quente e a passa em sentido horário. Cada pessoa bebe até secar a cuia e a devolve ao *cebador*, que volta a enchê-la e a oferece ao próximo do grupo. A *bombilla* (bomba, um canudo de metal com filtro), usada para beber o mate, é compartilhada por todos. Se pegar um resfriado durante o voo, faça um favor aos companheiros e peça outra bomba, em vez de compartilhar a mesma com todos.

Um convite para beber mate é uma interação cultural que você não deve recusar, apesar de, sem dúvida, se tratar de um gosto adquirido. A princípio, o sabor pode ser amargo e semelhante ao de grama e a bebida, quente demais, mas, na segunda ou terceira vez, você já começará a se acostumar – acrescentar açúcar ajuda a reduzir o amargor. Não diga "*gracias*" até estar satisfeito, pois isso é um sinal de que não quer mais beber. Por fim, lembre-se de não ficar tempo demais com a cuia antes de devolvê-la, outros esperam por ela!

Talvez por esse ser um ritual muito pessoal, poucos restaurantes têm mate no cardápio. Algumas exceções são o Cumaná (p. 134) e o La Peña del Colorado (p. 161).

steak tartare, frango assado, *confit* de pato, *boeuf Bourguignon* ou truta grelhada com amêndoas. Há uma curta, mas precisa carta de vinhos em taça; o almoço *prix fixe* (AR$42) é uma barganha.

COMEDOR NIKKAI Mapa p. 76 Oriental $$

☎ 4300-5848; av. Independencia 732; pratos principais AR$20-60; ⏲ almoço e jantar seg-sáb

Apropriadamente localizado no edifício Asociación Japonesa, esse restaurante serve uma das mais autênticas cozinhas japonesas de BA, e os portenhos sabem disso – chegue cedo se não quiser esperar. Você encontrará todos os seus pratos favoritos por aqui, como tempurá, *teriyaki*, *ramen* ou sopa de *udon*, além – é claro – de muitas opções de suhis e sashimis. O cardápio conta ainda, como não podia deixar de ser, com saquês importados e cerveja Asahi.

ORIGEN Mapa p. 76 Internacional $$

☎ 4362-7979; Humberto Primo 599; pratos principais AR$22-28; ⏲ café da manhã e almoço seg e ter, o dia todo qua-dom

Moderno mas despretensioso, esse charmoso bistrô de esquina se espalha pelas amplas calçadas – você precisará lutar por uma mesa a céu aberto em tardes ensolaradas. O cardápio criativo conta com pratos saudáveis, que vão de refogados e pizzas integrais a sopas e saladas. A casa também serve chás à tarde, duas taças de vinho pelo preço de uma na *happy hour* e capuccino em canecas enormes.

EL DESNIVEL Mapa p. 76 Parrilla $

☎ 4300-9081; Defensa 855; pratos principais AR$16-26; ⏲ almoço e jantar ter-dom, jantar seg

Essa famosa *parrilla* normalmente fica cheia de locais e turistas desfrutando de sanduíches de *chorizo* e *bife de lomo* (filé mignon assado). Acrescente uma salada e um expresso duplo e poderá sair contente por algo em torno de AR$10 a AR$30. A churrasqueira na entrada é uma tortura quando se espera por uma mesa – chegue cedo, principalmente nos fins de semana. Os garçons podem ser tanto mal-humorados quanto simpáticos.

PARRILLA 1880 Mapa p. 76 Parrilla $

☎ 4307-2746; Defensa 1665; pratos principais AR$13-28; ⏲ almoço e jantar

Para uma autêntica experiência de *parrilla* longe do miolo mais turístico de San Telmo, vá até essa casa popular que fica em frente ao Parque Lezama. A atmosfera é rica em história e moradores desfrutando de carnes suculentas que saem da churrasqueira localizada na entrada – experimente o *ojo de bife* (miolo de contrafilé) ou o *pechito de cerdo* (costeletas de porco). A meia porção de *bife de chorizo* é mais do que suficiente para uma pessoa. Apenas fique atento ao sair, já que a região é um pouco suspeita depois que escurece.

BAR EL FEDERAL Mapa p. 76 Argentina $

☎ 4300-4313; esq. Perú e Carlos Calvo; pratos principais AR$12-30; ⏲ 8-2h

Inaugurado em 1864, esse bar histórico tem atmosfera clássica e um tanto rústica, acentuada por madeira original, azulejos e um incrível balcão antigo. As especialidades são os sanduíches e as *picadas* (tira-gostos), no entanto também há massas, saladas, sobremesas e canecas de cerveja gelada. Quando visitar a região, não deixe de conhecer o irmão igualmente histórico do El Federal, o La Poesia, aberto mais recentemente em uma antiga farmácia, na esquina das calles Bolívar e Chile.

WAFLES SUR Mapa p. 76 Café $

☎ 15-5581-4540; www.waflessur.com; Estados Unidos 509; pratos principais AR$12-30; ⏲ café da manhã, almoço e jantar

Com um cardápio acessível de *waffles* doces e salgados, *smoothies*, café e cervejas artesanais, esse pequeno e animado café foi um ótimo acréscimo a San Telmo. As portas abrem diariamente às 8h e os clientes são livres para se sentar ou comprar um capuccino gelado para viagem. Porém não se recomenda pressa, já que saborear um *waffle* quente coberto de *dulce de leche* é um dos verdadeiros prazeres da vida.

LA BOCA

Apesar de limitada a apenas algumas ruas, a área turística de La Boca conta com alguns restaurantes tradicionais argentinos – especializados principalmente em carnes e massas. Contanto que não espere alta culinária, você não ficará decepcionado. Apenas se lembre de em seguida não fazer caminhadas para além da área frequentada por turistas, dando pinta de estar perdido, ou correrá o risco de topar com delinquentes locais de olho no seu dinheiro.

LOS PETERSEN Mapa p. 80 Argentina $$

☎ 4104-1003; Fundación Proa, av. Pedro de Mendoza 1929; pratos principais AR$22-45; ⏰ 10-19h ter-dom

Esteja ou não aqui para ver as exposições de arte na Fundación Proa, esse sofisticado café-restaurante no segundo andar da galeria é convidativo para um café, sanduíches e saladas elegantes, além de *empanadas tucumánas* (recheadas com carne). O terraço oferece vistas do decadente Riachuelo e do antigo porto.

IL MATTERELLO Mapa p. 80 Italiana $$

☎ 4307-0529; Martín Rodríguez 517; pratos principais AR$22-40; ⏰ almoço e jantar ter-sáb, almoço dom

A atmosfera simples dessa *trattoria* genovesa não é exatamente digna de nota, mas a comida é mais do que compensadora. Não há como errar com a lasanha à bolonhesa, o *tagliatelle alla rucola* ou o *strascinati all'amatriciana* (massa com molho de bacon e pimenta vermelha). Porém, se quiser algo especial, peça o *tortelli verde* (massa recheada com queijo e alho). Para sobremesa, há um ótimo *tiramisù* e crostatas (folhados recheados).

EL OBRERO Mapa p. 80 Parrilla $$

☎ 4362-9912; www.bodegonelobrero.com.ar; Agustín R. Caffarena 64; pratos principais AR$16-30; ⏰ almoço e jantar seg-sáb

Esse é um daqueles restaurantes aonde se vai pelo ambiente, a história e refeições encorpadas, regadas a vinho da casa. A casa pertence à mesma família desde 1954 e, com o passar dos anos, muitas celebridades passaram por lá – entre as quais Bono e Robert Duvall –, algo orgulhosamente divulgado com fotografias emolduradas nas paredes. Você verá camisas clássicas do Boca Juniors, móveis e pisos antigos e quadros negros com os especiais do dia e o preço da *parrilla*. Vá de táxi.

RETIRO

O elegante Retiro, localizado ao norte do Microcentro, não costuma ser lembrado pela boa cozinha. Os restaurantes concentram-se no público comercial, com bom custo-benefício no almoço e muitas opções de comida para viagem – assim tudo que você precisará fazer será encontrar um banco sombreado na vizinha Plaza San Martín para desfrutar do piquenique improvisado. Não ignore os cafés e bares da região, que também servem refeições e muitas vezes são mais casuais e interessantes do que os restaurantes e, é claro, têm muitas opções de bebidas.

LE SUD Mapa p. 84 Francesa $$$

☎ 4131-0131; Hotel Sofitel, Arroyo 841; pratos principais AR$48-80; ⏰ café da manhã, almoço e jantar

Se quiser sentir um clima europeu, vista suas melhores roupas e vá até o Le Sud, um dos melhores restaurantes franceses da cidade, elegantemente instalado em um hotel exclusivo. O *chef* Olivier Falchi tira da cartola cozinha francesa *fusion* simples mas autêntica, permeada por ervas frescas, temperos e azeites do Mediterrâneo. Peça o ensopado de coelho ou o ravióli de limão e estará na Provença antes que chegue a sobremesa.

GRAN BAR DANZÓN
Mapa p. 84 Internacional $$$

☎ 4811-1108; www.granbardanzon.com.ar; Libertad 1161; pratos principais AR$46-77; ⏰ jantar

É difícil ser mais transado do que esse popular bar e restaurante. Um atraente sistema de conservação de vinhos possibilita pedir diversos rótulos em taça em vez de se limitar a um único Malbec – por outro lado, a carta de vinhos é tão extensa e excitante que pode ser grande a tentação de pedir algumas garrafas para acompanhar pratos como *confit* de pato, sushi, ravióli de coelho ou risoto com caranguejo do Alasca. A comida é boa, senão fabulosa, mas não se engane – você estará aqui pelo ambiente, gente bonita e, é claro, pelos Bonardas e Torrontés.

SIPAN Mapa p. 84 Nipo-peruana $$$

☎ 4315-0763; www.sipan.com.ar; Paraguay 624; pratos principais AR$35-60; ⏰ almoço e jantar seg-sáb

A cozinha nipo-peruana é a última moda em Buenos Aires. Abra mão dos restaurantes pretensiosos de Palermo e experimente a cozinha original e saborosa do Sipan. Escondido em uma galeria de compras, este *pisco bar* à meia-luz oferece sushis criativos, pratos clássicos como sopa de missô e arroz frito, entradas de frutos do mar e coquetéis picantes feitos com *pisco* (aguardente de uva) trazido do Peru pelos proprietários.

FILO Mapa p. 84 Italiana $$

☎ 4311-0312; www.filo-ristorante.com; San Martín 975; pratos principais AR$28-45; ⏲ almoço e jantar

Popular entre o público apressado dos escritórios no almoço e, à noite, entre casais no terceiro encontro, essa ampla pizzaria com decoração pop art oferece pizzas finas e crocantes com recheios frescos. Outras escolhas saborosas são os *paninis* (sanduíches italianos), massas e uma infinidade de sobremesas. Experimente a torta com *prosciutto* e rúcula e um cálice de *limoncello* antes de conferir a galeria de arte no piso inferior.

EMPIRE THAI Mapa p. 84 Oriental $$

☎ 4312-5706; www.empirethai.net; Tres Sargentos 427; pratos principais AR$25-45; ⏲ almoço e jantar seg-sex, jantar sáb

A iluminação extravagante e a decoração suntuosa dão a primeira dica de que esse não é um restaurante tailandês tradicional; a segunda vem quando você ainda está com fome depois de terminar o macarrão. Mas não importa – o fantástico *satay* de amendoim e o clima nova-iorquino atraem um público descolado e a casa tem uma das melhores variedades de vodkas da cidade. Dê às papilas gustativas um descanso das carnes e batatas pedindo camarões empanados, porco ao curry *paneng* (vermelho) e *tom ka gai* (frango ao leite de coco).

EL FEDERAL Mapa p. 84 Argentina$$

☎ 4313-1324; San Martin 1015; pratos principais AR$22-35; ⏲ 10-0h seg-sex, às 18h sáb

Esse tradicional restaurante de esquina é uma instituição do bairro. Aqui você encontrará comida argentina caseira – massas simples, carnes e empanadas –, além de pratos mais refinados, como o cordeiro à Patagônia, e sobremesas rebuscadas, como *brownie* com cobertura de chocolate branco. Os garçons velha guarda e o bar rústico reforçam o charme. Se você procura um autêntico almoço portenho, sem luxo ou pretensão, é difícil encontrar coisa melhor.

DADÁ Mapa p. 84 Internacional $$

☎ 4814-4787; San Martín 941; pratos principais AR$22-35; ⏲ almoço e jantar seg-sáb

O pequeno e boêmio Dadá, com as paredes pintadas de vermelho e o bar atulhado de garrafas de vinho, lembra bastante um bar de bairro parisiense. Acomode-se em uma mesa de canto e peça algo saboroso – o *guacamole* fresco e as batatas fritas caseiras são perfeitos como tira-gostos. À noite, o lugar fica cheio de locais que leem o jornal enquanto jantam salmão grelhado e de amigos que se reúnem embalados por martínis – é fato consumado que os barmen da casa são de primeira.

EL CUARTITO Mapa p. 84 Pizza $

☎ 4816-1758; Talcahuano 937; fatias AR$4-7; ⏲ almoço e jantar

Está com pressa? Pense rápido, escolha um sabor e coma em pé a sua fatia de torta. Não é apenas mais rápido e barato assim, como ainda você pode papear com o sujeito ao lado e admirar os antigos pôsteres de esportes sem se virar. É impossível ser mais local e tradicional e, apesar de o lugar ter apenas garçons e ser mais frequentado por executivos, as mulheres são igualmente bem-vindas. Sente-se se desejar consultar as opções do cardápio.

RECOLETA E BARRIO NORTE

A Recoleta, parque de diversões da elite local, é uma região de belos edifícios residenciais, butiques exclusivas e a mansão barroca ocasional. Como é de se imaginar, os restaurantes não são baratos por aqui, porém se quiser misturar-se aos ricos, esse é o lugar para estar.

Quase todo mundo visita o cemitério da Recoleta, de modo que o trecho de dois quarteirões de restaurantes voltados aos turistas na vizinha Calle R. M. Ortiz é mais do que conveniente. A comida tende a ser cara e nada excepcional, mas muitos restaurantes têm mesas a céu aberto que são uma ótima pedida em dias quentes. Além disso, é ótimo observar o movimento por aqui, principalmente nos fins de semana, quando a feira de artesanato próxima está a todo vapor.

L'ORANGERIE Mapa p. 87 Francesa $$$

☎ 4808-2100; www.alvearpalace.com; Alvear Palace Hotel, av. Alvear 1891; chá completo AR$160; ⏲ café da manhã e almoço

O grandioso salão de chá do Alvear Palace Hotel foi feito para ocasiões especais. No café da manhã e no almoço, *chefs* de chapéu branco cuidam de um suntuoso bufê; o *brunch* de domingo, com um balcão de frutos do mar frescos e sobremesas de dar água na boca, é particularmente elaborado. No entanto, o público do chá da tarde, servido a partir das 16h30 (e das 17h aos domingos) é formado em sua maioria por gente de fora da cidade. Reserve uma mesa no ensolarado jardim de inverno, então chegue com apetite por chás, champanhe e uma infinidade de bolos, sanduíches e pães refinados. Duas pessoas podem dividir o serviço de chá.

MUNICH RECOLETA Mapa p. 87 Argentina $$

☎ 4804-3981; R.M. Ortiz 1871; pratos principais AR$28-45; ⏲ almoço e jantar

A não ser pelos preços em crescimento constante, esse lugar tradicional não mudou muito desde os tempos em que Jorge Luis Borges era seu frequentador assíduo. Experimente os *brochettes*, o salmão grelhado ou os raviólis artesanais. O serviço é excepcional e as cortinas brancas nas janelas garantem a privacidade – dois motivos que levam o lugar a ser mais frequentado por portenhos do que turistas, ao contrário dos restaurantes mais elegantes e abertos das redondezas. Vá se tiver estômago para os troféus de caça nas paredes.

TEA CONNECTION Mapa p. 87 Café $$

☎ 4805-0616; www.teaconnection.com.ar; Uriburu 1595; pratos principais AR$28-38; ⏲ café da manhã, almoço e jantar

Amantes dos chás em visita a Buenos Aires, sua busca acabou. Esse elegante café de esquina oferece mais de trinta variedades de chá preto, vermelho e verde e sanduíches e saladas saudáveis, além de pães e tortas de legumes. Peça uma garrafa das fantásticas águas com sabores de frutas – a de maracujá evoca uma praia brasileira. Algumas filiais foram abertas na cidade, inclusive duas nas proximidades, no número 2102 da Calle Arenales e no número 1655 da Calle Montevideo.

788 FOOD BAR Mapa p. 87 Argentina moderna $$

☎ 4814-4788; www.788food-bar.com.ar; Arenales 1877; pratos principais AR$25-35; ⏲ almoço e jantar seg-sex, jantar sáb

O 788 Food Bar é conhecido pelas cestas de pão colocadas na mesa assim que você se senta, além dos coquetéis fortes e da cozinha *fusion* simples mas gourmet. A atmosfera é singular – o restaurante ocupa uma casa antiga – e a localização, a um quarteirão da movimentada av. Santa Fe, é cômoda. Experimente o almoço de cardápio fixo ou aproveite a generosa "happy hour" que vai das 18h à meia-noite nos dias de semana.

CUMANÁ Mapa p. 87 Argentina $

☎ 4813-9207; Rodríguez Peña 1149; pratos principais AR$12-22; ⏲ almoço e jantar

Se você já está satisfeito de carnes e deseja experimentar a cozinha regional argentina, vá até esse restaurante colorido e acessível, com janelas altas e um tradicional forno de barro. A especialidade do Cumaná são as *cazuelas*, ensopados com abóbora, milho, berinjela, batata e carnes. Outras pedidas populares são empenadas, *locro* (ensopado de carne e milho) e *humita* (uma mistura de milho, queijo e cebola enrolada em massa fina de milho). Chegue cedo para garantir uma mesa – os lugares vazios são raros depois das 21h.

EL SANJUANINO Mapa p. 87 Argentina $

☎ 4804-2909; Posadas 1515; pratos principais AR$12-15; ⏲ almoço e jantar ter-dom

Esse lugar pequeno e amigável, que provavelmente tem a comida mais barata da Recoleta, atrai locais apertados e turistas econômicos. Sente-se a uma das dez mesas e peça *empanadas* apimentadas, *tamales* ou *locro* (ensopado de carne e milho). O teto curvo de tijolos reforça o clima, mas muita gente pede a comida para viagem – os adoráveis parques da Recoleta estão a apenas alguns quarteirões de distância.

PALERMO

Palermo, principalmente Palermo Viejo, é o centro da cozinha inovadora de Buenos Aires. Dezenas de restaurantes refinados servem culinária criativa em ambientes contemporâneos, porém é importante estar atento – em anos recentes, parece que um novo restaurante é aberto por semana, e, apesar de a qualidade geralmente ser alta, apenas alguns lugares são realmente especiais.

Fora as *parrillas* sofisticadas, onde ótimas carnes e vinhos caros são a regra, os *chefs* de Palermo geralmente buscam inspiração em diferentes cozinhas étnicas. Você encontrará elementos das culinárias japonesa, indiana, vietnamita, brasileira, mexicana, árabe, grega e até mesmo norueguesa no circuito local. Apenas se lembre de que a maioria dos restaurantes emprega uma abordagem argentina a esses estilos internacionais: não espere sabores

ATRÁS DE PORTAS FECHADAS

Uma tendência gastronômica vem ganhando bastante publicidade em Buenos Aires ultimamente, os assim chamados "restaurantes de portas fechadas", ou *puertas cerradas*. Esses lugares abrem apenas alguns dias por semana, os lugares são sempre reservados e os preços fixos, altos. Não há letreiros e é preciso tocar uma campainha para entrar. Eles nem ao menos darão o endereço antes que você faça a reserva. Mas se quiser aquela sensação de frio na espinha ao descobrir algo novo – ou apenas gostar de fazer parte de grupos exclusivos –, esses lugares são para você.

Abriremos apenas uma fresta com alguns pontos de partida. Na Casa Saltshaker (www.casasaltshaker.com) você estará no apartamento do *chef*, em clima de festa-jantar, com todos os convidados sentados em apenas uma ou duas mesas. O Treintasillas (www.treintasillas.com), como o nome sugere, tem trinta lugares, além de um fabuloso cardápio de degustação gourmet. Para o melhor da culinária oriental em Buenos Aires, reserve uma mesa no Cocina Sunae (www.cocinasunae.com), onde a *chef* Christina Sunae Wiseman dá toques contemporâneos às receitas tradicionais coreanas, vietnamitas e tailandesas da avó.

Os vegetarianos não podem perder o Casa Felix (www.diegofelix.com), que também serve peixes. Quando o clima está quente, você desfrutará de um jantar com harmonização de vinhos no romântico quintal do *chef*. Porém o prêmio de jantar mais memorável da cidade vai para o Cocina Garden (http://cocinagarden.blogspot.com), recém-chegado à cena. Depois de coquetéis ao redor de uma fonte a céu aberto, você desfrutará de culinária com inspiração americana no pátio à luz de velas de um casarão em estilo *hacienda*.

picantes, por exemplo, já que os locais não são muito chegados.

Outra microrregião de Palermo com culinária excepcional é Las Cañitas, próximo de Palermo Viejo. Os engarrafamentos são comuns nos fins de semana, quando multidões acorrem aos poucos quarteirões da av. Báez, onde se concentra a maioria dos restaurantes.

OVIEDO Mapa p. 92 Espanhola $$$

☎ 4821-3741; www.oviedoresto.com.ar; Beruti 2602; pratos principais AR$55-85; ⏲ almoço e jantar seg-sáb

As garoupas e os linguados do Oviedo são tão frescos que praticamente ainda se debatem. O renomado *chef* Martin Rebaudino dá ar espanhol contemporâneo aos frutos do mar – os peixes vêm diariamente de Mar del Plata – e prepara pratos com carne de porco que praticamente desmancha na boca e dão vontade de escrever para casa. A fantástica carta de vinhos e o serviço cordial fazem do Oviedo uma experiência gastronômica da qual você não se arrependerá ao receber a conta.

GREEN BAMBOO Mapa p. 92 Vietnamita $$$

☎ 4775-7050; www.green-bamboo.com.ar; Costa Rica 5802; pratos principais AR$45-62; ⏲ jantar

Tire uma folga das carnes nesse sedutor restaurante vietnamita. A variedade é pequena e os pratos são todos bem preparados e saborosos – apesar de ser discutível se valem ou não o que recentemente passou a ser cobrado por eles. Descubra por si mesmo pedindo camarões grelhados, curry de frango ou pato ao gengibre. Há alguns pratos vegetarianos no cardápio e o *chef* pode acrescentar mais tempero se solicitado, coisa rara em Buenos Aires. Os coquetéis tropicais descem como água – o que é ótimo em um lugar à meia-luz com atmosfera romântica –, mas reserve uma mesa antecipadamente, ou nunca sairá do bar.

OLSEN Mapa p. 92 Escandinava $$$

☎ 4776-7677; Gorriti 5870; pratos principais AR$40-65; ⏲ almoço e jantar ter-dom, brunch a partir das 10h30 dom

Com atmosfera relaxada, público descolado e uma dramática lareira central, o Olsen podia muito bem estar localizado na fria Escandinávia. A culinária do *chef* Germán Martitegui (pense em ravióli de cervo com compota de cereja ou atum grelhado com molho de iogurte) pode carecer de foco e o serviço pode ser irregular, porém a seleção de vodkas é superlativa. Delicie-se com um coquetel de mirtilo – que parece saído de uma revista – no jardim, ou aposte no popular *brunch* de domingo. Reserve antecipadamente.

GUIDO'S BAR Mapa p. 92 Italiana $$$

☎ 4802-2391; República de la India 2843; cardápio preço fixo almoço AR$90; ⏲ almoço e jantar seg-sex, almoço sáb

Um tanto fora de lugar entre os edifícios residenciais altos e elegantes de Palermo Chico, esse restaurante italiano tradicional – com direito a toalhas de mesa quadriculadas e pôsteres de filmes antigos – acrescenta pinceladas de história e cor às redondezas. Não venha com uma massa específica em mente ou esperando serviço refinado; na verdade, não venha a não ser que esteja disposto a desfrutar de uma experiência gastronômica singular. No Guido's, você não pede um prato, paga um preço fixo para experimentar uma infinidade de antepastos, massas, pizzas e risotos. Muitos dizem que o preço é alto demais, tendo em vista a pouco liberdade de escolha, outros amam a atmosfera animada e a espontaneidade.

CLUNY Mapa p. 92 Francesa $$$

☎ 4831-7176; El Salvador 4618; pratos principais AR$36-57; ⏰ almoço e jantar seg-sáb

Ainda um dos melhores restaurantes de Palermo Viejo, o elegante Cluny conta com um adorável pátio frontal, confortáveis sofás brancos e decoração contemporânea. Experimente os *sorrentinos* (raviólis grandes e redondos) de abóbora, o cordeiro à Patagônia ou o *magret de pato* (não para os fracos; é o peito de patos criados para a produção de *foie gras*). O serviço atencioso e a carta de vinhos curta mas bem selecionada reforçam a experiência.

SUDESTADA Mapa p. 92 Oriental $$$

☎ 4776-3777; www.sudestadabuenosaires.com; Guatemala 5602; pratos principais AR$36-50; ⏰ almoço e jantar seg-sáb

A reputação merecida do Sudestada vem dos seus *curries* picantes, refogados e deliciosos pratos vegetarianos e à base de macarrão, inspirados nas culinárias tailandesa, vietnamita, malaia e singapurense. O coelho grelhado é fantástico e os coquetéis de inspiração oriental – como o *liquado* (milk-shake) de lichia –, deliciosos. Note que se pedir um prato apimentado ele será apimentado *de verdade*. O almoço com preço fixo é perfeito para saborear os bolinhos e macarrões que são marca registrada da casa.

AZEMA EXOTIC BISTRÓ

Mapa p. 92 Internacional $$$

☎ 4774-4191; Angel Carranza 1875; pratos principais AR$35-48; ⏰ jantar seg-sáb

Com temperos exóticos, ingredientes importados e uma queda por vinhos brancos enérgicos, Paul Jean Azema ousa pisar em território poucas vezes visitado pelos *chefs* locais. Esse eclético restaurante busca inspiração nas suas muitas viagens – salmão *tandoori*, sopa de macarrão vietnamita e *ceviche* têm lugar garantido no cardápio –, e o espaço simples com clima francês é convidativo, principalmente quando Azema em pessoa ajuda a servir as mesas.

VOULEZBAR Mapa p. 92 Internacional $$$

☎ 4802-4817; www.voulezbar.com.ar; Cerviño 3802; pratos principais AR$35-44; ⏰ café da manhã, almoço e jantar seg-sáb

Esse café de cartão-postal oferece cozinha original e criativa, como salmão com molho de manga, risoto de camarão, tortas gourmet e salada de abóbora grelhada. O serviço é notoriamente lento e algumas vezes pouco amistoso, então não vá se estiver com pressa – em um lugar adorável como esse, entretanto, não é esforço algum demorar-se à mesa.

FREUD Y FAHLER Mapa p. 92 Mediterrânea $$$

☎ 4833-2153; Gurruchaga 1750; pratos principais AR$32-58; ⏰ almoço e jantar seg-sáb

O Freud y Fahler, apesar do nome, não é um restaurante conceitual – esse refinado restaurante de esquina oferece um cardápio simples de pratos com inspiração mediterrânea e carnes, massas, risotos e saladas argentinas com toque moderno. E, o que é ótimo para os visitantes com pouco domínio do espanhol, o cardápio bem ilustrado dá uma ideia antecipada dos pratos. Graças ao *chef* talentoso e à ótima localização, o público das galerias de arte costuma lotar o espaço pequenino no almoço.

BELLA ITALIA Mapa p. 92 Italiana $$

☎ 4802-4253; República Árabe Siria 3285; pratos principais AR$32-48; ⏰ jantar seg-sáb

Essa pequena joia italiana localiza-se perto dos edifícios residenciais de Palermo Chico. Comece com um petisco de queijos ou azeitonas, então vá fundo no *tagliolini* com lula e vieiras ou o ravióli de limão com salmão. Regalos como coelho salteado e *grappa* também estão no cardápio. A popularidade do Bella Italia original está rapidamente sendo superada pela da nova e mais casual filial na mesma região, o **Bella Italia Grill & Bar** (Segui 3760), que abre para almoço de terça a sábado e conta com preços um pouco mais acessíveis.

EL ÚLTIMO BESO Mapa p. 92 Internacional $$

☎ 4832-7711; www.elultimobeso.com.ar; Nicaragua 4880; pratos principais AR$32-45; ⏰ almoço e jantar seg-sáb

Entrar nesse restaurante adorável, localizado em uma romântica casa antiga, é como entrar em uma butique. O cardápio curto explora pratos de inspiração europeia, ligeiramente caros mas saborosos. Como costuma ser o caso em Palermo, você estará aqui principalmente pela atmosfera – os espaços aconchegantes, o terraço coberto e o pequeno pátio são difíceis de resistir quando se quer uma folga da cansativa maratona de compras.

BANGALORE Mapa p. 92 Indiana $$

☎ 4779-2621; Humboldt 1416; pratos principais AR$32-44; 🕒 18h-último cliente

Empoleirado no mezanino acima de um transado pub inglês, esse excelente pequeno restaurante indiano concentra-se em pratos bem preparados e deliciosos como pernil de cordeiro *tandoori*, curry de abóbora e *murg saag* (frango temperado com espinafre). Os *chefs*, basco, inglês e argentino, dão uma interessante contribuição à mistura. O bar fica lotado nas noites de fim de semana; peça a especialidade da casa, um gim-tônica, e junte-se à festa.

IL BALLO DEL MATTONE Mapa p. 92 Italiana $$

☎ 4776-4247; www.ilballo.tv; Gorriti 5737; pratos principais AR$29-42; 🕒 almoço e jantar

Esse pequenino restaurante italiano é a nau capitânia de um novo império – uma série de pizzarias e *trattorias* tradicionais administradas pelos mesmos donos – erguido recentemente em Palermo Hollywood. Entre se conseguir uma mesa (será preciso fazer reserva para o jantar) e escolha o seu prato no cardápio de massas artesanais anotado em um quadro-negro. Então se envolva com a atmosfera: você pode ver artistas com cabelo moicano azul dividindo uma jarra de vinho da casa, garçons descontraídos servindo cafés e clientes aparecendo com os cachorrinhos para dar um alô. Caminhe por essa região de Palermo conhecida como "Pequeña Italia" para descobrir os animados e igualmente bons irmãos do Il Ballo.

NOVECENTO Mapa p. 92 Mediterrânea $$

☎ 4778-1900; www.novecento.com; Av. Báez 199; pratos principais AR$28-48; 🕒 café da manhã, almoço e jantar seg-sex, 11h-último cliente sáb e dom

Cafés da manhã de verdade (uma raridade em BA) são servidos nesse elegante restaurante de esquina, porém as escolhas resumem-se a ovos *benedict*, *bagels* com salmão e – se você tiver sorte – *waffles* ou *tortillas* recheadas com *chorizo*. O jantar tem opções mais refinadas como lula frita, *penne* com cogumelos selvagens ou risoto com truta grelhada. O requinte é reforçado por imaculadas toalhas de mesa brancas, música suave e luz de velas, e há uma boa seleção de vinhos de sobremesa e licores para esticar a noite.

LITTLE ROSE Mapa p. 92 Japonesa $$

☎ 4833-9496; Armenia 1672; pratos principais AR$28-45; 🕒 almoço e jantar seg-sáb

Sashimis e saquês são os destaques do Little Rose, mas esse não é, nem de longe, um sushi bar minimalista – o sensual e acolhedor salão iluminado à luz de velas é repleto de espelhos, cantos escuros e fotografias oníricas. Saia da movimentada rua de compras e entre em outro mundo nesse pequeno restaurante para um romântico jantar a dois. Surpreendentemente, dada a localização, os preços são justos por aqui – as porções do Little Rose são mais generosas do que de costume nos restaurantes de sushi de Buenos Aires e os coquetéis são sempre bons.

MIRANDA Mapa p. 92 Parrilla $$

☎ 4771-4255; www.parrillamiranda.com; Costa Rica 5602; pratos principais AR$28-40; 🕒 café da manhã, almoço e jantar

A transada Miranda é a *parrilla* preferida dos portenhos com saudades dos filés grelhados e dos *chorizos* da casa materna – mas que não sacrificam o estilo em nome da carne em nenhum dia da semana. Essa é uma churrascaria moderna e elegante com paredes de concreto, pé-direito alto e móveis de madeira rústicos, porém as carnes excelentes são o destaque por aqui. Se der a sorte de conseguir uma mesa na calçada em um dia ensolarado, você terá uma experiência memorável.

DON JULIO Mapa p. 92 Parrilla $$

☎ 4831-9564; esq. Guatemala e Gurruchaga; pratos principais AR$28-36; 🕒 almoço e jantar

Serviço refinado e bons vinhos dão um toque sofisticado a essa tradicional churrascaria de esquina. O *bife de chorizo*, é claro, é a principal atração do Don Julio, mas o interior com tijolos aparentes, tábuas de cortar de madeira escura e jogos americanos de couro reforçam a experiência sensorial. As saladas gourmet – servidas com floreios pelos garçons ultraprofissionais – são um prazer à parte.

SEM CARNE EM BUENOS AIRES

A cozinha argentina é mundialmente conhecida pelas carnes grelhadas suculentas, entretanto, isso não quer dizer que os vegetarianos – ou mesmo os veganos – estejam em maus lençóis.

A maioria dos restaurantes, inclusive as *parrillas*, serve alguns pratos aceitáveis pela maioria dos vegetarianos, como saladas, omeletes, purês, pizzas e massas (apenas fique atento aos molhos). *Pescados* e *mariscos* costumam estar disponíveis aos piscitarianos. As palavras-chave são *carne* (carne bovina), *pollo* (frango), *cerdo* (porco) e *cordero* (cordeiro), apesar de todos os cortes de carne serem descritos de diferentes formas. *Sin carne* significa "sem carne" e a frase *soy vegetariano(a)* será muito útil para explicar ao argentino por que diabos você não come aquelas carnes deliciosas.

Para sorte de quem não come carne, os restaurantes vegetarianos recentemente viraram moda em Buenos Aires. Próximo do centro, há o Pura Vida (p. 126); nas proximidades do Barrio Norte você encontrará o Bio (p. 138) e o Artemisia (p. 138). Visite o transado e casual Natural Deli (p. 139) em Palermo e na Recoleta. Os espíritos livres com queda por temperos não devem deixar de conhecer o Krishna (p. 139), e, para aquela experiência exclusiva, há o restaurante de portas fechadas Casa Felix (veja o quadro na p. 135). Em todos os bairros da cidade, você encontrará pequenas, mas sortidas lojas de produtos naturais que vendem grãos, massas e pães integrais e frutas secas – ótimos para lanches no quarto do hotel.

BIO Mapa p. 92 — Vegetariana $$

☎ 4774-3880; www.biorestaurant.com.ar; Humboldt 2199; pratos principais AR$26-35; ⏲ almoço e jantar

Os visitantes extremamente preocupados com a saúde não podem perder esse restaurante casual de esquina, especializado em pratos saudáveis, vegetarianos e orgânicos. Alimente o corpo e o espírito com um risoto de quinoa, refogados de cogumelos ou cuscuz mediterrâneo com tomate seco. Não deixe de pedir um suco de fruta feito na hora. Há pratos especiais durante a semana; faça reserva nos fins de semana.

MUSEO EVITA RESTAURANTE
Mapa p. 92 — Argentina moderna $$

☎ 4800-1599; www.museoevita.org; J.M. Gutierrez 3926; pratos principais AR$22-45; ⏲ café da manhã, almoço e jantar seg-sáb, café da manhã e almoço dom

Não temais, turistas, esse não é um restaurante temático brega com a trilha sonora de *Evita*, por Madonna, como som ambiente. O charmoso pátio de azulejos desse prédio antigo pode muito bem ser o lugar mais bonito da cidade para um almoço a céu aberto e a cozinha é sofisticada. Portenhos e turistas vêm até aqui pelos risotos, filés e peixes grelhados; em uma das laterais do pátio, um *chef* prepara crepes doces e salgados. Os fãs da primeira-dama podem preferir jantar no interior, em meio a memorabilia de Evita.

LA DORITA Mapa p. 92 — Parrilla $$

☎ 4773-0070; esq. Humboldt e Costa Rica; pratos principais AR$22-42; ⏲ almoço e jantar

Em poucas palavras, o prosaico La Dorita oferece carnes grelhadas com bom custo-benefício. A atmosfera é casual – famílias se empanturram de carne no interior, embaladas por jogos de futebol, e as mesas da calçada ficam cheias de casais bem-vestidos que dão o pontapé inicial à noite da cidade. Essa *parrilla* é tão popular entre os portenhos que a casa ganhou um irmão maior, o La Dorita Enfrente, na mesma esquina. Peça o vinho da casa e uma mini *parrilla* com três cortes de carne.

ARTEMISIA Mapa p. 92 — Vegetariana $$

☎ 4863-4242; www.artemisiaresto.com.ar; José Antonio Cabrera 3877; pratos principais AR$22-38; ⏲ jantar ter-sáb

O acolhedor Artemisia é o lugar ideal para jantares frugais com pão integral fresco, *tapas* originais como *bruschetta* de abobrinha e espetinhos *caprese*, além de pratos *wok*. Os pratos principais são saborosos e criativos – experimente a lasanha de polenta, o ravióli de salmão ou a *focaccia* de verduras com pimenta verde. Peça um vinho orgânico ou uma altamente recomendável limonada com gengibre. Uma filial que serve café da manhã e almoço foi aberta recentemente no número 5996 da Calle Gorriti, também em Palermo.

LELÉ DE TROYA Mapa p. 92 — Internacional $$

☎ 4832-2726; www.leledetroya.com; Costa Rica 4901; pratos principais AR$22-38; ⏲ almoço e jantar

Como o nome sugere (Lelé de Troya significa "Helena de Troia"), esse restaurante é esteticamente agradável nos mínimos detalhes. Localizado em uma casa antiga, cada sala é pintada de uma cor diferente – fique com a sedutora sala vermelha se for um jantar romântico –, mas também há mesas na calçada e um terraço de verão ideal para relaxar com uma taça de vinho branco em dias quentes. Apesar de você, quase com certeza, ter vindo aqui pela atmosfera, o extenso cardápio oferece bons sanduíches, filés, massas, pizzas e risotos.

MARK'S DELI & COFFEEHOUSE
Mapa p. 92 Deli $$

☎ 4832-6244; www.markspalermo.com; El Salvador 4701; pratos principais AR$22-32; 8h30--21h30 seg-sáb, 10h30-21h dom

Se estiver desesperado por um sanduíche de *pastrami*, confira o quadro-negro com o cardápio desse café-*deli* insanamente popular. Os sanduíches ao estilo americano, as saladas frescas e as saborosas sopas são todos bem preparados e os pães, irresistíveis. Em dias quentes, as mesas do pátio são disputadas a peso de ouro, enquanto o interior moderno é casual e transado. Para uma dose de cafeína, peça um café gelado ou um moca duplo.

OUI OUI Mapa p. 92 Café $

☎ 4778-9614; www.ouioui.com.ar; Nicaragua 6068; pratos principais AR$18-28; 8-20h seg--sex, 10-20h sáb e dom

Pain au chocolat e *shabby chic*? *Oui*. Você encontrará a ambos nesse café imensamente popular, ao estilo francês, além de expresso, croissants amanteigados, limonadas refrescantes e um interior charmoso e acolhedor. Escolha uma das saladas, sanduíches ou pães, mas chegue cedo para o café da manhã se quiser se antecipar à multidão. Uma filial, o Almacén Oui Oui (esq. Dorrego e Nicaragua) foi aberta recentemente no mesmo quarteirão.

LAS CORTADERAS Mapa p. 92 Argentina $

☎ 4774-4709; av. Báez 444; pratos principais AR$19-32; almoço e jantar ter-dom

Faça uma pausa dos restaurantes lotados da região de Las Cañitas e suba alguns quarteirões até o moderno, casual e familiar Las Cortaderas. O cardápio não é dos mais impressionantes, mas, em compensação, você será brindado com pratos generosos de boas carnes e massas – experimente o crepe de ricota, a lasanha vegetariana ou o cordeiro à Patagônia. Há ainda muitas opções de saladas e a infinidade de pães doces e salgados na entrada é uma tentação.

NATURAL DELI Mapa p. 92 Deli $

☎ 4777-0372; www.natural-deli.com; Gorostiaga 1776; pratos principais AR$18-32; café da manhã, almoço e jantar

Raridade em BA, essa *deli* moderna e orgânica oferece comida natural de primeira, com delícias como o sanduíche de peito de frango com abacate, o *wrap* de atum e manga ou os cogumelos *portabello* marinados em vinagre balsâmico. Você pode pedir uma das saladas refrescantes e preparadas com uma variedade de ingredientes criativos, ou então uma torta vegetariana; acrescente equinácea ou ginseng aos sucos e *liquados*. A casa conta ainda com uma pequena loja de alimentos naturais. Confira a filial do Barrio Norte (Laprida, 1672).

SOCIAL LA LECHUZA Mapa p. 92 Parrilla $

☎ 4773-2781; Uriarte 1980; pratos principais AR$18-25; almoço e jantar qua-dom, jantar ter

A um mundo de distância da cena transada de Palermo Viejo, esse restaurante clássico aferrado à tradição é uma opção bem-vinda aos seus vizinhos caros e pretensiosos. A decoração singular nas paredes vai de pinturas amadoras de corujas (ou *lechuzas*) a fotos de Carlos Gardel e pôsteres de cabarés. Carnes e massas são servidas em porções generosas, mas sobremesas como musse de chocolate ou *tiramisu* são as especialidades da casa – não deixe de pedir água com gás em garrafas sifão para uma experiência clássica completa.

KRISHNA Mapa p. 92 Indiana vegetariana $

☎ 4833-4618; Malabia 1833; pratos principais AR$17-25; almoço e jantar ter-dom

Decoração temática colorida e mesas baixas proporcionam uma experiência indiana vegetariana com muito estilo. Porém, eles são ecumênicos nesse restaurante casual e excêntrico – estão todos lá, Ganesha, Jesus, a estrela de Davi e até mesmo Jimi Hendrix. Peça um *thali* (acompanhamentos com pão indiano fino), *koftas* (almôndegas de vegetais) ou milanesa de soja recheado, com *chai*, *lassi* de manga ou cerveja sem álcool para beber.

LAS CHOLAS Mapa p. 92 Argentina $

☎ 4899-0094; Arce 306; pratos principais AR$14-25; almoço e jantar

O Las Cholas descobriu a regra de ouro de muitos restaurantes de sucesso: comida de qualidade, decoração transada e preços

A BUENOS AIRES GELADA

Dada a herança italiana da Argentina, os *helados* dessas bandas são comparáveis aos melhores sorvetes de qualquer lugar do mundo. Vá até uma *heladería* (sorveteria), peça uma casquinha (geralmente se paga primeiro) e receberá uma montanha gelada artisticamente servida, com uma colher de plástico espetada na lateral. Importante: *granizado* significa raspas ou pedaços de chocolate.

Todos os tipos de *heladerías* oferecem aos seus clientes dezenas de sabores tentadores, do convencional creme a variações do *dulce de leche*, frutas exóticas e misturas inesperadas (alguém vai de sorvete de mate?). Algumas fecham as portas no inverno, mas durante o verão você será mais um em meio a uma fila de portenhos esperando por uma dessas delícias geladas.

Aqui vão algumas das melhores *heladerías* da cidade:

Dylan (Mapa p. 76; ☎ 0810-3333-9526; Perú 1086, San Telmo)

Freddo (Mapa p. 84; ☎ 0810-33-FREDDO; av. Santa Fe 1600, Retiro) Muitas filiais; acesse www.freddo.com.ar.

Heladería Cadore (Mapa p. 72; ☎ 4374-3688; av. Corrientes 1695, Congreso)

Persicco (Mapa p. 92; ☎ 0810-333-7377; Salguero 2591, Palermo) Filiais: Migueletes 886, Las Cañitas (Mapa p. 92); e Vuelta de Obligado 2092, Belgrano (Mapa p. 101).

Una Altra Volta (Mapa p. 92; ☎ 4805-1818; av. del Libertador 3060, Palermo) Filiais: esq. avs. Quintana e Ayacucho, Recoleta (Mapa p. 87); e av. Santa Fe 1826, Barrio Norte (Mapa p. 87).

Vía Flaminia (Mapa p. 62; ☎ 4342-7737; Florida 121, Microcentro)

atraentes. Esse sempre lotado restaurante de esquina de dois andares atrai os jovens e descolados da cidade com pratos tradicionais como *locro* e *cazuela* (ensopados de carnes e vegetais). A *parrilla* também é excelente e as sobremesas podem ser sensacionais – experimente o musse de chocolate branco. Espere filas, cadeiras bambas e serviço lento da bela equipe de atendimento.

PALITOS Mapa p. 101 Chinesa $$

☎ 4786-8566; Arribeños 2243; pratos principais AR$18-32; ⏲ almoço e jantar ter-dom, jantar seg

Como diz o ditado "quanto pior a decoração, melhor a comida" – é o caso desse restaurante taiwanês. Folheie o cardápio e escolha pratos como o *pollo a los tres aromas* (frango ao alho, gengibre e manjericão), a sopa de macarrão com carne, o macarrão frito ou qualquer dos pratos agridoces. Nota: esteja preparado para o notório serviço preguiçoso. Caminhe pelas redondezas para conferir outros restaurantes chineses tradicionais; os vegetarianos podem tentar o vizinho Siempre Verde (Mapa p. 101; Arribeños 2127).

CONFITERÍA ZURICH Mapa p. 101 Café $

☎ 4784-9808; Echeverría 2192; pratos principais AR$16-30; ⏲ café da manhã, almoço e jantar

Perfeito para uma pausa no meio da tarde, esse café clássico oferece garçons de terno, público mais velho, serviço profissional e mesas na calçada que gritam por atenção em dias de sol. Se estiver com fome, há saladas e sanduíches, ou apenas belisque um saboroso croissant enquanto vê a vida passar na praça próxima. As coisas ficam mais interessantes quando a feira de rua está a pleno vapor nos fins de semana.

VILLA CRESPO, ONCE, CABALLITO E BOEDO

Esses bairros ainda não foram descobertos pelas hordas de turistas, mas as coisas estão mudando. Os aluguéis em Palermo Viejo estão subindo, empurrando alguns novos empreendimentos para a vizinha Villa Crespo. Boedo, por sua vez, tem alguns lugares tradicionais que apenas começam a ser visitados por estrangeiros em busca de algo diferente. Já o Once é um bom lugar para caçar cozinhas étnicas com sotaque judeu, peruano ou coreano.

BI WON Mapa p. 98 Oriental $$

☎ 4372-1146; Junín 548; pratos principais AR$30-55; ⏲ almoço e jantar seg-sex, jantar sáb

O Bi Won pode ser o detentor do troféu de pior decoração da cidade – e a região é um pouco derrubada –, mas a sua culinária coreana tradicional não tem paralelo. Peça o *bulgogi* (grelhe você mesmo a carne na mesa), *bibimpap* (tigela de arroz com carne, vegetais, ovo e molho apimentado – misture tudo) ou *kim chee chigue* (sopa *kimchi* com porco – apenas para os chegados a sabores fortes!). E não se esqueça de dizer *kamsamnida* (obrigado) no final. Vá e volte de táxi.

PAN Y ARTE Mapa p. 98 Argentina $

☎ **4957-6702; www.panyarte.com.ar; av. Boedo 878; pratos principais AR$18-26; ⏰ café da manhã, almoço e jantar**

Esse restaurante boêmio tem uma adorável atmosfera antiga, com equipe hiponga e padaria orgânica. A comida vai de mais do mesmo (milanesas, espaguete e pizzas) a escolhas mais interessantes como empanadas, abobrinha recheada e *picadas* (tira-gostos) veganos. A região movimentada e pouco frequentada por turistas é um adicional, assim como a música ao vivo – popular, voz e piano e tango –, vários dias por semana.

CAFÉ MARGOT Mapa p. 98 Argentina $

☎ **4957-0001; av. Boedo 857; pratos principais AR$12-20; ⏰ café da manhã, almoço e jantar**

Esse café clássico, um dos *bares notables* oficiais da cidade, é um lugar singular onde se pode relaxar com um prato de *picadas* (carne, queijo e azeitonas) e uma garrafa de vinho ou uma caneca de cerveja artesanal gelada e um enorme sanduíche de peru. O envolvente salão principal é um pouco apertado – as mesas na calçada são mais indicadas aos claustrofóbicos.

SARKIS Mapa p. 98 Árabe $

☎ **4772-4911; Thames 1101; pratos principais AR$12-28; ⏰ almoço e jantar**

O ambiente não é dos mais atraentes, mas há um bom motivo para esse antigo restaurante árabe ainda estar em atividade – a comida é fabulosa e os preços são uma barganha se você dividir diversos pratos com amigos. Comece com uma porção de *homus*, *baquerones* (sardinhas marinadas), *keppe crudo* (quibe cru) ou *parras rellenas* (charutinhos de folha de parreira) – todos deliciosos. Emende com *kebabs*, cuscuz com lentilha ou cordeiro com coalhada seca.

BELGRANO

Ao contrário do vizinho Palermo, Belgrano tende mais à cozinha argentina tradicional do que à inovação. Há poucos restaurantes dignos de nota por aqui, mas se você gosta de comida chinesa, o pequeno bairro oriental de Buenos Aires merece uma visita. Apenas não se esqueça de que muitos lugares não abrem às segundas-feiras (e não apenas restaurantes).

SUCRE Mapa p. 101 Internacional $$$

☎ **4782-9082; www.sucrerestaurant.com.ar; Sucre 676; pratos principais AR$42-65; ⏰ almoço e jantar**

O ambiente refinado do Sucre é marcado por pé-direito alto, piso de madeira, encanamento exposto e uma imaculada cozinha aberta. A comida é excelente e requintada, e o cardápio muda todo mês, mas espere delícias como salmão salteado com gengibre ou pernil de porco grelhado em molho de limão. Confira o espaço central: uma adega blindada com controle de temperatura.

BUDDHABA Mapa p. 101 Oriental $$$

☎ **4706-2382; www.buddhaba.com.ar; Arribeños 2288; pratos principais AR$35-48; ⏰ almoço e jantar ter-dom**

Restaurante mais transado do bairro oriental de Belgrano, o Buddhaba oferece criativos pratos chineses, japoneses, tailandeses e vietnamitas. Peça o camarão no leite de coco, o refogado de cogumelos e verduras ou o curry de carne com tomate. A música ambiente no elegante salão em tons de vermelho é peculiar. Há uma galeria de arte oriental (⏰ 13-19h) no andar superior e um jardim de bonsais. Abre à tarde para o chá.

CONTIGO PERU Mapa p. 101 Peruana $$

☎ **4780-3960; www.contigo-peru.com.ar; Echeverría 1627; pratos principais AR$18-35; ⏰ almoço e jantar seg-sáb**

O salão moderno, apesar de simples, pode não ser dos mais atraentes; no entanto você não virá aqui pelo ambiente. Essa instituição da cozinha peruana, há anos em funcionamento, serve delícias como frango ao alho, frutos do mar com arroz e – mais notavelmente – um excelente *ceviche*. Não vá embora sem pedir o mais tradicional dos drinques peruanos, o *pisco sour*.

LOTUS NEO THAI Mapa p. 101 Tailandesa $$

☎ **4783-7993; www.lotusneothai.com; Arribeños 2265; pratos principais AR$30-45; ⏰ almoço e jantar ter-dom, jantar seg**

Recém-chegado ao *Barrio Chino* (vindo de Las Cañitas) o Lotus se promove como o primeiro restaurante tailandês da Argentina. Relaxe com o coquetel da casa, estonteante, e curta o ambiente agradável e as flores de lótus pintadas nas paredes. O *pad thai* é preparado como se deve, e o curry de pato é fantástico. Escolha uma mesa baixa cercada por almofadas ou uma mesa tradicional para dois, no salão decorado com antiguidades.

ONDE BEBER

o melhor

- **Le Bar** (p. 144)
- **878** (p. 151)
- **Milión** (p. 147)
- **Doppelgänger** (p. 146)
- **Gibraltar** (p. 146)
- **Mundo Bizarro** (p. 150)
- **La Puerta Roja** (p. 146)
- **Gran Bar Danzón** (p. 132)
- **Casa Cruz** (p. 149)
- **Las Violetas** (p. 153)

O QUE VOCÊ RECOMENDA? www.lonelyplanet.com/Buenos Aires

ONDE BEBER

Em uma cidade que nunca dorme, encontrar um drinque (ou chá) é tão simples quanto caminhar pelas ruas. Buenos Aires agrada a todos: você encontrará lugares transados, *pubs* irlandeses, cafés antigos e envolventes e bons bares de vinhos – às vezes a apenas alguns quarteirões de distância.

Os portenhos não bebem muito, porém gostam de sair com os amigos e ficar acordados até tarde. Entre em qualquer bar de esquina e verá grupos reunidos nas mesas, discutindo filosofia enquanto bebem expressos ou dividem uma garrafa de Quilmes, Malbec ou *gaseosa* (água com gás) e riem sobre o último escândalo de Maradona. Bares mais modernos que servem coquetéis e cerveja atraem um público mais eclético de turistas festeiros, homens tentando impressionar suas acompanhantes e grupos de garotas comemorando um aniversário ou ocasião especial.

Em muitos casos, é difícil diferenciar um bar de um café: ambos, em geral, ficam abertos até tarde, fechando às duas ou três da manhã e até mesmo às cinco, nos fins de semana. Todos oferecem cerveja, destilados, coquetéis, vinhos, além de café, sucos, vitaminas e uma ampla variedade de aperitivos e pratos principais. Na dúvida, atenha-se ao básico: os argentinos não bebem muitos coquetéis, então é melhor evitar bebidas misturadas em bares mais casuais. Peça um martíni apenas em lugares com barmen de aparência profissional.

Para mais informações sobre a história dos cafés de BA, veja o quadro na p. 151. Para bares gays populares (e outros destinos gays) veja o quadro na p. 157; eles estão também nas resenhas encontradas neste capítulo.

BARES

Os portenhos amam bares. Nos botecos, faça como eles e peça um clássico chope Quilmes. E não importa o lugar, você não pode errar se pedir uma taça de Malbec ou Torrontés. Tenha em mente que, além dos listados aqui, muitos outros restaurantes sofisticados e albergues da cidade têm bares agitados que merecem uma visita. Turistas jovens e mochileiros interessados em pular de bar em bar em grupo não podem deixar de conferir o site Buenos Aires Pub Crawl (www.pubcrawlba.com).

CENTRO

Muitos dos bares do centro são *pubs* irlandeses que atraem as turmas dos escritórios nos dias de semana. Por isso, alguns fecham mais cedo do que em outros bairros, mas os mais populares ficam lotados a noite toda.

LA CIGALE Mapa p. 62

☎ 4312-8275; 25 de Mayo 722; 🕑 18-4h seg-sex, 21h-último cliente sáb

Esse antigo bar do centro é apertado, mas descontraído, e bastante popular entre estrangeiros e portenhos. Há música ao vivo quase todas as noites, com bandas às quintas e DJs aos sábados. Porém, é mais frequentado às "Terças Francesas", quando música eletrônica e bebidas exóticas atraem multidões. As *happy hours* acontecem das 18h às 22h durante a semana, uma boa oportunidade para tomar um coquetel ou alguns *mojitos*.

LE BAR Mapa p. 62

☎ 5219-0858; www.lebarbuenosaires.blogspot.com; Tucumán 422; 🕑 12-2h seg-sex, a partir das 20h sáb

Com decoração provocante, DJs populares, quadros chamativos e coquetéis formidáveis, o Le Bar foi o precursor do renascimento da vida noturna do centro. O prédio antigo de quatro andares foi restaurado para se assemelhar a um luxuoso salão europeu, com luminárias em formato de gota dando um brilho sensual ao interior colorido. Chegue tarde para provar o coquetel com toques de maracujá Pasiónaria no terraço, ou aconchegue-se nos assentos futuristas do segundo andar.

NEW BRIGHTON Mapa p. 62

☎ 4322-1515; www.thenewbrightonsrl.com.ar; Sarmiento 645; 🕑 8h-último cliente seg-sáb

Apesar de esse bar histórico estar na lista oficial de *bares notables* da cidade, ele parece ser um segredo guardado pelos refinados cavalheiros que se reúnem aqui após o trabalho. Um recepcionista recebe os clientes nessa referência entre os bares de BA, onde os barmen preparam bebidas atrás de um balcão de madeira e um pianista dedilha

VINHO ARGENTINO *David Labi*

É preciso se esforçar muito para encontrar um vinho argentino ruim. Mesmo os vinhos da casa das piores *parrillas* (churrascarias) surpreenderão por descerem muito bem. Cerca de 5 mil rótulos são produzidos no país, o quinto maior produtor mundial. Portanto, a variedade é enorme e agradará até mesmo aos palatos mais exigentes.

O segredo argentino é a irrigação. Técnicas herdadas dos índios Huapes canalizam o gelo andino derretido e criam oásis no deserto. Na Europa, a irrigação artificial é proibida, fazendo que as boas colheitas venham geralmente apenas em anos com condições climáticas favoráveis. Porém, no Novo Mundo, a tirania da natureza não interfere e a localização dos vinhedos em climas quentes e áridos leva ao cultivo de mais de cinquenta variedades em condições ideais.

O tinto mais famoso é o Malbec. No sopé dos Andes, essa variedade francesa tida como de segunda categoria dá origem a ótimos vinhos. Já o branco mais conhecido é o Torrontés, uva espanhola que só fez sucesso na Argentina. Outras variedades, como Syrah, Cabernet e mesmo a delicada Pinot, são produzidas nos 3.000km de geografia variada do país.

Mendoza é a capital da viticultura, responsável por 60% da produção nacional – e o lugar perfeito para visitar *bodegas* (vinícolas) de todos os tamanhos. Vá em março para a *vendimia* (colheita da uva), quando toda a província comemora com uma grande festa. Mas não se restrinja apenas aos vinhos de Mendonza, ou deixará passar muitos outros bons rótulos provenientes de todas as regiões do país.

Mudanças nas práticas sociais levaram à queda no consumo doméstico de 90L *per capita* nos anos 1980 para os cerca de 30L atuais. No entanto, isso também se deve ao surgimento de consumidores mais exigentes, que bebem menos vinho, porém de melhor qualidade. Mesmo assim, é difícil imaginar um almoço com *asado* sem um *vino tinto* para acompanhar, geralmente servido com gelo ou água com gás para deixá-lo mais refrescante. Isso pode ser um sacrilégio para os sofisticados *connaisseurs*, mas muitos argentinos responderiam que não o fazem para diluir o vinho, e sim purificar a água.

Afinal, como saber que vinhos provar? Dizem que há um vinho argentino perfeito para cada ocasião e uma boa *vinoteca* poderá ajudá-lo a escolher. Há mais de 150 lojas de vinhos em Buenos Aires, e esse número cresce rapidamente. Você encontrará várias em Palermo, na Recoleta e em San Telmo. No centro, há a Winery (p. 116), com várias filiais espalhadas por BA. Se você pretende conhecer a periferia da capital, não deixe de visitar a excelente Vinoteca Borbore (☎ 4504-2425; www.bdv.com.ar; av. Mosconi 3654, Devoto), cujo estoque conta com mais de 1.500 rótulos. Para mais praticidade na escolha de algumas garrafas, confira o fantástico serviço 0800-VINO (☎ 4966-2500; www.0800-vino.com).

As seleções dos supermercados são em geral razoáveis, mas você não contará com as orientações de especialistas. Entre as principais marcas estão Norton, Trapiche, Zuccardi e Santa Julia, com linhas diferentes para atender a todos os bolsos. Invista um pouco mais e experimente o elegante Rutini (da Bodega La Rural) ou o Luigi Bosca, para uma aula de elegância.

Os bares especializados em vinhos ainda não são encontrados em muitos lugares – a maioria fica nas luxuosas ruas de Palermo. As cartas dos grandes restaurantes tendem a ser conservadoras, com o pensamento de que não se mexe em time que está ganhando, mas isso deve mudar, já que os consumidores desse mercado instigante e em rápido desenvolvimento estão cada vez mais bem informados.

Para um guia de vinhos em Buenos Aires e outras regiões, entre em contato com a Robertson Wine Tours (☎ 4772-5839; www.robertsonwinetours.com; Arevalo 2775).

as teclas do piano de meia cauda. Peça um coquetel (e saboreie uma porção dos elegantes aperitivos que o acompanham).

CONGRESO E TRIBUNALES

Essa região não é conhecida por seus bares, mas há ao menos alguns lugares agradáveis para tomar um drinque enquanto os políticos passam apressados pelas calçadas.

CRUZAT BEER HOUSE Mapa p. 72

☎ 6320-5344; www.cruzatba.com; Sarmiento 1617; ⏲ 10-2h seg-qui, até 4h sex e sáb

Na Buenos Aires dos vinhos, o Cruzat é o mais próximo que se pode chegar de uma cervejaria alemã. Relaxe no terraço sombreado e escolha do extenso cardápio uma das cervejas artesanais trazidas de todos os cantos do país. Procure pela El Bolsón (de Río Negro), a Antares (de Mar del Plata) e a Gulmen (de Viedma.) Há também marcas importadas da Bélgica, Chile, Espanha e Itália, além de uma opção de degustação com doze minichopes.

LOS 36 BILLARES Mapa p. 72

☎ 4381-5696; www.los36billares.com.ar; Rivadavia 1265; ⏲ 8-2h

Em funcionamento desde 1894, esse é um dos bares mais históricos da cidade. Como sugere o nome, é famoso por suas mesas de bilhar e sinuca – tanto o salão dos fundos quanto o subsolo ficam cheios de homens embaralhando cartas para uma partida amigável de pôquer. São oferecidos shows de tango à noite (à exceção de segunda-feira), com diferentes cantores e dançarinos em cada dia. Você pode vir e pedir uma bebida a qualquer momento do dia e captar a atmosfera dos velhos tempos presente aqui.

SAN TELMO

San Telmo está se renovando; restaurantes e bares de luxo são inaugurados com frequência, misturando-se com outros mais tradicionais. Porém, há espaço para todos e o bairro se tornou popular entre os habitantes da cidade, turistas e expatriados. Para mais opções de onde comer um sanduíche tarde da noite, confira o Bar El Federal (p. 131) e o Bar Británico (p. 153).

647 DINNER CLUB Mapa p. 76

☎ 4331-3026; www.club647.com; Tacúari 647; 🕑 20h-último cliente seg-sáb

Esse *lounge* luxuoso com estilo dos bares de Xangai conta com um talentoso barman e um cardápio cheio de coquetéis experimentais (prove qualquer um com lichia ou o refrescante coquetel da casa com saquê, maracujá, menta e toques de limão). As bebidas não são nada baratas, principalmente para os padrões de San Telmo – apesar de haver promoções especiais de "dois por um" em noites de semana –, mas vale a pena desembolsar alguns pesos a mais para se sentir como um astro do rock em um ambiente sedutor com o clima sobrenatural de uma casa de ópio.

BAR SEDDÓN Mapa p. 76

☎ 4342-3700; esq. Chile e Defensa; 🕑 18h-último cliente ter-dom

Esse descontraído bar de esquina, decorado com azulejos pretos e brancos nas paredes, mesas de madeira rústicas e centenas de velas que dão um uma iluminação dramática ao ambiente, fica em uma antiga farmácia restaurada. Faça uma visita para tomar um chope gelado ou uma taça de vinho tinto à noite – você estará na boa companhia dos moradores locais.

DOPPELGÄNGER Mapa p. 76

☎ 4300-0201; www.doppelganger.com.ar; av. Juan de Garay 500; 🕑 19h-último cliente ter-sex, 20h-último cliente sáb

Esse descontraído bar de esquina decorado em tons de verde é um dos poucos lugares da capital onde você encontrará um martíni com a mistura perfeita. Isso se deve ao fato de que o Doppelgänger, em homenagem a uma tradição dos imigrantes dos anos 1940, especializou-se em coquetéis de vermute. A atmosfera é calma e o extenso cardápio é fascinante. Os proprietários adoram conversar sobre o estabelecimento e com alegria logo recomendarão o drinque perfeito para o seu paladar. Comece seguindo nossa sugestão: peça um martíni com um toque amargo de laranja ou encarne Don Draper e peça o mais vendido do bar – um "Old-Fashioned".

GIBRALTAR Mapa p. 76

☎ 4362-5310; Perú 895; 🕑 18-4h

Um dos *pubs* clássicos de expatriados, o Gibraltar tem atmosfera aconchegante e um balcão ideal para quem viaja sozinho. É também um ótimo lugar para saborear exemplos satisfatórios de cozinhas estrangeiras – experimente os generosos pratos tailandeses, indianos e ingleses ou o sushi aos domingos. Para participar de uma competiçãozinha amigável, vá até as mesas de sinuca, mas não se esqueça de pegar uma *pint* de cerveja no caminho.

LA PUERTA ROJA Mapa p. 76

☎ 4362-5649; www.lapuertaroja.com.ar; Chacabuco 733; 🕑 18h-último cliente

Não há letreiro por aqui, então toque a campainha e suba as escadas para entrar nesse bar que ocupa vários cômodos de uma antiga casa. A atmosfera é relaxada (até que chegue a turma que pula de bar em bar), com assentos baixos no salão principal e uma mesa de sinuca na parte de trás. É um bar tradicional, portanto você não encontrará cosmopolitans ou coquetéis de fruta no cardápio – tome uma cerveja ou um másculo uísque com gelo. É permitido fumar no espaço com vista para a rua – apenas certifique-se de que as janelas estejam abertas.

M BUENOS AIRES Mapa p. 76

☎ 4331-3879; www.mbuenosaires.com.ar; Balcarce 433; lanches AR$8-12; 🕑 18-0h seg-sáb

Esse atraente bar de coquetéis e seu restaurante japonês e peruano adjacente são novos no cenário dos bares de San Telmo. Emoldurado por arcos de tijolos antigos em um dos prédios mais velhos do bairro, o M é um espaço descontraído e cavernoso, com sofás de veludo e uma iluminação suave e romântica. Os sushis são saborosos, porém caros. Pule o jantar e vá direto ao balcão para tomar uma taça de vinho ou algo relaxante antes de dormir. Experimente o fabuloso Mendel Malbec – pode nos agradecer mais tarde.

PRIDE CAFÉ Mapa p. 76

☎ 4300-6435; Balcarce 869; petiscos AR$8-12; ⌚ 10-22h dom-sex

Esse pequeno café contemporâneo é frequentado principalmente por gays aos domingos, durante a feira de antiguidade de San Telmo – atraídos por salgados caseiros, lanches saudáveis e "cafés gays". As noites de sushi são interessantes, mas você também pode ficar mais isolado com o seu coquetel enquanto lê revistas estrangeiras ou assiste ao DVD na pequena tela atrás do balcão. Há wi-fi e um anexo na mesma rua.

TERRITORIO Mapa p. 76

☎ 4300-9756; esq. Estados Unidos e Bolívar; ⌚ 11-3h

Esse sombrio e um tanto boêmio bar de esquina oferece *cerveza artesanal*, vinhos por taça e convidativos sanduíches e pratos de *picadas* (tira-gostos) de truta defumada, cordeiro, javali, queijo de cabra e pão caseiro. Há apenas duas mesas na parte externa – se encontrar alguma vazia quando estiver passando por lá, aproveite a oportunidade e tome uma bebida ao pôr do sol.

RETIRO

O bairro de Retiro tem uma boa variedade de bares, de *pubs* irlandeses a lugares sofisticados. A maioria fica cheia de homens de negócio durante o dia e ao cair da noite. Mais tarde, chega uma enorme quantidade de estrangeiros. Quem procura um restaurante e bar de vinhos atraente deve ir ao Gran Bar Danzón (p. 132), enquanto o Dadá (p. 133) é um ótimo lugar para tomar um coquetel e o Empire Thai (p. 133) oferece uma variedade de vodcas maior do que você conseguiria experimentar.

DRUID IN Mapa p. 84

☎ 4312-3688; Reconquista 1040; ⌚ 12h-último cliente seg-sex, 21h-último cliente sáb

A apenas um quarteirão do popular Kilkenny (p. 147) e ostentando uma atmosfera mais íntima e menos lotada, está esse modesto *pub* irlandês. Uma ampla variedade de uísques envelhecidos, licores importados, coquetéis batidos e mais de trinta marcas de cerveja acompanham as pizzas, sanduíches e pratos britânicos servidos na casa. Há shows de música celta e escocesa com gaita de fole nos fins de semana.

FLUX BAR Mapa p. 84

☎ 5252-0258; www.fluxbar.com.ar; M. T. de Alvear 980; ⌚ 19-2h seg-sáb

Administrado por um simpático inglês e seu sócio russo, esse discreto bar gay também recebe héteros – então, todos são mais que bem-vindos. O amplo e colorido espaço possui uma atmosfera levemente artística. Está a fim de se aventurar? Prove o chá gelado Buenos Aires (feito com Fernet, a bebida popular na Argentina de que você só aprende a gostar depois de algum tempo). As happy hours acontecem todos os dias, das 19h às 22h.

KILKENNY Mapa p. 84

☎ 4312-7291; www.thekilkenny.com.ar; M. T. de Alvear 399; ⌚ 17h30-último cliente seg-sex, a partir das 20h sáb e dom

O bar irlandês mais popular de Buenos Aires tornou-se, digamos, popular demais. Nos fins de semana você fica esmagado e a música altíssima dificulta a conversa, mas a atmosfera escura é bastante agradável. Chegue cedo nos fins de semana, se quiser conseguir um dos assentos aconchegantes para bater papo. Uma sala para fumantes é aberta no segundo andar, se houver público suficiente. O *pub* também oferece boas opções de uísque e cerveja.

MARRIOTT PLAZA BAR Mapa p. 84

☎ 4318-3000; subsolo, Marriott Plaza Hotel, Florida 1005; ⌚ a partir das 12h

Não se deixe enganar pelo nome: esse refinado bar de coquetéis subterrâneo está longe de ser apenas um típico bar de hotel. Ele fica em um prédio centenário parecido com um palácio que ocupa um terreno invejável logo em frente à Plaza San Martín, e foi projetado por Alfred Zucker, o homem responsável pela Catedral de St. Patrick em Nova York. O hotel ainda possui seu bar original com estilo *art déco*, atendimento cordial e coquetéis clássicos.

MILIÓN Mapa p. 84

☎ 4815-9925; www.milionargentina.com.ar; Paraná 1048; ⌚ 18-2h dom-qua, até 3h qui, 20-4h sex e sáb

Esse elegante e atraente bar ocupa três andares de uma antiga mansão restaurada. O jardim nos fundos é arborizado; sobre ele, fica uma grande sacada com os melhores lugares da casa. Os degraus de mármore ali perto também são um ótimo lugar para tomar um *mojito* ou um daiquiri de manjericão, os coquetéis mais saborosos do cardápio (pague antes e, depois, boa sorte em tentar chamar a atenção do barman!). O restaurante serve pratos internacionais apenas medianos.

RECOLETA E BARRIO NORTE

A R. M. Ortiz, vizinha do famoso cemitério da Recoleta, é uma rua de dois quarteirões cheia de restaurantes. Em dias quentes a maioria deles abre seus finos pátios externos, perfeitos para tomar um drinque ou saborear uma refeição enquanto se observa as pessoas passando.

BULLER BREWING COMPANY Mapa p. 87

☎ 4808-9061; www.bullerpub.com; R.M. Ortiz 1827; 🕒 12h-último cliente

Sim, trata-se de nada menos de uma microcervejaria em Buenos Aires, e na Recoleta. Aqui, são produzidos seis tipos de cerveja, incluindo um chope escuro, uma pilsen e uma cerveja de mel, com teor alcoólico de 4,5% a 8,5%. Há um ótimo pátio externo na parte da frente e um extenso cardápio de lanches e sanduíches – experimente o *chivito* ao estilo uruguaio (sanduíche com filé grelhado, alface e tomate) ou o de nome engraçado "nibbles tower" como aperitivo. Há uma filial em Retiro (Paraguay 428).

CASABAR Mapa p. 87

☎ 4816-2712; Rodriguez Peña 1150; 🕒 17h-último cliente seg-sex, 21h-último cliente sáb, 19h-último cliente dom

Essa antiga casa restaurada tornou-se um bar de coquetéis que oferece uma enorme seleção de destilados, uma variedade maior que o normal de cervejas artesanais e uma carta de vinhos sofisticados. Você encontrará também *nachos* e comidas típicas de bar, porém no estilo gourmet, além de promoções especiais de happy hour às 23h. O Casabar é estiloso, mas casual, com o interior moderno e espelhado, grandes telas de LCD exibindo partidas de futebol e janelas amplas com vista para a rua.

SHAMROCK Mapa p. 87

☎ 4812-3584; Rodríguez Peña 1220; 🕒 18-4h seg-qua, até 6h qui e sex, 20-6 h sáb

Agitado durante o happy hour "mais longo" da cidade, que vai das 18h à meia-noite todos os dias, esse *pub* irlandês contemporâneo do Barrio Norte é decorado com madeira escura e tem atmosfera escura e melancólica. Os DJs comandam de quarta a sábado, quando o Basement Club (p. 158) funciona no andar de baixo, em geral, perto da meia-noite.

DEGUSTAÇÃO DE VINHOS

Você adora vinho? Então faça uma degustação e prove as variedades que colocaram a Argentina no mapa.

Casa Coupage (Mapa p. 92 ☎ 4777-9295 www.casacoupage.com.ar; Soler 5518) Essa luxuosa casa de degustação é administrada por um casal argentino, ambos sommeliers. O valor de AR$200 (por pessoa) inclui acompanhamento de um prato gourmet.

Anuva Wines (☎ 4777-4661; www.anuvawines.com) Daniel Karlin, americano de Portland, Oregon, organiza degustações – experimente cinco vinhos excelentes com harmonização de pratos. Além de fazer entregas na cidade, a casa também despacha vinhos para os EUA (com o melhor frete de BA).

Nigel Tollerman (☎ 4966-2500; www.0800-vino.com) Degustações agradáveis acontecem na adega subterrânea do entusiasta britânico Nigel Tollerman. Ele também entrega vinhos em hotéis e oferece um serviço especial de armazenamento.

PALERMO

Os bares mais transados de Buenos Aires se concentram em Palermo e redondezas, principalmente próximo à Plaza Serrano, em Palermo Viejo. Muitos restaurantes daqui possuem bares, incluindo o Bangalore (p. 137), o Lelé de Troya (p. 138) e o Olsen (p. 135). Palermo é também onde se encontram alguns bares para gays e lésbicas, a maioria dos quais nos arredores da av. Córdoba.

Las Cañitas, outra microrregião de Palermo, apresenta uma agitada sequência de três quarteirões de restaurantes, bares e discotecas de longo horário de funcionamento que merecem uma visita, principalmente à noite.

ACABAR Mapa p. 92

☎ 4772-0845; Honduras 5733; 🕒 20-2h dom-qui, até 4h sex e sáb

Esse talvez seja o bar-restaurante mais estranho da cidade, pelo menos em termos de decoração. Um labirinto com mais de meia dúzia de ambientes decorados com candelabros que não combinam entre si, móveis modernos, tons pastel contrastantes e papel de parede extravagante: um exagero de texturas e estampas. Ele é também famoso por possuir prateleiras inteiras dedicadas a jogos de tabuleiro. Serve-se comida nas primeiras horas de funcionamento.

ANTARES Mapa p. 92

☎ 4833-9611; www.cervezaantares.com; Armenia 1447; ⏲ 19-4h

Que tal uma *cerveza*? Vá direto a essa cervejaria descontraída que oferece várias mesas na área externa e cervejas locais, *pilsners*, *lagers*, vinho de cevada e cerveja de mel. Experimente a degustação de cerveja, prove a edição especial Brewmaster ou aproveite o ambiente amigável com uma *pint* durante a happy hour (duas ao preço de um das 19h às 20h). Há uma filial em Las Cañitas (Arévalo 2876).

BACH BAR Mapa p. 92

www.bach-bar.com.ar; Cabrera 4390; ⏲ 11h--último cliente qua-dom

Esse pequeno bar é mais popular entre as lésbicas, porém há também vários gays. Os shows de *drag queens* às quartas e quintas são agitados e os frequentadores dançam animados entre as mesas. Aos sábados, há uma discoteca e, aos domingos, caraoquê. Nos outros dias, DJs comandam a música. Há uma "regra" de consumo mínimo aqui (os argentinos não bebem muito) – peça uma ou duas bebidas e ficará tudo bem.

BAR 6 Mapa p. 92

☎ 4833-6807; www.barseis.com; Armenia 1676; ⏲ 20h-último cliente seg-sáb

Clássico transado do bairro, o Bar 6 fica aberto o dia todo – você pode aparecer para tomar o café da manhã e, à noite, relaxar em um sofá de veludo vermelho bebericando um bellini ou chope. A decoração contemporânea e os frequentadores animados compensam o atendimento indiferente. Quando os DJs começam a tocar, o som fica alto demais para conversar, então chegue cedo se quiser uma noite mais tranquila.

BULNES CLASS Mapa p. 92

☎ 4861-7492; Bulnes 1250; ⏲ 19-2h qui, 11-4h sex e sáb

Um dos bares gays mais populares de BA é esse lindo *lounge* com paredes pintadas de vermelho vivo, sofás brancos modernos e reservados com cortinas brancas. Tanto os funcionários quanto os frequentadores são jovens e bonitos, os DJs são ótimos e o lugar fica lotado o bastante para se formarem filas do lado de fora. Excelente pedida para o happy hour. As festas de Halloween são memoráveis.

CARNAL Mapa p. 92

☎ 4772-7582; Niceto Vega 5511; ⏲ 21h-último cliente ter-sáb

Veja e seja visto – de preferência, com uma refrescante vodca gelada – no terraço do Carnal. Com sofás de bambu e cortinas esvoaçantes, o lugar é imbatível para quem quer relaxar em uma noite quente de verão. Às sextas, o reggae comanda e, aos sábados, o som é pop e imperam os sucessos dos anos 1980, atraindo gente bonita da região todos os fins de semana.

CASA CRUZ Mapa p. 92

☎ 4833-1112; www.casacruz-restaurant.com; Uriarte 1658; ⏲ 20h30-último cliente seg-sáb

Esse lindíssimo espaço à meia-luz é mais conhecido pelo bar de coquetéis do que pela cozinha (que às vezes é boa e às vezes não). Vista-se bem e escolha um lugar no balcão oval ou relaxe nos sofás de veludo do salão para observar o desfile glamoroso de atrizes, atletas e banqueiros que entram no Casa Cruz pela enorme porta de bronze.

CHUECA Mapa p. 92

☎ 4834-6373; www.chueca-restobar.com.ar; Honduras 5255; ⏲ 21h-último cliente qua-sáb

O Chueca é um bar-restaurante exclusivo para o público gay que oferece uma atmosfera luxuosa e estilosa na antiga casa restaurada onde se situa. Há shows de *drag queens* quase todas as noites e, nos fins de semana, os "esquentas" agitam o ambiente até as 2h, quanto a clientela começa a ir para outras casas noturnas. As quartas-feiras são chamadas de *Chicas Chuecas* — especiais para lésbicas. Há um lindo terraço no andar de cima. Chegue cedo se quiser jantar.

CONGO BAR Mapa p. 92

☎ 4833-5857; Honduras 5329; ⏲ 20-3h qua, até 4h qui, até 5h sex e sáb

O destaque desse moderno bar é o lindo pátio nos fundos – lugar perfeito para ser visto em noites quentes de verão, com um bar refinado, atmosfera agradável e confortáveis reservados de madeira. A música é ótima e fica por conta de DJs, que tocam de quarta a sábado. Na área interna, há dois *lounges* elegantes, em espaços criativos. O cardápio é variado e há também coquetéis.

HOME HOTEL Mapa p. 92

☎ 4778-1008; www.homebuenosaires.com; Honduras 5860; 🕑 0h30-último cliente

Encarregado do preparo de alguns dos melhores coquetéis de Palermo, Daniel Biber é uma lenda local. Durante o dia, você pode relaxar no jardim gramado, com vista para a luxuosa piscina infinita. À noite, escolha um lugar no balcão de cimento polido para provar um coquetel de especialidade da casa ou uma das vinte opções de vodca cuidadosamente mantidas a -10°C. As noites de sexta são agitadas por DJs. Você pode ainda tomar café da manhã, almoçar ou fazer um lanche à tarde.

KIM Y NOVAK Mapa p. 92

☎ 4773-7521; Güemes 4900; 🕑 18h-último cliente qua-dom

Esse bar de esquina é singular, íntimo e um tanto incomum, e ainda por cima tem uma *onda* (atmosfera) incrível. Chegue antes das 2h se quiser bater papo, pois a partir desse horário a casa lota, principalmente nos fins de semana, quando as pistas de dança do subsolo se abrem para uma multidão de frequentadores ecléticos e animados. Fique à vontade para usar o poste de *pole dancing* próximo ao balcão – peça um *fruti jojo* (drinque da casa) para tomar coragem.

MUNDO BIZARRO Mapa p. 92

☎ 4773-1967; Serrano 1222; 🕑 20h-último cliente

Ostentando o melhor letreiro de néon da cidade, esse bar *lounge* de iluminação vermelha e decoração ao mesmo tempo retrô e futurista fica aberto praticamente a noite inteira aos fins de semana, quando desde músicas antigas americanas a eletrônicas, passando por jazz, animam o ambiente. As quintas são especiais para mulheres (com promoção de dois drinques pelo preço de um). Para os festeiros famintos, há opções de comida americana com hambúrgueres, *kebabs* e torta de maçã quente com sorvete.

SITGES Mapa p. 92

☎ 4861-3763; www.sitgesonline.com.ar; av.Córdoba 4119; 🕑 22h30-último cliente qua-dom

Perigosamente lotado nas noites de sábado, esse bar mais frequentado por gays e perfeito para um "esquenta" toca música eletrônica alta para um público animado. Aos domingos, o caraoquê reina, às quartas e quintas acontecem shows de *drag queens* e *strip tease* e as sextas são dedicadas à bebedeira. Reparou no telefone sobre a mesa? Se alguém ligar é porque está interessado em você. O clima esquenta por volta da 1h da manhã, ou mesmo mais tarde nos fins de semana.

SUGAR Mapa p. 92

☎ 4831-3276; www.sugarbuenosaires.com; Costa Rica 4619; 🕑 12-1h

Esse animado reduto de expatriados atrai frequentadores jovens à noite com preços atraentes para bebidas e comidas (aperitivos de frango, *nachos*, *falafels* e *buffalo wings*) e animação extra quando há acontecimentos políticos e esportivos – enfim, qualquer motivo. O local fica tranquilo nas primeiras horas da noite e as quintas, especiais para as mulheres, sempre são um pouco confusas. Nos fins de semana, você pode sair da cama ao meia-dia e aparecer para um almoço com ovos, *waffles* e mimosas.

UNICO Mapa p. 92

☎ 4775-6693; Honduras 5604; 🕑 20h30-6h seg-sex, 20h30-6h sáb e dom

Se você gosta de lugares barulhentos e lotados, vai amar esse clássico bar de esquina, ainda popular depois de tantos anos em funcionamento. O lugar não é muito grande, então, nos fins de semana, as pessoas costumam sair para a área externa e sentar-se às mesas na calçada ou até mesmo na rua. Graças à localização central próxima a bares e restaurantes populares, muitas pessoas passam por aqui para tomar um drinque antes (ou depois) de jantar em outro lugar. Se estiver com preguiça, a casa serve sanduíches e saladas nas madrugadas.

VAN KONING Mapa p. 92

☎ 4772-9909; www.vankoning.com; av. Báez 325; 🕑 19h-último cliente

Os belos ambientes rústicos desse bar com temática holandesa fazem você se sentir dentro de um barco – afinal, a decoração inspirada nas navegações do século 17 conta com vigas de madeira escura, velas bruxuleantes nas mesas e mobília maciça. Há bares nos dois andares, que servem quarenta tipos de cervejas locais e importadas, como Heineken, Guinness e Quilmes. A casa é um ímã para expatriados e na primeira quarta-feira do mês ocorre a noite holandesa.

VILLA CRESPO, CABALLITO, ONCE E BOEDO

Villa Crespo, Boedo e regiões vizinhas estão se desenvolvendo, já que os aluguéis mais baratos nesses bairros majoritariamente residenciais têm atraído bares interessantes.

878 Mapa p. 98

☎ 4773-1098; Thames 878; 🕒 20h-último cliente
Para entrar nesse bar "secreto" – a porta não tem letreiro – é preciso tocar a campainha. No interior, você encontrará sofás e poltronas e paredes de tijolo vermelho. Há mais de oitenta opções de uísque e os coquetéis fazem a alegria da multidão de portenhos e estrangeiros que se diverte ao som de jazz, bossa nova e bons e velhos rocks. A localização é residencial, alguns quarteirões ao sul da fronteira com Palermo Viejo.

CASA BRANDON Mapa p. 98

☎ 4858-0610; www.brandongayday.com.ar; Luis María Drago 236; 🕒 20h-último cliente qua-dom
Esse ponto de encontro é muito mais do que um bar – o conceito é promover a arte no contexto da diversidade sexual. O espaço conta com uma galeria onde são expostas pinturas e fotos e você pode assistir a filmes ou a música ao vivo. Para quem busca um pouco mais de agito, há noites de caraoquê e shows de *drag queens*. A casa também organiza as animadas festas GLS chamadas Brandon Gay Day.

CERVECERÍA COSSAB Mapa p. 98

☎ 4925-2505; www.pubcossab.com.ar; Carlos Calvo 4199; 🕒 19-1h qua-qui, até 4h sex, 21-4h sáb
Os amantes de cerveja se reúnem nesse bar dedicado à bebida – algo difícil de encontrar em BA – no boêmio bairro de Boedo. Há cerca de cem saborosas opções diferentes, incluindo dez chopes e oitenta variedades de todos os cantos da Argentina e outros países, como Alemanha, México e Canadá. Deliciosas pizzas, petiscos de queijo e sanduíches completam a noite – no entanto, se quiser sair do lugar-comum, experimente a *picada Patagonica* com carne de javali e cervo defumada.

CAFÉS

Os cafés são parte fundamental da vida dos portenhos e você não pode perder a oportunidade de visitar um deles para tomar um expresso com os locais. Muitos são clássicos que parecem transportar os frequentadores de volta no tempo, principalmente aqueles classificados pela prefeitura como *bares notables*. Outros são contemporâneos ou boêmios, com mesas nas calçadas, lugares perfeitos para relaxar enquanto conhece a cidade ou lê um conto de Borges em uma mesa de canto.

A maioria desses estabelecimentos serve refeições e lanches (inclusive tarde da noite). Veja o quadro para saber mais sobre esses legados da história social da Argentina.

OS CAFÉS DE BUENOS AIRES

Graças à herança europeia, Buenos Aires possui uma forte cultura de cafés. Os portenhos passam horas saboreando a mesma xícara de *café cortado* (café com leite) e algumas *medialunas* (croissant doce típico) enquanto discutem economia, política, recentes decepções amorosas ou as nuances da última partida de futebol. Na verdade, tudo, de transações comerciais a revoluções, passando por pedidos de casamento, acontece nos cafés de esquina locais. É difícil imaginar a Argentina funcionando sem essa tão amada instituição tradicional.

Alguns dos cafés de BA estão na ativa há mais de cem anos e muitos ainda possuem mobiliário, detalhes arquitetônicos e rica atmosfera originais. Eles sempre foram muito frequentados por políticos, ativistas, intelectuais, artistas e escritores. Reza a lenda que Julio Cortázar escreveu a obra-prima *Os prêmios* em uma das mesas do London City (p. 152), enquanto o Café Richmond (p. 152) jura que Jorge Luis Borges bebia chocolate quente por lá. O mais famoso, no entanto é o turístico Café Tortoni (p. 152), que foi fundado em 1858 e supostamente é o café mais antigo do país.

A maioria desses estabelecimentos se adaptou aos tempos modernos. Eles hoje também servem bebidas alcoólicas, além uma grande variedade de comidas e lanches. Pedir um filé é tão fácil quanto pedir um *cortado*. Alguns ainda possuem livrarias ou apresentam música ao vivo, shows de tango, recitais de poesia, filmes e outros eventos culturais. Portanto, apesar de transportarem os clientes no tempo, oferecem serviços que os mantêm no presente.

O horário de funcionamento dos cafés é bastante longo. Em geral, eles abrem de manhã bem cedo e fecham tarde da noite, o que faz deles lugares fáceis de se visitar. E você deve visitá-los. Tomar um café e passar o tempo em um desses agradáveis lugares, talvez em uma tarde preguiçosa, faz parte da experiência de conhecer Buenos Aires. No mínimo, são ótimos para tomar um chá tardio ou descansar das longas caminhadas.

CENTRO

O centro possui alguns dos mais antigos cafés da cidade, lugares envolventes com o clima perfeito para uma pausa durante os passeios.

CAFÉ RICHMOND Mapa p. 62

☎ 4322-1341; Florida 468; 🕑 7-22h seg-sáb
Está com vontade de desafiar os locais em uma partida de sinuca ou xadrez? Então, vá ao subsolo desse tradicional café, em funcionamento desde 1917. Melhor ainda: mergulhe em uma cadeira de couro no andar de cima e admire os candelabros holandeses e o ambiente em estilo inglês enquanto saboreia um chocolate quente, como fazia Jorge Luis Borges – que, entretanto, não tinha vinte opções de café à disposição.

CAFÉ TORTONI Mapa p. 62

☎ 4342-4328; www.cafetortoni.com.ar; av. de Mayo 825; 🕑 8-3h seg-sáb, até 1h dom
Sempre citado como o mais antigo e famoso café de Buenos Aires, o clássico Tortoni ficou tão popular entre os estrangeiros nos últimos anos que acabou se tornando um ponto turístico e é praticamente parada obrigatória para quem visita a cidade. Peça alguns churros para acompanhar seu chocolate quente e esqueça os preços inflados. O Tortoni é um lugar realmente lindo, mas não é o único de BA. Há ainda até quatro shows de tango por noite (de AR$80 a AR$100) – faça reserva com antecedência.

LA PUERTO RICO Mapa p. 62

☎ 4331-2215; www.lapuertoricocafe.com.ar; Adolfo Alsina 416; 🕑 7-20h seg-sex, 8-12h sáb, 12-19h dom
Um dos cafés mais históricos da cidade, o La Puerto Rico está em pleno funcionamento desde 1887, mas continua milagrosamente pouco frequentado por turistas. Situado a um quarteirão ao sul da Plaza de Mayo, o lugar serve excelentes cafés e salgados assados lá mesmo. As fotos antigas na parede lembram o passado rico e os filmes espanhóis filmados aqui. Nos fins de semana, shows de tango, flamenco e danças folclóricas animam o ambiente; entre no site para conferir a programação.

LONDON CITY Mapa p. 62

☎ 4342-9057; www.londoncitybar.com.ar; esq. av. de Mayo e Perú; 🕑 7-22h seg-sex, até 19h sáb
Após as compras na Florida, esse café refinado oferece uma pausa bem-vinda para os pés cansados. Ele agrada os amantes do café há mais de cinquenta anos e alega ser o lugar onde Julio Cortázar escreveu seu primeiro romance. Porém, seu maior trabalho aqui será escolher que salgado acompanhará o café passado na hora, antes de continuar o passeio pelo agitado calçadão da Florida.

CONGRESO E TRIBUNALES

Essa região possui uma infinidade de cafés interessantes e ótimos para relaxar, inclusive lugares pouco conhecidos que não estão listados aqui. Caminhe pelas largas avenidas do Congreso, principalmente pela av. de Mayo entre o edifício do Congreso e a av. 9 de Julio, e escolha um local para sentar-se e ler enquanto toma um café.

CAFÉ DE LOS ANGELITOS Mapa p. 72

☎ 4314-1121; www.cafedelosangelitos.com; esq. Rivadavia e Rincón; 🕑 7-2h dom-qui, até 3h sex e sáb
Originalmente chamado de Bar Rivadavia, esse café já foi reduto de poetas, músicos e até criminosos, motivo pelo qual um chefe de polícia o apelidou de "*los angelitos*" (os anjinhos) no começo do século 20. Recentemente restaurado à sua antiga glória, esse café histórico é agora um local elegante para se tomar um expresso ou chá.

EL GATO NEGRO Mapa p. 72

☎ 4374-1730; www.elgatonegronet.com.ar; av. Corrientes 1669; 🕑 9-20h seg-qui, até 23h sex, 3-22h sáb
Balcões de madeira repletos de chás e um aroma singular recebem você nesse pequeno e agradável paraíso, onde se pode saborear cafés e chás importados, além de pães e saborosos *sandwiches de miga* (sanduíches finos sem casca, tradicionalmente comidos com chá). São vendidos chás a granel, além de uma variedade de ervas exóticas e temperos.

SAN TELMO

San Telmo é endereço de vários cafés históricos que pouco mudaram durante todos esses anos. Senhores ainda os frequentam para tomar café da manhã e comer *medialunas*. Para passar algumas horas conhecendo esses estabelecimentos, caminhe em direção ao sul pela Defensa até o Parque Lezama, então dê a volta e ande pela Perú em direção ao norte.

BAR BRITÁNICO Mapa p. 76

☎ 4361-2107; Brasil 399, esq. Defensa; ⌚ 24 horas qui-dom, 8-0h seg e ter

Café de esquina clássico vizinho ao Parque Lezama, o Bar Británico possui interior antigo e envolvente e grandes janelas que se abrem para a rua. Apareça para tomar um *café cortado* (com leite) de manhã ou uma cerveja em tardes de sol.

BAR PLAZA DORREGO Mapa p. 76

☎ 4361-0141; Defensa 1098; ⌚ 8-2h dom-qui, até 3h sex e sáb

A atmosfera desse café tradicional é imbatível; deguste o seu *submarino* (leite quente com uma barra de chocolate) diante de uma janela panorâmica e observe o mundo passar ou pegue uma mesa na agitada praça. Enquanto isso, garçons de terno, o tango, garrafas antigas e rabiscos em paredes e balcões o transportarão no tempo – ao menos até que chegue o seu sanduíche de carne.

RETIRO

Retiro é um lugar agitado, cheio de homens e mulheres de negócios que precisam relaxar durante o expediente; por isso muitos cafés da região os têm como público-alvo.

CAFÉ RETIRO Mapa p. 84

☎ 4516-0902; Saguão da Estação Retiro, Ramos Meija 1358; ⌚ 8h30-21h seg-sáb

Esse café incrível fica no saguão da estação de trem – o pé-direito alto, o interior de madeira e bronze e a agitadíssima estação fazem você se sentir em um filme mudo. O café, construído em 1915, é uma das instituições originais da estação e passou uma restauração completa – os candelabros brilham lindamente à noite. Assista a shows de jazz nas primeiras horas da noite.

FLORIDA GARDEN Mapa p. 84

☎ 4312-7902; esq. Florida e Paraguay; ⌚ 6h30-0h seg-sex, 7-22h sáb, 8-22h dom

Geralmente cheio de homens e mulheres de negócios, esse café de dois andares – agora ostentando toques de modernidade, como vidraças e colunas com forro de cobre – era popular entre políticos, artistas e escritores. De fato, Jorge Luis Borges e Pérez Célis (pintor argentino) costumavam frequentá-lo antes de os *lattes* dominarem o mundo dos cafés. É um lugar perfeito para observar as pessoas, tanto na área interna como externa.

RECOLETA E BARRIO NORTE

Por aqui também há alguns lugares históricos para relaxar. Caso tenham em mente lugares mais contemporâneos, entretanto, os amantes dos chás podem ir ao Tea Connection (p. 134) e os fãs de sucos, ao Pura Vida (p. 126).

CLÁSICA Y MODERNA Mapa p. 87

☎ 4812-8707; www.clasicaymoderna.com; av. Callao 892; ⌚ 8-2h seg-sáb, 17-2h dom

Atendendo ao público literário desde 1938, esse aconchegante café e livraria continua a emanar história de suas envolventes paredes de tijolos aparentes. O lugar possui iluminação incrível e oferece muita coisa para ler, além de refeições refinadas. Há apresentações frequentes de música popular, jazz, bossa nova e tango; Mercedes Sosa, Susana Rinaldi e Liza Minnelli já cantaram aqui.

LA BIELA Mapa p. 87

☎ 4804-0449; av. Quintana 600; ⌚ 8-3h seg-sáb, 9-3h dom

Esse ponto clássico é uma instituição de Recoleta que serve à elite portenha desse os anos 1950 – quando campeões de corridas automobilísticas costumavam frequentar o lugar. O terraço na área da frente é imbatível em tardes de sol, principalmente durante o funcionamento da *feria* (feira) que fica ali perto. Porém, esteja ciente de que o privilégio de sentar-se lá lhe custará 20% a mais.

VILLA CRESPO, ONCE, CABALLITO E BOEDO

À medida que Palermo fica cada vez mais caro, essas regiões mais populares – a leste do centro e ao sul de Palermo – desenvolvem-se aos poucos e chamam atenção. A esquina Homero Manzi (p. 166) é clássica e homenageia o famoso poeta e compositor de tangos.

LAS VIOLETAS Mapa p. 98

☎ 4958-7387; av. Rivadavia 3899; ⌚ 8-2h seg-sex e dom

Inaugurado em 1884, esse café foi reformado em 2001 e tornou-se o lugar maravilhoso que é hoje. Lindos vitrais e toldos, teto alto, colunas de cor creme e detalhes dourados possivelmente fazem dele o café mais belo de BA. Venha tomar um luxuoso chá da tarde – pode fingir que é da realeza – e não se esqueça de comprar algo na loja de chocolates antes de sair.

VIDA NOTURNA

o melhor

- **Cocoliche** (p. 158)
- **Basement Club** (p. 158)
- **Niceto Club** (p. 160)
- **La Trastienda** (p. 160)
- **Thelonious Club** (p. 161)
- **La Peña del Colorado** (p. 161)

O QUE VOCÊ RECOMENDA? www.lonelyplanet.com/Buenos Aires

VIDA NOTURNA

A noite de Buenos Aires é lendária mundo afora. O que mais se esperar de um país onde o jantar dificilmente começa antes das 22h? Os baladeiros, em especial, estarão no paraíso aqui, já que BA tem casas noturnas espetaculares, onde tocam DJs de projeção internacional. A cena da música ao vivo também é vibrante, com casas de rock, blues, jazz e música popular espalhadas pela cidade.

Para ajudá-lo a se programar, a maioria dos jornais publica cadernos de cultura e entretenimento às sextas-feiras; o jornal em inglês *Buenos Aires Herald* é particularmente útil. Existe ainda uma infinidade de sites voltados a atividades na cidade; acesse www.whatsupbuenosaires.com para informações em inglês. Se você lê em espanhol, confira os sites www.vammos.com.ar e www.buenosaliens.com. Uma vez que as casas noturnas vêm e vão, é sempre útil perguntar sobre os lugares do momento durante a sua estada na cidade.

Eventos anuais incrivelmente populares incluem a South American Music Conference (p. 159), em outubro, e o Creamfields (p. 159), em novembro. Para informações sobre música latina e eletrônica em BA, veja p. 36.

CASAS NOTURNAS

Graças aos seus famosos *boliches* (casas noturnas), a noite de BA é famosa em toda América Latina. Nos fins de semana – e em algumas noites de semana –, as casas noturnas da cidade ganham vida com gente bonita dançando ao ritmo de house e música eletrônica, iluminadas pelo brilho das luzes estroboscópicas. Muitas das casas mais quentes da cidade foram instaladas em teatros, armazéns ou galpões restaurados – ou ficam às margens do rio da Prata, onde os baladeiros admiram o sol nascer sobre a água à medida que a noite dá lugar ao dia. Todas têm leões de chácara na porta para manter as multidões em ordem e selecionar quem entra. Se tiver problema para entrar, abuse (educadamente) do seu sotaque – os portenhos adoram o exótico (apesar de os estrangeiros já terem se transformado em lugar-comum). Mas não custa nada se antecipar e colocar o nome na "lista" – os sites de muitos lugares oferecem reservas on-line.

Há casas noturnas por toda a cidade, sendo que os principais aglomerados estão no centro e na Costanera Norte. Poucas abrem antes da meia-noite, mas a turma descolada dificilmente aparece antes das 2h e os melhores lugares bombam até o amanhecer. De que modo encarar a noite como um autêntico portenho? Tire um cochilo antes do jantar (e maneire na bebida, como fazem os locais, o que ajuda a não cansar muito cedo). Não exagere no visual – o *look* é casual, transado e urbano, com muita gente vestindo jeans e tênis All Star coloridos.

As mulheres geralmente pagam menos, e muitas vezes entram de graça. O preço geralmente inclui uma consumação e pode disparar se um DJ famoso for tocar – a bebida mais barata costuma ser um *porrón* (garrafa) de Quilmes. Algumas casas oferecem jantar e shows antes de a noite esquentar. Leve dinheiro, já que, não raro, cartões de crédito não são aceitos.

ALSINA Mapa p. 62

☎ 4331-3231/1277; www.palacioalsina.com; Adolfo Alsina 940; ⏲ sex, sáb e dom

As populares noites gays do Alsina, que perde apenas para o Amerika como maior ímã GLS da cidade, são sexta e domingo (um chá dançante iniciado às 23h). DJs lotam a casa – um cavernoso armazém restaurado com incrível atmosfera gótica – com dance, hip-hop e tecno. Mas na noite de sábado, conhecida como "Big One" (www.bigoneclub.com.ar), música eletrônica embala a multidão quase inteiramente hétero. Todas as noites são abençoadas por três andares de balcões abertos, candelabros e cortinas pesadas, além de muita gente bonita.

AMERIKA Mapa p. 98

☎ 4865-4416; www.ameri-k.com.ar; Gascón 1040; ⏲ qui-dom

Maior e mais exuberante casa noturna gay de BA, o Amerika atrai todo tipo de gente – porém as sextas-feiras são especialmente populares entre os gays (confira a louca sala escura). Aos sábados o público é variado e a casa costuma lotar. A música é tecno, dance, anos 1990 e latina, e, apesar

A BUENOS AIRES GLS

A cena gay de BA é vibrante, e ganhou ainda mais embalo em junho de 2010, quando a Argentina se tornou o primeiro país latino-americano a legalizar o casamento entre pessoas do mesmo sexo (oito anos antes, o governo passou a reconhecer a união estável entre pessoas do mesmo sexo). Buenos Aires é política e socialmente receptiva a GLST – muitos dizem que a cidade desbancou o Rio como destino gay número um da América do Sul. A **Marcha del Orgullo Gay** (p. 22), em novembro, domina o calendário gay, seguida de perto por um **festival de cinema** (www.diversa.com.ar), um **festival de tango** (www.festivaltangoqueer.com.ar) e festas de orgulho gay periódicas conhecidas como **Brandon Gay Day** (www.brandongayday.com.ar.) E não nos esqueçamos de que a Copa do Mundo de Futebol Gay (www.iglfa2007.org) aconteceu em BA em 2007.

É aconselhável aos visitantes gays que planejem antecipadamente a visita a essa capital de mente aberta. Sites gays em inglês incluem o www.thegayguide.com.ar e o buenosaires.queercity.info. Também procure por folhetos como *Gay Maps*, *La otra guía* e *The Ronda*, disponíveis em bares, hotéis, escritórios e turismo e algumas lojas. A cidade ainda conta com literatura gay: revistas como *Guapo* e *Imperio* podem ser adquiridas em bancas de jornal ou sem custo em escritórios de turismo.

Há uma infinidade de pousadas, casas noturnas e cafés voltados ao público gay em San Telmo, no Barrio Norte e em Palermo. Veja as pp. 187 e 188 para acomodações.

Uma área popular entre o público GLS é a esquina das avs. Santa Fe e Pueyrredón, onde depois da meia-noite são distribuídos cupons de desconto para entrada em casas noturnas (ou acesse os sites das casas). Se você precisar de uma dose de cafeína antes de cair na noite, o **El Olmo** (Mapa p. 92; ☎ 4821-5828), localizado na esquina, é uma boa pedida. O lugar é frequentado por público gay mais maduro, porém todos são bem-vindos. Para saber mais sobre locais e festas gays, pergunte aos funcionários de qualquer um dos locais listados abaixo.

Para aulas e *milongas* gays, vá até a **Plaza Bohemia** (p. 169), à *milonga* de terça-feira à noite **Tango Queer** (Mapa p. 76; www.tangoqueer.com; Belgrano, 2259) – também na Perú, 571 – e ao **Lugar Gay** (p. 188), uma pousada que faz as vezes de centro de informações gay, com a organização de eventos para hóspedes e não hóspedes. Outras fontes incluem o **Grupo Nexo** (☎ 4374-4484; www.nexo.org) e a **Comunidad Homosexual Argentina** (CHA; ☎ 4361-6382; www.cha.org.ar).

Bares e Casas Noturnas

Buenos Aires tem uma vida noturna GLS que o deixará aceso a noite toda (e amanhã à noite, e na noite seguinte...). Se estiver com vontade de dançar, o **Alsina** (p. 156) e o **Amerika** (p. 156) são os maiores ímãs gays; o **Glam** (p. 158), por sua vez, é uma casa noturna casual, mas muito sexy, instalada em uma mansão antiga. Se a pedida forem bares, recomendamos o **Bach Bar** (p. 149), o **Kim y Novak** (p. 150), o **Bulnes Class** (p. 149), o **Chueca** (p. 149) e o **Sitges** (p. 150), em Palermo; o **Pride Café** (p. 146), em San Telmo; o **Casa Brandon** (p. 151), em Villa Crespo; e o **Flux Bar** (p. 147), em Retiro.

Precisa de sustança para a longa noite à frente? Restaurantes amigáveis incluem o **Empire Thai** (p. 133), o **Rave** (Mapa p. 92; ☎ 4833-7832; www.restaurantrave.com.ar; Gorriti 5092) e o adorável **Goût Cafe** (Mapa p. 87; ☎ 4825-8330; www.goutcafe.com.ar; Juncal 2124).

da *canilla libre* (bebidas à vontade; à exceção do domingo), o clima não costuma ser insano – apesar de as pistas pegarem fogo. Três pistas de dança, telões e *strippers* não deixam ninguém ficar parado.

ASIA DE CUBA Mapa p. 69

☎ 4894-1328; www.asiadecuba.com.ar; Pierina Dealessi 750, Puerto Madero Este; ⌚ todas as noites

Restaurante caro em Puerto Madero durante o dia, esse belo lugar se transforma em uma casa noturna berrante e esnobe depois da meia-noite. A música, variada e deliciosamente eclética, vai de antigos sucessos a disco e house latino. A casa atrai o público arrumadinho, um misto de turistas e portenhos. Agradáveis *lounges* a céu aberto oferecem vistas românticas dos diques, o que ajuda a fazer dessa uma das melhores casas noturnas de BA. Evite pagar a entrada jantando aqui antes.

AZÚCAR Mapa p. 98

☎ 4865-3103; www.azucarsalsa.com; av. Corrientes 3330; ⌚ sex e sáb

Os passos de chachachá, o néon e a atmosfera úmida podem transportá-lo brevemente a um lugar mais tropical do que BA – mas então um trenzinho o traz de volta a essa casa de salsa ligeiramente *kitsch*. Esse é um lugar vibrante e com público fiel, embalado a salsa e rock, porém que oferece aulas de dança do ventre no início da noite. Próximo do maravilhoso shopping Abasto.

BAHREIN Mapa p. 62

☎ 4314-8886; www.bahreinba.com; Lavalle 345; ⌚ ter-sáb

Casa imensamente popular do centro que atrai boa parte da juventude tatuada de BA, o Bahrein foi instalado em um antigo banco (confira o "cofre" no subsolo). No térreo, fica a "Funky Room", um salão com decoração em madeira e candelabros onde DJs residentes tocam house e música eletrônica. No piso inferior, está a discoteca Xss, que possui um sistema de som impressionante e pista de dança para centenas de pessoas.

BASEMENT CLUB Mapa p. 87

☎ 4812-3584; Rodriguez Peña 1220; ⏲ qui-sáb
Essa casa noturna subterrânea, transada mas despretensiosa, é conhecida pelos DJs de primeira, que tocam house para um público jovem e variado. Graças ao Shamrock (p. 148), o popular pub irlandês no piso superior, o lugar fica movimentado a noite toda – as portas abrem um pouco mais cedo às quintas. Chegue às 3h da manhã para pegar a casa a todo vapor, ou desça depois de beber algumas *pints* no térreo.

CLUB ARÁOZ Mapa p. 92

☎ 4832-9751; www.clubaraoz.com.ar; Aráoz 2424; ⏲ qui-sáb
A melhor noite dessa pequena casa noturna, também conhecida como "Lost", é a quinta-feira, quando o hip-hop domina e o público começa a dançar break às 2h (o reggaeton vem um pouco depois). DJs nacionais e internacionais animam os fins de semana. Vista-se como quiser – o que é ótimo, já que as coisas ficam literalmente quentes por aqui. Muito popular entre jovens americanos, esse é um ótimo lugar para dançar e se divertir com os amigos – as bebidas têm preços honestos.

COCOLICHE Mapa p. 62

☎ 4342-9485; www.cocoliche.net; Rivadavia 878; ⏲ sex e sáb
Esse paraíso da música eletrônica, instalado em uma antiga mansão um tanto caída, é transado sem esforço. Entre e seja recebido por um longo bar e coquetéis fortes. No entanto, o destaque está no subsolo, quase sempre lotado, que conta com um fantástico sistema de som e iluminação de primeira. Breakbeat, drum and bass, reggaeton e *cumbia* (música colombiana) eletrônica embalam as noites – quando precisar de uma pausa, vá até o *lounge* no segundo andar.

CROBAR Mapa p. 92

☎ 4778-1500; www.crobar.com; esq. Paseo de la Infanta Isabel e Marcelo Freyre; ⏲ sex e sáb
Uma das mais novas filiais da rede de americana de casas noturnas (há outras em Miami, Chicago e Pequim), o elegante Crobar é, ao menos por enquanto, o queridinho da noite de BA. As sextas-feiras geralmente são animadas por DJs estrangeiros e seleções eletrônicas, enquanto que aos sábados o som é mais comercial – confira o site. Há ainda uma sala nos fundos para quem prefere rock clássico, remixes de som anos 1980 e bandas ocasionais, ao passo que os pisos principais contam com mezaninos e balcões que proporcionam vistas de cima.

EL LIVING Mapa p. 84

☎ 4811-4730; www.living.com.ar; M. T. de Alvear 1540; ⏲ qui-sáb
O descontraído El Living (a Sala de Estar) se aferra a uma fórmula de uma década: sofás confortáveis, *whiskey sours* baratos, clipes exagerados de George Michael projetados num telão e público jovem e animado. Antes das 2h, o público do jantar ainda se demora pelo lugar e a maioria dos bancos do bar está vazio, porém, quando a festa anos 1980 embalar pela madrugada, você se verá em meio a fãs de Madonna e de punk britânico.

GLAM Mapa p. 92

☎ 4963-2521; www.glambsas.com.ar; Cabrera 3046; ⏲ qui-sáb
Instalada em três andares de uma mansão antiga com longos corredores de tijolos, essa casa noturna gay intrincada atrai um público de locais e viajantes. Os rapazes são jovens e bonitos, e vêm até aqui para dançar e se conhecer melhor – não há shows para distrair, apenas *lounges* casuais, belos bares e preservativos grátis na porta. Quinta-feira e sábado são as melhores noites.

JET Mapa p. 58

☎ 4782-5599; www.jet-lounge.com.ar; av. Rafael Obligado 4801; ⏲ sex e sáb
Mais para um *lounge* transado do que para casa noturna, o Jet costuma servir como escala para o público seleto que depois migra para o vizinho Pachá (p. 160). Um extenso cardápio de drinques caros complementa as comidas (o sushi é popular), enquanto sofás sedutores têm vista para docas e veleiros. Espere pessoas atraentes, iluminação glamorosa e boa música comercial.

LA SALSERA Mapa p. 98

☎ 4866-1829; www.lasalsera.com; Yatay 961; ⏲ sex-dom
Primeira casa de salsa e merengue de Buenos Aires, o La Salsera continua a ser

uma das melhores da cidade para dançar ritmos caribenhos. O ambiente é animado e quase todos dançam e se divertem. O segundo andar é mais escuro e tranquilo – o lugar a se ir para repor as energias. Há ainda um jardim, e aulas de salsa são oferecidas mais cedo.

MALUCO BELEZA Mapa p. 72

☎ 4372-1737; www.malucobeleza.com.ar; Sarmiento 1728; ⏲ qua e sex-dom

Esse popular *boliche* brasileiro localiza-se em uma mansão antiga. A casa fica cheia de gente dançando ao som de samba *fusion* ou admirando as dançarinas em trajes mínimos no palco. Para uma atmosfera mais tranquila, suba as escadas, onde o espaço é mais escuro e descontraído. Se estiver com desejo de comida brasileira, chegue às 20h na quartas-feiras, quando as atrações são um jantar (com feijoada no cardápio) e um show. A casa oferece aulas de axé e zouk lambada.

MUSEUM Mapa p. 76

☎ 4543-3894; www.museumclub.com.ar; Perú 535; ⏲ qua, sex e sáb

Essa discoteca cavernosa é mais conhecida pela festa "pós-escritório" das quartas-feiras, que começa às 20h e onde portenhos

MÚSICA ELETRÔNICA EM BUENOS AIRES *Josh Hinden*

Buenos Aires pode até ser mais conhecida pelo tango, porém há mais para mantê-lo dançando noite adentro nessa cidade notívaga, que costuma buscar suas tendências na Europa. Desde 1990, a cena da música eletrônica de BA cresceu a ponto de se tornar uma força mundial. Com algumas das melhores casas e um dos maiores públicos do mundo, a cidade costuma ser citada por muitos DJs como o seu local preferido para tocar.

Um dos DJs locais mais aclamados internacionalmente é Hernán Cattaneo, que começou a carreira profissional nos anos 1990 tocando nas casas comerciais da época, como o El Cielo e o Cinema. Muitos anos depois, ele fixou residência na noite "Clubland" do Pachá (p. 160), onde, segundo se diz, foi descoberto pela lenda britânica Paul Oakenfold, que o conduziu à fama internacional. O sucesso de Cattaneo e do Pachá marcou o início de uma nova era, quando a música eletrônica emergiu para a cultura pop predominante.

Hoje, quando o clima esquenta na primavera, acontecem eventos enormes, para até 50 mil pessoas, como o Creamfields (www.creamfieldsba.com) e a South American Music Conference (www.samc.net), enquanto festivais mais novos e com menor escala como o Festival Ciudad Emergente (www.ciudademergente.gob.ar) lotam casas com milhares de pessoas e contam com atrações como performances de música eletrônica. Além desses eventos anuais, a cena underground e de casas noturnas está bem e viva, apesar de menos intensa (por bons motivos), em virtude de regras mais severas depois da tragédia no Cromagnon em 2004, quando quase duzentas pessoas morreram em um incêndio.

A house music (aqui chamada de "*punchi, punchi*", à moda do nosso "putz putz") não é mais a única opção. Você encontrará uma infinidade de sonoridades graças à diversificação precoce no veterano e underground coletivo de DJs argentinos, formado por Carla Tintore (www.carlatintore.com), Dr. Trincado (www.drtrincado.com) e Diego Ro-k. Festas underground notoriamente frenéticas, como a Age of Communication e a Ave Porco, ajudaram a pavimentar o caminho para uma múltipla tradição underground, que é possível vivenciar no Cocoliche (p. 158). Para uma noite mais tranquila (e iniciada mais cedo) ao som de ótimos DJs e coquetéis matadores, não perca o Le Bar (p. 144).

Por muitos anos, a festa mais quente da cidade foi a Zizek do Niceto Club (p. 160); essa "casa de batidas urbanas" oferece o que há de mais atual em termos de hip-hop, dancehall, *cumbia* e reggaeton, e variações que vão do grime a mashups. Graças ao grande sucesso, a equipe da Zizek faz turnês constantes pelas Américas, com temporadas regulares em Buenos Aires. Acesse www.zzkrecords.com para as últimas notícias sobre essa experiência musical sem paralelo.

Os coletivos de DJs e as festas de música eletrônica abriram caminho para outra geração de estilos: seja house progressivo (www.aldohaydar.com), breakbeat (www.babreaks.com), tecno, IDM, deep house, drum and bass (www.djorange.com) ou mesmo *cumbia* experimental, você os encontrará em Buenos Aires. Dentre os DJs locais que experimentam com estilos, destacam-se o DJ Joven (http://djoven.blogspot.com) e a Djs Pareja (www.djspareja.com.ar), famosa dupla eletrônica que toca uma fusão de acid house retrô e pop; o DJ Daleduro e o seu parceiro DJ Gone, que formam a dupla Groovedealers e tocam 2-step garage e dubstep; Franco Cinelli (www.francocinelli.com.ar), que toca sons minimalistas e cliques; e Chancha Via Circuito (www.chanchaviacircuito.com), um artista de cumbia experimental cuja carreira teve início na Zizek.

Um novo fenômeno na cena eletrônica de BA é a chip music, música de 8 bits feita com consoles de videogame obsoletos, como Commodore 64, Atari 2600 e Gameboy. Muitos DJs, como os grupos Coleco Music (www.colecomusic.com.ar) e Neotericz, estão experimentando com essa tecnologia retrô para criar um novo som.

A maioria dos portenhos acessa sites como www.buenosaliens.com (em espanhol) para saber o que está acontecendo na cidade; o site www.whatsupbuenosaires.com é mais voltado para turistas.

animados aproveitam a promoção de duas bebidas ao preço de uma e dançam a valer (nota: o clima é de pegação, com jovens engravatados que superam as mulheres à razão de quatro para uma). O espaço é amplo e tem muitos ambientes, diversos bares e iluminação interessante. As noites de sábado, embaladas a house music, são mais tranquilas. O prédio é incrível, uma antiga fábrica projetada por Gustave Eiffel – sim, o mesmo do marco parisiense que leva o seu nome.

NICETO CLUB Mapa p. 92

☎ 4779-9396; www.nicetoclub.com; Niceto Vega 5510; ⏲ qui-sáb

Um dos eventos mais disputados da cidade é o imperdível Club 69 (www.club69.com.ar) do Niceto Club, que acontece às quintas-feiras. Essa é uma extravagância subversiva de DJs, com dançarinas em figurinos incríveis, *drag queens*, instalações de vídeo futuristas e arte performática excêntrica. Nas noites de semana, DJs argentinos e estrangeiros assumem a cabine e animam a multidão com seleções que incluem hip-hop, dancehall, batidas eletrônicas, *cumbia*, reggae, música popular e até mesmo cantos indígenas.

PACHÁ Mapa p. 58

☎ 4788-4280; www.pachabuenosaires.com; esq. av. Costanera Rafael Obligado e La Pampa; ⏲ sáb e outras noites, consulte calendário, fecha jan

DJs convidados de renome, vindos de países distantes como Israel e Alemanha tocam para as massas descoladas (e algumas vezes esnobes) que vêm a essa casa enorme e popular inspirada no Pachá original, em Ibiza. Shows de laser e o ótimo sistema de som deixam todos felizes. A noite de sábado foi apelidada de "Clubland"; não chegue antes das 4h. Você terá tempo o bastante para dançar antes de subir até o terraço para ver o sol nascer – leve os óculos escuros.

RUMI Mapa p. 101

☎ 4782-1307; www.rumiba.com.ar; av. Figueroa Alcorta 6442; ⏲ qua-sáb

Se o que você procura é glamour, moda e possíveis celebridades, o ultratransado Rumi é o seu lugar. Vista-se bem e capriche no visual para satisfazer aos exigentes leões de chácara, então entre em um mundo de fantasia de música eletrônica, hip-hop e house. DJs famosos tocam na festa "Be Happy", às quartas-feiras; às quintas-feiras, quando acontece a festa "Back to Basics", o som é anos 1970; e aos sábados, a "High Party", com inspiração latina, atrai multidões. Se quiser uma noite realmente especial, chegue cedo para jantar (a partir das 21h).

MÚSICA AO VIVO

Há bons lugares onde a música ao vivo é a principal atração, porém muitos teatros, centros culturais, bares e cafés também oferecem shows. Para apresentações de tango, veja a seção tango do capítulo Artes (p. 164); o Centro Cultural Torquato Tasso (p. 165) também é uma ótima opção.

ROCK, BLUES E JAZZ

Buenos Aires tem uma cena de rock vibrante. As casas abaixo têm escala modesta e apresentam basicamente bandas locais – quando grandes astros internacionais fazem escalas na cidade, eles geralmente tocam em estádios de futebol ou no ginásio Luna Park (veja quadro na p. 171).

O blues e o jazz não são tão populares quanto o rock, mas ainda assim têm público fiel. O restaurante-café Clásica y Moderna (p. 153), que também conta com uma livraria, ocasionalmente apresenta bandas de jazz.

Para mais informações sobre o rock argentino, veja p. 35, e para blues e jazz, veja p. 36.

LA TRASTIENDA Mapa p. 76

☎ 5237-7200 via Ticketek; www.latrastienda.com; Balcarce 460; ⏲ todas as noites

Esse teatro amplo e interessante com bar tem capacidade para mais de setecentas pessoas e apresenta grupos nacionais e estrangeiros. Fique atento a nomes como Charlie Garcia, Divididos, José Gonzalez, Damien Rice e Conor Oberst. Compre ingressos na bilheteria ou pela Ticketek (www.ticketek.com.ar).

MITOS ARGENTINOS Mapa p. 76

☎ 4362-7810; www.mitosargentinos.com.ar; Humberto Primo 489; ⏲ qua-dom

Há mais de dez anos, essa agradável e antiga casa de tijolos localizada em San Telmo apresenta bandas de rock. Não é enorme, porém tem muitas mesas, palco de tamanho ideal e um pequeno balcão acima. Conhecida pelos tributos a bandas do rock nacional.

ND/ATENEO Mapa p. 84

☎ 4328-2888; www.ndateneo.com.ar; Paraguay 918; ⌚ todas as noites

Esse teatro reformado recebe uma grande variedade de artistas argentinos e estrangeiros de diversos estilos, com ênfase no rock, no jazz e na música popular. Com boa organização e acústica e shows de qualidade, aqui também são exibidos filmes, peças e outras manifestações artísticas; em 2008, sediou o Festival International Buenos Aires Jazz.

NOTORIOUS Mapa p. 87

☎ 4813-6888; www.notorious.com.ar; av. Callao 966; ⌚ todas as noites

Casa transada e intimista, é um dos principais palcos do jazz em Buenos Aires. Na entrada, você pode se sentar em modernas mesas de vidro e escutar CDs antes de comprá-los. No restaurante-café dos fundos (com vista para um jardim), há shows de jazz todas as noites. Acesse o site para consultar a agenda.

THELONIOUS CLUB Mapa p. 92

☎ 4829-1562; www.theloniousclub.com.ar; Salguero 1884, 1º andar; ⌚ ter-sáb

Jazz bar atraente com iluminação indireta, teto de tijolos e boa acústica. Chegue cedo para garantir uma mesa e confira o interessante cardápio e os coquetéis. O Thelonious é conhecido pelas boas bandas, porém DJs animam o início da noite.

MÚSICA POPULAR

A *música folklórica* também tem espaço em Buenos Aires. Há muitas *peñas* (casas de música tradicional) na cidade, mas lugares – como o Clásica y Moderna (p. 153) – também recebem artistas do gênero. Para mais informações sobre a música popular argentina, veja p. 37.

LA PEÑA DEL COLORADO Mapa p. 92

☎ 4822-1038, www.lapeniadelcolorado.com; Güemes 3657; ⌚ todas as noites

Os shows folclóricos desse restaurante-bar rústico são memoráveis, e depois alguns violões ficam à disposição da plateia (os grupos cantam uns para os outros, em um tipo de disputa amigável). O cardápio conta com culinária do norte da Argentina, como *locro* (ensopado de milho e carne), *chipá* (semelhante ao pão de queijo) e *humitas de Chala* (parecidas com *tamales*) – as *empanadas* picantes são excelentes.

LOS CARDONES Mapa p. 92

☎ 4777-1112, www.cardones.com.ar; Borges 2180; ⌚ qua-sáb

Venha a essa *peña* simples e agradável para ouvir violões intimistas e shows com a participação da plateia, além de saborear a culinária regional e o bom vinho argentino. É provável que você veja *gauchos* de verdade, principalmente nos fins de semana e no inverno, quando a cidade sedia a feira agropecuária La Rural. Confira o site para informações sobre a agenda de shows.

ARTES

o melhor

- **El Camarín de las Musas** (p. 170)
- **Centro Cultural Torquato Tasso** (p. 165)
- **Ciudad Cultural Konex** (p. 170)
- **Teatro Colón** (p. 71)
- **Salon Canning** (p. 169)

O QUE VOCÊ RECOMENDA? www.lonelyplanet.com/Buenos Aires

ARTES

O que é uma visita a Buenos Aires sem uma singular apresentação de tango? Há mais shows do que se pode imaginar, de casuais e baratos (ou seja, de rua) a teatrais e elegantes. Então, talvez você queira aprender como se mover na pista em uma aula de tango e depois ir até uma *milonga* (salão de tango) para testar seus passos.

Você adora teatro? Buenos Aires tem dezenas de companhias que encenam produções excelentes, sejam de canto, dança, teatro ou tudo junto. Que tal música clássica? Sim, também há palcos dedicados ao estilo na cidade. E todos gostam de ir ao cinema – você encontrará de filmes independentes a superproduções em cartaz, tanto em salas clássicas quanto em modernos multiplexes. Quando o assunto é diversão artística, essa cidade tem algo a oferecer todos os dias da semana.

Para ajudá-lo a começar, veja a nossa seleção neste capítulo. E para novos eventos, acesse www.whatsupbuenosaires.com, www.argentinaindependent.com, ou qualquer um dos muitos sites de expatriados. Você também pode ler os jornais locais – a maioria publica cadernos de cultura às sextas-feiras; ou leia o caderno "Get Out" do *Buenos Aires Herald*, em inglês.

INGRESSOS COM DESCONTO E RESERVAS

Os ingressos das principais atrações costumam ser vendidos pela **Ticketek** (☎ 5237-7200; www.ticketek.com.ar). É cobrada uma taxa de serviço de cerca de 10%.

Carteleras (balcões de vendas com desconto) na av. Corrientes vendem um número limitado de ingressos com grandes descontos (de 20 a 50%) para muitos eventos, como filmes, peças e shows de tango. Compre com a maior antecedência possível, mas, se decidir assistir a um show ou filme de última hora – principalmente durante a semana –, vá até uma *cartelera* e veja se ainda há lugares disponíveis.

Cartelera Baires (Mapa p. 72; www.cartelerabaires.com; av. Corrientes 1382; 10-21h seg e ter, até 22h qua e qui, até 23h sex, até 0h sáb, 14-19h dom) Na Galería Apolo.

Cartelera Espectáculos (Mapa p. 62; ☎ 4322-4331; www.123info.com.ar; Lavalle 742; 12-22h seg-sex, até 23h sáb, até 21h dom) Na rua de pedestres Calle Lavalle.

Cartelera Vea Más (Mapa p. 72; ☎ 6320-5319; 10--21h seg e ter, até 22h qua-sex, até 23h sáb, 14-23h dom) No complexo Paseo La Plaza: av. Corrientes 1660, local 2.

TANGO

Outrora uma dança furtiva, relegada às casas da luz vermelha na Buenos Aires do início do século 20, o tango passou por altos e baixos. Hoje em dia, entretanto, essa dança sensual está de volta com força total. Todo mundo, de Seattle a Shangai, parece estar se lançando ao piso de parquê, tentando entrar em sintonia com o parceiro e memorizar aqueles passos ardilosos e o ritmo que fazem do tango uma dança tão difícil de dominar. Muitos, inclusive, acorrem a Buenos Aires, numa peregrinação à cidade onde tudo começou (por falar nisso, fique de olho no lançamento da adaptação para o cinema de *Kiss and Tango*, com Sandra Bullock).

A popularidade do tango está em alta, nos níveis tanto amador quanto profissional, e entre todas as idades e classe sociais. Sempre haverá dançarinos de tango tradicional, que podem ser vistos em ação em *milongas*. No entanto, não há como deter a evolução – o *nuevo tango*, que surgiu no fim do século 20, foi semeado por Ástor Piazzolla na década de 1950 com a incorporação de elementos de jazz e música clássica ao tango tradicional. Os dançarinos passaram a improvisar novos movimentos, com abraços menos apertados e alternâncias de condução (entre outras coisas). O neotango, o último passo musical no panorama em mutação do estilo, funde a dança com música eletrônica e acrescenta uma dinâmica mais livre, o que foi determinante na atração de novas gerações para essa dança incrível. Para mais sobre o tango e sua história, veja a p. 33.

Veja também o quadro "Mais Informações Sobre o Tango", na p. 167.

SHOWS

Se há uma coisa que não falta em Buenos Aires são shows de tango. Dezenas de casas dedicam-se a essa famosa dança argentina, muitas com espetáculos caros e turísticos que não chegam nem perto do que os puristas chamam de tango "autêntico". O que não quer dizer que esses

HALL DA FAMA DO TANGO *Anja Mutic*

- Carlos Di Sarli (1903–60) – Pianista, compositor e líder de orquestra
- Juan D'Arienzo (1900–76) – Violinista e líder de orquestra
- Carlos Gardel (1890–1935) – Cantor e ator
- Ástor Piazzolla (1921–92) – Bandoneonista (o *bandoneón* é semelhante ao acordeão) e compositor
- Roberto Goyeneche (1926–94) – Cantor
- Aníbal Troilo (1914–75) – Bandoneonista, compositor e líder de orquestra
- Osvaldo Pugliese (1905–95) – Pianista, compositor e líder de orquestra
- Enrique Santos Discépolo (1901–51) – Compositor e poeta
- Homero Manzi (1907–51) – Letrista e poeta
- Horacio Salgán (1916-) – Pianista, compositor e líder de orquestra
- Julio Sosa (1926–64) – Cantor
- Eladia Blázquez (1931–2005) – Cantora, pianista e compositora
- Susana Rinaldi (1935–) – Cantora
- Adriana Varela (1952–) – Cantora

shows glamorosos, com frequência marcados por incríveis feitos de elegância e atletismo, não sejam divertidos e impressionantes. Eles geralmente incluem diversos casais de dançarinos, uma orquestra, um ou dois cantores e possivelmente alguns músicos populares – e a opção de um jantar incluso, apesar de a comida poder não ser das melhores. Opções VIP implicam em preços bem mais altos, com lugares melhores e bebidas. Quase todos exigem a compra antecipada de ingressos; alguns oferecem descontos modestos on-line e traslado de ida e volta ao hotel. E por falar em hotel, muitos oferecem ingressos - com preços semelhantes aos cobrados pelas casas.

Shows mais modestos custam bem menos e alguns são até mesmo gratuitos, mas exigem consumo no restaurante. Se você não se importa em comer durante o show, há ótimas opções. Muitas *milongas* (veja a p. 167) oferecem shows bons e acessíveis. Para tango gratuito (ou mediante doação), vá até San Telmo no domingo à tarde. Os dançarinos se apresentam no centro da Plaza Dorrego, porém você precisará chegar cedo se quiser uma boa vista. Outra boa opção é o Caminito (p. 79), em La Boca, nos fins de semana - a multidão é menor do que a de San Telmo. Mas, se não quiser ir para tão longe, confira o que acontece em frente às Galerías Pacífico, na Calle Florida – costuma haver apresentações por lá. Esses dançarinos de rua são bons, então não se esqueça de deixar uma contribuição no chapéu.

Quase todos os shows de tango são turísticos por natureza. Eles são mais intensos, de modo a proporcionar uma experiência mais excitante ao expectador. O tango "autêntico" (que acontece nas *milongas*) é uma arte muito sutil, que busca, antes de mais nada, o prazer dos dançarinos. É algo mais para ser vivido do que observado, e não tão interessante para o observador casual. Ir a uma *milonga* apenas para observar pode não ser empolgante – as pessoas vão até lá para dançar. Então se sinta livre para assistir a um show mais escandaloso e admirar aqueles chutes altos - de boca aberta, como o restante da plateia.

Se você gosta de ouvir a música, vá até o Centro Cultural Torquato Tasso (Mapa p. 76; ☎ 4307-6506; www.torquatotasso.com.ar; Defensa 1575). Essa é uma das melhores casas de tango-canção ao vivo de BA, então não espere ver dançarinos.

Os shows listados abaixo são teatrais e um tanto caros – pense em Las Vegas. Todos oferecem a opção de jantar incluso; o jantar começa por volta das 21h e os shows, das 22h30min (a maioria dura 1h30).

COMPLEJO TANGO Mapa p. 98

☎ 4941-1119; www.complejotango.com.ar; av. Belgrano 2608; show AR$230, jantar e show AR$380

Esse local elegante em Balvanera é para aqueles que desejam não apenas admirar o tango, mas também vivenciá-lo. Se desejar, a sua primeira hora por aqui será uma aula de tango para iniciantes. Emende com um jantar saboroso, e, então um show excelente – atenção, entretanto, pois os dançarinos circulam pelo salão no final do show e convidam alguns espectadores para dançar.

EL QUERANDÍ Mapa p. 62

☎ 5199-1770; www.querandi.com.ar; Perú 302; show AR$260, jantar e show AR$400

Essa grande casa de tango também é um restaurante com detalhes em madeira escura e atmosfera refinada. O show explora a evolução do tango, da origem nos bordéis à influência de cabarés, *milongas* e variações modernas. A dança é menos extravagante, então não espere passos acrobáticos. Um ponto negativo: uma coluna no palco atrapalha a visão de certos lugares.

EL VIEJO ALMACÉN Mapa p. 76

☎ 4307-7388; www.viejoalmacen.com; esq. Balcarce e Independencia; show AR$220, jantar e show AR$400

Esse belo prédio do século 19 oferece um dos shows mais antigos de Buenos Aires (em cartaz desde 1969). Um jantar sem maiores atrativos é servido no prédio principal, então todos atravessam a rua estreita até o teatro, com capacidade para 240 pessoas. O show é menos berrante do que a maioria, mas, ainda assim, glamoroso. Um dos pontos positivos é o segmento folclórico.

ESQUINA CARLOS GARDEL Mapa p. 98

☎ 4867-6363; www.esquinacarlosgardel.com.ar; Carlos Gardel 3200; show AR$295, jantar e show AR$420

Um dos shows mais pomposos da cidade é encenado nesse teatro com quinhentos lugares, um antigo cabaré vizinho ao encantador shopping Mercado de Abasto (p. 97). A região de Abasto foi reduto de Carlos Gardel, e ele costumava frequentar esse lugar. O show memorável começa com um bom filme sobre as redondezas, então entram em cena músicos e dançarinos de primeira categoria.

ESQUINA HOMERO MANZI Mapa p. 98

☎ 4957-8488; www.esquinahomeromanzi.com.ar; av. San Juan 3601; show AR$200, jantar e show AR$330

A melhor parte dessa casa de tango é a localização, na histórica esquina das calles San Juan e Boedo. Café histórico completamente reformado, o Homero Manzi leva o nome do mais famoso letrista do tango. Hoje, esse café – apesar de ainda ser capaz de transportá-lo aos anos dourados – existe basicamente como veículo para o show de tango reluzente com capacidade para trezentos espectadores. Aulas noturnas são oferecidas antes do início do show.

LA VENTANA Mapa p. 76

☎ 4334-1314; www.la-ventana.com.ar; Balcarce 431; show AR$220, jantar e show AR$420

A atmosfera dessa casa há muito em atividade localizada em um prédio antigo o transportará ao passado. Há dois salões, ambos com paredes e teto de tijolos e vigas de madeira aparentes; um deles tem vitrais impressionantes no teto. Um show folclórico inclui músicos andinos e uma apresentação de *boleadores* (*gauchos* que exibem suas habilidades com boleadeiras). O show de tango também é bom e conta com a participação de trinta artistas.

SEÑOR TANGO Mapa p. 58

☎ 4303-0231; www.senortango.com.ar; Vietes 1655; show AR$125, jantar e show AR$400

Mais berrante de todos, o Señor Tango é o mais próximo que você chegará de Las Vegas em Buenos Aires. Com dezenas de artistas, cavalos, duas fileiras de balcões e um extenso monólogo melodramático (em espanhol) do proprietário, esse avô dos shows de tango é – para o bem ou para o mal – uma experiência inesquecível. A dança em si não tem tanto espaço, já que o show – um pouco longo demais, para muitos estrangeiros – cobre a história da Argentina.

TANGO PORTEÑO Mapa p. 72

☎ 4124-9400; www.tangoporteno.com.ar; Cerrito 570; show AR$130, jantar e show AR$390

Um dos melhores shows da cidade é encenado nesse histórico teatro *art déco* reformado, próximo do Teatro Colón, no centro. Fragmentos de filmagens antigas são intercalados por muita dança atlética (e algumas vezes sensual). Há um interessante número onde uma dançarina baila de olhos vendados, a orquestra é excelente e Juan Carlos Copes – dançarino famoso no seu tempo – geralmente faz uma aparição breve. Aulas de tango são oferecidas antes do show.

TANGO ROJO Mapa p. 69

☎ 5787-1536; www.rojotango.com; Faena Hotel & Universe, Martha Salotti 445; show AR$620, jantar e show AR$880

Essa apresentação sensual é o show de tango que supera todos os demais – em especial no quesito preço. Com apenas 120 lugares, o salão El Cabaret do Faena é envolto em cortinas vermelhas e móveis dourados. O show em si acompanha livremente a história do tango, das raízes nos cabarés às fusões modernas de Ástor Piazzolla. A orquestra é de primeira, há muitos figurinos de época e uma breve (choque!) cena de nudez.

Para shows menos sofisticados, mais acessíveis, há os lugares a seguir, ou confira o Los 36 Billares (p. 145).

Mais Informações Sobre o Tango...

Algumas das melhores referências estão nos muitos folhetos gratuitos à disposição na cidade, como o *El Tangauta* (www.eltanguata.com), o *BA Tango* (www.batango.com) e o *Diostango* (www.diostango.com), que trazem informações sobre *milongas*, aulas, professores e shows. Geralmente podem ser encontrados nas casas de tango e nos escritórios de turismo. Procure também o mapa do tango do hotel Caserón Porteño (www.caseronporteno.com; veja também a p. 195).

Para um livro prático sobre o tango em BA, confira *Happy Tango: Sallycat's Guide to Dancing in Buenos Aires*, de Sally Blake. Ele oferece ótimas informações sobre as *milongas* – como se vestir e se comportar e o público, por exemplo –, além de muito mais sobre a cena do tango da cidade.

Se você não se incomoda em contratar um(a) parceiro(a) para aulas ou *milongas*, acesse www.tangotaxidancers.com. Há muitas, muitas lojas de roupas e sapatos para tango em BA. Para um museu do tango, veja a p. 63.

BA tem diversas opções de hospedagem voltadas aos entusiastas do tango, como o Caserón Porteño (Mapa p. 92) e a Lina's Tango Guesthouse (p. 188). Todos oferecem aulas.

Por fim, se estiver em BA de meados ao fim de agosto, não perca o festival de tango (www.tangobuenosaires.gov.ar).

CAFÉ TORTONI Mapa p. 62

☎ 4342-4328; www.cafetortoni.com.ar; av. de Mayo 825; shows AR$80-100

Esse café histórico oferece shows de tango todas as noites, que podem ser considerados bons (se as suas expectativas não forem muito altas) ou ruins (estão mais para espetáculos cômicos do que de dança). A comida pouco memorável não está inclusa e é um tanto cara, então pode ser interessante comer em outro lugar. Se você chegar mais cedo ao café, não espere um atendimento dos melhores – e é bem provável que haja fila. Mas não há como não mencionar que esse café popular e turístico – o mais famoso de BA – oferece uma bela atmosfera.

EL BALCÓN Mapa p. 76

☎ 4362-2354; www.elbalcondelaplaza.com.ar; Humberto Primo 461, 1º andar; shows gratuitos

Se você tiver a sorte de conseguir instalar-se na varanda numa tarde de domingo, poderá admirar o show de tango e a feira de antiguidades da Plaza Dorrego *ao mesmo tempo*. Esse restaurante oferece shows gratuitos, porém é preciso pedir algum prato – culinária argentina básica, como *empanadas*, massas e *parrilla* (churrasco misto). Shows de tango aos domingos apenas das 13h30 às 19h, com canto e shows folclóricos.

LA PUERTO RICO Mapa p. 62

☎ 4331-4178; www.lapuertoricocafe.com.ar; Alsina 416; sáb jantar-show AR$250, dom almoço-show AR$130

Um dos cafés mais históricos de Buenos Aires oferece um show de variedades com tango (dançarinos, cantores, orquestra), flamenco (dança e cantor) e apresentações folclóricas (humor *gauchesco*). Os shows, com jantar incluso, começam às 22h aos sábados. Uma alternativa mais barata é o show com almoço aos domingos (14h), apenas com dança de tango e orquestra – há ainda a opção *à la carte* (AR$30 mais comida). Para mais sobre o La Puerto Rico, veja p. 152.

MILONGAS

As *milongas* são bailes nos quais as pessoas refinam suas habilidades no tango. A atmosfera desses lugares pode ser moderna ou histórica, casual ou tradicional. A maioria conta com DJs que tocam suas seleções musicais, porém algumas utilizam orquestras. A pista de dança geralmente é cercada por mesas e cadeiras, e é aí que entra em cena um sutil código de conduta – que determina quem dança com quem. Para mais sobre a etiqueta do tango, veja a p. 168.

As *milongas* podem começar à tarde e ir até 23h ou por volta da meia-noite e ir até o começo da manhã (chegue tarde). Elas são acessíveis, com entrada geralmente na casa dos AR$15 a AR$30 por pessoa. Costumam ser oferecidas aulas antes do início do baile.

Para uma experiência singular ao ar livre, vá até a Plaza Barrancas de Belgrano, onde a casual *milonga* "La Glorieta" acontece nas noites de sábado e domingo por volta das 19h. Aulas gratuitas de tango são oferecidas às 18h.

CENTRO REGIÓN LEONESA Mapa p. 72

☎ 4304-5595; Humberto Primo 1462

A famosa *milonga* Niño Bien acontece às quintas-feiras a partir das 22h30 e atrai uma grande variedade de aficionados – muitos dos quais turistas. Espere uma bela atmosfera, um grande salão e uma boa pista de dança, que, entretanto, fica muito, muito cheia. Vá de táxi, pois o lugar é distante do centro.

TANGO EM UMA MILONGA

O tango é uma dança difícil de descrever, e, para entendê-la, é preciso admirá-la e vivenciá-la. Apesar da longa evolução desde as suas origens, ele continua a ser sensual e erótico. Os troncos geralmente ficam aprumados e próximos, com os rostos quase se tocando. Uma das mãos do homem pressiona as costas da mulher, conduzindo-a, e a outra, estendida, segura a da parceira. A parte inferior do corpo faz a maior parte do trabalho. A mulher movimenta os quadris, com as pernas se alternando entre passos laterais curtos ou amplos e chutes rápidos, algumas vezes entre as pernas do homem. O homem guia, uma tarefa complicada, já que é preciso fluir com a música, conduzir a mulher, compor os movimentos com os passos dela e evitar os outros casais, tudo ao mesmo tempo. Ele acrescenta seus passos elegantes, e o casal flui em comunhão com a música. Pausas e mudanças abruptas de direção permeiam a dança. É uma atividade complexa que exige concentração, então a regra são expressões sérias. Sorrisos e bate-papos são limitados aos intervalos entre as músicas.

Em uma *milonga* (baile) de fato, escolher um parceiro adequado envolve muitos níveis de códigos, regras e sinais ocultos que os dançarinos devem seguir. Afinal de contas, nenhuma *bailarina* (dançarina; o homem é o *bailarín*) séria quer ficar presa a alguém que pise nos seus pés (e nos seus caros sapatos altos de tango). Alguns homens propensos a convidar uma desconhecida para dançar, inclusive, o fazem apenas depois da segunda música, para não ficarem presos a uma parceira inadequada pelas três a cinco músicas que compõem uma sessão. Essas sessões (conhecidas como *tandas*) se alternam entre tango, *vals* (a versão argentina da valsa) ou *milonga*; elas são seguidas por uma *cortina* (breve intervalo no qual se toca outro tipo de música). Considera-se educado dançar uma tanda inteira com um parceiro, então se você ouvir "*gracias*" depois de apenas uma música, esqueça aquele parceiro pelo resto da noite.

O seu posicionamento na área que cerca a pista de dança pode ser crítico. Em algumas das *milongas* mais antigas, dançarinos mais tarimbados costumam reservar mesas. O ideal é que se escolha uma mesa com acesso fácil à pista e à vista dos outros dançarinos. Você pode notar casais instalados em mesas mais afastadas (eles geralmente dançam apenas um com o outro), enquanto que os solteiros ficam mais perto da pista. Se um homem entra no salão acompanhado por uma mulher, ela é considerada "sua" aquela noite. Para que casais dancem com outras pessoas, ou eles entram desacompanhados ou o homem deixa clara a sua intenção ao convidar outra mulher para dançar. Então a "sua" parceira fica livre para convites.

O sinal de convite para dançar, conhecido como *cabeceo*, envolve uma inclinação rápida da cabeça, contato visual e sobrancelhas arqueadas. A mulher a quem foi dirigido o *cabeceo* pode assentir e sorrir ou fingir não ter percebido (uma rejeição). Se ela aceita o convite, o homem se levanta e a acompanha até a pista. Uma dica: se você for a uma *milonga* e não quiser dançar, não olhe muito em volta – você pode partir alguns corações.

Enfim, qual é o apelo do tango? Por que essa dança é tão viciante, como uma droga insidiosa? Será por ser uma "expressão vertical de um desejo horizontal"? Dançarinos experientes dirão o seguinte: a adrenalina de uma performance excelente é como uma conquista. Alguns dias, o tango o eleva a alturas arrebatadoras, em outros, acaba com você. Você se apaixona pela beleza de seus movimentos, tenta alcançar uma perfeição física impossível de ser atingida em sua plenitude. O melhor que se pode fazer é embarcar na jornada com o máximo possível de graça e paixão.

CONFITERÍA IDEAL Mapa p. 62

☎ 5265-8069; www.confiteriaideal.com; Suipacha 384, piso superior

Essa casa clássica (em atividade desde 1912) é a mãe de todos os salões de tango históricos, com aulas e *milongas* diárias – e praticamente contínuas. Orquestras costumam embalar os dançarinos, a atmosfera é clássica e a história, rica. O café em si merece pouca atenção, já que é um pouco escuro, sem graça e impessoal, mas nem por isso deixa de ser uma experiência portenha. Shows disponíveis. Foi usado como locação no filme *Uma lição de tango*.

EL BESO Mapa p. 72

☎ 4953-2794; Riobamba 416

Outro lugar popular e tradicional, o El Beso atrai bons dançarinos – é preciso confiar bastante no próprio taco para dar as caras por aqui. Localizada no piso superior, a casa oferece ótima música e ambiente agradável, com um bar próximo à entrada.

GRICEL Mapa p. 98

☎ 4957-7157; www.clubgriceltango.com.ar; La Rioja 1180

Esse salão clássico (distante do centro; vá de táxi) costuma atrair multidões, principalmente às segundas-feiras. A clientela é madura e bem-vestida – com muitos turistas. A pista de dança é ótima, com orquestras ocasionais.

LA CATEDRAL Mapa p. 98

☎ 15-5325-1630; Sarmiento 4006

Se o tango pode ser jovem e descolado, é aqui que ele está. O espaço é casual, com clima de galpão despojado e decoração transada nas paredes, móveis de segunda mão e iluminação difusa e envolvente. O La Catedral está mais para uma casa noturna boêmia do que qualquer coisa, e não há código de vestuário – você verá muita gente de calça jeans. Ótimo pelas bebidas baratas; as *milongas* mais conhecidas acontecem nas noites de terça-feira.

PLAZA BOHEMIA Mapa p. 62

☎ 4300-3487; www.lamarshall.com.ar; Maipú 444

A *milonga* La Marshall acontece aqui nas noites de quarta-feira – e é um "Tango Queer" (isso mesmo, tango gay). Chegue às 22h para aulas – a *milonga* começa às 23h30. Não importa o seu sexo, você pode receber o convite de um homem ou uma mulher, e conduzir ou seguir (cheguem a um acordo antes!). Todos são bem-vindos; aos sábados, a La Marshall acontece no número 1392 da av. Rivadavia.

LA VIRUTA Mapa p. 92

☎ 4774-6357; www.lavirutatango.com; Armenia 1366

Popular casa com salão no subsolo. Oferece boas aulas de tango para iniciantes antes das *milongas* – o que significa que há muitos dançarinos inexperientes na pista no começo da noite –, portanto, se você é experiente, chegue tarde (depois das 3h30). A música pode variar de tango a rock, *cumbia* e salsa no início da noite, com som mais tradicional madrugada adentro. Também oferece shows de tango.

SALON CANNING Mapa p. 92

☎ 4832-6753; www.parakultural.com.ar; av. Scalabrini Ortiz 1331

Alguns dos melhores dançarinos de BA (ninguém vem aqui para ficar sentado) frequentam esse salão clássico e sua ótima pista de dança. A conhecida companhia de tango Parakultural costuma realizar aqui eventos com música ao vivo, DJs de tango, cantores e dançarinos. Espere casa cheia e muitos turistas.

SIN RUMBO Indicação Mapa p. 58

☎ 4571-9577; Tamborini 6157

Uma das mais antigas casas de tango de BA, o Sin Rumbo é considerado a "catedral" do tango pelos que o conhecem – e já revelou alguns dançarinos famosos. Robert Duvall filmou aqui o seu *O tango e o assassino*. Distante do centro, em Villa Urquiza; vá de táxi.

AULAS

Aulas de tango estão disponíveis praticamente em toda parte, de albergues e academias de dança (p. 170) a centros culturais (p. 224) e em quase todas as *milongas* (veja p. 167). Até mesmo alguns cafés e shows de tango as oferecem. Os custos variam de AR$20 a AR$50 em grupo e de AR$200 a AR$600 em aulas particulares.

Há muitas escolas na cidade, como a Escuela Argentina de Tango (☎ 4312-4990; www.eatango.org). São duas filiais: Talcahuano 1052, Mapa p. 84; e San Martín 768, Mapa p. 62 (nas Galerías Pacífico).

Os professores particulares também são muitos; há tantos profissionais competentes que o melhor é pedir uma indicação a uma pessoa de confiança. E diante do volume de estrangeiros em BA, muitos dão aulas em inglês e outros idiomas. Veja o quadro "Mais Informações Sobre o Tango", na p. 167.

FLAMENCO

Com tantos portenhos de ascendência espanhola, não é de surpreender que haja algumas casas de flamenco na cidade. A maioria fica na região espanhola no Congreso, próxima da esquina da Calle Salta com a av. de Mayo.

ÁVILA BAR Mapa p. 72

☎ 4383-6974; av. de Mayo 1384; 🕓 qui-sáb

Esse pequeno restaurante espanhol com boa cozinha tradicional oferece flamenco há muitos anos. Os pratos principais incluem coelho, *paella* e ensopados de frutos do mar. Os shows, que começam às 22h30, têm dançarinos maduros e experientes, e custam AR$100 (sem bebidas). Faça reserva.

CANTARES Mapa p. 72

☎ 4381-6965; www.cantarestablao.com.ar; av. Rivadavia 1180; 🕓 qui-sáb

Essa casa, localizada na antiga Taberna Español, hospedou o poeta Federico García Lorca. É um pequeno espaço no subsolo com apenas 85 lugares, com ambiente intimista e espetáculos autênticos (AR$45 apenas pelo show; AR$110 incluindo comida, mas não bebidas). Aulas de flamenco disponíveis no piso superior. Faça reserva.

TIEMPO DE GITANOS Mapa p. 92

☎ 4776-6143; www.tiempodegitanos.com.ar; El Salvador 5575; 🕓 qua-dom

Esse espaço em Palermo Hollywood oferece bons shows de flamenco em um ambiente intimista de restaurante, com pratos espanhóis clássicos, como *paella* e *tapas*. O jantar com show custa de AR$90 a AR$140, sem bebidas. Faça reserva.

OUTROS ESTILOS

Muitos estilos de dança manterão os seus pés em movimento em BA. O Centro Cultural Ricardo Rojas (p. 224) oferece uma ampla gama de aulas de dança.

Para aulas de salsa, tente casas noturnas como Azúcar (p. 157) e La Salsera (p. 158) – e, o melhor, você poderá ensaiar os passos quando a casa abrir. A La Viruta (p. 169) também oferece aulas de salsa, assim como a **Dance & Move** (Mapa p. 92; ☎ 4554-8991; www.dancemove.com.ar; Jorge Newbery 3663). Para uma lista mais completa, acesse www.salsapower.com/cities/argentina.htm.

O melhor lugar para aprender a requebrar ao som do samba é a **Escuela Brasileña de Danzas** (Mapa p. 92; ☎ 4963-6066; www.balaio.com.ar; Mansilla 2787), que também oferece aulas de capoeira. Aprenda flamenco no Cantares (p. 169).

Para aulas de dança contemporânea, há o teatro alternativo **El Camarín de las Musas** (Mapa p. 98; ☎ 4862-0655; www.elcamarindelasmusas.com.ar; Mario Bravo 960); a Dance & Move também tem opções interessantes. Quase todos os centros culturais (p. 224) oferecem cursos dessa forma de arte.

TEATRO

O centro tradicional de teatro localiza-se na av. Corrientes, entre av. 9 de Julio e Callao, mas hoje há casas espalhadas por toda a cidade. Na temporada de inverno, mais de cem produções podem estar em cartaz, mas é possível encontrar uma boa variedade de espetáculos em qualquer época do ano. O *Buenos Aires Herald* e outros jornais locais são uma boa fonte de referência para grandes produções teatrais.

As muitas companhias alternativas e independentes (ou "off-Corrientes") recebem relativamente pouca atenção da grande imprensa, porém são uma boa pedida se você estiver em busca de algo diferente. Veja o quadro para uma lista de teatros onde atuam. E se você tiver domínio do espanhol, o site www.alternativeteatral.com é uma boa fonte para espetáculos alternativos em cartaz.

Os ingressos geralmente têm preço acessível, mas confira as *carteleras* (p. 164) para fazer bons negócios. Para mais sobre a cena teatral de BA, confira o capítulo Informações Básicas (p. 40).

TEATRO DE LA RIBERA Mapa p. 80

☎ 0800-333-5254; www.complejoteatral.gov.ar; av. Don Pedro de Mendoza 1821

Esse pequeno e pitoresco teatro, criado pelo pintor argentino Benito Quinquela

TEATRO DE VANGUARDA

Saia dos caminhos batidos e busque algo fora do convencional – há escolhas de sobra nessa cidade criativa quando o assunto é teatro original e de qualidade. A maioria das casas abaixo fica no bairro de Abasto.

Actors Studio Teatro (Mapa p. 98; ☎ 4983-9883; www.actors-studio.org; Díaz Vélez 3842) Esse teatro com 120 lugares oferece novas interpretações, além de clássicos e produções de primeira. Também oferece cursos ocasionais de teatro.

Celcit (Mapa p. 62; ☎ 4342-1026; www.celcit.org.ar; Moreno 431) Sigla de Centro Latinoamericano de Creación e Investigación Teatral. Oferece produções latino-americanas independentes, além de workshops e cursos.

Ciudad Cultural Konex (Mapa p. 98; ☎ 4864-3200; www.ciudadculturalkonex.org; Sarmiento 3131) Em cartaz nesse teatro intrépido, montagens multidisciplinares que geralmente mesclam arte, cultura e tecnologia. Famoso pelos incríveis shows de percussão nas noites de segunda-feira (veja a p. 36).

El Camarín de las Musas (Mapa p. 98; ☎ 4862-0655; www.elcamarindelasmusas.com.ar; Mario Bravo 960) Oferece dança e teatro contemporâneos, além de workshops e cursos. Possui um transado café-restaurante com preços acessíveis.

El Cubo (Mapa p. 98; ☎ 4963-2568; www.cuboabasto.com.ar; Pasaje Zelaya 3053) Espaço pequeno e descolado em Abasto, por cujo palco passam peças ousadas e montagens alternativas, como musicais gays.

Espacio Callejón (Mapa p. 98; ☎ 4862-1167; www.espaciocallejon.blogspot.com; Humahuaca 3759) Pequeno teatro independente com montagens de teatro, música e dança moderna. Oferece alguns cursos (como um curso de clown).

Teatro la Carbonera (Mapa p. 76; ☎ 4362-2651; Balcarce 998) Espaço com cerca de cem lugares, voltado basicamente ao teatro experimental, com espaço também para musicais e dança contemporânea.

LUNA PARK

Quando grandes espetáculos, como o Circo de Pequim, o New York Ballet, a Filarmônica da Filadélfia, Julio Iglesias ou Tom Jones, visitam a cidade, é muito provável que os camarins do Luna Park (Mapa p. 62; ☎ 5279-5279; www.lunapark.com.ar; av. Madero 420) sejam o seu destino. Margeado pelas ruas Lavalle e Bouchard e as avenidas Corrientes e Madero, o Luna Park foi um ginásio de boxe construído em um antigo terreno da Pacific Railway. Concluída em 1931, a casa gradualmente se transformou em local preferido para eventos públicos que necessitassem de bastante espaço. Quando Carlos Gardel morreu em um acidente aéreo, em 1935, seu velório foi realizado aqui e recebeu milhares de fãs. Em 1944, uma atriz pouco conhecida chamada Eva Duarte aqui conheceu o general Juan Perón, durante um evento beneficente pelas vítimas de um terremoto. E em 7 de novembro de 1989, ninguém menos do que Diego Maradona se casou aqui, perante 11 mil fãs.

Entretanto, o Luna Park nunca esqueceu as suas raízes; com o passar dos anos, 25 títulos de boxe foram decididos entre suas paredes. Muitos outros esportes, como vôlei, basquete e tênis, também já usaram esse ginásio como palco, além de produções como desfiles de moda, espetáculos de patinação no gelo e batismos religiosos em massa. Com capacidade para 15 mil pessoas (maior ginásio coberto da Argentina), o Luna Park recebe grandes multidões com facilidade, que vieram até aqui recentemente para ver artistas como Liza Minnelli, Luciano Pavarotti, Norah Jones, Ricky Martin, David Byrne e Chrissie Hynde.

Martín, foi construído em 1971 e possui quase 650 lugares. Confira o piano no saguão; ele foi pintado por Martín.

TEATRO DEL PUEBLO Mapa p. 62

☎ 4326-3606; www.teatrodelpueblo.org.ar; diagonal Roque Saénz Peña 943

Casa de tamanho mais modesto com duas salas no subsolo – um dos primeiros teatros independentes da Argentina – que exibe produções clássicas e contemporâneas com preços acessíveis (em torno de AR$50).

TEATRO SAN MARTÍN Mapa p. 72

☎ 0800-333-5254; www.teatrosanmartin.com.ar; av. Corrientes 1530

Essa casa de destaque possui diversos auditórios (o maior tem capacidade para mais de mil pessoas) e exibe cinema internacional, teatro, dança e música clássica, com produções tanto convencionais como mais incomuns. Conta ainda com galerias de arte que abrigam ótimas exposições de fotografia.

TEATRO GRAN REX Mapa p. 62

☎ 4322-8000; av. Corrientes 857

Teatro enorme com 3,3 mil assentos que exibe produções musicais nacionais e internacionais, por onde já passaram nomes como Cyndi Lauper, Kenny G. e Björk.

TEATRO PASEO LA PLAZA Mapa p. 72

☎ 6320-5350; www.paseolaplaza.com.ar; av. Corrientes 1660

Localizado em uma pequena e agradável galeria a céu aberto, esse complexo conta com diversas salas e exibe produções clássicas e contemporâneas que incluem tango, teatro e comédia.

TEATRO OPERA Mapa p. 62

☎ 4326-1335; av. Corrientes 860

Esse teatro clássico com fachada *art déco* conta com mais de 2 mil lugares e abriga produções que vão de recitais de piano a shows de rock, tango e balé. Foi um cinema por muito tempo antes de ser convertido em teatro.

TEATRO PRESIDENTE ALVEAR Mapa p. 72

☎ 4343-4245; www.complejoteatral.gov.ar; av. Corrientes 1659

Inaugurado em 1942, esse teatro que recebeu o nome de um presidente da Argentina cuja esposa cantava ópera tem capacidade para mais de setecentas pessoas e exibe muitas produções musicais, inclusive de balé. Ocasionalmente oferece espetáculos gratuitos.

MÚSICA CLÁSSICA

Muitos espaços de BA exibem concertos de música clássica. Para conferir os talentos locais, assista a um espetáculo da Orquestra Filarmónica de Buenos Aires, que se apresenta regularmente no Teatro Colón e costuma receber regentes convidados de toda América Latina.

O Teatro Colón (p. 71) é um dos principais palcos de Buenos Aires; todo artista argentino de renome que se preze já tocou, atuou ou cantou aqui. A temporada de música clássica faz uma pausa entre dezembro e fevereiro e chega ao auge entre junho e agosto.

LA SCALA DE SAN TELMO Mapa p. 76

☎ 4362-1187; www.lascala.org.ar; Pasaje Guiffra 371

Esse pequeno teatro em San Telmo, instalado em um prédio colonial reformado, exibe espetáculos clássicos e contemporâneos, que vão de concertos de piano a tango, comédias e outros espetáculos musicais, além de workshops. Ingressos acessíveis ou gratuitos.

TEATRO AVENIDA Mapa p. 72

☎ 4381-0662; www.balirica.org.ar; av. de Mayo 1222

Um incêndio em 1979 fechou esse belo teatro de 1906 por quinze anos, mas ele foi devolvido à sua antiga glória. Hoje, o Avenida exibe produções argentinas, principalmente música clássica, balé e flamenco. Porém a sua principal força é a ópera.

TEATRO COLISEO Mapa p. 84

☎ 4816-3789; www.fundacioncoliseo.com.ar; M. T. de Alvear 1125

Música clássica, jazz, balé, ópera e orquestras sinfônicas estão em cartaz nesse teatro a maior parte do ano, com algumas surpresas ocasionais – como o astro do rock americano-argentino Kevin Johansen.

CINEMA

Buenos Aires é repleta de cinemas, sejam clássicos com letreiros de néon ou salas multiplexes. As regiões tradicionais são a rua de pedestres Calle Lavalle (a oeste da Florida) e a av. Corrientes – ambas a uma caminhada de distância do centro. Os cinemas mais novos, entretanto, não se concentram em áreas específicas – muitos estão nos shoppings espalhados pela cidade. Como não poderia deixar de ser, a maioria das novas salas exibe grandes produções internacionais, enquanto que os filmes menos comerciais entram em cartaz em cinemas menos convencionais.

Os ingressos são relativamente acessíveis e a maioria dos cinemas oferece bons descontos nas matinês, no meio da semana ou na primeira exibição do dia. É comum que haja sessões *transnoche* (à meia-noite ou mais tarde) nas noites de sexta e sábado.

Consulte o *Buenos Aires Herald* (jornal em inglês) para conferir os títulos originais de filmes em inglês. Os cadernos de cultura de todos os grandes jornais também têm guias de cinema, porém não raro as traduções para o espanhol dos títulos das produções são bem diferentes. A não ser por filmes infantis e animações, que são dublados, os filmes estrangeiros costumam ser exibidos no idioma original com legendas em espanhol.

O Cosmos-UBA (Mapa p. 72; ☎ 4953-5405; www.cosmosuba.wordpress.com; av. Corrientes 2046) e a Sala Leopoldo Lugones (Mapa p. 72; ☎ 0800-333-5254; www.teatrosanmartin.com.ar/cine; av. Corrientes 1530) – no Teatro General San Martín – costumam exibir retrospectivas, documentários, festivais de cinema estrangeiro e filmes artísticos. O Espacio INCAA (Mapa p. 72; ☎ 4371-3050; www.incaa.gov.ar; av. Rivadavia 1635), por sua vez, exibe apenas filmes ibero-americanos (de países de língua espanhola ou portuguesa).

Alguns dos muitos centros culturais de Buenos Aires (p. 224) possuem salas de cinema pequenas, enquanto que lugares como a Alianza Francesa (p. 224) e o British Arts Centre (p. 224) exibem filmes nos seus respectivos idiomas.

Veja a p. 41 para a mais sobre a indústria cinematográfica argentina.

MEGACINEMAS

Se você procura por algo um pouco mais comercial, os multiplexes listados abaixo exibem grandes produções:

Atlas Cinemas (Mapa p. 62; ☎ 5032-8527; www.atlascines.com.ar; Lavalle 869)

Atlas Cines Patio Bullrich (Mapa p. 84; ☎ 5032-8527; www.atlascines.com.ar; av. del Libertador 750) No Patio Bullrich.

Cine Lorca 1 e 2 (Mapa p. 72; ☎ 4371-5017; av. Corrientes 1428)

Cinemark Puerto Madero (Mapa p. 69; ☎ 0800-222-2463; www.cinemark.com.ar; av. Alicia Moreau de Justo 1920)

Hoyts Abasto (Mapa p. 98; ☎ 4000-2923; www.hoyts.com.ar; av. Corrientes 3247) No Mercado de Abasto.

Recoleta Mall (Mapa p. 87; esq. Junín e López) Confira esse shopping reformado próximo ao Cemitério da Recoleta.

ESPORTES E ATIVIDADES

o melhor

- **Assistindo a um jogo de futebol** (p. 174)
- **Pedalando na reserva ecológica** (p. 177)
- **Assistindo ao melhor polo do mundo** (p. 176)
- **Nadando no Parque Norte** (p. 177)
- **Relaxando em um spa dia** (p. 179)

ESPORTES E ATIVIDADES

Quando o assunto são os esportes, apenas uma coisa importa de verdade para a maioria dos portenhos – o *fútbol*, ou futebol. Todos têm um time ao qual são leais até a morte: se assistir a um jogo, você vivenciará essa paixão. O futebol é muito mais por aqui do que a reputação cambiante do seu ídolo maior na Argentina, Diego Maradona, que agora passa a maior parte do tempo evitando escândalos por uso de drogas (veja quadro).

Surpreendentemente, há outros esportes – e astros – em Buenos Aires. O basquete ganhou mais popularidade desde que a Argentina conquistou a medalha de ouro nas Olimpíadas de 2004. O rúgbi atraiu muita atenção em 2007, quando o país conquistou um respeitável terceiro lugar na Copa do Mundo. O turfe atrai apostadores ao hipódromo de Palermo, enquanto o polo e até mesmo o *pato* (um tipo de rúgbi a cavalo) têm um número modesto de seguidores.

A maioria dos portenhos se esforça para ter boa aparência, portanto pratica algum tipo de esporte com esse objetivo. Correr e jogar tênis ou futebol são atividades populares em Buenos Aires, tanto pela saúde quanto por diversão. E quando o clima está inclemente, muitos acorrem às numerosas academias da cidade. Outras atividades físicas menos populares, como ioga e pilates, têm conquistado mais espaço.

ESPORTES PARA ASSISTIR

Do futebol ao rúgbi, basquete ou polo, assistir a esportes é uma forma popular entre os portenhos para se unirem contra times rivais ou contra o mundo. Além das modalidades mencionadas, o boxe, o tênis, o hóquei de campo, o críquete e os esportes a motor (o Rally Dakar é realizado na Argentina e no Chile há alguns anos) também têm fãs em Buenos Aires.

FUTEBOL

O *fútbol* é uma obsessão nacional, e assistir a uma partida é parte integral da experiência portenha. O futebol argentino é respeitado mundialmente – o país é bicampeão mundial (em 1978 e 1986) e integra a elite de apenas oito países que já levantaram a Copa do Mundo. A seleção masculina também conquistou dois ouros olímpicos, em 2004 e 2008. E Lionel Messi, o mais famoso jogador argentino da atualidade, recebeu em 2009 e 2010 o prêmio de melhor jogador do mundo da FIFA.

Os argentinos são torcedores ávidos e em dias de jogo você verá por todo lado TVs sintonizadas no futebol. Comemorações ecoam pela cidade a cada gol, e, depois de grandes conquistas, carros com bandeiras de times cruzam a cidade buzinando – principalmente nas imediações do Obelisco.

Os ingressos para *entradas populares* (geral) custam cerca de AR$50, enquanto que os das *plateas* (arquibancada) variam de AR$70 a AR$120. Os preços dependem da popularidade da partida – os ingressos do *súper clásico* entre River e Boca alcançam preços astronômicos e são difíceis de conseguir sem contatos. (Esse jogo, por sinal – quando disputado no estádio do Boca –, foi considerado pelo jornal *Observer* o evento esportivo número um a se ver antes de bater as botas.)

É aconselhável a estrangeiros (principalmente mulheres desacompanhadas) que comprem ingressos das *plateas*; assistir a um jogo de pé nas *populares* é uma experiência singular, mas pode ser perigosa, já que é marcada por pulos e cantoria incessantes, bebida, maconha, brigas e roubos. É lá que se instalam os *barras bravas* (torcidas organizadas).

Os ingressos são vendidos nas bilheterias dos estádios, porém o site www.ticketek.com.ar é uma boa opção. Outra possibilidade são os cambistas, já que os ingressos de certas partidas esgotam rápido. Algumas empresas, como a Tangol (☎ 4312-7276; www.tangol.com), oferecem ingressos, transporte e guia. Você pagará de AR$360 e AR$600 pelo pacote – muito mais se for um *súper clásico*.

Os jogos são quase sempre seguros, mas evite a aparência clássica de turista. Não carregue a câmera a tiracolo, deixe as joias (até mesmo o relógio) no hotel e não leve mais dinheiro do que o necessário. Se estiver fazendo sol, leve proteção. Evite usar as cores do time visitante e não planeje comer no estádio, a não ser que goste de *junk food* de péssima qualidade.

DIEGO MARADONA *Andy Symington*

Nascido em 1960 em uma favela de Buenos Aires, Maradona jogou sua primeira partida profissional pelo Argentinos Juniors antes de completar 16 anos. Contratado pelo seu amado Boca Juniors, continuou a evoluir e, depois da incrível participação na Copa do Mundo de 1982, mudou-se para a Europa a fim de jogar no Barcelona, no Napoli e então no Sevilla.

Em terras italianas, a sua genialidade inspirou o modesto Napoli a conquistar dois títulos nacionais e, em 1986, conduziu uma seleção argentina mediana à conquista da Copa do Mundo. Nas quartas de final contra a Inglaterra, ele marcou primeiro com a mão – a famosa "mão de Deus" – e então com o pé, depois de uma fantástica arrancada em meio à desnorteada defesa inglesa, o que levou o tento a ser considerado o Gol do Século pela FIFA.

Mas o sucesso estrondoso também foi a ruína de Diego. Faturando alto, Maradona ficou viciado em cocaína e numa vida social extravagante. Com o passar dos anos, sucessivos banimentos relacionados a drogas, processos judiciais e problemas de peso fizeram que, ao tempo da sua aposentadoria em 1997, ele fosse apenas uma sombra do que fora nos anos de glória.

Desde a aposentadoria, ele raramente deixou de ser notícia. Overdoses, ataques cardíacos, desintoxicações, um programa na TV e amizades controversas passaram a fazer parte do circo Maradona. Então – inacreditavelmente –, alguém na Federação Argentina de Futebol acreditou que ele seria uma boa escolha para técnico da seleção nacional. A Argentina se classificou no último suspiro para a Copa do Mundo da África do Sul de 2010 (um triunfante Maradona foi durante algum tempo banido, depois de sugerir aos seus críticos que lhe dessem prazer oral), na qual disputou algumas boas partidas antes de ser superada tecnicamente pela Alemanha. O contrato de Maradona não foi renovado, mas ele não partiu em silêncio – e a Argentina espera o próximo capítulo do ardente romance com o ídolo. As controvérsias e os escândalos na imprensa, entretanto, ainda são superados pelos toques de magia que selaram a sua imortalidade como camisa 10. Para muitos argentinos, a mão de Deus e a de Maradona são uma só.

Para mais informações sobre o futebol argentino, acesse www.futbolargentino.com e www.afa.org.ar, ou confira as resenhas de Daniel Schwimler (focadas no Argentinos Juniors) em www.handofdan.com.

Abaixo, uma relação de alguns dos times de Buenos Aires:

Argentinos Juniors (Mapa p. 58; ☎ 4551-6887; www.argentinosjuniors.com.ar; Gavilán 2151)

Boca Juniors (Mapa p. 80; ☎ 4309-4700; www.boca-juniors.com.ar; La Bombonera, Brandsen 805)

Club Atlético Vélez Sársfield (Mapa p. 58; ☎ 4641-5663; www.velezsarsfield.com.ar; Juan B. Justo 9200)

Club Deportivo Español (indicação Mapa p. 58; ☎ 4619-1516; www.cde.com.ar; Santiago de Compostela 3801)

Club Ferro Carril Oeste (Mapa p. 98; ☎ 4431-8282; www.ferrocarriloeste.org.ar; Avellaneda 1240)

Club Huracán (Mapa p. 58; ☎ 4911-0757; www.clubahuracan.com.ar; av. Amancio Alcorta 2544)

River Plate (Mapa p. 101; ☎ 4789-1200; www.cariverplate.com.ar; av. Figueroa Alcorta 7597)

San Lorenzo de Almagro (Mapa p. 58; ☎ 4918-8192; www.clubsanlorenzo.com.ar; Varela 2680)

BASQUETE

O basquete ganhou impulso no país desde 2002, quando a seleção argentina disputou o campeonato mundial em Indianápolis. Eles conquistaram apenas a prata, mas fizeram história ao derrotarem o "Dream Team" americano. Então, com uma escalação parecida, derrotaram novamente os EUA (além da Itália na final) e acabaram por conquistar o ouro nas Olimpíadas de 2004 – a primeira medalha olímpica do país no basquete. Os americanos estavam invictos em olimpíadas desde 1992, quando teve início a participação de atletas profissionais. Os melhores jogadores argentinos são Emanuel "Manu" Ginobili, Fabricio Oberto, Andrés Nocioni, Luis Scola e Carlos Delfino, que jogaram ou jogam na NBA.

BA tem hoje diversos times de destaque, sendo o mais popular o Boca Juniors. Você pode assisti-lo jogar em La Boca, no **Estadio Luis Conde** (La Bombonerita; Mapa p. 80; ☎ 4309-4748; www.bocajuniors.com.ar; Arzobispo Espinosa 600). Outros times populares são o Obras Sanitarias e o Ferro Carril Oeste.

RÚGBI

O rúgbi ganha mais popularidade a cada ano na Argentina, em parte devido ao sucesso da seleção nacional – Los Pumas – em anos recentes. Depois de ficar em terceiro na Copa do Mundo de 2007 (um feito e tanto), o Pumas foi considerado o melhor time das Américas. Entretanto, por nunca terem derrotado as maiores seleções do mundo, África do Sul e Nova Zelândia, os argentinos ainda estão a caminho do destaque internacional.

O **Club Atlético de San Isidro** (www.casi.org.ar) é o time mais antigo da capital – em 1935, ele deu origem ao seu maior rival, o San Isidro Club (www.sanisidroclub.com.ar).

A temporada de rúgbi é disputada entre abril e outubro; consulte a Unión de Rugby de Buenos Aires (☎ 4805-5858; www.urba.org.ar) para mais informações. Os fanáticos podem visitar o Museo de Rugby (☎ 4732-2547; www.museodelrugby.com; Juan Bautista de Lasalle 653), em San Isidro.

TURFE

As provas em BA são disputadas no Hipódromo Argentino (Mapa p. 92; ☎ 4778-2800; www.palermo.com.ar; av. del Libertador 4101), um imponente hipódromo de 1908 com capacidade para 100 mil pessoas, projetado pelo arquiteto francês Fauré Dujarriuc. O hipódromo geralmente funciona às segundas-feiras e nos fins de semana, porém os horários variam, então confira o calendário. As provas mais importantes acontecem em novembro, tanto aqui quanto na famosa pista gramada de San Isidro.

POLO

Acrescente a influência britânica à história de *gauchos* e cavalos e entenderá porque o melhor polo do mundo está na Argentina. O país domina o esporte há mais de cinquenta anos e possui a maioria dos grandes atletas da modalidade. Esqueça os príncipes britânicos: o boa-pinta Adolfo Cambiaso é considerado o melhor jogador do mundo.

A temporada é disputada em Buenos Aires de setembro a meados de novembro e culmina com o Campeonato Abierto Argentino de Polo (p. 23), torneio mais prestigiado do mundo. Para informações, entre em contato com a Asociación Argentina de Polo (☎ 4777-6444; www.aapolo.com), que organiza o calendário de atividades relacionadas ao esporte em todo o país.

Para campos de polo (todos fora de BA) onde você pode aprender a jogar, confira www.poloelite.com, www.argentinapoloday.com.ar e www.lasofiapolo.info.

CAMPO ARGENTINO DE POLO

Mapa p. 92

Esq. av. del Libertador e av. Dorrego

Localizado em frente ao Hipódromo Argentino, em Palermo, esse estádio com capacidade para 30 mil pessoas recebe os eventos mais importantes da modalidade (inclusive o Campeonato Abierto Argentino de Polo, em novembro e dezembro). Shows de música também acontecem por aqui ocasionalmente. O subúrbio de Pilar, ao norte, tem a maior densidade de campos de polo da cidade.

PATO

Com origens *gauchas* e semelhante ao polo, o *pato* deve seu nome à bola usada no passado – um pato vivo dentro de um saco de couro. A desventurada ave foi substituída por uma bola com alças de couro e os jogadores não mais estão expostos a ferimentos graves, nesse que já foi um esporte violento.

Para mais informações sobre partidas e torneios de *pato* (que geralmente acontecem a 30km da cidade, no Campo Argentino de Pato), entre em contato com a Federación Argentina de Pato (☎ 4372-0180; www.pato.org.ar). O campeonato nacional (p. 23) é disputado em dezembro, em campos de polo em Palermo.

ATIVIDADES

Buenos Aires é uma grande cidade de concreto, então é preciso buscar espaços ao ar livre para se exercitar. As extensas áreas verdes de Palermo são bons espaços de recreação, principalmente nos fins de semana, quando as pistas ao redor do Rosedal são fechada ao trânsito. A Recoleta também tem parques, porém tente evitar as fezes dos cães. O ponto alto é a Reserva Ecológica Costanera Sur (p. 70), um paraíso ecológico vizinho de Puerto Madero, que pode nos fazer esquecer que estamos em uma cidade grande; a área é ideal para correr, caminhar, passear de bicicleta e até mesmo ver um pouco de vida selvagem.

O Perú Beach (☎ 4793-5986; www.peru-beach.com.ar; Elcano 794; 🕑 8-0h), por sua vez, é um interessante complexo esportivo para quem busca atividades ao ar livre. O espaço conta com campos de futebol, pista de patinação coberta, parede artificial para escalada e estrutura para esportes aquáticos, como kite surfe. Há ainda um gramado e mesas ao ar livre – ótimas para dias de sol. O lugar é mais um espaço social do que qualquer coisa, e famílias são bem-vindas. O Perú Beach fica em Acassuso, um subúrbio ao norte do centro, próximo da estação Barrancas do Tren de la Costa.

CICLISMO

As novas ciclofaixas da cidade estão tornando mais seguro pedalar no centro, porém há lugares melhores para tanto. Há ciclovias no Parque 3 de Febrero (p. 92) – e bicicletas para alugar em

NÃO FIQUE APENAS OLHANDO – JOGUE FUTEBOL!

Ficou animado ao assistir os profissionais jogando? Então mãos (ou melhor, pés) à obra – é só entrar em contato com a Buenos Aires Fútbol Amigos (www.fcbafa.com) para se juntar a viajantes, expatriados e locais e dar algumas caneladas. É cobrada uma taxa módica pelo serviço, no entanto *asados* (churrascos) costumam estar no fim do arco-íris do futebol – e as lembranças podem ser impagáveis.

dias de sol e nos fins de semana, quando as pistas vizinhas são fechadas ao tráfego. Procure empresas de aluguel na av. La Infanta Isabel; elas também oferecem carrinhos a pedal e patins in-line.

Para pedalar em segurança em família, vá até o Nuevo Circuito KDT, no Parque General Belgrano (Mapa p. 92; ☎ 4807-7700; Salguero 3450; entrada AR$3) em Palermo. Aqui, a Sprint Haupt (Mapa p. 92; ☎ 4804-2870; Salguero 3450; aluguel de bicicleta por hora AR$15-30; 🕑 9h-20h30 ter e qui, até 19h qua, sex, sáb e dom) aluga bicicletas para uso em uma ciclovia de concreto de 1.250m (traga o passaporte). Capacetes disponíveis. Procure o estacionamento, então atravesse a passarela.

A Reserva Ecológica Costanera Sur (p. 70), vizinha a Puerto Madero e paralela à costa, é verde e tranquila e tem pistas de terra, ótimas para se pedalar. Há bicicletas para aluguel (preços acessíveis) em dias de sol e nos fins de semana, próximo às duas entradas.

Para informações sobre passeios de bicicleta, veja p. 230. E para ler sobre o fenômeno Massa Crítica em BA, veja p. 47.

GOLFE

O campo mais adequado de Buenos Aires é o Campo Municipal de Golf (Mapa p. 101; ☎ 4772-7261; Tornquist 6397; 🕑 amanhecer-anoitecer ter-sáb), de dezoito buracos; reserve lugar com antecedência. Pratique as suas tacadas longas no Costa Salguero Driving Range (Mapa p. 92; ☎ 4805-4732; www.costasalguerogolf.com.ar; esq. avs. Costanera R. Obligado e Salguero), que conta com loja de artigos de golfe, café e um campo de nove buracos popular entre as famílias.

NATAÇÃO

Alguns hotéis mais caros possuem piscinas de bom tamanho, mas cobram taxas abusivas de não hóspedes – pelo menos, incluem o uso das academias. Tente o Panamericano Hotel e Resort (p. 182; taxa diária AR$250) ou o Claridge Hotel (p. 182; taxa diária AR$210).

Uma opção mais econômica é encontrar uma academia com piscina coberta (veja p. 177).

PARQUE NORTE Mapa p. 101

☎ 4787-1382; www.parquenorte.com; esq. avs. Cantilo e Guiraldes; entrada seg-sex AR$35, sáb e dom AR$50; 🕑 9-22h seg-sex, 8-22h sáb e dom

Parque aquático popular entre as famílias. Conta com enormes piscinas rasas (talvez 1,20m na parte mais profunda), toboágua, mesas com guarda-sol e espreguiçadeiras (ambas cobradas à parte). Há áreas verdes nas quais desfrutar de um piquenique ou mate. É feita uma rápida inspeção de "saúde" em busca de coisas desagradáveis como micoses e piolhos. Traga toalhas.

TÊNIS

Diversos lugares oferecem quadras, mas não aluguel de raquetes. Traga a sua de casa se estiver disposto a entrar em contato com o Nalbandian ou Del Potro dentro de você.

PARQUE GENERAL BELGRANO

Mapa p. 92

☎ 4807-7879; Salguero 3450; entrada AR$3, aluguel de quadra por hora AR$20-25; 🕑 8h-21h30 seg-sex, até 20h sáb e dom

Possui oito quadras de saibro. A iluminação à noite custa AR$5 adicionais. Você precisará levar o equipamento. Ligue com 48h de antecedência para reservar.

SALGUERO TENIS Mapa p. 92

☎ 4805-5144; Salguero 3350; AR$75-87 por hora; 🕑 8-0h seg-sex, até 21h sáb e dom

Localização interessante entre trilhos ferroviários, com cinco quadras de saibro. Vende bolas; também oferece quadras de squash e aulas de tênis.

CAVALGANDO DE VERDADE

Se você planeja sair da cidade por algumas horas para montar a cavalo, esqueça aquelas *estancias* turísticas e confira a Caballos a la Par (☎ 15-5248-3592, 4384-7013; www.caballos-alapar.com). Passeios particulares guiados são oferecidos em um parque provincial a cerca de uma hora do centro de Buenos Aires, e não é nada daquela história de "siga o cavalo da frente". Adrian o levará por trilhas arborizadas e campos e você se divertirá ao aprender a montar e até mesmo galopar nos seus ótimos animais.

SAÚDE E BEM-ESTAR

BA tem uma grande variedade de academias, muitas com equipamentos modernos e extras como piscina e spa. A ioga e o pilates também têm se popularizado – a maioria das academias e até mesmo alguns centros culturais e restaurantes naturais oferecem aulas. Os serviços de spa são bons, principalmente em hotéis internacionais voltados a estrangeiros. Para aulas de dança, veja p. 170.

Está precisando de motivação para se mexer? Então confira o Boot Camp Buenos Aires (www.bootcampbuenosaires.com); se pensou em treinos em grupo, acertou na mosca.

ACADEMIAS

Se você nunca frequentou uma academia em BA, pode ser que lhe seja solicitada uma avaliação médica no primeiro dia (é melhor levar uma, para garantir).

LE PARC Mapa p. 62

☎ 4311-9191; www.leparc.com; San Martín 645; diárias AR$60; ⏲ 7-23h seg-sex, 10-20h sáb

Academia ampla com equipamentos modernos, passarelas conectando os ambientes e teto de vidro. Oferece piscina coberta (pequena), um café transado, loja de equipamentos esportivos e sauna, além de muitos tipos de aula. O terraço é ideal para exibir o corpo sarado.

MEGATLON Mapa p. 62

☎ 4322-7884; www.megatlon.com; Reconquista 335; taxas por dia/semana/mês a partir de AR$98/180/330; ⏲ 6h30-22h seg-sex, 9-17h sáb

A rainha das academias de BA tem cerca de 25 filiais espalhadas pela cidade, incluindo outra no Barrio Norte (Mapa p. 87; Rodriguez Peña 1062); a filial da Reconquista é convenientemente próxima do centro. Espere os serviços tradicionais, como pesos e máquinas para exercícios aeróbicos, uma loja de equipamentos esportivos e suplementos e uma ampla gama de aulas. Algumas filiais têm piscina coberta e quadras para basquete, vôlei, handebol e futebol; preços e horários de funcionamento variam de filial para filial.

SPORT CLUB Mapa p. 72

☎ 5199-1212; www.sportclub.com.ar; Bartolomé Mitre 1625; diária AR$50; ⏲ 7-23h seg-sex, 8-19h sáb

Ótima para fazer exercícios aeróbicos e musculação; as áreas são espaçosas e o terraço é ideal para pegar um bronzeado. Oferece muitas aulas, inclusive de *spinning*, e possui piscina coberta e café. A Sport Club tem cerca de vinte filiais em Buenos Aires – algumas têm quadras para vôlei, basquete e futebol.

YMCA Mapa p. 62

☎ 4311-4785; www.ymca.org.ar; Reconquista 439; diária AR$50; ⏲ 8-21h seg-sex, 10-13h30 sáb

Não é muito transada, tampouco cara – e se você for membro da YMCA (ACM), apenas leve a sua carteira para receber um mês gratuito de aulas. Espere as máquinas de sempre para musculação e exercícios aeróbicos, muitos tipos de aula e duas piscinas (inclusive uma infantil). Oferece também massagens e sauna.

IOGA E PILATES

Quase todas as academias oferecem aulas de ioga e pilates, mas há diversos locais especializados nessas atividades. Muitos centros culturais (p. 224) oferecem aulas de ioga acessíveis, assim como restaurantes naturais como o Natural Deli (veja p. 139) – em alguns casos, também tai chi e meditação.

IOGA NO PARQUE?

E agora algo completamente diferente – o Eco Yoga Park (☎ 4901-0744; 15-6507-0577; www.ecoyogapark.com), localizado cerca de 1h e 30min a oeste de Buenos Aires, nas proximidades de Luján.

Administrado por simpáticos hare krishnas, esse belo retiro possui gramados, cabanas ecológicas, horta orgânica, estúdio de ioga, oficina de artes e salão de meditação com a forma de uma colmeia gigante. O pequeno restaurante serve refeições vegetarianas, preparadas com muitos ingredientes da horta, e são oferecidas aulas diárias de ioga para iniciantes. As acomodações são em confortáveis beliches ao estilo de albergue. A não ser pelas atividades voluntárias e as sessões de ioga e meditação, não há muito a fazer além de relaxar.

Pessoas de todas as religiões são bem-vindas para passar a noite (AR$130 com refeições; AR$60 se você participar de trabalhos voluntários). Há apenas algumas regras: nada de álcool, drogas, fumo ou consumo de carne nas dependências. Um pequeno preço a se pagar por alguma paz e tranquilidade.

Se o seu espanhol for limitado, tente a **Buena Onda Yoga** (☎ 15-5423-7103; www.buenaondyoga.com) ou a **Happy Sun Yoga** (☎ 15-5179-1871; www.happysunyoga.com), que contam com instrutoras expatriadas.

CENTRO VALLETIERRA Mapa p. 92

☎ 4833-6724; www.valletierra.com; Costa Rica 4562

Esse elegante estúdio em Palermo Viejo oferece uma variedade de aulas de ioga, incluindo as modalidades *hatha*, *kundalini* e *ashtanga*; alguns instrutores falam inglês. Há também aulas de meditação e sete tipos de massagem (AR$160 a hora) – reserve com antecedência. As instalações são bonitas e o clima, zen. Confira o site para mais informações.

TAMARA DI TELLA PILATES Mapa p. 87

☎ 4813-1216; www.tamaraditella.com; esq. Juncal e R. Peña; aula AR$70, 4 aulas AR$250

Com mais de dez filiais em Buenos Aires, em outras cidades argentinas e até no exterior, esse conhecido estúdio de pilates conta com instalações modernas e instrutores particulares. Pergunte sobre o "tango pilates" – é meio o que você espera.

VIDA NATURAL Mapa p. 92

☎ 4826-1695; www.vidanatural.com.ar; Charcas 2852; 4 aulas AR$150

Esse centro naturalista, localizado em uma bela casa antiga com piso de madeira, oferece as modalidades de ioga *ashtanga*, *hatha* e *iyengar*, além de massagens terapêuticas, aulas de respiração, meditação, pilates, tai chi e taças tibetanas.

ARTES MARCIAIS E ESCALADA

Se você gosta de escalar a céu aberto (porém não em pedra – as montanhas estão um pouco distantes), confira o Perú Beach (p. 176). Esse centro esportivo possui uma parede artificial, mas ela é mais voltada para famílias e curiosos do que para escaladores de verdade.

BOULDER Mapa p. 92

☎ 4779-2825; www.elboulder.com.ar; Arce 730; diária AR$15, aluguel de sapatilhas e cadeirinha AR$5 cada; 🕒 15-22h seg, qua e sex, 13-22h ter e qui, 15-19h sáb

Localizada na microrregião de Las Cañitas, em Palermo, a Boulder é uma pequena academia de escalada com minicaverna de pedra. Oferece aulas e cursos, além de pacotes de viagem ocasionais. A loja do piso inferior compra equipamentos usados.

KURATA DOJO Mapa p. 92

☎ 4774-4409; www.federacionaikikai.org.ar; J. S. M. de Oro 2254; 1 aula AR$25; 🕒 18-21h seg-sex, 12-13h sáb

Essa boa academia de aikidô em Palermo Viejo foi criada por um *sensei* (professor) japonês. Não é preciso experiência, e pessoas de qualquer idade podem praticar o esporte. Os custos dependem da quantidade de aulas semanais.

YMCA Mapa p. 62

☎ 4311-4785; www.ymca.org.ar; Reconquista 439

Se estiver à procura de aulas de caratê numa visita a Buenos Aires, confira a YMCA. Também há aulas de *kickboxing* e *muay thai*; os custos e os horários variam, então ligue antes.

SPAS

Não há nada como paparicar a si mesmo em um spa depois de um dia corrido. Por sorte, a cidade tem boas opções à disposição. Os preços e os serviços podem variar bastante, então consulte antes.

Alguns dos melhores spas dia de BA ficam em hotéis caros como o Palacio Duhau – Park Hyatt (p. 191), o Four Seasons Buenos Aires (p. 190), o Panamericano, o Claridge e o Home Hotel (Mapa p. 92; ☎ 4778-1008; www.homebuenosaires.com).

SER SPA Mapa p. 92

☎ 4807-4688; www.aguaclubspa.com; Cerviño 3626; 🕒 7h30-22h30 seg-sex, 11-21h sáb

Esse spa em Palermo oferece diversos tipos de massagem, sessões de reflexologia e uma infinidade de tratamentos de pele (inclusive faciais). Está sentindo coceira? Faça uma massagem esfoliante. Os serviços incluem também ioga e pilates e a estrutura conta com uma pequena academia, além de uma área para relaxar no terraço.

ESPACIO OXIVITAL Mapa p. 92

☎ 4775-0010; www.espacioxivital.com.ar; Nicaragua 4959; 🕒 10-15h seg-sáb

Belo spa com espaços *clean* nos quais é possível desfrutar de tratamentos faciais e esfoliações ou dos serviços de manicure/pedicure. Oferece massagens profundas, bionergéticas, com pedras e shiatsu, além de limpeza de pele e tratamentos de beleza com ultrassom e eletroterapia, saunas úmida e seca e banheira de hidromassagem.

Hotéis e Hostels

Quer recomendações de hospedagem além das que incluímos neste livro? Mais detalhes – inclusive resenhas aprofundadas e fotografias? Ou ainda ler resenhas de outros viajantes e ser capaz de postar as suas? É fácil. Acesse **lonelyplanet.com/hotels** e confira a nossa seleção de resenhas independentes, então reserve um quarto com simplicidade e segurança.

ONDE DORMIR

o melhor

ONDE DORMIR

A explosão turística de Buenos Aires, iniciada em 2002, após a desvalorização do peso argentino, causou um aumento exponencial na oferta de acomodações na cidade para acompanhar a demanda. Há uma boa variedade de hotéis cinco estrelas, como o Hilton, o Park Hyatt e o Four Seasons. Hotéis medianos e de preço mais acessível são comuns e muitos investiram nas instalações. Já os hotéis butique e as pousadas espalharam-se por bairros como San Telmo e Palermo, e os albergues são baratíssimos. Você não terá problemas em encontrar o tipo de lugar que procura, mas é uma boa ideia fazer reserva com antecedência – principalmente durante feriados ou no agitado verão, de novembro a fevereiro.

Muitos lugares oferecem traslado de ida e volta ao aeroporto se a reserva for feita com antecedência. Os hotéis mais caros aceitam cartões de crédito, mas os mais baratos podem não aceitá-los (ou cobrar uma taxa adicional). A maioria dos hotéis, pousadas e albergues oferece algum tipo de café da manhã, seja continental ou bufê. O mesmo vale para acesso à internet, wi-fi e ar-condicionado. O ideal é perguntar antes caso você precise de alguma conveniência ou serviço especial.

Em geral, não é permitido fumar nas áreas comuns dos hotéis, mas alguns possuem salas para fumantes. A maioria dos hotéis butique, pousadas e albergues permite o fumo apenas nas áreas externas.

As acomodações a seguir estão listadas das mais caras para as mais baratas. Para mais informações, veja a p. 223.

CENTRO

O centro de Buenos Aires reúne a maioria das acomodações executivas da cidade. Ao norte, você estará mais próximo dos populares calçadões Florida e Lavalle, assim como dos bairros de Retiro e Recoleta (e suas butiques de luxo). A região da Plaza de Mayo abarca o movimentado centro bancário e muitos prédios históricos, e fica a uma caminhada de distância de San Telmo. Durante o horário comercial toda a área é bastante agitada, mas as noites são muito mais calmas. Não espere encontrar culinária criativa por aqui – para isso, vá até Palermo.

PANAMERICANO HOTEL E RESORT

Mapa p. 62 Hotel $$$

☎ 4348-5000; www.panamericano.travel; Carlos Pellegrini 551; c AR$1360; ; Línea C Carlos Pellegrini

Seus melhores momentos nesse hotel cinco estrelas provavelmente virão ao admirar a av. 9 de Julio do solário do 23º andar depois de um mergulho na piscina. Os 360 quartos de tamanho razoável são elegantes, com toques de modernidade como vasos sanitários refinados, cortinas com controle eletrônico e cofres grandes o bastante para guardar laptops. O hotel conta ainda com o renomadíssimo restaurante Tomo 1, simuladores de golfe e um agradável bar para fumantes. Faça sua reserva on-line para conseguir bons descontos.

562 NOGARÓ BUENOS AIRES

Mapa p. 62 Hotel $$$

☎ 4331-0091; www.562buenosaires.com; av. Julio Roca 562; c AR$905; ; Línea E Bolívar

Decoração elegante e sofisticada e cores terrosas fazem desse quatro estrelas uma opção moderna e refinada na região da Plaza de Mayo. Os quartos de bom tamanho não são superluxuosos, mas agradáveis e elegantes, com iluminação envolvente, além de piso de madeira de lei e toques contemporâneos. Não há restaurante, mas o bar do saguão o manterá hidratado.

CLARIDGE HOTEL Mapa p. 62 Hotel $$$

☎ 4314-2020; www.claridge.com.ar; Tucumán 535; c AR$640; ; Línea B Florida

Um dos hotéis mais finos e antigos do centro de BA, o Claridge tem entrada relativamente grande e saguão de espaço limitado.

FAÇA SUA RESERVA ON-LINE

Veja mais recomendações feitas por autores da Lonely Planet em hotels.lonelyplanet.com/argentina. Você encontrará resenhas independentes, e também recomendações sobre as melhores opções de hospedagem. O melhor é que as reservas podem ser feitas on-line.

GUIA DE PREÇOS

Buenos Aires ainda possui preços atraentes em comparação com os EUA e a Europa. No entanto, a inflação aumentou constantemente nos últimos anos e deve continuar crescendo. Para evitar surpresas, verifique as taxas neste guia antes de fazer sua reserva.

Muitos dos preços que listamos – principalmente os dos hotéis de quatro ou cinco estrelas – são os preços sem descontos ou de alta temporada, de novembro a janeiro. Durante feriados, como Páscoa ou Natal, os preços podem subir vertiginosamente. Planeje com antecedência se quiser evitar essas datas. Alguns lugares baixam os valores durante a baixa temporada, já outros não. Mas, seja qual for o período escolhido, você nem sempre precisará pagar os preços cheios.

A melhor opção para conseguir valores mais baixos é fazer a reserva com antecedência. A maioria dos hotéis oferece esse serviço em seus sites. Telefonar e conversar com um funcionário que possa negociar os preços também pode ser vantajoso, principalmente para quem pretende ficar vários dias. Note que grande parte dos hotéis de alto padrão adiciona uma taxa de 21% por quarto. Para evitar surpresas, pergunte se essa taxa está inclusa nos preços consultados.

$$$	mais de AR$600
$$	AR$275-600
$	menos de AR$275

Os quartos standard, com seus banheiros minúsculos, não são tão sofisticados, então escolha uma suíte (algumas têm varanda e jacuzzi) se quiser algo especial. O spa e a piscina são os pontos altos.

HOTEL LAFAYETTE Mapa p. 62 — Hotel $$

☎ 4393-9081; www.lafayettehotel.com.ar; Reconquista 546; c AR$550; ; Línea B Florida

Esse fino hotel no calçadão Calle Florida oferece quartos espaçosos e elegantes. Os banheiros são pequenos, mas bons, e janelas acústicas garantem tranquilidade e silêncio. As conveniências incluem sauna e academia de ginástica, um ótimo restaurante e um saguão luxuoso com jardim de inverno, lareira e sofás. Há ainda um bufê de café da manhã. Faça sua reserva com antecedência para conseguir melhores preços.

GRAND KING HOTEL Mapa p. 62 — Hotel $$

☎ 4393-4012; www.grandking.com.ar; Lavalle 560; c AR$520; ; Línea B Florida

Ao entrar no Grand King, você notará a estranha rampa no saguão (que funciona muito bem como elemento decorativo). Os hóspedes não apenas ficam em uma boa e conveniente localização no calçadão da Lavalle, como também dormem em belos quartos contemporâneos equipados com TV de tela plana (ao menos nos melhores).

GRAN HOTEL ARGENTINO Mapa p. 62 — Hotel $$

☎ 4334-4001; www.hotel-argentino.com.ar; Carlos Pellegrini 37; c AR$350; ; Línea C Av. de Mayo

Esse modesto hotel em estilo *art nouveau*, situado na agitada Pellegrini, ostenta quartos lindos, modernos e bem decorados. Escolha uma suíte no último andar, de frente para a av. 9 de Julio, para ter vistas bonitas e bastante luz – o barulho é menor também. Além disso, há um restaurante no 7º andar e o preço é bom para um hotel localizado no centro.

HOTEL CARSSON Mapa p. 62 — Hotel $$

☎ 4131-3800; www.hotelcarsson.com.ar; Viamonte 650; c AR$300-400; ; Línea C Lavalle

Ande pela longa e suntuosa rua até o centro do quarteirão e entre nesse hotel tranquilo, que oferece um excelente preço pelos serviços quatro estrelas e ótima localização. A decoração clássica chama a atenção, do elegante saguão de entrada aos quartos simples, porém confortáveis – todos com escrivaninhas e alguns com candelabros. Há ainda uma sala de conferências para quem viaja a negócios.

HOTEL FACÓN GRANDE Mapa p. 62 — Hotel $$

☎ 4312-6360; www.hotelfacongrande.com; Reconquista 645; s/c AR$300/340; ; Línea B Florida

Para quem procura um toque de interior em Buenos Aires, esse hotel com tema (ligeiramente) *gaucho* é perfeito. O saguão é decorado com móveis rústicos e tecidos tradicionais, e os quartos são modernos e confortáveis. A localização no calçadão da Reconquista é ótima e há um astral íntimo raro em hotéis desse porte. Escolha um quarto no último andar e terá vista para Puerto Madero. No geral, pelo preço cobrado, é um bom lugar para se hospedar.

GRAN HOTEL HISPANO Mapa p. 62 Hotel $

☎ 4345-2020; www.hhispano.com.ar; av. de Mayo 861; s/c AR$225/270; ; Línea A Piedras

O saguão acanhado não impressiona à primeira vista, mas ao subir a escada você será brindado com um belo átrio com pátio coberto. Os quartos são acarpetados e confortáveis. Os da frente são maiores e os do último andar, mais iluminados. Há ainda um terraço agradável para tomar sol. É um lugar popular, bem conservado e com localização central, então faça sua reserva com antecedência. Há 10% de desconto para pagamento em dinheiro.

HOTEL AVENIDA Mapa p. 62 Hotel $

☎ 4331-4341; www.hotelav.com.ar; av. de Mayo 623; s/c AR$190/250; ; Línea A Perú

Apenas 34 quartos simples porém eficientes são oferecidos nesse local amigável. Há uma área agradável para café da manhã e a localização é ótima, próxima à Plaza de Mayo. Escolha um quarto nos fundos para ter mais silêncio e tranquilidade; os da frente têm belas sacadas (com exceção do 4º andar), mas são barulhentos.

CLAN HOUSE Mapa p. 62 Hostel $

☎ 4331-4448; www.bedandbreakfastclan.com.ar; Adolfo Alsina 917; dc AR$45, s/c AR$140/160; ; Línea C Moreno

O Clan está mais para pousada de luxo do que para albergue. Oferece uma dúzia de quartos confortáveis com banheiro. Eles são um pouco diferentes uns dos outros, a maioria não possui janela e apenas alguns têm vista para o terraço. Três possuem banheiros no corredor e custam um pouco menos. Uma cozinha fica disponível para os hóspedes e é servido café e chá o dia todo. Há toques de bom gosto na decoração, como a mesa da recepção, que fica sobre uma lambreta.

V & S HOSTEL CLUB Mapa p. 62 Hostel $

☎ 4322-0994; www.hostelclub.com; Viamonte 887; dc AR$52-84, c AR$264; ; Línea C Lavalle

Ainda um dos melhores da cidade, esse albergue fica em um atraente prédio antigo. Há uma TV LCD na aconchegante sala comum, que também é uma área para cozinhar, comer e relaxar, perfeita para socialização. Cada um dos dormitórios, de bom tamanho, conta com banheiro. Os quartos de casal são de uma classe incrível e o lugar tem uma atmosfera gostosa e segura – além de ótima localização no centro.

HOTEL MAIPÚ Mapa p. 62 Hotel $

☎ 4322-5142; Maipú 735; s/c AR$110/130, sem banheiro AR$90/110; Línea C Lavalle

Suba a antiga escada de mármore e entre no corredor escuro, forrado de azulejos. Seus sentidos formigarão com a glória desbotada desse prédio antigo e clássico que já foi propriedade dos Anchorena, família riquíssima e aristocrática. Os azulejos originais e o pé-direito alto adicionam charme a esse albergue de preço acessível, além dos colchões novos, TV a cabo e localização conveniente. Não há café da manhã, mas é um lugar barato e limpo.

PUERTO MADERO

Há pouquíssimos hotéis em Puerto Madero, bairro relativamente novo e luxuoso que fica logo a leste do centro. Os prédios por aqui são antigos armazéns convertidos em restaurantes refinados, escritórios ou *lofts*, ou altos e modernos edifícios residenciais.

O transporte público não chega a Puerto Madero, mas a linha de Subte mais próxima fica a três quarteirões de distância e muitas linhas de ônibus passam na av. Leandro N. Alem/Paseo Colón.

FAENA HOTEL + UNIVERSE

Mapa p. 69 Hotel $$$

☎ 4010-9000; www.faenahotelanduniverse.com; Martha Salotti 445; c AR$1880-3400;

Localizado em um armazém reformado, esse paraíso projetado por Philippe Starck é um lugar mais do que perfeito para se hospedar. Flane pelo luxuoso saguão principal, cercado por dois restaurantes refinadíssimos, um salão aconchegante, um cabaré no subsolo e, na área externa, uma linda piscina. Na chegada, os hóspedes são apresentados a um camareiro particular e recebem um celular (não há balcão de recepção), então são levados aos sofisticados quartos que possuem camas com pés entalhados, estantes com aparelhos eletrônicos e espelhos rebuscados, além de banheiros com paredes de vidro. O hotel ainda oferece serviços de banheira turca e spa. Para quem busca uma experiência de outro mundo, o Faena é imbatível.

o melhor

DESTAQUES

- Melhor restaurante de hotel (p. 182) Tomo 1, do Panamericano
- Melhor jardim em terraço (p. 188) Cocker B&B
- Melhor piscina de hotel (p. 182) Panamericano
- Melhor consciência ambiental (pp. 190 e 196) Casa Calma e Eco Pampa Hostel
- Melhor pátio (p. 191) Palacio Duhau – Park Hyatt
- Melhor pousada de tango (p. 195) Caserón Porteño
- Mais fascinante (p. 184) Faena Hotel + Universe

CONGRESO E TRIBUNALES

A região de Congreso e Tribunales ostenta muitos dos teatros, cinemas e centros culturais mais antigos da cidade. A agitada av. Corrientes, com suas muitas lojas, serviços e livrarias modestas, no passado foi a região tradicional de teatros de Buenos Aires. A Plaza de Congreso e redondezas estão sempre agitadas, muitas vezes com manifestações públicas – quase sempre pacíficas. De modo geral, essa área não fica tão cheia de gente quanto o centro e tem menos apelo comercial e turístico, embora contine a ser movimentada dia e noite.

NOVOTEL HOTEL Mapa p. 72 Hotel $$

☎ 4370-9540; www.novotel.com; av. Corrientes 1334; c AR$580; ; Línea B Uruguay

Logo no centro da região de entretenimento da Corrientes fica esse grande e moderno hotel administrado por uma rede francesa. Surpreendentemente, a decoração é de bom gosto e o saguão é maravilhoso. Visite a área dos fundos e encontre o paraíso – um lindo deque ao redor das piscinas, uma para adultos e outra para crianças – e uma cerca viva (além de um bar) que confere serenidade ao local. Subindo as escadas, você encontra quartos confortáveis que possuem chuveiros incríveis com vidro em dois lados opostos, além de uma divertida iluminação colorida. Este Novotel é perfeito para famílias e oferece desconto para crianças, uma sala de brinquedos e aluguel de Xbox.

LA CAYETANA Mapa p. 72 Hotel $$

☎ 4383-2230; www.lacayetanahotel.com.ar; México 1330; c AR$480-720; ; Línea E Independencia

Localizada em Montserrat, ao sul de Congreso, essa bela pousada dos anos 1850 oferece onze quartos simples e coloridos, com decoração individual e móveis rústicos, porém luxuosos – um dos maiores é dúplex. Os dormitórios rodeiam três adoráveis pátios com azulejos originais e plantas – o último possui um jardim. O café da manhã também é especial, com delícias como frutas, iogurte e ovos. É um pequeno e tranquilo paraíso situado em uma região em pleno desenvolvimento.

LOFT Y ARTE Mapa p. 72 Apartamentos $$

☎ 4115-1770; www.loftyarte.com.ar; Hipólito Yrigoyen 1194; c AR$320-500; ; Línea A Lima

Para quem busca ambientes espaçosos, segurança e ótimo atendimento, esse local sofisticado é imbatível. Os mais de vinte apartamentos com móveis contemporâneos e elegantes têm uma pequena cozinha, sala de jantar e serviço de limpeza diário. Alguns são dúplex. Um é diferente do outro e a decoração é de bom gosto. O preço é bom e há muita procura, então faça sua reserva com antecedência (hóspedes sem reserva não são aceitos).

HOTEL LYON

Mapa p. 72 Hotel com apartamentos $$

☎ 4372-0100; www.hotel-lyon.com.ar; Riobamba 251; c/qq AR$330/450; ; Línea B Callao

Esse é o lugar para quem está viajando em família ou grupo. Os apartamentos de dois ou três quartos disponíveis aqui não são muito decorados, mas espaçosos e incluem halls de entrada, banheiros grandes, salas de jantar separadas e geladeiras (infelizmente, porém, não há cozinha). Cada um acomoda até cinco pessoas. Faça sua reserva com antecedência, pois o hotel lota rapidamente.

HOTEL DE LOS DOS CONGRESOS

Mapa p. 72 Hotel $$

☎ 4372-0466; www.hoteldoscongresos.com; av. Rivadavia 1777; s/c AR$300/330; ; Línea A Congreso

Esse hotel moderno com quartos atraentes fica próximo do Palacio del Congreso. Se quiser algo especial, escolha uma suíte (AR$400) – elas possuem belas vistas para a cidade e jacuzzi, e algumas têm um segundo andar com acesso por escadas espirais. O saguão e os corredores de azulejos são bonitos também, com alguns arranhões aqui e ali – no entanto, pelo preço e localização, é um bom lugar para se hospedar.

LIVIN' RESIDENCE Mapa p. 72 Apartamentos $$

☎ 5258-0300; www.livinresidence.com; Viamonte 1815; estúdios AR$300, ap com 1 quarto AR$370, ap com 2 quartos AR$520; ; Línea D Callao

Esses estúdios e apartamentos de um ou dois quartos oferecem uma das melhores relações custo-benefício da cidade, principalmente para grupos. Todos possuem clima simples e contemporâneo com decoração de bom gosto, TV de tela plana, quitinete e varanda. Há um minúsculo terraço com jacuzzi, espaço para fazer *asado* (churrasco) e sala de ginástica – tudo com uma bela vista para a cidade. O café da manhã é cobrado à parte. A segurança é boa e há descontos para estadias acima de uma semana. Faça sua reserva com antecedência.

HOTEL IBIS Mapa p. 72 Hotel $$

☎ 5300-5555; www.ibishotel.com; Hipólito Yrigoyen 1592; q AR$280; ; Línea A Saénz Peña

Esse moderno hotel é popular e os motivos são óbvios: os preços são baixos e a localização é ótima, bem na Plaza del Congreso. Os quartos são pequenos, mas organizados e práticos, e o saguão conecta-se com um confortável café-restaurante. Entre as desvantagens estão os banheiros sem banheira, mas você pode escolher um quarto com vista para a rua para compensar. O café da manhã é cobrado à parte. Há outra unidade na av. Corrientes, 1344.

LOS PATIOS DE MONTSERRAT
Mapa p. 72 Pousada $$

☎ 4361-3328; www.hotelpatios.com; Alsina 1144; q AR$220-300; ; Línea C Moreno

Uma das joias ocultas de BA é essa linda pousada administrada por um simpático casal americano-argentino. O prédio reformado é hoje definido por pátios cobertos cercados por quartos espaçosos e de pé-direito alto (quatro com banheiro privativo). O piso é de madeira e azulejos originais e há toques de arte aqui e ali. A decoração é mínima e enfatiza o espaço. Aos sábados, são oferecidas aulas de tango em um salão enorme, onde também é servido o café da manhã. Para quem procura espaço para relaxar após um dia agitado em Buenos Aires, esse é o lugar.

HOTEL CHILE Mapa p. 72 Hotel $

☎ 4381-6363; www.hotelchilebsas.com.ar; av. de Mayo 1297; s/c AR$220/250; ; Línea A Lima

Antigo, mas ainda satisfatório, esse hotel (bom para casos de emergência) tem fachada em estilo *art nouveau* e oferece cerca de cinquenta quartos decentes e baratos. Os quartos dos cantos são maiores e têm as melhores sacadas e vistas, porém são barulhentos e só possuem ventiladores. Os outros vêm com ar-condicionado e são mais escuros e tranquilos. O hotel é bem localizado, na movimentada av. de Mayo. Faça sua reserva com antecedência.

NUEVO HOTEL CALLAO Mapa p. 72 Hotel $

☎ 4374-3861; www.hotelcallao.com.ar; av. Callao 292; s/c AR$200/240; ; Línea B Callao

Os quartos desse atraente hotel são espaçosos, confortáveis e modernos, e muitos têm sacada com vista para a agitada av. Callao. Dois são maiores e arredondados, localizados na cúpula do prédio – eles custam AR$20 a mais, porém possuem vistas melhores e fazem os hóspedes se sentirem especiais. Os quartos internos são mais escuros, mas têm bom tamanho e são menos barulhentos.

HOTEL MARBELLA Mapa p. 72 Hotel $

☎ 4383-8566; www.hotelmarbella.com.ar; av. de Mayo 1261; s/c AR$180/230, ap AR$290; ; Línea A Lima

Os quartos desse hotel são básicos, mas limpos – se você não se importa com um pouco de barulho de trânsito, tente conseguir um com sacada. Quartos mais espaçosos (e caros) estão disponíveis e há um bar-restaurante moderno onde é servido o café da manhã. Daqui, é fácil chegar até a Plaza del Congreso ou a Plaza de Mayo. Pague em dinheiro e ganhe 10% de desconto.

HOTEL TURILUZ SA Mapa p. 72 Hotel $

☎ 4374-9112; av. Callao 164; s/c AR$150/200; ; Línea A Congreso

Os quartos para uma pessoa são pequenos e não há boxe nos banheiros, mas em geral são organizados e bem decorados. A segurança é boa, o saguão reluz e o preço é excelente, o que torna esse hotel uma opção popular em Congreso. Ele talvez seja o único neste guia que não possui site. Faça sua reserva com antecedência.

GRAN HOTEL ORIENTAL Mapa p. 72 Hotel $

☎ 4951-6427; ghoriental@hotmail.com; Bartolomé Mitre 1840; s/c AR$120/160; ; Línea A Congreso

Apesar do nome, esse hotel não é grande, mas é bom – e o custo-benefício é excelente. Os quartos do andar de baixo são um pouco escuros (escolha um nos andares superiores) e os boxes, em geral, são pequenos, todavia os quartos simples com pé-direito altos são confortáveis o bastante para viajantes pouco exigentes – só não espere muitos serviços disponíveis. O saguão azulejado e os corredores são longos e estreitos, e há alguns toques de antiguidade que conferem personalidade ao lugar.

HOSTEL ESTACIÓN BUENOS AIRES

Mapa p. 72 Hostel $

☎ 4381-0734; www.hostelestacionbuenosaires.com; Solís 458; dc AR$48, s AR$148, c AR$140-168; ; Línea A Congreso

Para quem procura um lugar barato para ficar em Congreso, esse albergue pode ser perfeito. Ele se localiza em uma antiga *casa chorizo*, casa com formato de linguiça – comprida e estreita. Todos os quartos situam-se em um corredor longo e azulejado, então traga protetores auriculares, pois os ruídos podem ecoar. Os quartos são bons e confortáveis – alguns têm de quatro a cinco camas e três dos quatro quartos privativos possuem banheiro. Há ainda um espaço para fazer *asados* e bater papo.

SAN TELMO

Situado ao sul do centro, San Telmo possui umas das atmosferas mais tradicionais de Buenos Aires. Os prédios são mais charmosos, históricos e menos modernos que os do centro. Além disso, não são muito altos. Vários restaurantes e butiques de luxo foram abertos aqui nos últimos anos e há alguns bons bares, locais para dançar tango e outras opções de entretenimento noturno. A maioria das acomodações são albergues, pousadas ou hotéis butique.

Para quem procura acomodação para até oito pessoas, para uma semana no mínimo, é uma boa ideia entrar no site www.playinbuenosaires.com e fazer as reservas com bastante antecedência.

GARDEN B&B Mapa p. 76 Pousada $$$

☎ 4300-3455; www.gardenbuenosaires.com; Piedras 1677; c AR$600-700; ; 29

Essa pousada, administrada por uma americana, é uma das mais bonitas de BA. Quatro quartos e duas suítes ocupam a casa antiga de formato irregular, cercada de corredores externos cobertos e plantas. Os quartos têm assoalho de madeira, pé-direito alto, decoração simples e banheiros privativos. As suítes são mais amplas e possuem sala de estar. Há um lindo jardim nos fundos com tanque de peixes, sala de estar e café da manhã caseiro completo. O lugar é um pequeno paraíso que ninguém imaginaria existir em San Telmo.

AXEL HOTEL Mapa p. 76 Hotel $$$

☎ 4136-9393; www.axelhotels.com; Venezuela 649; q AR$560-640; ; Línea E Belgrano

O primeiro hotel gay quatro estrelas de BA é, sem dúvida, admirável – o saguão ostenta uma fonte de vários andares e, se você olhar para cima, na área central, verá o fundo da piscina que fica no andar de cima. As escadas também são de vidro (cuidado com a vertigem) e os quartos são contemporâneos, como você pode imaginar, com piso de cimento queimado e banheiros de paredes de vidro. Há ainda um jardim amplo e decorado nos fundos com outra piscina (descoberta), dois bares-*lounge*, um restaurante, saunas, jacuzzis e academia. O hotel também aceita heterossexuais.

RIBERA SUR HOTEL

Mapa p. 76 Hotel butique $$

☎ 4361-7398; www.riberasurhotel.com.ar; av. Paseo Colón 1145; c AR$450-520; ; 64, 152

Tudo bem, a localização não é lá essas coisas – a av. Paseo Colón é uma avenida industrial com várias pistas, poluição nos arredores e um barulho que pode ser ouvido a quarteirões de distância. Porém, nela localiza-se esse lindo e sereno hotel butique. No que os proprietários estavam pensando quando decidiram construí-lo aqui? Talvez o contraste os tenha inspirado. Depois que você entra, nunca imagina a loucura que se passa da elegante entrada para fora. A recepção fica sobre um tranquilo bar e há uma pequena piscina no pátio dos fundos, perfeito para relaxar. Os quartos também são lindos. É como um pequeno paraíso – e agora você sabe por que o preço é tão baixo.

COCKER B&B Mapa p. 76 Pousada $$

☎ 4362-8451; www.thecocker.com; Juan de Garay 458; c AR$360-440; ; 29

Essa pousada é possivelmente o casarão antigo com a restauração mais bonita da cidade. A rua onde se localiza não aparenta oferecer um paraíso como esse, mas quando você sobe até o segundo andar se vê cercado de toques de modernidade, como um piano de cauda na sala de estar e a elegante área de jantar nos fundos. Há quatro adoráveis quartos, mas o melhor de tudo talvez seja o terraço – suba até lá para admirar San Telmo e assistir a filmes no verão. Há aulas de ioga e reservas com antecedência são obrigatórias.

LO DE RICK Mapa p. 76 Pousada $$

www.loderick.com; s/c AR$340/400;

Essa bela pousada conta com quartos simples, mas agradáveis e confortáveis. Os hóspedes se encontram todas as manhãs (para tomar o reforçado café) na grande mesa retangular que fica na sala de jantar, um espaço comum bem decorado e compartilhado pelos cães e gatos do proprietário inglês. Há ainda um amplo terraço e vários pátios para se relaxar. É obrigatório fazer reservas; o telefone e o endereço são enviados no e-mail de confirmação da reserva.

BOHEMIA BUENOS AIRES

Mapa p. 76 Hotel $$

☎ 4115-2561; www.bohemiabuenosaires.com.ar; Perú 845; q AR$340; ; Línea C Independencia

Com ar levemente luxuoso, esse pequeno hotel oferece pouco mais de dez quartos simples e organizados, a maioria de bom tamanho. Apesar do piso branco "antisséptico", ao menos as roupas de cama são belas e radiantes. Os quartos não têm banheira, então relaxe na área gramada dos fundos e nos pequenos pátios internos. Há ainda um ótimo bufê de café da manhã, servido na arejada sala na parte traseira do prédio. Um bom negócio, dada a localização em San Telmo.

LUGAR GAY Mapa p. 76 Pousada $

☎ 4300-4747; www.lugargay.com.ar; Defensa 1120; dc AR$100, s AR$180-240, c AR$240-360; ; 29

Suba um longo lance de escada e chegue a essa íntima pousada, exclusiva para homens gays. Apenas quatros dos oito pequenos, porém elegantes quartos têm banheiro privativo, mas a maioria ostenta ótimas vistas da linda igreja que fica atrás do prédio. É um labirinto de corredores, escadas em espiral e terraços ensolarados (é permitido o nudismo nos banhos de sol). Há ainda um salão de tango e um minúsculo café. Duas jacuzzis – uma coberta e outra não – fazem a diversão dos hóspedes à noite e, mesmo se você não fizer reserva, os funcionários lhe darão informações sobre a cena gay de Buenos Aires. Há lanches à tarde e vinho à disposição, além de uma pequena cozinha.

POSADA DE LA LUNA Mapa p. 76 Pousada $$

☎ 4343-0911; www.posadaluna.com; Perú 565; s/c AR$200/280; ; Línea E Belgrano

Quer um lugar íntimo para se hospedar? Então vá para essa encantadora pousada familiar instalada em uma casa antiga. Os cinco quartos estilosos com pé-direito alto – que margeiam um corredor azulejado e decorado com vasos de plantas – ostentam assoalho de madeira, além de comodidades como ar-condicionado e TV. Há ainda um terraço modesto nos fundos e até mesmo uma pequena sala com jacuzzi no subsolo, além de uma sala de estar para relaxar. Cães simpáticos circulam pela casa.

LINA'S TANGO GUESTHOUSE

Mapa p. 76 Pousada $

☎ 4361-6817; www.linatango.com; Estados Unidos 780; s AR$200-240, c AR$300; ; Línea C Independencia

Se você busca um lugar simples com clima de tango em BA, leve essa pousada em

VIVENDO PERIGOSAMENTE

Gosta de emoção? Então, fique em um apartamento em La Boca – provavelmente os únicos imóveis disponíveis para turistas no bairro. O Patios de la Boca, um colorido conjunto de dez apartamentos, fica meio quarteirão a oeste da av. Almirante Brown, principal via do bairro. Assim, a área é razoavelmente movimentada e segura (veja localização no Mapa da p. 80).

Mas é La Boca – por que se hospedar aqui? Bem, os aluguéis são baratos (há estúdios por AR$200, apartamentos de dois quartos por AR$300 e descontos para estadias longas) – e é diferente. Talvez seja uma oportunidade para conhecer um bairro mais popular e lentamente virar um local. Mas tome cuidado com a aparência de turista na região. Ficou curioso? Então, visite o site www.patiosdelaboca.blogspot.com.

consideração. Há cinco quartos simples disponíveis (quase todos com banheiro privativo) e uma cozinha para os hóspedes. Um pátio interno faz as vezes de salão de tango quando o tempo está bom e há ainda um espaço comum no segundo andar. Você terá acesso a muitas informações sobre o tango, de eventos variados a *milongas* – ótimo para quem quer mergulhar na dança.

NOSTER BAYRES Mapa p. 76 Hotel $

☎ 4361-3341; www.nosterbayres.com.ar; Brasil 459; s AR$160-220, c AR$200-260; 29

Quem procura por um dos hotéis mais baratos (porém decentes) de San Telmo acaba de encontrar o lugar perfeito. Há apenas oito quartos disponíveis nesse local caseiro, que chega a ser interessante, porém parece que há algo faltando – talvez um pouco de luz e ar no andar de baixo. O saguão é um pouco frio e possui um espaço para café da manhã. Pelo menos os quartos com assoalho de madeira, pé-direito alto e toques de arte são satisfatórios – principalmente se você conseguir um que tenha janela ou, melhor ainda, uma sacada. Mas reclamar por quê? A localização é boa e o preço também.

CIRCUS HOSTEL Mapa p. 76 Hostel $

☎ 4878-7786; www.hostelcircus.com; Chacabuco 1020; dc AR$80, q AR$200; Línea C Independencia

Eis aqui uma novidade até para Buenos Aires: um albergue butique. O lugar esbanja elegância, da sala moderna na entrada à piscina nos fundos (que também serve como uma grande jacuzzi) – rodeada por um deque de madeira. Os dormitórios privativos e coletivos são decorados com móveis simples e contemporâneos, e têm banheiros próprios. Como há um elevador ligando os cinco andares, você não precisará derramar uma gota de suor ao se dirigir até a mesa de sinuca. Há ainda um apartamento com cozinha e terraço (AR$360).

ARKA HOSTEL Mapa p. 76 Hostel $

☎ 4361-9789; www.arkasantelmo.com; Bolívar 893; dc AR$80, s/c AR$100/200; 29

Versão melhorada dos lugares populares entre os mochileiros, esse albergue íntimo possui um bar-*lounge* com teto de vidro e dormitórios pequenos, mas organizados, que abrigam até três pessoas. Todos, mesmo os privativos, compartilham um único banheiro. O destaque aqui é o terraço, que parece mais um restaurante que um espaço comum, com deque de madeira e vasos de plantas. Há ioga, meditação e massagens disponíveis.

TELMO TANGO HOSTEL Mapa p. 76 Hostel $

☎ 4361-5808; www.hostelmotango.com; Chacabuco 679; dc AR$55, s/c AR$120/190; Línea E Belgrano

Localizado em um prédio antigo com detalhes originais, esse albergue não tem dormitórios muito grandes – eles são basicamente quartos duplos compartilhados ou privativos para duas a quatro pessoas. Outro fato incomum é a ausência de cozinha; há apenas um lugar para esquentar bebidas. Dois belos quartos originais estão disponíveis na parte frontal, com duas a quatro camas e incríveis sacadas. Os outros, porém, são pequenos e básicos. É um lugar tranquilo, pouco indicado para quem gosta de agito. Destaque para o terraço.

LA GURDA HOSTEL Mapa p. 76 Hostel $

☎ 4362-0701; www.alagurdahostel.com.ar; Bolívar 920; dc AR$50, q AR$165; 29

O íntimo albergue La Gurda é um lugar caseiro e descontraído com quartos confortáveis, um pequeno pátio coberto e uma sala de estar aconchegante. Há dois quartos privativos (cada um com seu próprio banheiro) e dormitórios coletivos de três ou quatro camas. Cabem no total cerca de dezesseis pessoas. A melhor parte é a localização – bem onde tudo acontece no bairro e próximo ao Mercado San Telmo. Os proprietários são um jovem casal argentino.

AYRES PORTEÑOS HOSTEL
Mapa p. 76 Hostel $

☎ 4300-7314; www.ayresportenos.com.ar; Perú 708; dc AR$45, s/c AR$105/165; Línea C Independencia

Um dos maiores albergues de San Telmo é o Ayres, localizado em uma antiga casa de corredores escuros. O que o salva da mediocridade é a arte – todos os quartos têm as portas pintadas com figuras coloridas, em geral, ícones argentinos. Muitos têm janelas, sacadas e bons colchões, porém o banheiro é compartilhado. As camas são, na maioria, de solteiro (e não beliches), e há catorze quartos privativos. No último andar, há uma agradável sala de TV, além de um terraço com churrasqueira. Nem tente cozinhar, a menos que goste de cozinhas ridiculamente pequenas.

RETIRO

Retiro é um ótimo lugar central para ficar, mas isso *se* você puder pagar. Muitos dos hotéis mais caros de BA, além dos seus moradores mais abastados, estão por aqui. Nas proximidades, estão a arborizada Plaza San Martín, uma estação de trem e uma rodoviária, muitas lojas e outros estabelecimentos exclusivos. O elegante bairro da Recoleta fica ao norte e o agitado Microcentro, ao sul – ambos a uma curta distância que pode ser percorrida a pé.

FOUR SEASONS BUENOS AIRES

Mapa p. 84 Hotel $$$

☎ 4321-1200; www.fourseasons.com/buenos aires; Posadas 1086; c a partir de AR$1980; ; 67

Sem surpresas aqui – o Four Seasons de Buenos Aires oferece todas as comodidades que definem um hotel cinco estrelas, como ótimo atendimento e brancos robes atoalhados. Os quartos são amplos e lindos, com móveis e decoração contemporâneos. As suítes mais sofisticadas ficam em uma mansão de luxo ao lado. Há ainda um maravilhoso spa, uma piscina aquecida na área externa, um restaurante internacional e uma sala de conferências.

CASA CALMA Mapa p. 84 Hotel butique $$$

☎ 5199-2800; www.casacalma.com.ar; Suipacha 1015; c AR$650-1100; ; Línea C San Martín

Quem está com os bolsos cheios e é ecologicamente responsável tem aqui o lugar perfeito para ficar em BA. Essa pequena joia de luxo contribui com o meio ambiente: madeiras certificadas foram usadas na construção, plantas na área externa ajustam a temperatura do hotel, o máximo possível de material é reciclado, as toalhas são orgânicas e os produtos de higiene pessoal têm embalagens reutilizáveis (há ainda duas bicicletas de bambu para alugar). Mas o lugar é tão bonito que ninguém imagina tudo isso. Os quartos são *clean* e relaxantes (alguns possuem sauna ou jacuzzi), com banheiras zen e atmosfera serena. É completamente diferente da confusão barulhenta da Buenos Aires que fica da porta para fora.

ELEVAGE HOTEL Mapa p. 84 Hotel $$

☎ 4891-8000; www.elevage.com.ar; Maipú 960; c AR$560; ; Línea C San Martín

O melhor desse hotel quatro estrelas é a localização: alguns passos da Plaza San Martín e da Calle Florida. Os quartos também são ótimos – a maioria possui tamanho bom e decoração clássica, com todos os serviços esperados em um hotel desse nível. A piscina é pequena, mas bonita e particularmente bem-vinda durante os verões sufocantes de BA. Outros destaques incluem um aconchegante bar no subsolo (com música ao vivo à vezes) e atendimento amigável.

DAZZLER HOTEL Mapa p. 84 Hotel $$

☎ 4816-5005; www.dazzlerlibertad.com; Libertad 902; c AR$480; ; Línea D Tribunales

Nesse hotel, o que mais se vê é vidro. O saguão é praticamente cercado pelo material, o que permite a entrada de muito barulho do trânsito. A maioria dos quartos de melhor tamanho também possui uma parede inteira de vidro (insulado, pelo menos), oferecendo luz e uma linda vista para a arborizada Plaza Libertad. É um lugar confortável, com um agradável restaurante no segundo andar, além de bem localizado, próximo ao Microcentro e da Recoleta. Peça descontos no ato da reserva ou consulte o site.

HOTEL PRINCIPADO Mapa p. 84 Hotel $$

☎ 4313-3022; www.principado.com.ar; Paraguay 481; c AR$440; ; Línea C San Martín

Esse é um bom lugar para ficar em Retiro por um preço relativamente baixo. O hotel possui quartos bons, limpos e de tamanho razoável com móveis antigos e situa-se em um ponto central da cidade. Oferece a maioria dos serviços de quarto típicos, como frigobar, cofre e secador de cabelo, além de sala de conferências.

HOTEL CENTRAL CÓRDOBA

Mapa p. 84 Hotel $

☎ 4311-1175; www.hotelcentralcordoba.com.ar; San Martín 1021; s AR$170, c AR$190-220; ; Línea C San Martín

Possivelmente um dos hotéis mais baratos de Retiro, o Central Córdoba possui corredores antigos, mas os quartos são limpos e vêm com escrivaninhas e belos pisos, apesar de não serem muito espaçosos. Peça um quarto que fique mais no interior do prédio se desejar mais silêncio ou um mais no exterior, se preferir uma veranda. A localização é ótima – o bar Kilkenny (p. 147) fica a uma curtíssima distância – e o hotel é popular, então faça sua reserva com alguma antecedência.

APARTAMENTOS ON-LINE

Muitos estrangeiros que visitam Buenos Aires amam tanto a cidade que querem ficar mais tempo e alugar um apartamento. Porém, conseguir um não é tão fácil. Os proprietários, em geral, exigem um contrato de dois anos e quase sempre pedem um fiador local para garantir os pagamentos mensais – algo quase impossível para quem vem de fora.

Para atender à demanda estrangeira, dezenas de sites com anúncios de apartamentos na cidade surgiram nos últimos anos. Eles cobram bem mais do que os habitantes locais pagariam, mas não fazem exigências incômodas. Você pode visualizar fotos dos imóveis, além de preços e comodidades. Geralmente, as fotos correspondem à realidade, porém nem sempre. Se quiser que alguém verifique o apartamento antes de alugá-lo, Madi Lang, do site www.bacultralconcierge.com, pode certificar-se de que ele não se localiza em uma rua movimentada, bairros afastados ou próximo a canteiros de obras.

- www.adelsur.com
- www.alojargentina.com.ar
- www.apartmentsba.com
- www.barts.com
- www.buenosaires.en.craigslist.org/apa
- www.buenosaireshabitat.com
- www.friendlyapartments.com
- www.oasisba.com
- www.roomargentina.com
- www.santelmoloft.com
- www.stayinbuenosaires.com
- www.tucasargentina.com
- www.yourhomeinargentina.com.ar
- Aqui vai uma boa referência se você busca apenas um quarto: www.spareroomsba.com

Se quiser tomar um passo mais decisivo e comprar um imóvel, pesquise com cuidado, pois as leis de BA são diferentes das de outros países ocidentais. Peça conselhos a outros estrangeiros que adquiriram imóveis aqui, visite fóruns de sites de expatriados ou pense em utilizar os serviços de empresas como a www.maisonbuenosaires.com, que pode colocá-lo no caminho certo e pular a burocracia. Para mais informações sobre como se mudar para Buenos Aires, veja o quadro na p. 234.

RECOLETA E BARRIO NORTE

Muitas das opções de hospedagem da Recoleta (o Barrio Norte está mais para uma microrregião) são caras e os hotéis mais baratos tendem a ficar lotados a maior parte do tempo. Os edifícios são grandes e bonitos por aqui, acompanhando o estilo do bairro mais rico da cidade. Além disso, você ficará próximo ao famoso cemitério da Recoleta e dos seus lindos parques, museus e butiques.

PALACIO DUHAU – PARK HYATT

Mapa p. 87 Hotel $$$

☎ 5171-1234; www.buenosaires.park.hyatt.com; av. Alvear 1661; c AR$3132; ; 130

Um dos mais adoráveis hotéis novos de Buenos Aires, o Park Hyatt ocupa um quarteirão inteiro e consiste de duas alas – um prédio na av. Posadas e o Palacio Duhau, uma mansão reformada na av. Alvear. Entre os edifícios fica um jardim gramado com fontes e pátios, que pode ser admirado da sacada do grande restaurante do palácio. Os quartos são obviamente luxuosos e as incríveis comodidades incluem um fino spa, piscina coberta, bar de vinhos, galeria de arte e até mesmo uma casa de chás. O atendimento é excelente.

ALVEAR PALACE HOTEL

Mapa p. 87 Hotel $$$

☎ 4808-2100; www.alvearpalace.com; av. Alvear 1891; c a partir de AR$1920; ; 130

Pergunte a qualquer morador da região qual é o hotel mais elegante e tradicional de Buenos Aires. A resposta sem dúvida será o Alvear Palace. A sofisticação do passado e o atendimento impecável o ajudarão a esquecer o desconforto do voo, e a jacuzzi, os produtos de higiene pessoal da Hermès e os lençóis de algodão egípcio o farão sentir-se no paraíso. Há ainda três restaurantes luxuosos, uma refinada sala de chá, um bar de charutos, um spa e uma piscina coberta, além de copeiros.

CASASUR ART HOTEL Mapa p. 87 Hotel $$$

☎ 4515-0085; www.casasurhotel.com; av. Callao 1823; c AR$1240-1680; ; 59

Um dos melhores lugares para se hospedar na Recoleta é certamente esse novato na cena dos cinco estrelas de BA. O CasaSur se denomina um "hotel de arte", principalmente devido à proximidade das mais finas galerias de arte da cidade. O local também se parece com uma galeria – com pisos de mármore reluzente, pufes de couro e lindos vasos de flores – e isso sem falar dos quartos. Eles possuem cores neutras, roupa de cama macia e assoalho de madeira escura – além de todas as conveniências modernas, como *docks* para iPod e TVs de tela plana. É o tipo de lugar onde os funcionários usam ternos pretos, e há ainda serviços de spa, chá da tarde e um restaurante de influência francesa. Como não ter uma boa estada em um hotel como esse?

AYRES DE RECOLETA

Mapa p. 87 Apartamentos $$

☎ 4801-0505; www.ayresderecoleta.com; Uriburu 1756; estúdios AR$560; ; 59

Perfeitos para quem quer mais do que um quarto bonito, esses estúdios são o máximo. Todos vêm com cama king size (ou duas de casal), pintura marrom e branca e decoração elegante. Há também uma pequena cozinha que, apesar de não ser adequada para preparar refeições, é ótima para guardar bebidas ou aquecer um lanche. Há ainda uma piscina coberta com jacuzzi. Melhor localização impossível: a uma curtíssima distância do cemitério da Recoleta.

HOTEL PLAZA FRANCIA

Mapa p. 87 Hotel com suítes $$

☎ 4804-9631; www.hotelplazafrancia.com; E Schiaffino 2189; c AR$532-620; ; 67

O Plaza Francia é uma boa opção de hotel de médio a grande porte. O destaque é a vista dos quartos que ficam na parte frontal dos andares mais altos. É possível ver do Parque Thays, na Recoleta, ao rio da Prata, ou observar os aviões pousarem no Aeroparque. O hotel fica na barulhenta av. del Libertador, porém as janelas acústicas garantem mais silêncio aos hóspedes. Os quartos são satisfatórios pela localização e o preço cobrado (apesar de um pouco ultrapassados e possuírem banheiros pequenos) e o atendimento é bom. Faça sua reserva com antecedência.

ART SUITES Mapa p. 87 Apartamentos $$

☎ 4821-6800; www.artsuites.com.ar; Azcuénaga 1465; c AR$440-720; ; Línea D Pueyrredón

Quinze apartamentos sofisticados, modernos e espaçosos são oferecidos nesse local bastante exclusivo. Todos são lindos, com decoração minimalista, cozinha, varanda iluminada, móveis refinados e janelas de vidro acústico, que dão mais silêncio aos cômodos. Os funcionários falam inglês e há ainda serviço de limpeza diário. É possível conseguir descontos para estadas longas, mas é preciso fazer a reserva com antecedência. Há um anexo com mais apartamentos.

PRINCE HOTEL Mapa p. 87 Hotel $$

☎ 4811-8004; www.princehotel.com.ar; Arenales 1627; s/c AR$240/320; ; Línea D Callao

Quem precisa ficar na Recoleta mas não está esbanjando dinheiro deve considerar o Prince Hotel. O nome não faz muito sentido (nenhum príncipe se hospedaria aqui), pois o lugar é simples e antigo. Além disso, os quartos que ficam na parte mais interna do prédio são bem pequenos (os outros são maiores). Pelo menos, a decoração é de bom gosto e há sacadas em alguns quartos. Os serviços oferecidos são limitados, é claro, porém, pela localização, não há do que reclamar. Não se esqueça de conferir o antiquíssimo elevador de metal.

GUIDO PALACE HOTEL Mapa p. 87 Hotel $

☎ 4812-0341; www.guidopalace.com.ar; Guido 1780; s/c AR$260/270; ; 59

Esse humilde hotel oferece acomodações modestas com 46 quartos simples, mas confortáveis e por um preço razoável. O motivo principal para ficar aqui é a proximidade do refinado bairro da Recoleta, pois o lugar não oferece mais que uma boa localização. Há uma pequena área para café da manhã, porém é melhor pedir comida no quarto junto com o jornal do dia.

RECOLETA GUEST HOUSE

Mapa p. 87 Pousada $

☎ 4803-5474; www.recoletaguesthouse.com; Laprida 1821; s/c AR$180/260; ; Línea D Pueyrredón

Essa agradável pousada familiar oferece uma ótima localização por um bom preço. O prédio de estilo neotudor fica próximo a pontos de transporte público e do cemitério da Recoleta. Os cinco quartos são bons, de aparência caseira e possuem banheiro próprio. Há uma sala de estar para relaxar, encontrar outros turistas ou conversar com os proprietários. É obrigatório fazer reserva com antecedência. Os funcionários falam um pouco de inglês.

LUCO B&B Mapa p. 87 — Hotel $

☎ 4961-5675; www.lucobnb.com.ar; av. Córdoba 2409; dc AR$70, s AR$180-260, c AR$220-300; Línea D Facultad de Medicina

Esse é um lugar incomum, localizado em uma barulhenta avenida próxima ao limite com o Barrio Norte e lotada de estudantes da universidade que fica ali perto. Esse agito não é típico da Recoleta ou do Barrio Norte, mas pelo menos é uma região movimentada. O hotel é bastante modesto e oferece 22 quartos simples e arrumados, com alguns toques coloridos para torná-los mais interessantes. Se quiser TV, escolha uma suíte. Está disponível ainda um dormitório coletivo com três camas. Não se trata exatamente de um B&B – há café da manhã, porém não é especial nem é servido pelos proprietários. Você pode ainda reservar quartos para uma estada de longo prazo.

PETIT RECOLETA HOSTEL

Mapa p. 87 — Hostel $

☎ 4823-3848; www.petitrecoleta.com; Uriburu 1183; dc AR$56-64, c AR$160-220; Línea D Facultad de Medicina

Esse albergue não impressiona muito, mas é barato e bem localizado. Há um pátio, uma pequena sala de TV e uma área ampla com mesa de sinuca para os hóspedes. Os quartos são uma mistura de novo e antigo e a atmosfera é casual. Apenas um dos doze quartos possui ar-condicionado. Há muitos hóspedes de longo prazo no local (estada mínima de dois meses, de AR$1.200 a AR$1.400 mensais).

PALERMO

Apesar de um pouco distante do centro, Palermo é a melhor opção para muitos turistas. O bairro não apenas possui amplas áreas verdes – ótimas para passeios e a prática de esportes –, como também esbanja restaurantes, butiques e casas noturnas. Muitos desses lugares situam-se na microrregião de Palermo Viejo, que ainda se divide em Palermo Soho e Palermo Hollywood. Todas se conectam ao centro por linhas de ônibus ou Subte.

MAGNOLIA HOTEL

Mapa p. 92 — Hotel butique $$$

☎ 4867-4900; www.magnoliahotel.com.ar; J. Álvarez 1746; s AR$480, c AR$720-960; Línea D Scalabrini Ortíz

Um dos lugares mais refinados de Buenos Aires é esse elegante hotel butique localizado em um antigo casarão restaurado. Os oito quartos impecáveis possuem cores neutras, móveis elegantes e TV de tela plana. Há um lindo espaço comum e o terraço é repleto de sofás confortáveis, perfeitos para relaxar após um dia de passeio nas ruas de Palermo. Outras conveniências incluem drinques e bom café da manhã.

OWN HOTEL Mapa p. 92 — Hotel butique $$$

☎ 4772-8100; www.ownhotels.com; Cabrera 5556; c a partir de AR$640; 111

Localizado em Palermo Hollywood, esse moderno hotel butique com dezesseis quartos é um dos maiores da cidade. Os funcionários são simpáticos e a decoração, contemporânea. Os quartos são espaçosos e alguns têm sacada. Há detalhes interessantes, como roupões e roupas de cama de algodão egípcio de quinhentos fios. Mas é melhor ser íntimo do seu companheiro de quarto, já que as pias ficam fora do banheiro, na área de dormir. Para quem gosta de apreciar o melhor da vida, há uma galeria de arte no térreo e um bar no saguão.

MINE HOTEL Mapa p. 92 — Hotel $$$

☎ 4832-1100; www.minehotel.com; Gorriti 4770; c AR$640-860; 55

Esse hotel butique é lindo e descontraído. Os vinte quartos (separados em três categorias) possuem bom tamanho. Alguns têm jacuzzi e varanda, porém há escrivaninha e toques naturais de decoração em todos eles. Escolha um que tenha vista para o grande destaque do hotel – a tranquila área dos fundos com piscina e sala de estar. Você pode desfrutar do bufê de café da manhã no pequeno bistrô. O Mine também tenta ser ecologicamente correto, reaproveitando toalhas, fazendo reciclagens e utilizando lâmpadas econômicas.

DUQUE HOTEL Mapa p. 92 — Hotel butique $$$

☎ 4832-0312; www.duquehotel.com; Guatemala 4364; s AR$480, c AR$560-720; Línea D Scalabrini Ortíz

Mais luxuoso do que a maioria dos hotéis butique da região, o elegante Duque Hotel

POUSADAS PARA ESTADIAS LONGAS

Qualquer hotel (confira o Luco na p. 193), albergue (Petit Recoleta Hostel, veja p. 192) ou pousada listada neste guia oferece descontos significativos para estadas longas; negocie com antecedência. Porém, hospedar-se em pousadas especializadas em estadas de semanas ou meses é, em geral, uma experiência mais íntima. Abaixo estão alguns lugares que oferecem esses serviços. Apenas os preços mensais estão relacionados, porém muito oferecem aluguéis semanais.

Casa de Plata (Mapa p. 72; ☎ 4953-3950; nelifernandez2003@yahoo.es; av. Corrientes 2092, 4º andar; q mensal AR$1.200-1.600) Esse é um lugar caseiro e arejado com sete quartos, todos com sacada. Há lindos toques de antiguidade na casa e uma cozinha fica disponível. Há preferência por hóspedes mais velhos.

Casa Los Angelitos (Mapa p. 98; ☎ 4954-4079; www.casalosangelitos.com; Hipólito Yrigoyen 2178; q mensal AR$1.420-1.900) Lindo casarão antigo com sete quartos simples ao redor de pátios externos. As duas coberturas (cada uma com seu próprio banheiro) são as mais reservadas. Há ainda uma grande cozinha.

La Casa de Marina (Mapa p. 76; ☎ 15-6945-2415; (Mapa p. 76; ☎ 15-6945-2415; www.lacasademarina.com.ar; q mensal AR$1.000-1.800) Quatro quartos, sendo dois deles minúsculos, estão disponíveis nessa pequena, mas agradável pousada em San Telmo. Todos compartilham um banheiro e uma cozinha. O endereço é dado no ato da reserva.

Ke Viva el Mundo (Mapa p. 92; ☎ 4864-7691, 15-5990-1905; kevivaelmundo@yahoo.com.ar; q mensal AR$2.000--3.500) Esse é um lugar casual para mochileiros que gostam de atmosfera descontraída e não se importam com os *asados* semanais que ocorrem no terraço. Há nove quartos simples e amplos espaços comuns, além de gatos passeando pelo local. É obrigatório fazer reserva.

Para se hospedar com uma família argentina, acesse www.coret.com.ar, que oferece quartos privativos em Montserrat e San Telmo. Quartos compartilhados são mais baratos e as refeições são cobradas à parte. Você também pode procurar um quarto em www.spareroomsba.com ou www.buenosaires.en.craigslist.org/roo. O endereço é dado no ato da reserva.

fica nas proximidades da região mais agitada Palermo Soho – o que não é necessariamente um incômodo. Os catorze quartos são agradáveis e bem decorados, apesar de alguns serem um tanto pequenos. Escolha um do tipo *deluxe* se precisar de mais espaço. As conveniências incluem uma grande jacuzzi e sauna, aluguel de bicicletas, bufê de café da manhã, chá da tarde com salgados e um lindo jardinzinho nos fundos com uma pequena piscina. Você pode ainda receber uma massagem no spa no subsolo.

PALERMITANO Mapa p. 92 Hotel butique $$$

☎ 4897-2100; www.palermitano.biz; Uriarte 1648; c AR$560-660; ; 39, 55

Esse hotel butique fica no miolo da região com vida noturna mais vibrante de Palermo. A decoração dos quartos é de bom gosto e em estilo contemporâneo – os standard são um pouco pequenos, mas o fato de terem uma parede de vidro evita a sensação de claustrofobia. Um adicional interessante: o café da manhã é servido o dia todo e pode ser levado até seu quarto. O hotel possui também algo incomum em Buenos Aires: um pequeno terraço com piscina. Tudo fica ainda melhor com o restaurante do térreo, uma filial do restaurante peruano Sipan.

POSADA PALERMO Mapa p. 92 Pousada $$

☎ 4826-8792; www.posadapalermo.com; Salguero 1655; s/c AR$440/500; ; Línea D Bulnes

Essa agradável pousada oferece algo que faz dela um verdadeiro B&B (*bed and breakfast*) – um café da manhã completo, com geleias e iogurtes caseiros. Os sete quartos confortáveis são todos diferentes (há até mesmo um cardápio de travesseiros) e foram projetados por um dos proprietários, que é arquiteto. O destaque talvez seja o pátio arborizado, um pequeno paraíso em dias quentes. A sala de estar e café da manhã também é um ótimo lugar para relaxar. Atenção, alérgicos: há animais de estimação no local.

NOA NOA LOFTS

Mapa p. 92 Apartamentos butique $$

☎ 4776-4546; www.noanoalofts.com.ar; Bonpland 1549; c AR$480-720; ; 111

Se você precisa de muito espaço e gosta de decoração minimalista, esse é o seu lugar. Estão disponíveis apenas dez *lofts* (apartamentos com uma pequena cozinha), alguns com jacuzzi e todos com varanda ou sacada. O chão é de concreto polido e uma das paredes é de vidro – traga protetores auriculares se seu quarto ficar de frente para a rua. Há ainda uma área nos fundos com uma piscina minúscula. Cada apartamento comporta até quatro pessoas. Evite o que fica no térreo, em frente ao escritório, a menos que não se importe com falta de privacidade.

RENDEZVOUS HOTEL Mapa p. 92 Hotel $$

☎ 3964-5222; www.rendezvoushotel.com.ar; Bonpland 1484; c AR$440-620; ; 111
Um dos hotéis butique mais interessantes de Palermo fica nesse lindo prédio de estilo francês de quatro andares. O proprietário (também francês) é um praticante fervoroso do *feng shui* e aplicou os princípios no hotel. Os onze quartos são diferentes – por exemplo, um é vermelho e marrom com móveis modernos e outro possui detalhes em roxo e móveis antigos. Em outro, há ainda uma varanda com jacuzzi. No bistrô acontecem degustações de vinho (cobradas à parte) e a localização é próxima à vida noturna do bairro.

CASA LAS CAÑITAS
Mapa p. 92 Hotel butique $$

☎ 4771-3878; www.casalascanitas.com; Huergo 283; q AR$420-640; ; Línea D Ministro Carranza
Com nove pequenos, porém lindos quartos, esse hotel butique oferece uma estada descontraída e localização fabulosa, a apenas alguns quarteirões da vida noturna de Las Cañitas. O quarto 9 é o melhor – vem com uma varanda anexa. Há ainda um minúsculo bar com dois lugares no sofisticado saguão, atrás do qual ficam a sala de café da manhã e o destaque do hotel – uma pequena área gramada nos fundos com churrasqueira, deque para tomar sol, ducha e jacuzzi.

RUGANTINO HOTEL Mapa p. 92 Hotel $$

☎ 4773-2891; www.rugantinohotel.com; Uriarte 1844; c AR$340-420; ; Línea D Palermo
Eis um lindo, pequeno e íntimo hotel localizado no meio de Palermo – em um prédio dos anos 1920 – e administrado por uma família italiana. Vários terraços minúsculos e passagens conectam os oito quartos simples, porém bonitos, todos com assoalho de madeira e estilo moderno combinado a objetos antigos. A parreira do pátio central tranquiliza o ambiente, e pode esperar um café da manhã com expresso – o que não é de estranhar, dada a origem dos proprietários.

ABODE Mapa p. 92 Pousada $$

☎ 4774-0818; www.abodebuenosaires.com; c AR$300-360; ; Línea D Palermo
Administrada por um casal de estrangeiros (que mora no lugar), essa pousada é bastante íntima e caseira. Cada um dos quatro quartos simples e confortáveis possui banheiro e o maior tem varanda (AR$460). O destaque é o relaxante terraço, onde você pode saborear um autêntico café da manhã inglês. A localização é boa, em Palermo Soho, a quatro quarteirões da Plaza Serrano. É obrigatório fazer reserva e há cães mansos no local.

HOTEL COSTA RICA Mapa p. 92 Hotel $$

☎ 4864-7390; www.hotelcostarica.com.ar; Costa Rica 4137; c AR$280-600; ; Línea D Scalabrini Ortíz
Não há muitos hotéis grandes em Palermo, porém o Costa Rica, com trinta quartos, é uma exceção que consegue manter uma atmosfera íntima – o bar aconchegante e o pátio no saguão ajudam bastante. É administrado por um francês, que implantou detalhes contemporâneos no local, como elegantes pias de cuba e decoração moderna, porém mantendo os detalhes originais da construção, como as portas altas. Os corredores azulejados são estreitos e simples, e há um terraço para relaxar ao sol. Para economizar alguns pesos, escolha quartos mais baratos com banheiro compartilhado.

LIVIAN GUESTHOUSE Mapa p. 92 Pousada $$

☎ 4862-8841; www.livianguesthouse.com; Palestina 1184; c AR$280-460; ; 106, 160
Essa pousada despretensiosa instalada em um lindo casarão antigo fica em uma parte pouco turística de Palermo. Há apenas oito quartos e metade deles são suítes. Os outros compartilham o mesmo banheiro ou possuem um banheiro privativo no corredor (um deles tem um pequeno terraço). Há ainda um deque e um jardim. Está disponível ainda um grande apartamento de dois quartos no subsolo para até cinco pessoas (a partir de AR$480 para dois).

CASERÓN PORTEÑO Mapa p. 92 Pousada $$

☎ 4554-6336; www.caseronporteno.com; Ciudad de la Paz 344; s AR$200-300, c AR$260-380; ; Línea D Olleros
Voltada principalmente aos amantes do tango, essa pousada tem dez quartos simples, mas bem decorados. Todos possuem

banheiro privativo – em quatro o banheiro fica fora do quarto. Atrás do belo jardim há um pequeno estúdio de dança onde ocorrem as aulas. Outros espaços comuns incluem um relaxante terraço e uma cozinha para uso dos hóspedes. Oferece muitas informações sobre tango. A localização é em uma área residencial e a estadia mínima é de quatro noites na alta temporada.

CHE LULU GUESTHOUSE

Mapa p. 92 Pousada $

☎ 4772-0289; www.chelulu.com; Emilio Zolá 5185; dc AR$80, c AR$180-220, ste AR$280; ; Línea D Palermo

Uma das pousadas butique originais de BA, a Che Lulu oferece atmosfera refinada e despretensiosa com vários toques artísticos. Cada um dos oito quartos pequenos, simples e coloridos possui tamanho e temas diferentes, mas todos, com exceção de dois, compartilham o mesmo banheiro. Mochileiros exigentes podem optar pelo aconchegante dormitório coletivo no sótão. Há ainda alguns pátios bonitos e um espaço comum principal confortável. Para encontrar a Che Lulu, procure a fachada pintada de vermelho vivo – uma homenagem ao antigo bairro da luz vermelha que ficava a alguns quarteirões de distância.

ECO PAMPA HOSTEL Mapa p. 92 Hostel $

☎ 4831-2435; www.hostelpampa.com; Guatemala 4778; dc AR$60, s/c AR$220/300; ; Línea D Plaza Italia

O primeiro albergue ecologicamente correto de Buenos Aires é o casual Eco Pampa, com sua mobília antiga reciclada, lâmpadas econômicas e sistema de reciclagem. No terraço, ficam um pequeno jardim, uma pilha de composto orgânico e painéis solares. Os dormitórios coletivos possuem bom tamanho e cada um dos oito quartos tem banheiro privativo, ar-condicionado e TV de tela plana. O local ainda doa parte do lucro para organizações locais. Há uma filial em Belgrano (indicação Mapa p. 92; Iberá 2858).

REINA MADRE HOSTEL Mapa p. 92 Hostel $

☎ 4962-5553; www.hostelreinamadre.com.ar; Anchorena 1118; dc AR$60, s/c AR$140/180; ; Línea D Pueyrredón

Essa é uma ótima opção de albergue nos limites da Recoleta, em uma região interessante frequentada por estudantes (há uma universidade nas redondezas). O lugar é administrado por uma família, o que significa limpeza e segurança, mas possui clima jovem. O prédio antigo tem personalidade, com pé-direito alto e azulejos originais. Os quartos, confortáveis e modernos, compartilham o mesmo banheiro. Há um saguão bem iluminado e uma cozinha para os hóspedes, além de um deque de madeira com churrasqueira. É um ótimo lugar para ficar.

OLD FRIENDS HOSTEL Mapa p. 92 Hostel $

☎ 4833-4056; www.oldfriends.com.ar; Lavalleja 1352; dc AR$50, c AR$130-160; ; 106, 160

Esse descontraído albergue é tão legal que fabrica sua própria cerveja – podem lhe oferecer uma assim que você entrar pela porta. O Old Friends é mais recomendado para o verão, pois os espaços externos são ótimos – há um pátio descoberto, um deque nos fundos para relaxar e um lindo terraço. Há grafites espalhados por toda parte e o ar de intimidade é o destaque. Você pode ainda alugar bicicletas. A localização é na parte não turística de Palermo – mas, ainda assim, a uma curta distância da região mais agitada.

BAIT HOSTEL Mapa p. 92 Hostel $

☎ 4774-2859; www.baitba.com; El Salvador 5115; dc AR$45, c AR$140-175; ; 39, 55

Para quem se importa mais com boas vibrações que com uma atmosfera sofisticada, esse albergue íntimo e descontraído é perfeito. A recepção fica no bar do andar de cima, uma área comum que dá ar casual ao lugar. Há ainda um pátio para os *asados* semanais e eventos com música ao vivo nos fins de semana. Os dormitórios têm cortinas para manter a privacidade dos hóspedes e dois deles possuem banheiros anexos para quem precisa de mais espaço.

VILLA CRESPO, ONCE, CABALLITO E BOEDO

Com a popularidade de Palermo inflacionando os preços de imóveis e aluguéis, algumas opções de hospedagem estão surgindo em bairros mais populares, históricos, artísticos ou mesmo "boêmios" ao sul. Essa grande região é uma boa opção para quem quer sentir o estilo de vida local e não se importa em ficar um pouco mais longe dos pontos turísticos principais (mas não tão longe). O transporte público é bom e provavelmente não haverá muitos turistas nas redondezas.

RACÓ DE BUENOS AIRES

Mapa p. 98 Hotel butique $$

☎ 3530-6075; www.racodebuenosaires.com.ar; Yapeyú 271; c AR$400-800; ; Línea A Castro Barros

Se a ideia for ficar longe dos turistas, mas no conforto de um hotel butique de qualidade, esse prédio de design italiano é perfeito para você. Os doze lindos quartos têm estilos diferentes, com decorações que vão de brancos virginais e clássicos a estampas de animais, passando por toques masculinos mais neutros. Todos são espaçosos e possuem assoalho de madeira, pé-direito alto e banheiros modernos. Há um pequeno pátio repleto de plantas onde é servido o café da manhã e um bar de vinhos no subsolo para degustações à noite. O Subte fica a poucos quarteirões, o que lhe deixa a alguns minutos do centro da cidade.

QUERIDO B&B Mapa p. 98 B&B $$

☎ 4854-6297; www.queridobuenosaires.com; Juan Ramirez de Velazco 934; s/c AR$360-380; ; Línea B Malabia

Administrado por um simpático casal anglo-brasileiro, esse B&B é caseiro, mas moderno. Ele situa-se em um bairro pouco turístico, mas fica a uma curta distância dos restaurantes, lojas e bares agitados de Palermo. Os oito quartos são limpos, pequenos e confortáveis, e possuem banheiros privativos. Escolha um que fique mais no interior do prédio para ter mais silêncio. Há uma sala de estar para se encontrar com outros viajantes, um pequeno pátio coberto nos fundos para tomar ar fresco e até mesmo um elevador para quem não gosta de escadas. Serve um bom café da manhã continental.

SOCO HOTEL Mapa p. 98 Hotel butique $$

☎ 4864-2032; www.socohotels.com; Lavalle 3119; c AR$300-380; ; Línea B Carlos Gardel

Abasto é um bairro maravilhosamente miscigenado – judeus, coreanos e peruanos se misturam por aqui. É também onde se encontra um dos mais agitados mercados de rua de BA, além de um dos mais sofisticados shopping centers, ambos a poucos quarteirões de distância um do outro. Você logo sentirá isso tudo ao por os pés para fora do Soco, situado em um prédio de estilo clássico. Há apenas oito quartos. Eles são espaçosos, possuem assoalho de madeira, pé-direito alto e decoração arrojada. Todos são diferentes e têm banheiros modernos. Por mais estranho que pareça, há ainda uma cozinha para hóspedes utilizarem, mas ela tem ar industrial e fica no subsolo – não é um lugar dos mais interessantes. Em vez de cozinhar, coma em algum restaurante de Abasto.

GENTE DEL SUR HOSTEL

Mapa p. 98 Hostel $

☎ 4864-3731; www.gentedelsurhostel.com; Salguero 717; dc AR$64-76, s/c AR$140/280; ; Línea B Medrano

Esse albergue moderno e limpo fica no miolo do distrito de teatro alternativo de BA. Não é o tipo de hospedagem típica para mochileiros – estudantes compõem a maioria dos hóspedes, e não gente com o pé na estrada –, portanto, tende a ser mais calmo e ter um pouco menos de personalidade. Os móveis são de alta qualidade (inclusive os colchões) e os beliches têm iluminação própria e prateleira – um pequeno detalhe que faz diferença. Os quartos privativos são bons e há um elevador que leva ao terraço, com TV e churrasqueira. O atendimento é bom e eficiente, como você pode imaginar.

LA MENESUNDA Mapa p. 98 Hostel $

☎ 4957-0946; www.lamenesundahostel.com.ar; Boedo 742; dc AR$45, c AR$145-185; ; Línea E Boedo

Esse albergue se localiza no boêmio bairro de Boedo, uma ótima opção para quem não se importa em ficar em uma parte menos turística, porém vibrante, da cidade. Ele se localiza em uma avenida movimentada, mas no centro do quarteirão – o barulho do trânsito não será problema. Um longo corredor se abre em um pátio agradável cercado de dois andares de dormitórios espaçosos e grandes quartos privativos. Logo ao lado fica uma sala de TV decorada com bom gosto e uma ampla cozinha. No segundo andar há outro pátio, menor, com churrasqueira e vasos de plantas.

EXCURSÕES

EXCURSÕES

Buenos Aires pode tomar vários dias divertidos de suas merecidas férias, mas, quando ficar cansado do barulho da cidade grande, do concreto e do agito, você pode visitar inúmeros destinos que ficam a poucas horas de viagem e o levarão a mundos completamente diferentes. Afinal, os próprios portenhos aproveitam com entusiasmo todas as oportunidades que têm de sair de sua amada cidade em feriados prolongados, mas principalmente nas férias – quando Buenos Aires se assemelha a Paris no verão e fica cheia de turistas passeando animados pelas ruas quentes e úmidas.

A maioria das excursões abaixo pode ser feita em um dia, mas vale a pena explorar mais a fundo algumas delas, caso haja tempo livre. Entre as opções, estão passear calmamente de barco pelos estuários turvos e distantes do Tigre, visitar cidades pacíficas como San Isidro ou San Antonio de Areco, admirar a linda arquitetura de Colonia ou unir-se à multidão de turistas que visitam as praias de Punta del Este no verão. Montevidéu (capital do Uruguai) ostenta estilo próprio, mas é muito menos frenética do que BA, enquanto Luján é parada obrigatória para quem se interessa pelo cristianismo. Para mais informações sobre as fascinantes Cataratas do Iguaçu – que devem ser visitadas mesmo na menor oportunidade – veja p. 203.

NATUREZA

O melhor lugar para encontrar uma área verde tranquila à beira-rio é o delta no entorno de Tigre (p. 200). A apenas uma hora do centro de Buenos Aires, a cidade de Tigre oferece fácil acesso às águas calmas dos canais que se espalham pelo delta do Paraná. Não há estradas na região, mas sim barcos que levam às casas de veraneio e trilhas naturais percorridas a pé.

CIDADES

San Isidro (p. 204), logo ao norte do centro de BA, é um subúrbio de luxo com prédios históricos e ruas calmas. O centro de peregrinação de Luján (p. 205), a oeste, oferece um vislumbre do coração católico da Argentina, enquanto o núcleo *gaucho* da província de Buenos Aires se encontra no sereno vilarejo de San Antonio de Areco (p. 206). Montevidéu (p. 212), a capital do Uruguai, fica do outro lado do rio da Prata, mas é de fácil acesso via balsa que sai do centro de BA. A atmosfera distinta dá a impressão de que se está em uma cidade menor e vale a pena conferir sua antiga arquitetura europeia. Outra cidade uruguaia de fácil acesso é Colonia (p. 209), um pequeno e agradável recanto colonial com ruas de paralelepípedo e prédios encantadores.

PRAIAS

Punta del Este (p. 215) é um balneário sofisticado, muito procurado por argentinos no verão. Há muito sol, areia e estrelas – quer dizer, celebridades. Ela fica cheia de janeiro a março, quando grande parte dos portenhos foge da enorme agitação de Buenos Aires, mas é mais calma (e barata) durante os outros meses.

TIGRE E O DELTA

A apenas uma hora de viagem de BA, a tranquila Tigre e a enorme região de delta em que se situa são um destino popular nos fins de semana entre os portenhos cansados do concreto. Apesar de Tigre ser uma agradável cidade à beira-rio, são os canais pantanosos que atraem todos. Águas turvas – ricas em ferro, que vêm de rios que cortam as florestas do interior do país – e margens juncosas estão longe do estereótipo de paraíso, mas o lugar reserva muitas surpresas. Nos passeios de barco no delta, é possível observar casas e mansões coloniais. Você também pode explorar algumas trilhas. Por toda a costa, são praticadas atividades aquáticas, como iatismo, canoagem, remo e até mesmo *wakeboarding*.

É muito fácil caminhar por Tigre. A cidade tem atrações interessantes. Não deixe de ir ao Puerto de Frutos (Sarmiento, 160; ⌚ 10-18h), onde são vendidos utensílios domésticos, móveis, cestos de vime, flores secas, plantas e outros artigos baratos. Os melhores dias para o passeio vão de sexta a domingo, quando é montada uma enorme feira de artesanato. Há ainda vários restaurantes. Para chegar ao mercado saindo da estação Delta do Tren de la Costa, acompanhe os trilhos, passe pelo cassino e vire à esquerda no semáforo. Há um escritório de turismo na entrada do porto.

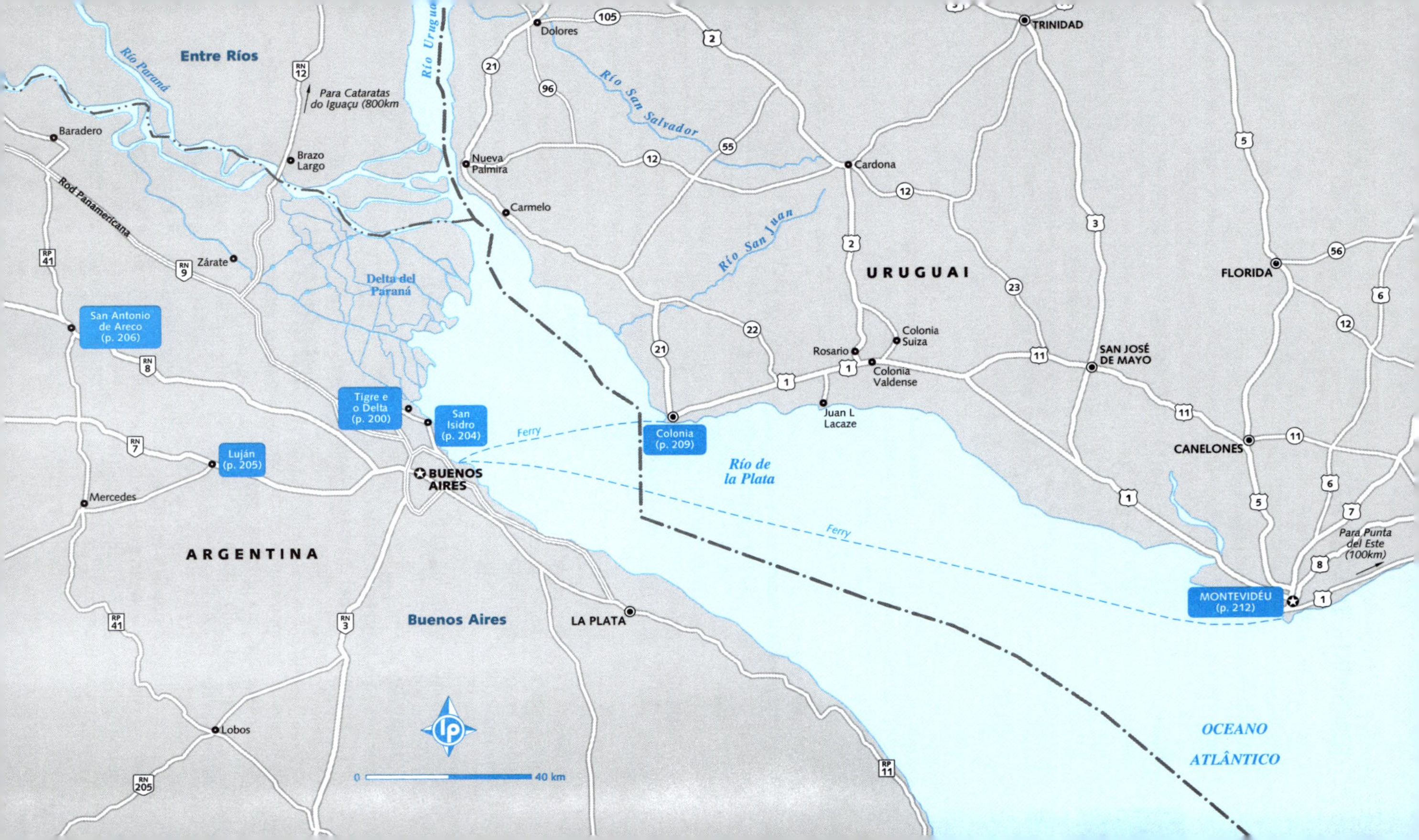
Entre Ríos
Río Paraná
Río Uruguai
Baradero
Brazo Largo
Para Cataratas do Iguaçu (800km
Rod Panamericana
Zárate
Delta del Paraná
Dolores
Nueva Palmira
Carmelo
Río San Salvador
Río San Juan
Cardona
TRINIDAD
URUGUAI
FLORIDA
SAN JOSÉ DE MAYO
Colonia Suiza
Rosario
Colonia Valdense
Juan L Lacaze
CANELONES
San Antonio de Areco (p. 206)
Tigre e o Delta (p. 200)
San Isidro (p. 204)
Luján (p. 205)
Mercedes
BUENOS AIRES
Ferry
Colonia (p. 209)
Río de la Plata
Ferry
Para Punta del Este (100km)
MONTEVIDÉU (p. 212)
ARGENTINA
Buenos Aires
LA PLATA
Lobos
OCEANO ATLÂNTICO
0
40 km

TRANSPORTE: TIGRE E O DELTA

Distância de Buenos Aires 35km.

Direção Noroeste.

Tempo de viagem por transporte público 1h-1h30.

Barco A Sturla Viajes (☎ 4731-1300; www.sturlaviajes.com.ar) possui um barco com destino a Tigre às 18h30 (AR$18, 70min, seg-sex apenas, reservas obrigatórias). Partida da Calle Grierson, 400, em Puerto Madero.

Ônibus Linha 60 (a maioria dos ônibus da linha 60 vai a Tigre, mas confirme com o motorista).

Carro Pegue a rodovia Panamericana em direção ao norte até o *ramal* (retorno) Tigre.

Trem Da estação Retiro, você pode pegar um trem direto para Tigre (AR$1,35, 1h). A melhor forma de chegar a Tigre, porém, é pelo Tren de la Costa (AR$14; www.trendelacosta.com.ar) – um agradável trem elétrico que passa por belas estações e paisagens. A linha começa no subúrbio de Olivos; para chegar lá, tome um trem na estação Retiro e desça na estação Mitre, então atravesse a ponte até o Tren de la Costa. As linhas de ônibus 59, 60 e 152 também dão acesso ao Tren de la Costa.

Também próximo à estação Delta fica o parque de diversões de Tigre, o **Parque de la Costa** (☎ 4002-6000; www.parquedelacosta.com.ar; entrada AR$40-60). Há montanhas-russas, jogos e muito mais para garantir a diversão. O horário de funcionamento varia bastante durante o ano, então ligue para confirmar.

O **Museo Naval de la Nación** (☎ 4749-0608; Paseo Victorica 602; entrada AR$3; 🕑 8h30–17h30 seg-sex, 10h30–18h30 sáb e dom) conta a história da Marinha argentina com uma mistura eclética de fotos históricas, maquetes de barcos e aviões, canhões e animais marinhos. O **Museo de la Reconquista** (☎ 4512-4496; Padre Castañeda 470; entrada franca; 🕑 10-18h qua-dom) foi a casa de onde o vice-rei Liniers coordenou a resistência às invasões britânicas no início do século 19; o lugar não é muito interessante. Os amantes dos barcos podem visitar o **Museo Histórico Prefectura Naval Argentina** (☎ 4749-6161; Liniers 1264; entrada franca; 🕑 10-12h e 14-18h qua-dom), que abriga exposições da guarda costeira argentina.

O museu mais sofisticado de Tigre, porém, é o **Museo de Arte Tigre** (☎ 4512-4528; Paseo Victorica 972; entrada AR$5; 🕑 9-19h qua-sex, 12-19h sáb e dom). Localizado em um antigo clube que data de 1912, esse belo museu exibe obras de renomados artistas argentinos dos séculos 19 e 20, além de exposições temporárias. O prédio em si é bonito o bastante para justificar uma visita.

Quem procura algo diferente pode ir ao **Museo del Mate** (☎ 4506-9594; www.elmuseodelmate.com; Lavalle 289; entrada AR$10; 🕑 10-18h qua-dom). Dedicado a tudo relacionado à bebida típica do país, esse museu possui mais de 2 mil peças, que obviamente incluem muitas cuias (recipiente para beber) – não deixe de conferir as específicas para deficientes visuais. Você pode ainda assistir a um vídeo e saborear a bebida no agradável jardim dos fundos.

As águas do delta oferecem a oportunidade de observar a vida dos habitantes da região, que vivem ao longo dos calmos canais tendo apenas barcos como meio de transporte. **Barcos** (ida e volta AR$20 a AR$30) partem da estação Fluvial (situada atrás da secretaria de turismo) com vários destinos no delta. Um local muito visitado é a região de **Tres Bocas**, que fica a meia hora de barco de Tigre, onde você pode caminhar entre as casas passando por trilhas estreitas ligadas por pontes sobre os pequenos canais. Há vários restaurantes e opções de acomodação aqui. A região de **Rama Negra** é um lugar mais quieto e natural que oferece menos serviços, mas fica a uma hora de barco.

Muitas empresas oferecem **passeios de barco** (AR$25-60) a preços baixos, mas os barcos usados pelos trabalhadores dão flexibilidade a quem quer explorar o delta ou parar para almoçar em um dos restaurantes do lugar. Para alugar bicicletas, veja o Tigre Hostel p. 204; ele aluga para não hóspedes.

INFORMAÇÕES

Bonanza Deltaventura (☎ 4728-1674; www.deltaventura.com) Oferece aventuras como trilhas, canoagem, passeios de bicicleta e a cavalo, além de *asados* (churrascos). Há ainda quartos para passar a noite; veja p. 204.

Deltasur Ecoturismo (☎ 4553-8827; www.deltasurecoturismo.com.ar) Não deixe de conferir a reserva de biosfera da Unesco do rio Paraná, localizada no delta, com essa agência com consciência ambiental.

Selkñam Canoas (☎ 4731-4325; www.selknamcanoas.com.ar) Passeios em lugares menos visitados com canoas canadenses, incluindo excursões noturnas e personalizadas.

Tour em Tigre da Tangol (☎ 4312-7276; www.tangol.com) Excursões de um dia que incluem transporte de ida (trem) e volta (barco) ao centro de BA, além de um passeio de caiaque opcional.

Escritório de Turismo (☎ 4512-4497; www.vivitigre.gov.ar; 8-18h) Localizada atrás do McDonald's, ela o ajudará a escolher o que visitar na complexa região do delta. Há outros escritórios na entrada do Puerto de Frutos, próximo ao Museo de Arte Tigre e da estação de trem.

ONDE COMER

A culinária de Tigre não é inovadora, mas pode ser interessante – caminhe pelo Paseo Victorica, a agradável avenida à beira-rio, para encontrar as melhores opções. No delta, há vários bons estabelecimentos próximos do rio, principalmente na região residencial de Tres Bocas, a 30 minutos de barco.

Il Novo María del Luján (☎ 4731-9613; pratos principais AR$40-65; Paseo Victorica 611; café da manhã, almoço e jantar) Boa opção para provar uma sofisticada amostra da culinária argentina, esse belo restaurante também possui um agradável pátio com vista para o rio – o único da cidade onde isso acontece, por incrível que pareça.

Un Lugar (☎ 4749-0698; www.parrillaunlugar.com.ar; pratos principais AR$38-60; Lavalle 369; almoço e jantar ter-dom) Algumas das melhores carnes grelhadas de Tigre podem ser encontradas nessa nova *parrilla* (churrascaria) administrada por quatro amigos. Há mesas confortáveis na área interna, mas em dias quentes as melhores são as da calçada. Há também massas caseiras, além de música ao vivo em algumas ocasiões.

Boulevard Saenz Peña (☎ 5197-4776; blvr. Saenz Peña 1400; pratos principais AR$38-42; 9-19h qua-sáb) Esse criativo estabelecimento é um sopro de inovação para Tigre. Não apenas a comida é deliciosa (granola e iogurte no café da manhã, sanduíches e saladas no almoço e apetitosos salgados para o chá da tarde), mas tudo no restaurante está à venda, das mesas e cadeiras rústicas aos objetos de decoração. O lindo pátio na área externa é perfeito para dias de sol.

O **La Riviera** (☎ 4728-0177; pratos principais AR$25-50; 10-19h) fica na região vizinha de Tres Bocas. Com pátios tranquilos e ensolarados e vistas para o rio, esse é um ótimo lugar para relaxar. Mais além fica o **El Remanso** (☎ 4728-0575; 10-18h) e mais para o interior, o **El Hornero** (☎ 4728-0325; 12-17h).

A 50 minutos de barco de Tigre fica o **El Gato Blanco** (☎ 4728-0390; www.gato-blanco.com; pratos principais AR$40-64 12-18h), o maior restaurante do delta. Ele oferece um cardápio internacional e argentino para adultos e um playground para as crianças. O **Beixa Flor** (☎ 15-6990-0730; www.beixaflor.com.ar; pratos principais AR$50-60) é outro bom restaurante do delta e fica a cerca de 30 minutos de barco saindo de Tigre, oferecendo excelentes massas caseiras. É obrigatório fazer reserva.

VISITANDO AS CATARATAS DO IGUAÇU

Muitos daqueles que visitam Buenos Aires fazem passeios pela cidade e depois uma viagem a um dos lugares mais espetaculares da América do Sul: as cataratas do Iguaçu. Se você tiver alguns dias a mais, sem dúvida vale a pena reservar tempo e dinheiro para o passeio. Só não se esqueça de que o clima é muito mais quente e tropical que o de BA e que em janeiro e fevereiro o calor e umidade podem ser esmagadores.

As cataratas do Iguaçu ficam na divisa entre Brasil e Argentina. Algumas das vistas mais belas ficam do lado brasileiro e você não pode deixar de conferir. Americanos, canadenses e australianos precisam de visto para entrar no Brasil. Quem vem da Europa ocidental, não. Conseguir um visto brasileiro não sai barato e pode levar tempo, portanto, planeje com antecedência.

Abaixo, os preços aproximados de transporte; é possível conseguir descontos em pacotes:

- Passagem de ônibus (ida) de BA para Puerto Iguazú: AR$370, 19h
- Passagem de avião (ida) de BA para Puerto Iguazú: AR$750
- Exemplo de pacote com ônibus – passagens de ida e volta, traslados, passeios guiados e estada de duas noites: AR$2.000 a AR$2.500 (por pessoa, em quarto duplo). Entrada do parque nacional não está inclusa.
- Exemplo de pacote com avião – passagens de ida e volta, traslados, passeios guiados e estada de duas noites AR$2.200 a AR$2.700 (por pessoa, em quarto duplo). Entrada do parque nacional não está inclusa.

Caso planeje viajar em julho, feriados prolongados ou na Semana Santa, planeje com antecedência e prepare-se para gastar mais. Para uma lista de agências que vendem ingressos e pacotes para as cataratas, veja p. 223.

Para mais informações, contate o escritório de turismo Casa de Misiones (Mapa p. 84; ☎ 4317-3700; Santa Fe, 989; 8-18h seg-sex).

ONDE DORMIR

Tigre

Os seguintes locais ficam na própria cidade de Tigre. Faça sua reserva antes para acomodações na região em fins de semana e feriados (quando os preços sobem significativamente).

Tigre Hostel (☎ 4749-4034; www.tigrehostel.com.ar; av. San Martín 190; dc AR$60, c AR$200-300;) Esse albergue filiado ao HI divide-se em duas partes: a principal é uma mansão antiga com espaçosos quartos privativos e um amplo jardim. No outro lado da rua, fica o prédio com dormitórios coletivos. Ambos são interessantes e possuem cozinhas. Há desconto para sócios da HI. Os preços são 25% mais altos para noites de sexta e sábado. Há aluguel de bicicletas.

Casona La Ruchi (☎ 4749-2499; www.casonalaruchi.com.ar; Lavalle 557; c AR$240;) Essa pousada fica em uma bela mansão que demonstra a idade que tem (foi construída em 1893). Os quatro quartos românticos têm sacadas e compartilham o mesmo banheiro com piso original. Há uma piscina e um grande jardim nos fundos, além de dois cães passeando pelo lugar.

Hotel Villa Victoria (☎ 4731-2281; www.hotelvillavictoria.com; av. Liniers 566; q dom-sex AR$280-480, sáb AR$380-670;) Administrado por uma família argentino-sueca, esse hotel butique se parece mais com uma pousada de luxo. Apenas seis quartos simples, porém elegantes estão disponíveis. Há uma quadra de tênis de saibro e uma piscina nos fundos. Os funcionários falam sueco, francês e inglês.

O Delta

A enorme região do delta tem dezenas de possibilidades de acomodação: campings, pousadas, resorts de praia e até mesmos lugares com orientação esportiva. Quanto mais longe do centro, mais paz e tranquilidade você encontrará. Já que os lugares têm acesso relativamente difícil (os hóspedes geralmente chegam de barco), a maioria dos hotéis fornece alimentação, que nem sempre é incluída no preço – não deixe de perguntar. As crianças são bem-vindas em alguns lugares, mas em outros não. Traga repelente de mosquitos.

A secretaria de turismo de Tigre tem fotos e informações sobre todos esses lugares e muitos estão listados no site www.vivitigre.gov.ar. Se estiver com um grupo grande, confira www.deltaescape.blogspot.com.

Alpenhaus (☎ 4731-4526; www.alpenhaus.com.ar; c seg-qui AR$390-460, sex e sáb AR$860-960;) A 60 minutos de barco de Tigre, essa *hostería* (pousada) com temática alemã oferece cabanas de dois quartos e quartos mais modestos, porém agradáveis. Há uma piscina excelente e áreas gramadas para relaxar, além de ioga, sauna, jacuzzi, massagem e tratamentos faciais.

Bonanza Deltaventura (☎ 4728-1674; www.deltaventura.com; por pessoa AR$485;) Essa casa descontraída, perfeita para quem gosta de atividades ao ar livre, fica a 60 minutos de barco de Tigre. Ela oferece quatro quartos simples, mas confortáveis, que compartilham o mesmo banheiro. Você pode cavalgar, passear de canoa ou relaxar na pequena praia ali perto. Há ainda uma mesa de pingue-pongue e uma quadra de futebol. Todas as refeições e atividades estão inclusas. Os funcionários falam inglês.

Los Pecanes (☎ 4728-1932; www.hosterialospecanes.com; q seg-qui AR$265-460, sex e sáb AR$320-540) Você se sentirá em casa nessa pousada a 90 minutos de barco de Tigre. Há apenas três quartos simples, mas confortáveis. A comida é caseira (não incluída no preço) e há beija-flores no local. Os funcionários falam inglês e francês.

Puerto Carpincho (☎ 4728-2966; www.puertocarpincho.com; c seg-qui AR$440-530, sex e sáb AR$960-1.160;) Na agitada região de Tres Bocas, a 30 minutos de barco, fica esse hotel com nove quartos simples, mas de bom gosto, todos com sacada. Alguns levam à piscina ensolarada. Não há restaurante no local, mas o El Hornero (p. 203) fica logo ao lado.

La Becasina Lodge (☎ 4328-2687; www.labecasina.com; c AR$960;) Esse lindo lugar é perfeito para quem procura luxo. Ele fica a 90 minutos de barco de Tigre e possui quinze quartos privativos, sofisticados e adoráveis, com banheira e deque exclusivo com vista para o rio. O preço é salgado, mas a atmosfera é romântica e a área da piscina, ótima.

SAN ISIDRO

A cerca de 22km de Buenos Aires fica o pacífico e residencial San Isidro, uma charmoso subúrbio com ruas de paralelepípedo e prédios graciosos. O centro histórico fica na Plaza Mitre, com sua bela catedral neogótica. Nos fins de semana, a região fica agitada com a feira de artesanato. Há um escritório de turismo (☎ 4512-3209; Ituzaingo 608; 8-17h seg-sex, 10-18h sáb e dom) na praça próxima à av. Libertador.

Um passeio pelas ruas irregulares atrás da catedral revelará algumas mansões imponentes (além de outras casas mais modestas) e vistas para a costa. Nas proximidades fica a

TRANSPORTE: SAN ISIDRO

Distância de Buenos Aires 22km.

Direção Noroeste.

Tempo de viagem 45min-1h.

Ônibus A linha 168 leva à av. del Libertador, a alguns quarteirões da Quinta Pueyrredón.

Carro Pegue a Panamericana Norte, ou percorra toda a av. del Libertador vindo da Recoleta.

Trem A melhor forma de chegar a San Isidro é pelo Tren de la Costa (www.trendelacosta.com.ar), que sai do subúrbio de Olivos (chegue ao Tren de la Costa pelos ônibus 59, 60 ou 152). A linha de trem Mitre da estação Retiro (centro da cidade) também chega a Olivos.

estação San Isidro do Tren de la Costa, com um moderno shopping center ao ar livre.

O **Museo Histórico Municipal General Pueyrredón** (☎ 4512-3131; Rivera Indarte 48; entrada franca; ⏲ 14-18h ter e qui, 15-19h sáb e dom), que já pertenceu ao ícone argentino general Pueyrredón, é uma casa colonial em um amplo terreno com vistas para o rio da Prata. Não deixe de conferir o *algarrobo* (algarobeira) sob a qual Pueyrredón e San Martín montaram suas estratégias contra os espanhóis. Para chegar aqui saindo da catedral, siga cinco quarteirões na av. Libertador, vire à esquerda na Peña e, após caminhar dois quarteirões, vire à direita na Rivera Indarte.

Mais glamorosa ainda, a **Villa Ocampo** (☎ 4732-4988; www.villaocampo.org; Elortondo 1837; entrada qui e sex AR$10, sáb e dom AR$15; ⏲ 12h30-18h qui-dom) é patrimônio da Unesco. Trata-se de uma mansão restaurada que leva os visitantes de volta no passado. A escritora, editora e intelectual Victoria Ocampo foi amiga de Borges, Cortázar, Sábato e Camus. Os jardins são lindos e há um café no local. Visitas guiadas acontecem diariamente às 16h.

Quem decidir passar a noite em San Isidro deve ir ao **Hotel del Casco** (☎ 4732-3993; www.hoteldelcasco.com.ar; av. del Libertador 16170; c a partir de AR$640; ❄ 💻 📶 🏊), localizado em uma linda mansão de 1892. O saguão no átrio, os móveis de época e o adorável pátio dão charme ao local.

LUJÁN

Luján (80 mil habitantes) é uma pacata cidade às margens do rio. Uma vez por ano ela fica lotada de peregrinos com destino à mais importante catedral da Argentina. Mas o lugar merece uma visita em qualquer época do ano, pela graciosa praça de estilo espanhol e a imponente catedral neogótica, além de alguns museus interessantes. A área que margeia o rio tem vários restaurantes e barracas que vendem *choripán* (sanduíche de linguiça). Você pode alugar barcos para passear no rio e, em dias festivos, há parques de diversão. O teleférico que atravessa o rio adiciona um toque estranho, porém charmoso ao local.

No primeiro sábado de outubro, milhares de católicos caminham do bairro de Liniers, em Buenos Aires (a 65km de distância!), até Luján – uma caminhada de mais de 18 horas. Outras grandes romarias ocorrem em 8 de maio (Dia da Virgem), no primeiro fim de semana de agosto (a colorida *Peregrinación Boliviana*), no último fim de semana de setembro (a peregrinação *gaucha* – com muitos cavalos) e no dia 8 de dezembro (Dia da Imaculada Conceição).

INFORMAÇÕES

Prefixo (☎ 02323)

Escritório de Turismo (☎ 427-082; San Martín, 1, edifício La Cúpola; ⏲ 9-18h) Próximo ao rio e na Calle Lavalle.

ATRAÇÕES

A impressionante basílica em estilo gótico francês de Luján, a **Basílica Nuestra Señora de Luján** (☎ 420-058; esq. San Martín e 9 de Julio), abriga a Virgencita (veja p. 206) e é o coração dessa cidade profundamente religiosa. A estátua da virgem, que data de 1630, fica em uma câmara atrás do altar principal. Há missas diárias em diversos horários, principalmente de manhã e à noite.

Outro lugar imperdível é o maravilhoso **Complejo Museográfico Enrique Udaondo** (☎ 420-245; esq. Lavalle e Padre Salvaire; entrada AR$1; ⏲ 11h30-17h30 qua-sex, 10h30-18h sáb e dom). Esse complexo colonial (e antiga prisão) abriga exposições em homenagem ao general José de San Martín e a

TRANSPORTE: LUJÁN

Distância de Buenos Aires 65km.

Direção Oeste.

Tempo de viagem 1h e 30 min a 2 horas de carro.

Ônibus Transportes Atlántida (linha 57). Ônibus a cada 30 min na Plaza Italia, em Palermo (AR$10,50).

Carro Dirija em direção a oeste na RN 7.

Trem Trens diários saem da estação Once, em Buenos Aires, com baldeação em Moreno (AR$5).

Juan Manuel de Rosas, além de belos utensílios *gauchos* como cuias, arreios e violões. Os lindos pátios e jardins já fazem a visita valer a pena.

Nas proximidades, fica o **Museo de Transporte** (☎ 420-245; esq. Lavalle e Padre Salvaire; entrada AR$1; 🕑 11h30-17h30 qua-sex, 10h30-18h sáb e dom). O acervo conta com uma locomotiva a vapor, um hidroavião que atravessou o Atlântico em 1962 e carruagens fantásticas. As peças mais excêntricas, porém, são os corpos empalhados de Gato e Macha, os robustos cavalos *criollos* argentinos usados pelo aventureiro Aimé Félix Tschiffely na cavalgada de Buenos Aires a Washington D.C., entre 1925 a 1928.

Luján também ostenta uma área arborizada e elevada às margens do rio, com muitos restaurantes e lojas. São oferecidos agradáveis passeios de barco a remo no local.

ONDE COMER

Os peregrinos não passam fome em Luján – as regiões centrais de San Martín e 9 de Julio e as margens do rio são cheias de restaurantes.

Cervecería Berlin (☎ 426-767; San Martín 151; pratos principais AR$20-30; 🕑 11-1h dom-qui, até 3h sex e sáb) Com mesas no pequeno deque frontal, essa é uma boa opção em dias quentes. A comida não é sofisticada – hambúrgueres, sanduíches e *waffles* –, mas há diversos drinques.

Café La Basilica (☎ 428-376; San Martín 101; pratos principais AR$30-60; 🕑 8-20h dom-qui, até 1h sex e sáb) Esse clássico bar de esquina oferece refeições satisfatórias com massas caseiras e carnes grelhadas. O cardápio é traduzido para o inglês.

L'Eau Vive (☎ 421-774; Constitución 2112; entrada, prato principal e sobremesa AR$55; 🕑 almoço e jantar ter-sáb, almoço dom) A 2km do centro da cidade, você encontrará esse excelente restaurante francês administrado por freiras carmelitas do mundo inteiro. Não se esqueça de fazer sua reserva com antecedência. Você pode pegar um táxi, que fica por volta AR$10, ou a linha 501 de ônibus para vir do centro.

LA VIRGENCITA

Reza a lenda que, em 1630, um carro de boi com uma pequena estátua da Virgem Maria feita de terracota de repente ficou preso na estrada e não saiu do lugar até que estátua fosse retirada. O carro de boi se dirigia a Santiago del Estero, mas o proprietário devoto viu no ocorrido um sinal e construiu uma capela no lugar – que é hoje a cidade de Luján. A "La Virgencita" logo se tornou a santa padroeira da Argentina.

ONDE DORMIR

Os preços caem significativamente nos dias de semana. Recomendamos fazer reserva para fins de semana e feriados.

Hostel Estación Lujan (☎ 429-101; www.estacionlujanhostel.com.ar; 9 de Julio 978; dc AR$60, c AR$180; ❄ 💻 📶) Esse pequeno e moderno albergue fica a poucos metros da basílica. Há quatro quartos limpos (coletivos e privativos), alguns com sacada, além de uma cozinha para uso dos hóspedes e uma ampla área comum.

Hotel del Virrey (☎ 420-797; www.hoteldelvirreylujan.com.ar; San Martín 129; c AR$240; ❄ 💻 📶) Logo ao lado da basílica fica esse moderno hotel que oferece dezoito quartos pequenos, mas bons.

Hotel Hoxón (☎ 429-970; www.hotelhoxon.com.ar; 9 de Julio 760; s/c AR$180/285; ❄ 💻 📶) Esse é o melhor e maior hotel da cidade, com quartos modernos, limpos e confortáveis. Os superiores têm carpete, frigobar e ar-condicionado. Há ainda uma piscina (a única da cidade), com um deque elevado para tomar sol.

SAN ANTONIO DE ARECO

Cercada de fazendas exuberantes, San Antonio de Areco é uma das mais belas cidades dos pampas. Próxima da capital, ela recebe muitos portenhos em passeios de um dia, atraídos pela atmosfera pacífica e as pitorescas ruas coloniais. A cidade data do início do século 18 e até hoje preserva muitas tradições *criollas* e *gauchas*, principalmente entre os artesãos, que produzem pratarias finas e selaria. Durante o dia, os homens usam a tradicional boina e à noite os locais vão às *peñas*, festas com música e dança folclórica.

O compacto centro de Areco e suas ruas tranquilas são ótimos para caminhar. Ao redor da Plaza Ruiz de Arellano, homenagem ao *estanciero* (fazendeiro) que fundou a cidade, ficam vários prédios históricos, entre os quais a **Iglesia Parroquial** e a **Casa de los Martínez**, antiga sede da *estancia* (fazenda) de Arellano.

A **Puente Viejo** (ponte velha; construída em 1857) que cruza o rio Areco, faz parte da antiga estrada de tropeiros que seguia para o norte da Argentina. Outrora um posto de pedágio, ela é hoje uma ponte para pedestres que leva à principal atração de San Antonio, o **Museo Gauchesco Ricardo Güiraldes** (☎ 455-839; esq. Güiraldes e Sosa; entrada AR$10; 🕑 11-17h qua-seg). Esse espaço *gaucho* que se assemelha a um parque tem prédios

restaurados e réplicas de construções como um moinho de farinha, uma taverna e uma capela colonial. A principal é a reprodução de um *casco* (casa de fazenda) do século 18, que abriga vários artigos de selaria e artesanato. Duas salas são dedicadas a Güiraldes.

Recém-inaugurado, o belo **Museo las Lilas** (☎ 456-425, www.museolaslilas.org; Moreno 279; entrada AR$20; 🕑 10-20h qui-dom 21/09-25/05, até 18h qui-dom 26/05-20/09) é um pátio com obras do famoso pintor argentino Florencio Molina Campos, um artista popular cujos temas baseiam-se em caricaturas.

O **Museo y Taller Draghi** (☎ 454-219; Lavalle 387; entrada AR$10; 🕑 10-13h e 15h30–19h30 seg-sáb, 10-13h dom) tem como destaque uma coleção excepcional de *facones* (facas) de prata, belos artigos de selaria e rebuscados utensílios para beber mate. A maioria é obra de Juan José Draghi e família. As visitas são guiadas.

Outro local interessante é o **Centro Cultural Usina Vieja** (V. Alsina 660; entrada AR$1,50; 🕑 11-17h ter-dom), a apenas um quarteirão da praça principal. Trata-se de um museu eclético, instalado em

TRANSPORTE: SAN ANTONIO DE ARECO

Distância de Buenos Aires 113km.

Direção Oeste.

Tempo de viagem 2 horas.

Ônibus Ônibus (AR$30) que partem da rodoviária de Retiro o deixam a cinco quarteirões do centro.

Carro Pegue a RN8 oeste até o *ramal* (retorno) Pilar.

uma antiga usina elétrica de 1901, que conta com uma incrível coleção de rádios antigos, máquinas de escrever e de costura, além de vitrolas. Máquinas agrícolas, esculturas, uma mercearia antiga e até mesmo um pequeno avião também fazem parte do acervo. Há ainda exposições temporárias de artistas locais.

Areco é o centro simbólico da cultura vestigial dos vaqueiros argentinos, e no Día de la Tradición, em meados de novembro, a cidade é palco do maior festival *gaucho* do país. Se estiver na região, não perca a oportunidade. As atrações incluem apresentações de equitação, danças folclóricas, exposições de artesanato e passeios guiados a lugares históricos. Não se esqueça de ligar para o escritório de turismo para saber a datas exatas, pois elas mudam a cada ano.

Os melhores dias para visitar Areco são de quinta a domingo; muitos lugares ficam fechados no início da semana.

INFORMAÇÕES

Prefixo (☎ 02326)

Escritório de Turismo (☎ 453-165; esq. E. Zerboni e Ruiz de Arellano; ⌚ 8-19h seg-sex, até 20h sáb e dom) Localizada em um prédio branco e isolado no parque.

ONDE COMER

San Antonio de Areco tem muitos cafés e restaurantes atraentes à disposição.

La Ochava de Cocota (☎ 452-176; esq. V. Alsina e L. N. Alem; pratos principais AR$25-50; ⌚ 7h30-2h30 e 6-23h qua--sex e seg, até 0h sáb e dom) Esse descontraído café serve bolos e quiches durante o dia e à noite se transforma em bar e pizzaria.

Pulpería La Lechuza (☎ 454-542, próximo esq. Ruiz de Arellano e E. Zerboni; pratos principais AR$25-50; ⌚ almoço sáb e dom, jantar sáb) Saboreie um lauto almoço com *empanadas* de carnes e verduras e churrasco sob as árvores ou compre um *choripán*

ESTANCIAS HISTÓRICAS

Uma das melhores maneiras de aproveitar as grandes vastidões argentinas é visitar uma *estancia*, ou fazenda de criação de gado (algumas mais "autênticas" que outras). A *belle époque* do fim do século 19 testemunhou a criação de latifúndios de famílias ricas, com seus casarões luxuosos e por vezes extravagantes usados como refúgios no campo.

Hoje, elas atraem turistas com *días de campo* – passeios de um dia que incluem almoço com *asado* (churrasco), passeios a cavalo, shows folclóricos e, às vezes, piscina. A maioria também possui quartos para passar a noite, que oferecem um vislumbre da história argentina nos pampas.

El Ombú (indicação Mapa p. 207; ☎ em Buenos Aires 4737-0436; www.estanciaelombu.com) Próxima de San Antonio de Areco, essa *estancia* em atividade oferece nove quartos e a oportunidade de observar *gauchos* trabalhando.

El Roble (☎ em Buenos Aires 11-6899-9785; www.insidethepampas.com) Essa pequena, mas incrível *estancia* em atividade com apenas dois quartos para um único grupo fica nas proximidades de Luján. Há passeios a cavalo imperdíveis. O local é administrado com competência por um casal anglo-argentino.

Juan Gerónimo (☎ 02221-481-414; www.juangeronimo.com.ar) Essa fazenda de gado oferece cavalgadas e avistamento de pássaros. Localizada em um patrimônio ecológico mundial da Unesco a cerca de duas horas de Buenos Aires.

La Candelaria (☎ 02227-424-404; www.estanciacandelaria.com) Localizada a cerca de 1h30 de Buenos Aires, essa fazenda é singular por seu castelo e pelos jardins muito bem cuidados, projetados por Charles Thays (que projetou vários parques públicos de BA). Muitas partidas de polo são disputadas aqui.

La Cinacina (Mapa p. 207; ☎ em Buenos Aires 5252-1414; www.lacinacina.com.ar) Localizada no limite do centro de San Antonio de Areco, essa *estancia* histórica (porém turística) oferece alojamentos confortáveis com uma paisagem de parque. Organiza apresentações *gauchas*.

La Margarita (☎ em Buenos Aires 4951-0638; www.estancialamargarita.com) Essa estancia de 1870 localiza-se em Tapalqué, cerca de 160km a sudoeste de BA. Ela oferece um serviço único: você escolhe o tipo de acomodação, o que torna sua hospedagem mais versátil e barata.

La Oriental (☎ em Buenos Aires 15-5146-5210; www.estancia-laoriental.com) Mais autêntica que luxuosa, essa adorável *estancia* fica a três horas de Buenos Aires. As atividades incluem pesca ou windsurfe em uma lagoa próxima. O proprietário é atencioso.

A secretaria de turismo de San Antonio possui mais informações sobre as *estancias*, assim como a Secretaría de Turismo de la Nación (Mapa p. 84; ☎ 4312-2232; av. Santa Fe, 883), em Buenos Aires. Confira o site www.estanciasargentinas.com.

(sanduíche de linguiça) e sente-se às margens do rio. Fica em frente ao escritório de turismo.

La Esquina de Merti (☎ 456-705; Ruiz de Arellano 147; lanches AR$8-20, pratos principais AR$24-45; 🕑 9-1h) Esse é o único restaurante de Areco que não fecha à tarde. Por sorte, tem uma incrível atmosfera antiga e oferece um cardápio típico para os horários das refeições e sanduíches e *empanadas* à tarde.

ONDE DORMIR

San Antonio é um destino popular para quem quer passar o dia fora de Buenos Aires, mas vale a pena ficar um pouco mais, pois há ótimos lugares para se hospedar.

Paradores Draghi (☎ 454-219; www.paradoresdraghi.com.ar; recepção na Lavalle 387; c AR$320; ❄ 💻 📶) Cinco quartos amplos e lindos (dois com uma pequena cozinha) estão disponíveis nesse tranquilo local. Há um jardim com piscina, um singular salão de café da manhã e dois pátios onde os hóspedes podem relaxar.

Antigua Casona (☎ 456-600; www.antiguacasona.com; Segundo Sombra 495; c AR$300) Essa casa tradicional restaurada oferece cinco quartos de pé-direito alto com decoração rústica, dispostos ao redor de um pátio. Oferece aluguel de bicicletas.

Hostal de Areco (☎ 456-118; www.hostaldeareco.com.ar; Zapiola 25; c seg-sex AR$180, sáb e Sun AR$220; ❄ 💻 📶) Unido a outros dois hotéis não tão atraentes (mas que possuem piscina), o Hostal possui um salão agradável e um belo jardim nos fundos.

Hostel Gaucho (☎ 453-625; www.hostelgaucho.com.ar; Zerboni 308; dm AR$60, c seg-sex AR$160, sáb e dom AR$180; 💻 📶) Esse é o único albergue de Areco, e é um dos bons. Os quartos privativos e coletivos são pequenos, mas satisfatórios, e há um jardim nos fundos. Há ainda bicicletas para alugar e passeios com guia.

COLONIA

Colonia (oficialmente Colonia del Sacramento) é uma cidade irresistivelmente pitoresca no vizinho Uruguai cujo centro histórico colonial é Patrimônio Mundial da Unesco. As lindas fileiras de sicômoros oferecem proteção contra o calor do inverno e o rio da Prata fornece a paisagem perfeita para o pôr do sol. O charme de Colonia e sua proximidade de Buenos Aires atraem milhares de argentinos. Se você estiver com pouco tempo, pode fazer tranquilamente um passeio de apenas um dia.

O coração da cidade – e principal atração turística – é o **Barrio Histórico**, com arquitetura colonial. O melhor acesso é o **Portón de Campo**, o antigo portão da cidade (de 1745), que foi reconstruído e fica na Calle Manuel Lobo. A uma curta distância a oeste, fica a **Plaza Mayor 25 de Mayo**, de onde sai a estreita Calle de los Suspiros, com calçamento de paralelepípedos e margeada por casas coloniais de azulejo e estuque, que segue quase até o rio.

> **TRANSPORTE: COLONIA**
>
> **Distância de Buenos Aires** 60km.
>
> **Direção** Leste.
>
> **Tempo de viagem** 1-3 horas de balsa.
>
> **Barco** A Buquebus e a Colonia Express oferecem várias balsas todos os dias entre Buenos Aires e Colonia (AR$140 a AR$200; há descontos para reservas com antecedência). Para mais detalhes, veja p. 219.

Um único ingresso de Ur$50 dá direito a visitar sete das principais atrações turísticas de Colonia. Todas funcionam no mesmo horário (11h15-16h45), mas os dias variam como observado abaixo. Ao redor da Plaza Mayor, localizam-se as quatro atrações a seguir:

O **Museo Portugués** (Plaza Mayor 25 de Mayo 180; 🕑 fecha qua) possui antiguidades portuguesas como porcelanas, móveis, mapas e o escudo de pedra que adornava o Portón de Campo. O **Museo Municipal** (Comercio 77; 🕑 fecha ter) abriga uma coleção eclética que inclui um esqueleto de baleia, o enorme leme de um navio naufragado e uma maquete de Colonia, de 1762. A **Casa Nacarello** (Comercio 67; 🕑 fecha ter) é uma das casas coloniais mais bonitas da cidade, com móveis de época, espessas paredes caiadas, vitrais e um belo pátio. O **Archivo Regional** (Misiones de los Tapes 115; 🕑 fecha sáb e dom) abriga documentos históricos e uma livraria.

Próximas à esquina da Plaza Mayor ficam as ruínas do **Convento de San Francisco**, do século 17. No interior fica o **faro** (farol; entrada Ur$30; 🕑 11-20h), construído no século 19 e de onde se tem belas vistas do centro histórico.

Visite o pequeno **Museo del Azulejo** (esq. Misiones de los Tapes e Paseo de San Gabriel; 🕑 fecha qua), na extremidade oeste da Misiones de los Tapes. Trata-se de uma casa do século 17 com amostras de azulejos coloniais. Daqui, caminhe dois quarteirões em direção ao norte e entre no **Museo Indígena** (Comercio s/n; 🕑 fecha qui), que abriga uma coleção de ferramentas de pedra dos Charrúa (índios uruguaios) e conta a história dos povos indígenas.

COLONIA

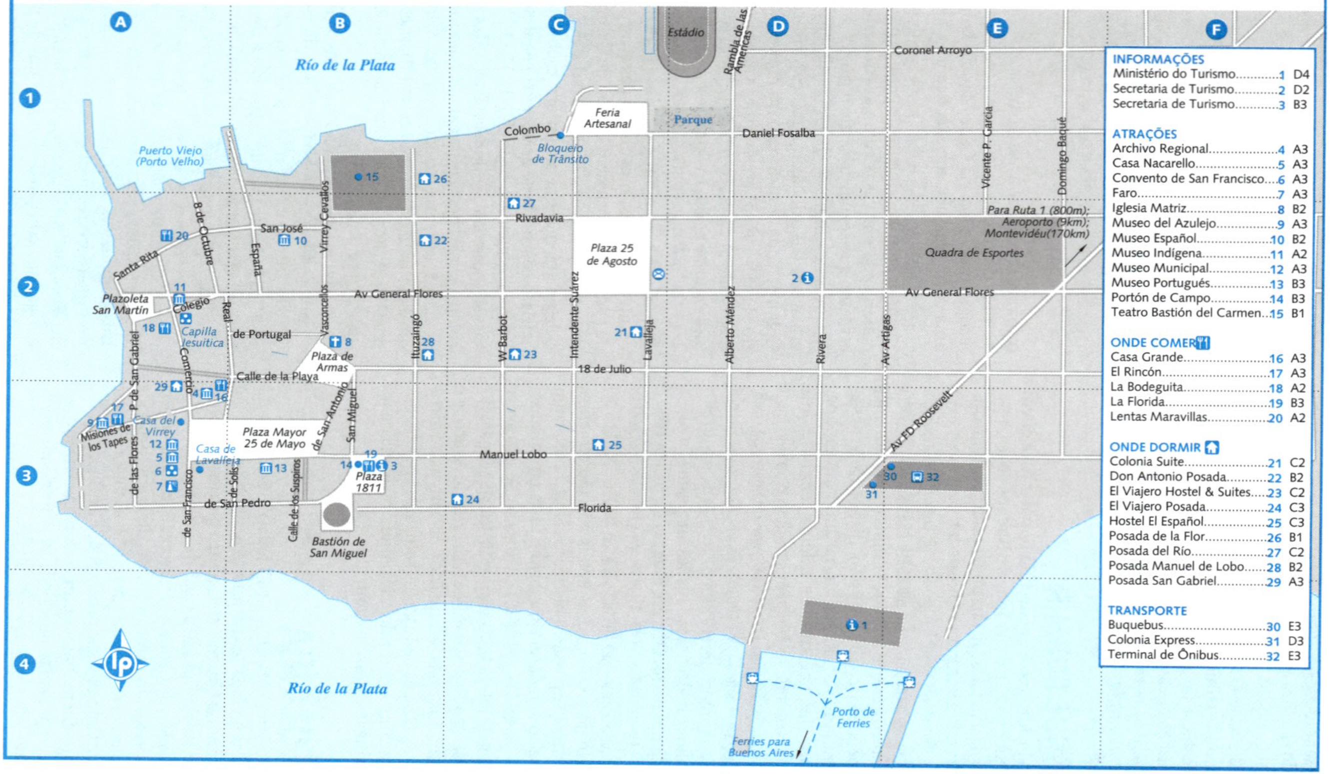

INFORMAÇÕES
- Ministério do Turismo.....1 D4
- Secretaria de Turismo.....2 D2
- Secretaria de Turismo.....3 B3

ATRAÇÕES
- Archivo Regional.....4 A3
- Casa Nacarello.....5 A3
- Convento de San Francisco.....6 A3
- Faro.....7 A3
- Iglesia Matriz.....8 B2
- Museo del Azulejo.....9 A3
- Museo Español.....10 B2
- Museo Indígena.....11 A2
- Museo Municipal.....12 A3
- Museo Portugués.....13 B3
- Portón de Campo.....14 B3
- Teatro Bastión del Carmen.....15 B1

ONDE COMER
- Casa Grande.....16 A3
- El Rincón.....17 A3
- La Bodeguita.....18 A2
- La Florida.....19 B3
- Lentas Maravillas.....20 A2

ONDE DORMIR
- Colonia Suite.....21 C2
- Don Antonio Posada.....22 B2
- El Viajero Hostel & Suites.....23 C2
- El Viajero Posada.....24 C3
- Hostel El Español.....25 C3
- Posada de la Flor.....26 B1
- Posada del Río.....27 C2
- Posada Manuel de Lobo.....28 B2
- Posada San Gabriel.....29 A3

TRANSPORTE
- Buquebus.....30 E3
- Colonia Express.....31 D3
- Terminal de Ônibus.....32 E3

Seguindo a leste na av. General Flores e, então, um quarteirão ao norte, você chegará ao **Museo Español** (San José 164), que tem réplicas de cerâmicas, roupas e mapas coloniais. Ele estava fechado durante o período de pesquisa, mas esperamos que esteja aberto durante sua visita. Na extremidade norte da vizinha Calle España, fica o **Puerto Viejo**, antigo porto e hoje uma marina. Um quarteirão a leste, localiza-se o **Teatro Bastión del Carmen** (esq. Calle del Virrey Cevallos e Rivadavia; fechado seg), um complexo de teatro e galeria que incorpora parte das antigas fortificações da cidade. A enorme chaminé é mais recente, da década de 1880.

Situada alguns quarteirões ao sul, a **Plaza de Armas** também é conhecida como Plaza Manuel Lobo. A **Iglesia Matriz**, cuja construção teve início em 1680, é a igreja mais antiga do Uruguai, mas já foi reconstruída duas vezes. A praça também abriga as fundações de uma casa da época da ocupação portuguesa.

INFORMAÇÕES

Secretaria de Turismo (☎ 4522-6141; esq. av. General Flores e Rivera); 9-19h, até 20h no verão); há ainda um **centro de informações hoteleiras** (☎ 4522-7302; 11-19h), que o ajudará a encontrar uma acomodação.

Secretaria de Turismo (☎ 4522-8506; Manuel Lobo sn; 9-18h, até 19h dez-mar) Ao lado do portão da cidade.

Ministério do Turismo (☎ 4522-4897; www.turismo.gub.uy) No terminal de balsas.

ONDE COMER

Colonia possui uma boa variedade de restaurantes à sua escolha.

La Florida (☎ 94-293036; www.restorantlaflorida.com; Florida 215; pratos principais Ur$400-500; 13-16h qui-ter, 21-1h sáb) Para quem gosta de curiosidades: essa bela casa decorada com antiguidades, que hoje abriga o melhor restaurante de Colonia, já foi um bordel. Para os gourmets: o *chef* Carlos Bidanchon prepara pratos internacionais tanto tradicionais quanto criativos apenas com ingredientes da estação. Espere pratos deliciosos, como risoto de camarão, costela de cordeiro ou mexilhão ao molho de gorgonzola e *curry*. Faça reserva para o jantar aos sábados.

La Bodeguita (☎ 4522-5329; Comercio 167; refeições Ur$220-330; almoço e jantar seg-sex, almoço sáb e dom) Escolha uma mesa no deque aberto na área dos fundos e aprecie a arrebatadora vista do rio, enquanto toma uma sangria ou saboreia uma pizza, marca registrada da casa.

Casa Grande (☎ 4522-8371; www.casagrandebistro.com; Misiones de los Tapes 174; pratos principais Ur$200-360; 10-0h) Esse sofisticado restaurante especializado em massas (o *chef* é italiano) também serve boas carnes e peixes. As mesas na calçada próxima da Plaza Major são as melhores.

El Rincón (☎ 99-675202; Misiones de los Tapes 41; pratos principais Ur$200-300; 12-17h qui-ter) Em uma tarde ensolarada de fim de semana, o El Rincón é perfeito para relaxar sob a grande árvore dos fundos, entre muros de pedra e estuque, ou observar o rio. Não deixe de pedir a *parrillada* (churrasco misto).

Lentas Maravillas (☎ 4522-0636; Santa Rita 61; pratos principais Ur$120-280; 15-21h seg-sex, 16-23h sáb, 12-21h dom) Esse aconchegante restaurante que mais parece uma sala de estar é o melhor lugar para sair em Colonia. Os livros da proprietária Maggie Molnar ficam à disposição dos clientes e há uma vista serena para o jardim (onde há mesas também). A comida é *gourmet*, mas mais casual. Há wi-fi disponível.

ONDE DORMIR

Alguns hotéis cobram mais de sexta a domingo. Se pretende viajar de dezembro a março, faça sua reserva com antecedência.

Colonia Suite (☎ 9851-8966; www.coloniaste.net; Lavalleja 169; Ur$3.100-3.700;) O melhor lugar íntimo para se hospedar em Colonia são essas três lindas suítes. Todas são espaçosas e decoradas com bom gosto, com finos toques rústicos, como paredes de tijolos aparentes e vigas de madeira. O café da manhã é preparado pelo proprietário, que fala inglês. É obrigatório fazer reserva.

Don Antonio Posada (☎ 4522-5344; www.posadadonantonio.com; Ituzangó 232; q Ur$1.900-3.400;) Esse hotel luxuoso é perfeito para quem procura uma bela piscina. Pátios dão ao lugar um

A VIDA NO CAMPO

Quer fugir de tudo, mas com diversão e por um preço acessível? Vá ao **El Galope Hostel** (☎ 99-105985; www.elgalope.com.uy; Km 114,5, Ruta 1; dc Ur$400, c Ur$1.400), uma fazenda a cerca de 50 minutos de ônibus de Colonia. Você pode fazer trilhas, andar a cavalo ou bicicleta e relaxar próximo à lareira com uma garrafa de vinho, tudo no tranquilo interior uruguaio. Os simpáticos proprietários, Mónica e Miguel, são viajantes experientes que falam inglês, espanhol, francês e alemão. Há descontos para sócios da Hostelling International. Algumas atividades são cobradas à parte.

clima clássico e romântico. Os quartos (em quatro categorias) são arejados e confortáveis.

Posada Manuel de Lobo (☎ 4522-2463; www.posadamanueldelobo.com; Ituzaingó 160; q Ur$2.000-3.000; ❄ 📶) O charme histórico dessa casa de 150 anos inclui móveis de madeira, azulejos antigos, teto com vigas aparentes, paredes de tijolos, fontes e dois pátios nos fundos. Há apenas oito quartos (as suítes possuem jacuzzi) e o proprietário, Paco, é muito simpático.

Posada San Gabriel (☎ 4522-3283; www.posadasangabriel.com.uy; Comercio 127; q Ur$1.430-1.540; ❄ 💻 📶) Essa pequena e linda *posada* com paredes de pedra e camas de metal possui apenas seis quartos – os dois no andar de cima têm vista para o rio e são mais caros. Faça sua reserva com antecedência, pois o lugar é muito procurado.

Posada de la Flor (☎ 4523-0794; www.posada-delaflor.com.ar; Ituzaingó 268; q Ur$1.300-1.660; ❄ 📶) Situada em uma rua sombreada por sicômoros que leva a uma pequena praia, a Flor possui atrações como um belo pátio cheio de plantas e um terraço com vista para o rio.

Posada del Río (☎ 4522-3002; www.posadadelrio.com.uy; Washington Barbot 258; s/c Ur$800/1.400; ❄ 📶) Essa pousada tranquila localizada em uma rua sem saída oferece doze quartos bonitos e confortáveis. A pequena sala de café da manhã no segundo andar tem vista parcial para o rio e há um belo pátio no térreo.

El Viajero Hostel & Suites (☎ 4522-2683; www.elviajerohostels.com; Washington Barbot 164; dc Ur$340-360, c Ur$1.200; ❄ 💻 📶) Eis aqui um albergue decente situado em uma antiga casa, com pátio nos fundos (para o qual os quartos privativos têm vista) e um agradável terraço panorâmico. Há bicicletas disponíveis para aluguel. Melhor ainda é a pousada (☎ 4522-8645; Florida 269; c Ur$1.600) vizinha, que oferece ambientes mais refinados e quartos sofisticados, dispostos ao redor de um lindo pátio.

VIAJANDO PARA O URUGUAI

Viajar de BA ao Uruguai é rápido e fácil, mas você precisará do passaporte (se não for brasileiro). Cidadãos da Europa, EUA, Canadá, Austrália e Nova Zelândia recebem um cartão de turista na entrada, válido por 90 dias. Outras nacionalidades podem requerer visto. Verifique a atual política de vistos para visitar o país.

A moeda é o peso uruguaio (Ur$), mas dólares e pesos argentinos são aceitos em vários lugares. O código telefônico do país é ☎ 598. O fuso horário uruguaio é de uma hora a mais que o da Argentina, mas o horário de verão pode afetar essa diferença.

Hostel El Español (☎ 4523-0759; www.hostelespaniol.com; Calle Manuel Lobo 377; dc Ur$240-260, c com banheiro coletivo/privativo Ur$650/800; 💻 📶) As escuras áreas comuns desse antigo albergue popular entre os jovens são compensadas pelo ensolarado pátio dos fundos. Os dormitórios têm até dez camas e há aluguel de bicicletas. Sócios de clubes de albergues (HI, HoLa e Miniholstels) têm 10% de desconto.

MONTEVIDÉU

Capital do Uruguai e de longe a maior cidade do país, Montevidéu é vibrante, eclética e rica em cultura. No centro da cidade, prédios de estilo *art déco* e neoclássico convivem com arranha-céus castigados, enquanto na Ciudad Vieja – centro histórico – os prédios antigos estão sendo restaurados para abrigarem cafés de cores chamativas, albergues e galerias. As cenas musical, teatral e artística continuam a florescer por aqui, com espaço para teatros antigos e elegantes, bares de tango e modernas casas noturnas à beira-mar.

A principal área de comércio e entretenimento da cidade é a av. 18 de Julio, mas o coração da cidade é a Plaza Independencia. Aqui, você encontrará o sombrio, porém impressionante Mausoleo de Artigas, que celebra as conquistas do herói da independência uruguaia. O mausoléu subterrâneo fica no centro da praça. Procure pelas escadas sob a estátua equestre de Artigas.

Vizinho da praça, o elegante Teatro Solís (☎ 1950-3323; www.teatrosolis.org.uy; Buenos Aires 678), é o mais importante de Montevidéu. Inaugurado em 1856 e completamente reformado na década passada, ele tem acústica excelente e recebe festivais de música, concertos, balés, óperas e peças teatrais. De dezembro a março, são oferecidas visitas guiadas de terça a sexta-feira, às 11h, 12h e 17h; aos sábados, há uma visita extra às 13h (nos outros meses, os horários variam). O preço é de Ur$20 para visitas em espanhol e Ur$40 em inglês; às quartas-feiras, elas são gratuitas, mas oferecidas apenas em espanhol.

A três quarteirões da praça, o Museo del Gaucho y de la Moneda (☎ 2900-8764; 18 de Julio 998; entrada; 🕑 10-17h seg-sex) conta com eloquência a profunda relação de interdependência entre os *gauchos*, seus animais e a terra. O excelente acervo conta com artefatos da história *gaucha* uruguaia, como artigos de montaria, prataria, cuias e *bombillas* (canudos de metal para beber, ou bombas) extravagantes.

TRANSPORTE: MONTEVIDÉU

Distância de Buenos Aires 220km.

Direção Leste.

Tempo de viagem 35min de voo; 2h e 30 min-3 horas de balsa.

Avião Voos diários pela Pluna e Aerolíneas (AR$520).

Ônibus Ônibus diários partem da rodoviária de Retiro (AR$830, 8h).

Balsa A Buquebus opera uma linha de balsas de alta velocidade para Montevidéu (AR$430, 3h). Há ainda combinações de ônibus e balsa via Colonia (AR$240 a AR$320, 4-6h). A Colonia Express oferece menos opções, porém mais baratas. Para mais detalhes, veja p. 219.

Ainda há vestígios dos prédios neoclássicos do século 19 na Ciudad Vieja, o pitoresco centro histórico de Montevidéu. Muitos museus localizam-se nessa região, incluindo a Casa Rivera (☎ 2915-1051; Rincón 437; 🕑 11-17h seg-sex, 10-15h sáb), antiga residência do primeiro presidente uruguaio. A coleção de pinturas, documentos, móveis e artefatos conta a história do país das raízes indígenas à independência. A alguns quarteirões de distância, o Museo de Artes Decorativas (☎ 2915-1101; 25 de Mayo 376; 🕑 12h30-18h ter-sáb, 14-18h dom), de 1810, foi residência de um rico comerciante. Visitas guiadas gratuitas (em espanhol) com explicações sobre o palácio e os móveis são oferecidas entre as 14h e 17h, de quarta a sexta-feira.

Na orla, encontra-se o Museo del Carnaval (☎ 2916-5493; Rambla 25 de Agosto 218; 🕑 11-17h ter-dom) que abriga uma maravilhosa coleção de fantasias, instrumentos de percussão, máscaras, vídeos e fotos que documenta os mais de cem anos de história do carnaval da capital uruguaia. Nas proximidades, fica o Mercado del Puerto, uma enorme estrutura de ferro fundido de 1867 que abriga várias *parrillas* de preço razoável. Nas tardes de sábado, o local fica agitado e colorido, com artistas, artesãos e músicos de rua.

Situado a leste do centro, o longo calçadão costeiro La Rambla é um dos elementos definidores da cidade. Ele liga o centro aos bairros costeiros de Punta Carretas, Pocitos, Buceo e Carrasco, que ficam a leste. Esse é o centro social de Montevidéu nas tardes de domingo; os moradores se reúnem por aqui com garrafas térmicas e cuias e socializam com os amigos.

INFORMAÇÕES

Secretaria Municipal de Turismo (☎ 2916-8434; esq. Rambla 25 de Agosto e Maciel; 🕑 11-17h) Localizada próximo ao porto, na Ciudad Vieja; uma unidade mais central deve retornar à esq. av. 18 de Julio e Ejido.

Ministério Nacional do Turismo Ciudad Vieja (☎ 1885-111; www.turismo.gub.uy; esq. Rambla 25 de Agosto e Yacaré; 🕑 9-18h seg-sex); Aeroporto Carrasco (☎ 2604-0386; 🕑 8-22h); Rodoviária Tres Cruces (☎ 2409-7399; esq. Bulevar Artigas e av. Italia; 🕑 8-22h)

Bicicletería Sur (☎ 2901-0792; Alquiles Lanza 1100; 9-13h, 15-19h seg-sáb) Aluga bicicletas para a sua aventura na *rambla* (calçadão às margens do rio).

ONDE COMER

Os restaurantes de Montevidéu não são nada pretensiosos e têm excelente custo-benefício.

Ciudad Vieja

A região clássica de restaurantes em Montevidéu é o Mercado del Puerto, na orla da Ciudad Vieja. A enorme quantidade de *parrillas* atrai todos os tipos de bolso.

Café Roldós (☎ 2915-1520; Mercado del Puerto; sanduíches Ur$45; 🕑 9-18h) Esse local histórico serve o famoso *medio y medio* – uma refrescante mistura de vinho e espumante, meio a meio – desde 1886. Adicione um saboroso sanduíche e sua refeição está completa!

Shawarma Ashot (☎ 2900-7250; Zelmar Michelini 1295; Ur$75-130; 🕑 11-17h seg-sex) Trata-se de um estabelecimento casual que serve deliciosos *falafels* e outras guloseimas típicas do Oriente Médio. Peça o *shawarma* de cordeiro na sexta-feira.

Cervecería Matriz (☎ 2916-1582; Sarandi 582; pratos principais Ur$160-335; 🕑 café da manhã, almoço e jantar) Junte-se à multidão e beba uma cerveja com *chivitos* (o sanduíche nacional do Uruguai, cheio de colesterol) sob as árvores da pitoresca Plaza Constitución. Você também encontrará pizzas no cardápio.

ALERTA SOBRE A CIUDAD VIEJA

Apesar de Montevidéu ser bastante pacata, é preciso ter cautela, como em qualquer cidade grande. Roubos de carteiras e bolsas são comuns na Ciudad Vieja, e deve-se evitar ir ao Mercado del Puerto à noite. Se quiser dar queixa de um crime, entre em contato com a Polícia Turística (☎ 2403-6123).

Centro

Los Leños Uruguayos (☎ 2900-2285; San José 909; pratos principais Ur$145-360; ⏰ 11h30-15h30 e 17h30-0h) Um dos melhores para quem gosta de pratos executivos, esse restaurante tem ótimas opções de salada, e há sempre uma enorme costela assando na entrada. O *menu ejecutivo* (Ur$240) inclui *cubierto* (couvert; Ur$34 a Ur$42), prato principal, sobremesa e café.

Ruffino Pizza y Pasta (☎ 2908-3384; San José 1166; pratos principais Ur$160-310; ⏰ almoço e jantar seg-sex, jantar sáb, almoço dom) Merecidamente popular nos almoços de domingo, o Ruffino serve ótimas pizzas e massas caseiras. Experimente o molho Caruso (cogumelo e creme), uma especialidade única do Uruguai criada para o tenor italiano Enrico Caruso durante sua visita a Montevidéu, em 1915.

El Rincón de los Poetas (☎ 2908-5345; San José 1312; pratos principais Ur$150-200; ⏰ almoço e jantar seg-sáb) Oferecendo o clássico trio uruguaio de massa, pizza e, é claro, carne grelhada, esse restaurante traz toda a atmosfera aconchegante e descontraída do Mercado de la Abundancia.

La Vegetariana (☎ 2902-3178; Yí 1369; refeições Ur$150; ⏰ almoço e jantar seg-sáb, almoço dom) Sirva-se no bufê com pratos quentes, saladas e sobremesas – a comida não é refinada, mas é uma das poucas opções vegetarianas nesse país louco por carne.

ONDE DORMIR

O cenário explosivo de albergues de Montevidéu é um sonho realizado para os turistas com orçamento mais apertado, pois a concorrência mantém a qualidade alta.

Ciudad Vieja

Posada al Sur (☎ 2916-5287; www.posadaalsur.com.uy; Pérez Castellano 1424; dc Ur$360, s Ur$900-1.200, c Ur$1.000-1.300, apt. Ur$1.500; 💻 📶) A alguns quarteirões do Mercado del Puerto, esse lindo prédio antigo restaurado possui um dormitório com seis camas e três quartos privativos (dois compartilham o mesmo banheiro). É também ecologicamente correto – tem painéis de energia solar no telhado e apoia o ecoturismo. Há um belo terraço panorâmico e aluguel de bicicletas.

Hotel Palacio (☎ 2916-3612; www.hotelpalacio.com.uy; Bartolomé Mitre 1364; q Ur$780-900) Não se trata de um palácio, mas esse hotel bastante antigo possui camas e móveis antigos e um elevador com muita história. Das grandes sacadas, há bonitas vistas para a Ciudad Vieja.

Centro

Radisson Victoria Plaza (☎ 2902-0111; www.radisson.com/montevideo.uy; Plaza Independencia 759; s/c Ur$4.800/5.200, Ur$5.600; ❄ 💻 📶 🏊) Autêntico cinco estrelas, com quartos luxuosos, piscina semiolímpica (25m) e restaurante no 25º andar, com vista impressionante. A localização central na Plaza Independencia é imbatível.

Hotel Embajador (☎ 2902-0012; www.hotelembajador.com; San José 1212; s/c a partir de Ur$1.380/1.780, ste Ur$3.700; ❄ 💻 📶 🏊) O hotel quatro estrelas Embajador oferece acomodações confortáveis por um preço razoável. Os quartos têm bom tamanho, mas se quiser bastante espaço escolha as enormes suítes com jacuzzi. Há uma piscina no terraço panorâmico, sauna, uma pequena academia e várias outras comodidades.

Hotel Lancaster (☎ 2902-1054; www.lancasterhotel.com.uy; Plaza Cagancha 1334; s/c a partir Ur$1.100/1.280; ❄ 💻 📶) Três estrelas acessível com localização central, na Plaza Cagancha. Os corredores são um pouco escuros e os quartos, um tanto simples demais, mas limpos e confortáveis – muitos têm vista para a praça em frente.

El Viajero Hostel & Suites Centro (☎ 2908-2913; www.elviajerodowntown.com; Soriano 1093; dc Ur$340, c Ur$1.400; 💻 📶) Esse colorido albergue situa-se em um encantador prédio antigo. O destaque fica para o o pátio ensolarado nos fundos. Os dormitórios são de bom tamanho e cada um dos oito quartos privativos possui banheiro próprio. Há ainda um saguão bem iluminado, aluguel de bicicletas e, às vezes, *asados*. Sócios da HI ganham desconto de 15%; há outra filial na Ciudad Vieja (☎ 2915-6192; Ituzai, 1436).

Red Hostel (☎ 2908-8514; www.redhostel.com; San José 1406; dc/s/c Ur$320/700/1.080; 💻 📶) As paredes e o deque panorâmico de um alaranjado vivo, as plantas e a luz natural entrando pelas claraboias de vitrais fazem desse albergue o mais alegre de Montevidéu. Os funcionários são animados e simpáticos e, apesar de a sala de TV e a cozinha serem um pouco pequenas, no geral, o lugar é bastante recomendável.

Montevideo Hostel (☎ 2908-1324; www.montevideohostel.com.uy; Canelones 935; dc Ur$300; 💻 📶) Com instrumentos musicais espalhados aqui e ali, um bar no subsolo, uma linda lareira e uma escada em espiral conectando os três andares da espaçosa área comum central, esse albergue antigo ainda é umas das opções mais baratas da cidade. Há ainda uma mesa de pingue-pongue no subsolo, terraço panorâmico e aluguel de bicicletas. Sócios da HI ganham desconto.

PUNTA DEL ESTE

Punta del Este – com suas praias, casas à beira-mar, marina, altos edifícios residenciais, hotéis caros e restaurantes reluzentes – é um dos resorts mais glamorosos da América do Sul e, de longe, o destino mais exclusivo do Uruguai. Extremamente popular entre argentinos (principalmente em janeiro e fevereiro) e brasileiros, Punta sofreu um período de declínio durante as recessões argentina e uruguaia, mas voltou com tudo. Quem gosta de ver celebridades se diverte: Punta já atraiu Ralph Lauren, a estrela do futebol Zinedine Zidane e o vocalista do Metallica, James Hetfield.

É muito fácil andar pelo centro de Punta – você pode passear de um extremo ao outro em menos de meia hora. A av. Gorlero, principal via da cidade, tem apenas dez quarteirões e oferece uma grande variedade de lojas, serviços e restaurantes casuais.

Mas as praias são as principais atrações. Punta fica na ponta rochosa de uma península, com praias de areias brancas. Próxima ao centro fica a **Playa Mansa**, cujas águas calmas atraem famílias e público mais tranquilo. A **Playa Brava** fica no lado leste, a menos de cinco minutos de caminhada. Seus frequentadores são mais ativos e as ondas fazem algumas vítimas todos os anos: tenha cuidado ao nadar.

As melhores praias estão a uma curta distância de ônibus. Estendendo-se a nordeste, fica uma faixa de areia de 10km que termina em **La Barra**, uma pequena vila onde os ricos fazem a festa. Discotecas, restaurantes e lojas servem às multidões mais abastadas.

No lado noroeste da península fica outra faixa de praias com 15km de extensão, que termina em **Punta Ballena**, cuja principal atração é a **Casapueblo** (☎ 578-041; entrada Ur$120; 🕑 10-pôr do sol), uma estrutura neomediterrânea que ostenta vistas inesquecíveis. Trata-se de uma galeria inspirada no artista e aventureiro uruguaio Carlos Páez Vilaró. Ao lado, fica um incrível hotel e café-bar. Para chegar aqui, ande 2km a partir do ponto dos ônibus de Montevidéu (como os da Cot ou Copsa).

TRANSPORTE: PUNTA DEL ESTE

Distância de Buenos Aires 360km.

Direção Leste.

Tempo de viagem 45min de voo; 10h de ônibus.

Avião Voos diários da Aerolíneas; da Pluna, apenas na alta temporada (AR$800).

Ônibus Ônibus saem com frequência de Montevidéu (AR$30, 2h), com destino a Retiro, em Buenos Aires.

Balsa Integrações ônibus-balsa da Buquebus (p. 219), via Colonia (AR$260) ou Montevidéu (AR$380).

INFORMAÇÕES

Centro de Hoteles y Restaurantes (☎ 4244-0512; www.puntadelestehoteles.com; Plaza Artigas; 🕑 8-0h dez-mar, 10-18h abr-nov) Ajuda nas reservas de hotel.

Centro de Informes (☎ 4244-6519; www.maldonado.gub.uy, esq. Calle 31 e La Rambla; 🕑 8-0h dez-mar, 10-18h mar-nov) Outras filiais na Plaza Artigas e na rodoviária.

Ministério do Turismo (☎ 4244-1218; www.turismo.gub.uy; Gorlero 942; 🕑 10-3h30 e 16h30-20h dez-mar, 10-17h seg-sáb, 12-16h dom abr-nov)

ONDE COMER

Os restaurantes de Punta são, em geral, caros, com destaque para os frutos do mar. Os horários abaixo mudam entre abril e novembro, quando muitos só abrem nos fins de semana.

Lo de Tere (☎ 4244-0492; www.lodetere.com; esq. Rambla Artigas e Calle 21; pratos principais Ur$450-890; 🕑 almoço e jantar) Apesar do desconto para quem chega cedo (há desconto até para mulheres desacompanhadas!), os preços são salgados, mas é difícil comer melhor em Punta. O cardápio é internacional, com pratos como *panzerotti* com recheio de pato e a famosa costela de cordeiro. As vistas para a marina são ótimas.

Il Baretto (☎ 4244-5565; www.ilbarettopunta.com; esq. calles 9 e 10; pratos principais Ur$320-520; 🕑 café da manhã, almoço e jantar seg-sáb, almoço e jantar dom) O cardápio do Il Baretto inclui algumas das melhores massas de Punta – experimente o ravióli de peixe ou o salmão *en croûte*; a pizza é boa também. Há música ao vivo nas sextas e sábados.

Virazón (☎ 4244-3924; www.virazon.com.uy; Rambla Artigas e Calle 28; pratos principais Ur$300-570; 🕑 café da manhã, almoço e jantar) Pegue um lugar no deque à beira-mar e divirta-se com os garçons tentando manter a aparência nobre ao atravessar a rua com as bandejas cheias. Há opções para todos os gostos: carnes, frutos do mar, massas, saladas e até mesmo algumas variedades de sushi.

Baby Gouda Deli Café (☎ 4277-1874; Km 161, Ruta 10, La Barra; pratos principais Ur$250-450; 🕑 almoço e jantar) Sente-se e relaxe nesse restaurante transado, com um convidativo deque na área externa. O cardápio é limitado a sanduíches *gourmet*, saladas e massas. Localizado na via principal da cidade, a 20 minutos de ônibus do centro.

La Fonda del Pesca (☎ 4244-9165; Calle 29 entre Gorlero e Calle 24; pratos principais Ur$180-250; ⏰ 7-4h) Taberna chamativa especializada em peixes, cujo *chef* e proprietário Pesca frequentemente sai da cozinha e passeia pelo salão. O cardápio inclui massas, carnes e sobremesas caseiras.

Chivitería Marcos (☎ 4244-9932; Rambla Artigas entre calles 12 e 14; *chivitos* Ur$180; ⏰ 11-4h) A Marcos fez fama com os megassanduíches. Escolha entre doze recheios e sete molhos e, então, tente equilibrar o enorme *chivito* até a mesa.

El Milagro (☎ 4244-3866; Calle 17 entre calles 22 e 24; pratos principais Ur$100-195; ⏰ almoço e jantar) Modesta *chivitería* e pizzaria com os melhores preços de Punta. Ela oferece um cardápio mais barato, o *menu del día*, e – surpreendentemente – não cobra pelo *couvert*. Os hambúrgueres, cachorros-quentes e massas também são bons.

ONDE DORMIR

No Natal e em janeiro (quando fazer reservas é obrigatório), Punta fica lotada e os preços são astronômicos. De junho a agosto, a cidade fica deserta; os lugares que ficam abertos baixam os preços consideravelmente.

Os preços abaixo são para os meses de novembro, começo de dezembro e fevereiro, apesar de cada local considerar as temporadas de uma forma diferente. Verifique com antecedência para saber os preços exatos.

Casapueblo (☎ 4257-8611; www.clubhotel.com.ar; Punta Ballena, Maldonando; q a partir de UR$4.200;) Em Punta Ballena, encontra-se esse singular prédio de estuque encarapitado sobre uma encosta litorânea. Os quartos têm terraço com vista para o mar e os corredores e escadas fazem você se sentir em um labirinto. A piscina é um paraíso – há também uma piscina coberta. Você precisará de veículo próprio, a menos que goste de caminhar – o ponto de ônibus mais próximo fica a 2km de distância. Faça reserva com antecedência; a hospedagem mínima é de cinco noites de 23/12 a 28/02.

La Posta del Cangrejo (☎ 4277-0021; www.lapostadelcangrejo.com; Ruta 10, La Barra; c a partir de Ur$4.000;) Hotel de frente para o mar em La Barra, a 20 minutos do centro de Punta. O prédio de diversos andares com paredes caiadas é quase labiríntico. Há um excelente restaurante de influência francesa e terraços à beira da piscina. Alguns quartos ostentam pátios com vista para o mar, mas, se quiser bastante espaço, escolha uma suíte no andar de cima – elas são enormes, com dois banheiros, lareira, jacuzzi e sala de TV.

Hotel Concorde (☎ 4244-4800; www.hotelconcorde.com.uy; Calle 9 717; c a partir de Ur$2.700;) Esse três estrelas oferece bons quartos (alguns com uma pequena cozinha) e uma agradável área com piscina. A localização é boa, próxima à marina e a muitos restaurantes. Há também apartamentos para quatro pessoas (Ur$5.000).

Bonne Étoile (☎ 4244-0301; www.hotelbonneetoile.com; Calle 20 entre calles 23 e 25; c Ur$2.600-3.000;) Não se assuste com o saguão preto e branco – os quartos, apesar de um pouco fora de moda, são satisfatórios e espaçosos; alguns têm vista para o rio. O hotel fica em uma casa de praia dos anos 1940, anexa a um prédio de seis andares mais moderno. Quartos com ar-condicionado custam mais.

Days Inn (☎ 4244-7116; www.daysinnhotels.com.uy; esq. Calle 28 e Gorlero; c Ur$2.400-3.200;) Os quartos desse albergue são bonitos, limpos e trazem conveniências clássicas, como cofre e frigobar (alguns têm vista para o mar). Há uma área para relaxar no terraço panorâmico e uma piscina coberta. Filial na Playa Mansa, (Rambla Williman, parada 3).

Hotel Tanger (☎ 4244-1333; www.hoteltanger.com; Calle 31 entre calles 18 e 20; c Ur$2.200;) A apenas um quarteirão da rodoviária, esse hotel oferece quartos amplos e confortáveis. As suítes e os apartamentos são bem iluminados e alguns ostentam jacuzzi e vista para o mar. Há duas piscinas – uma no terraço e outra coberta.

Tas D'Viaje Hostel (☎ 4244-8789; www.tasdviaje.com; Calle 24, entre 28 e 29; dc Ur$600, c Ur$1.600;) Albergue com a melhor atmosfera de Punta a um quarteirão da Playa Brava. Ele possui ótimos espaços para relaxar, incluindo um pequeno pátio na frente, uma confortável sala de estar e – o melhor de tudo – um jardim nos fundos com *parrilla*, bar e redes. Há aluguel de bicicletas e pranchas, além de aulas de surfe.

1949 Hostel (☎ 4244-0719; www.1949hostel.com; esq. calles 30 e 18; dc Ur$600-800;) Os pontos altos desse albergue são os lugares para relaxar, com redes e vistas parciais do mar. As desvantagens são a cozinha pequena e os dormitórios lotados (no inverno eles se transformam em quartos privativos). Há aluguel de pranchas.

El Viajero Brava Beach Hostel (☎ 4248-0331; www.elviajerohostels.com; esq. av. Francia e Charrúa; dc Ur$500, c Ur$2.000;) Albergue da popular rede Viajero. Ele fica em uma esquina barulhenta, mas é próximo da rodoviária e da vida noturna da Playa Brava. Há aluguel de bicicletas, aulas de surfe e descontos para sócios da HI.

TRANSPORTE

A Argentina é um país grande, e a maioria das pessoas viaja para Buenos Aires de avião. É possível chegar à capital de ônibus a partir de países vizinhos, mas isso geralmente envolve uma longa viagem. O Uruguai é a exceção, já que fica na outra margem do rio da Prata, a uma distância relativamente curta de avião ou barco.

BA é uma cidade grande e moderna, com boas opções de transporte público, porém a melhor forma de conhecê-la é a pé. O centro, relativamente pequeno, pode ser cruzado de um extremo ao outro em cerca de meia hora. Para distâncias mais longas, a maioria das pessoas usa ônibus, Subte (metrô) ou táxi. Dirigir é recomendável apenas aos suicidas.

Bilhetes de voos, trens e passeios podem ser adquiridos on-line em www.lonelyplanet.com/travel_services.

AVIÃO

Buenos Aires é o portão de entrada internacional da Argentina e facilmente acessível a partir da América do Norte, Europa e Australásia, além das outras capitais da América do Sul. As Aerolíneas Argentinas e a Lan são as principais companhias aéreas regionais na atualidade, mas as companhias aéreas argentinas vêm e vão com frequência. Sempre confira informações de viagens atualizadas durante a sua estada.

AS COISAS MUDAM...

As informações deste capítulo estão sujeitas a mudanças. Cheque diretamente com a companhia aérea ou o agente de viagem para ter certeza de que você entendeu bem as condições da passagem e as exigências do seguro para viagem internacional. Compre com cuidado. Os detalhes apresentados neste capítulo devem ser vistos como dicas e sugestões e não como substitutos do cuidado que você, pessoalmente, deve tomar.

Companhias aéreas

Aerolíneas Argentinas (Mapa p. 62; ☎ 0810-222-86527; www.aerolineas.com; Perú 2).

Air Canada (Mapa p. 62; ☎ 4327-3640; www.aircanada.ca; av. Córdoba 656)

Air France (Mapa p. 62; ☎ 4317-4700; www.airfrance.com.ar; San Martín 344, 23º andar)

Alitalia (Mapa p. 62; ☎ 0810-777-2548; www.alitalia.com; San Martín 344, 23º andar)

American Airlines (Mapa p. 84; www.aa.com; ☎ 4318-1111; av. Santa Fe 881)

British Airways (Mapa p. 84; ☎ 0800-222-0075; www.britishairways.com; av. del Libertador 498, 13º andar)

Continental (Mapa p. 62; ☎ 0800-333-0425; www.continental.com; Carlos Pellegrini 529)

VIAGEM E MUDANÇA CLIMÁTICA

As mudanças climáticas são uma grave ameaça aos ecossistemas dos quais o homem depende, e as viagens aéreas são o fator que mais cresce entre as causas do problema. A Lonely Planet considera viajar, de modo geral, benéfico, mas acha que temos a responsabilidade de limitar nosso impacto no aquecimento global.

Viagens Aéreas e Mudanças Climáticas

Todo meio de transporte que usa combustível à base de carbono gera CO_2, a principal causa da mudança climática provocada por atividades humanas. As viagens modernas dependem dos aviões e, embora eles usem muito menos combustível por passageiro por quilômetro do que a maioria dos carros, percorrem distâncias muito maiores. O problema não se limita à quantidade de emissões: a altitude contribui de modo significativo para o seu impacto sobre a mudança climática.

Compensações de Emissões de Carbono

O climatecare.org e outros sites usam "calculadores de carbono" que permitem ao viajante compensar as emissões de gases de efeito estufa pelas quais é responsável com contribuições a projetos de economia de energia e outras iniciativas em favor do meio ambiente em países em desenvolvimento, como Índia, Honduras, Cazaquistão e Uganda. A Lonely Planet, junto com a Rough Guides e outros parceiros do setor de viagens preocupados com o problema, apoia o esquema de compensação de emissões de carbono conduzido pela climatecare.org. A Lonely Planet compensa todas as viagens de seus funcionários e autores.

Para mais informações, entre no nosso site: www.lonelyplanet.com.

Delta (Mapa p. 84; www.delta.com; ☎ 0800-666-0133; Santa Fe 887)

Gol (☎ 0810-266-3232; www.voegol.com.br) Somente no aeroporto.

KLM (Mapa p. 62; ☎ 4317-4711; www.klm.com; San Martín 344, 23° andar)

Lan (Mapa p. 84; ☎ 4378-2222; www.lan.com; Cerrito 866)

Líneas Aéreas del Estado (LADE; Mapa p. 76; ☎ 0810-810-5233; www.lade.com.ar; Perú 714)

Swissair (Mapa p.84; ☎ 4319-0000; www.swiss.com; av. Santa Fe 846, 1° andar)

Transportes Aéreos de Mercosur (TAM; Mapa p. 84; ☎ 0810-333-3333; www.tam.com.py, em espanhol; Cerrito 1026)

United Airlines (☎ 0810-777-8648; www.united.com.ar) Somente no aeroporto.

AEROPORTOS

Ezeiza

Quase todos os voos internacionais para BA têm como destino o aeroporto de Ezeiza (EZE; Aeropuerto Internacional Ministro Pistarini), a cerca de 35km do centro. O Ezeiza é um aeroporto moderno com bons serviços, como caixas eletrônicos, restaurantes, livraria, farmácia, duty-free e uma pequena **agência dos correios** (9-17h seg-sex, até 12h sáb; caixas de correio 24 horas). Há também um *locutorio* (caro, mas aberto 24 horas) com cabines telefônicas e acesso à internet. Só há wi-fi no La Pausa Restaurant, no piso superior. Para mais sobre a chegada em Ezeiza, veja o quadro abaixo.

Informações sobre voos, em inglês e espanhol, estão disponíveis no telefone ☎ 5480-6111 ou no site www.aa2000.com.ar.

Se estiver sozinho, a melhor forma para chegar ou partir de Ezeiza são os **ônibus** de empresas de transporte como a **Manuel Tienda León** (MTL; Mapa p. 84; ☎ 4315-5115; www.tiendaleon.com.ar; av. Eduardo Madero 1299). Você verá o balcão assim que sair da alfândega, no "saguão" das empresas de transporte. A tarifa é de AR$60 até o centro, o serviço é 24 h e a viagem dura de 40 a 60 minutos, a depender do trânsito. O destino é o escritório da MTL (onde você pode pegar um táxi) e alguns pontos no centro. Bilhetes podem ser comprados on-line.

Outro serviço de ônibus é o **Hostel Shuttle** (☎ 4511-8723; www.hostelshuttle.com.ar). A tarifa é de AR$55 por pessoa. Consulte o site para horários e destinos (apenas alguns albergues), e tente comprar com antecedência. Uma terceira opção é a **Minibus Ezeiza** (www.minibus ezeiza.com.ar).

Se preferir um **táxi**, evite o serviço da MTL – caro, custa AR$186. Em vez disso, passe pelos balcões de empresas de transporte em frente à alfândega, onde os sujeitos oferecem táxis, e verá o ponto de táxi oficial (onde há uma placa azul com os dizeres "Taxi Ezeiza"; ☎ 5480-889; www.taxiezeiza.com.ar). A corrida até o centro custa AR$150. Para economizar ainda mais, se afaste mais alguns metros do prédio e procure um ponto de táxis amarelos, que cobram AR$138.

DICAS PARA CHEGADAS E PARTIDAS EM EZEIZA

Quando desembarcam em Ezeiza, cidadãos de diversos países (mas não do Brasil) precisam pagar uma "taxa de reciprocidade" (*tasa de reciprocidad*) – equivalente ao que os argentinos pagam pelos vistos para visitar esses países. A taxa é de US$100 para australianos (válida por um ano), US$140 para americanos (válida por dez anos) e US$75 para canadenses (por visita). A taxa também é cobrada no Aeroparque, porém ela não é cobrada em outros aeroportos argentinos ou nas fronteiras. Essa situação, entretanto, deve mudar.

Para trocar dinheiro em Ezeiza, não use uma *cambio* (casa de câmbio), a não ser que conheça as taxas atuais. As melhores taxas costumam ser encontradas na agência do banco estatal; depois de sair da alfândega, passe pelos boxes das empresas de transporte, siga até a recepção e vire à direita para chegar à pequena agência do Banco de la Nación, aberta 24 h. As taxas são as mesmas cobradas na agência do centro e há um caixa eletrônico, apesar de longas filas serem comuns. Há outro caixa eletrônico próximo à Farmacity e outro próximo aos balcões das companhias aéreas.

Se desejar ir para a cidade de táxi, passe pelos balcões citados acima (os táxis são mais caros nelas), pela recepção e, evitando qualquer táxi de saída, vá ao ponto de táxi oficial (uma placa azul com os dizeres "Taxi Ezeiza"). No fim de 2010, uma corrida até o centro custava AR$150 com impostos. Para informações sobre ônibus, veja a seção "Aeroportos, Ezeiza".

Há um **balcão de informações turísticas** (24 horas) pouco depois do ponto de táxi oficial.

Quando deixar Buenos Aires, chegue a Ezeiza com pelo menos duas horas de antecedência se o voo for internacional; as filas dos detectores de metais e da alfândega podem ser bem longas (e o trânsito também pode dificultar a chegada ao aeroporto). Além disso, mesmo depois de transpostos os detectores de metais, pode haver conferências de bagagens nos portões de embarque – líquidos e alimentos não são permitidos nos aviões. Beba e coma antes de embarcar.

Se estiver disposto a esbanjar, reserve um carro de luxo da Silver Star Car (☎ 15-6826-8876; www.silverstarcar.com), cujos motoristas falam inglês – a tarifa é de AR$375 para no máximo quatro passageiros até o destino de escolha.

Por fim, se estiver contando as moedas, pegue o ônibus público 8, que custa AR$2,50 (no fim de 2010), mas pode demorar até duas horas para chegar à região da Plaza de Mayo. O ponto fica em frente ao terminal das Aerolíneas Argentinas (Terminal B), a 200m do terminal internacional. Os coletivos da cidade só aceitam moedas – há uma agência do Banco de la Nación próximo à saída da alfândega.

Aeroparque

A maioria dos voos domésticos usa o aeroporto Aeroparque (oficialmente Aeroparque Jorge Newbery; ☎ 5480-6111; www.aa2000.com.ar), próximo do centro. A Manual Tienda Leõn oferece um serviço de ônibus entre os dois aeroportos com tarifa de AR$50. Para ir do Aeroparque ao centro, pegue o ônibus público 33 ou 45 (não atravesse a rua; use o ponto em frente ao prédio do aeroporto). Os ônibus da MTL para o centro custam AR$18, os táxis, cerca de AR$40.

BARCO

Há uma linha regular entre Colonia e Montevidéu, ambas no Uruguai. A maioria dos ferry boats parte do terminal Buquebus (Mapa p.84; ☎ 4316-6500; www.buquebus.com; av. Antártida Argentina 821); há outro escritório da Buquebus na av. Córdoba 879. O Colonia Express (Mapa p.84; ☎ 4317-4100; www.coloniaexpress.com; Córdoba 753) é mais barato do que o Buquebus, porém tem menos horários e o terminal fica em uma feia região industrial próxima de La Boca.

Ambas as empresas colocam mais embarcações em operação na alta temporada do verão; compre antecipadamente os bilhetes on-line, para conseguir descontos. Para mais informações, veja pp. 209 e 213.

BICICLETA

Buenos Aires não é das melhores cidades para se pedalar. O trânsito é perigoso, o respeito pelos ciclistas, mínimo, e os veículos grandes sempre saem ganhando – as bicicletas estão na base da "cadeia alimentar".

Entretanto, a situação está melhorando. Novas ciclofaixas foram instaladas em 2010, como parte de um projeto da prefeitura que também inclui o compartilhamento de bicicletas (exclusivo para moradores). O movimento internacional de conscientização Massa Crítica é forte na cidade (veja p. 47). Parece haver mais ciclistas nas ruas a cada dia – mas Buenos Aires ainda está longe de ser considerada uma cidade receptiva a eles. Para mais informações sobre a evolução do ciclismo em BA, veja p. 47.

Os melhores lugares para explorar a cidade em duas rodas são os parques de Palermo (p. 90) e a Reserva Ecológica Costanera Sur (p. 70); nos fins de semana, é possível alugar bicicletas em ambos. Também é possível juntar-se a passeios ciclísticos que incluem bicicleta e guia (p. 230). Para mais informações, veja p. 176.

BONDE

Em julho de 2007, foi inaugurada uma nova linha de bonde em Puerto Madero, a Tranvía del Este. Atualmente, são apenas 2km de trilhos com apenas quatro paradas, porém há planos de ampliar a linha de Retiro a Constitución. A passagem é barata, mas caminhar pelos adoráveis calçadões de Puerto Madero é muito mais interessante.

CARRO E MOTO

Qualquer pessoa que cogite dirigir em Buenos Aires deve saber que os motoristas são irresponsáveis, agressivos e até mesmo perigosos. Eles ignoram limites de velocidade, placas de trânsito, faixas e, frequentemente, os semáforos. Colam impiedosamente no carro da frente e buzinam antes mesmo de o sinal abrir. Os ônibus são um pesadelo, há buracos por todo lado, o trânsito é insano e estacionar é impossível. Os pedestres atravessam a rua com negligência (muitas vezes, parecem implorar para serem atropelados).

Reconsidere a necessidade de um carro em BA: o transporte público tem linhas por toda a cidade e é bom, rápido, mais barato e muito

ÔNIBUS SEM ESTRESSE

É possível comprar passagens de ônibus para praticamente qualquer destino no país sem ir até a rodoviária em Retiro. Use os serviços da Omnilíneas (Mapa p. 62; ☎ 4326-3924; www.omnilineas.com; Maipú 459, 10D), criada por um alemão radicado na cidade. Compre as passagens no site e as imprima ou retire na empresa. Os preços são os mesmos cobrados na rodoviária e o serviço também é oferecido em inglês.

ROTAS DE ÔNIBUS ÚTEIS

Rota	Ônibus
Microcentro – Palermo Viejo	111
Microcentro – Plaza Italia (em Palermo)	29, 59, 64
Once – Plaza de Mayo – La Boca	64
Plaza de Mayo – aeroporto de Ezeiza (letreiro diz "Ezeiza")	8
Plaza Italia – Microcentro – San Telmo	29
Plaza Italia – La Boca via Retiro e Plaza de Mayo	152, 29
Plaza Italia – Recoleta – Microcentro – Constitución	59
Plaza San Martín – aeroporto Aeroparque	33, 45
Recoleta – Congreso – San Telmo – La Boca	39
Retiro – Plaza de Mayo – San Telmo	22

menos estressante. E você não precisará se preocupar com a polícia, que tem o hábito de parar motoristas para verificar infrações e sutilmente sugere o pagamento de *coimas* (propinas). Se isso acontecer e você não tiver feito nada de errado, insista em entrar em contato com a sua embaixada – o que, sem dúvida, será dor de cabeça demais para a maioria dos policiais.

Aluguel

Se você deseja alugar um carro, esteja preparado para pagar diárias por volta de AR$200 a AR$400 (pode ser interessante fazer reservas em empresas internacionais ainda em casa, já que não raro as tarifas costumam ser vantajosas). É necessário ter pelo menos 21 anos e carteira de motorista válida; tirar uma carteira internacional não é má ideia, mas também não é obrigatório. Passaporte e cartão de crédito também são necessários.

Avis (Mapa p. 84; ☎ 4378-9640; www.avis.com; Cerrito 1535)

Hertz (Mapa p. 84; ☎ 4816-8001; www.milletrentacar.com.ar; Paraguay 1138)

New Way (Mapa p. 84; ☎ 4515-0331; www.new-wayrentacar.com.ar; M. T. de Alvear 773)

Transitar (Mapa p. 72; ☎ 4115-4585; www.transit-ar.com; Cerrito 270, oficina 8)

Para aluguel de motocicletas, é preciso ter ao menos 25 anos. Procure a **Motocare** (☎ 4761-2696; www.motocare.com.ar/rental; Echeverría 738, Vicente López). A diária de uma Honda Transalp 650 é de AR$440, com período mínimo de cinco dias (o pacote mensal é mais vantajoso). Leve capacete e equipamento. É permitido cruzar as fronteiras com Chile, Uruguai, Paraguai e Brasil. Se você comprar uma moto na empresa, pode negociar a revenda para eles, possivelmente economizando dinheiro.

Dirigindo

Dirigir fora de BA é outra história. Não que os motoristas não sejam loucos, mas eles são menos numerosos e você terá mais flexibilidade na viagem. Se você pretende dirigir na Argentina – principalmente com um carro de sua propriedade –, pode ser útil filiar-se ao Automóvil Club Argentino (ACA). O ACA reconhece membros de associadas estrangeiras e os oferece benefícios semelhantes, como descontos em mapas, acomodações, *campings*, passeios e outros serviços. Para mais informações, contate a **sede da ACA** (Mapa p. 92; ☎ 4802-6061; www.aca.org.ar; av. del Libertador 1850).

ÔNIBUS

Buenos Aires tem um extenso e complexo sistema de ônibus. Se quiser conhecê-lo melhor, é preciso comprar o *Guia T*, que detalha centenas das linhas de ônibus da cidade e é vendido em qualquer banca de jornal (compre a versão

TERMINAL DE ÔNIBUS DE RETIRO

Se você for viajar para fora da cidade, é provável que tenha de visitar a moderna rodoviária de Retiro (também conhecida simplesmente como "Retiro"; Mapa p. 84; www.tebasa.com.ar). O prédio tem 400m de extensão, três andares e 75 plataformas. O primeiro piso é usado para despacho de cargas e armazenamento de bagagens, o último para a compra de passagens e o intermediário para todo o resto. Um balcão de informações (☎ 4310-0700) oferece informações sobre ônibus e horários, e há também um **escritório de turismo** (🕓 7h30-14h seg-sex) próximo da Puente 3, no piso principal. Outros serviços incluem agências telefônicas (algumas com acesso à internet), restaurantes, cafés e dezenas de pequenas lojas.

Você pode comprar passagens para praticamente qualquer lugar na Argentina e os ônibus são frequentes para os destinos mais populares. Não é necessário fazer reservas, a não ser nas altas temporadas de verão e inverno.

FIQUE ESPERTO!

Quando estiver em um ônibus ou trem de metrô cheio, fique atento para batedores de carteira. Eles podem ser homens ou mulheres bem-vestidos e geralmente levam um casaco no braço, que usam como cobertura enquanto trabalham. Ocasionalmente, eles são vários e trabalham em grupo – um pode trombar com você ou tentar distraí-lo. A melhor coisa a se fazer é evitar a aparência de turista, manter a carteira no bolso da frente, a bolsa sob o braço e a mochila na frente do corpo – como fazem os locais. Se você não for um alvo fácil, eles vão procurar outro – e pode até ser que você nem perceba que existem.

de bolso, que custa menos de AR$10). Consulte as tabelas para ver onde está e aonde vai e encontre os números dos ônibus disponíveis. Há também uma versão on-line no site www.xcolectivo.com.ar. Se você tiver algum domínio do espanhol, use o site www.comoviajo.com (clique em "En Colectivo, Tren o Subte") – basta inserir os dados de origem e destino para saber quais são as linhas mais próximas de ônibus, trem ou metrô. Para informações em inglês sobre como chegar de ônibus ao seu destino em BA acesse http://www.omnilineas.com/argentina/buenos-aires/city-bus/.

A maioria das linhas opera 24 h (não todas), mas há menos ônibus à noite. Para um guia sobre rotas populares, veja o quadro da p. 220.

Guarde as moedas como se elas fossem de ouro, já que os ônibus não aceitam cédulas (as máquinas de cobrança dos coletivos devolvem troco). As passagens municipais são muito baratas (a maioria custa AR$1,25); apenas informe o seu destino ao motorista e ele dirá o valor a ser pago. Os assentos dianteiros são preferenciais para idosos, gestantes e pessoas com crianças pequenas.

Se você chegar à cidade pelo terminal de Retiro, não tente destrinchar o sistema de ônibus local – as linhas que passam por ali são muitas. Vale a pena pegar um *remise* (rádio táxi) direto para o seu destino. Há dois balcões de táxi 24 h próximos das plataformas 8 e 9.

E não se esqueça: na rodoviária, fique de olho nas suas malas!

SUBTE (METRÔ)

O Subte (www.subte.com.ar), inaugurado em 1913, é a forma mais rápida de circular pela cidade, apesar de poder ficar cheio nos horários de pico. O sistema tem seis linhas A, B, C, D, E e H: as líneas A, B, D e C, parelelas, partem do centro com destino às regiões oeste e norte da cidade; a Línea C corre em sentido norte-sul e liga as principais estações de trem de BA, em Retiro e Constitución; a Línea H parte do Once em direção sul até a av. Caseros, porém há planos de ampliá-la para que percorra de Retiro a Nuevo Pompeya.

Os bilhetes magnéticos custam AR$1,10. Compre vários para poupar tempo, já que as filas podem ser irritantes, principalmente nos horários de pico. Se você planeja ficar em BA por algum tempo, o Monedero (www.monedero.com.ar) é um cartão conveniente e recarregável que dispensa o uso de moedas.

Os trens operam de 5h até cerca de 23h, de segunda a sábado, e de 8h até cerca de 22h30 nos domingos e feriados, então não conte com o Subte para voltar ao hotel depois do jantar. Os trens são frequentes durante a semana, mas demoram mais nos fins de semana. Em algumas estações, as plataformas ficam em lados opostos, então se certifique da sua direção antes de passar pela catraca.

A Línea A, a mais antiga do Subte, oferece um vislumbre do passado elegante da cidade, com estações azulejadas e antigos trens de madeira – apesar de novos trens estarem lentamente sendo colocados em operação, à medida que o número de passageiros aumenta.

TÁXI E REMISE

Os táxis de Buenos Aires, muitos (cerca de 40 mil) e baratos, são facilmente identificados pela pintura preta e amarela. No início de 2011, a "bandeirada" começava em AR$5,90 durante o dia e AR$6,90 à noite (22-6h). Os taxímetros giram a cada 200m (ou a cada minuto parado). Fique atento ao valor inicial. Os motoristas não esperam grandes gorjetas, porém é comum deixar que fiquem com o troco (desde que pequeno). Os táxis livres têm uma luz vermelha acesa no canto superior direito do para-brisa.

De modo geral, os taxistas são honestos, mas há malandros em qualquer lugar. Evite notas altas; não apenas é pouco provável que tenham troco, como já houve muitos casos em que o taxista trocou a nota por outra menor (ou falsa). Uma solução é perguntar se ele tem troco ("*¿Tiene usted cambio de un veinte?*" – "Você tem troco para vinte?").

Fique atento para notas falsas; à noite, peça ao taxista para acender a luz (*luz*) e confira o troco (procure a marca d'água). Eles farão o mesmo com as suas notas. E não deixe de conferir se o troco está certo.

INFORMAÇÕES ÚTEIS SOBRE TRENS

Destino(s)	Estação	Contato
Belgrano, San Isidro, Tigre, Rosario	Retiro	Trenes de Buenos Aires (TBA, linha Mitre; ☎ 0800-333-3822; www.tbanet.com.ar)
Subúrbios da região sul e La Plata	Constitución	Metropolitano (linha Roca; sem informações de contato)
Bahía Blanca e cidades da Costa Atlantica	Constitución	Ferrobaires (☎ 4304-0028; www.ferrobaires.gba.gov.ar)
Subúrbios do sudoeste e Luján	Once	Trenes de Buenos Aires (TBA, linha Sarmiento; ☎ 0800-333-3822; www.tbanet.com.ar)

Tenha uma ideia do seu destino, ou pode ser que vá pelo "caminho mais longo" (mas saiba que há muitas ruas de mão única em BA – é possível que os caminhos de ida e volta não sejam iguais). Uma boa ideia para transmitir a impressão de que sabe para onde está indo é dar uma esquina como referência ao taxista, e não o endereço. Além disso, se você estiver indo ou voltando de uma atração turística, não é uma boa ideia perguntar quanto deve custar a corrida; a tentação de oferecer um preço mais alto em vez de ligar o taxímetro pode ser grande. E procure não pegar um táxi em frente a uma atração turística ou depois de sacar dinheiro no caixa eletrônico – caminhe um ou dois quarteirões e então faça sinal para um táxi.

Por fim, procure pegar táxis "oficiais". Eles geralmente têm um luminoso no teto e número de licença nas portas; as palavras *radio taxi* também são um bom sinal. Os taxistas licenciados devem colocar a licença à vista no fundo do banco do motorista ou no painel do carro; você pode anotar o número do carro e o telefone da agência para o caso de ter problemas com a corrida ou esquecer alguma coisa.

A maioria dos portenhos recomenda o uso de *remises* ao invés de se pegar um táxi na rua. Os *remises* se parecem com carros comuns e não têm taxímetro. O custo é um pouco mais alto, mas eles são considerados mais seguros, já que pertencem a empresas. A maioria dos hotéis e restaurantes chama *remises* para os clientes; pode ser que demorem um pouco para chegar.

TREM

Linhas de trem ligam o centro de Buenos Aires aos subúrbios e províncias vizinhas. Eles são melhores para quem trabalha no centro ou longe de casa e dificilmente são usados por turistas. Diversas empresas particulares administram linhas de trem; todas as estações são acessíveis pelo Subte.

ACESSO À INTERNET

Buenos Aires é, definitivamente, uma cidade on-line. Há muitos cybercafés e *locutorios* (agências telefônicas) com acesso à internet no centro – é comum topar com um caminhando alguns quarteirões em qualquer direção. O custo é de cerca de AR$5 por hora e as conexões são rápidas. Para digitar @, experimente segurar a tecla Alt e digitar 64. Ou pergunte ao atendente: "*¿Cómo se hace la arroba?*" ("como se faz o sinal de arroba?").

Quase todos os hotéis têm wi-fi ou conexão à internet nos quartos, e os mais caros oferecem salas com um ou mais computadores. Muitos albergues oferecem internet gratuita. E muitos cafés e restaurantes (até mesmo o McDonald's) oferecem wi-fi gratuito.

Para uma lista de fontes recomendadas na internet, veja p. 23.

ACOMODAÇÕES

Em Buenos Aires, o quarto de casal com banheiro custa em média US$80, com variações sazonais (as diárias ficam mais caras no verão, com pico em feriados como Natal, Ano-Novo e Páscoa). De modo geral, levantamos os valores das tarifas cheias, que tendem a ser maiores do que as oferecidas com desconto. Fazer reservas on-line pode ser um pouco mais econômico, mas, se você já estiver na cidade, fique à vontade para perguntar qual é a "melhor tarifa" de um hotel – e negocie educadamente.

A listagem de acomodações do capítulo Onde Dormir (p. 182) é ordenada por bairro, das mais caras às mais baratas. Para pousadas por estadas longas, veja p. 194. Para uma lista de sites que alugam apartamentos para estrangeiros, veja p. 191.

AGÊNCIAS DE VIAGEM

As agências a seguir oferecem passeios em grupo ou personalizados em BA e na Argentina e contam com funcionários fluentes em inglês. Para mais sobre passeios na cidade, veja p. 230.

Anda Responsible Travel (Mapa p. 92; ☎ 3221-0833; www.andatravel.com.ar) Oferece passeios em Buenos Aires e na Argentina com foco "sustentável", ao apresentar os viajantes a comunidades locais, associações de artesãos e projetos sociais.

Say Hueque (Mapa p. 62; ☎ 5199-2517; www.sayhueque.com; Viamonte 749, 6º andar) Essa agência não apenas cuida das costumeiras reservas de voos, ônibus e hotel, como também oferece passeios em BA e turismo de aventura por toda Argentina. Também em Palermo (Thames 2062; Mapa p. 92) e San Telmo (Chile 557; Mapa p. 76).

Tangol (Mapa p. 84; ☎ 4312-7276; www.tangol.com; Florida 971, sala 31) Oferece passeios, shows de tango, guias para jogos de futebol, reservas de hotel, aulas de espanhol, bilhetes aéreos e pacotes por todo país, além de atividades incomuns como passeios de helicóptero e paraquedismo. Também em San Telmo (Defensa 831; Mapa p. 76).

Wow Argentina (Mapa p. 84; ☎ 5239-3019; www.wowargentina.com; av. Santa Fe 882, 12F) Essa pequena agência concentra-se em clientes das classes média e média alta, com serviços excelentes e personalizados. Oferece pacotes para as cataratas do Iguaçu, Mendoza, Salta e Patagônia, além de passeios em Buenos Aires e região.

BIBLIOTECAS

A melhor biblioteca em inglês da cidade é a **Biblioteca Lincoln** (Mapa p. 62; ☎ 5382-1536; www.bcl.edu.ar; Maipú 672; ⏲ 10-20h seg-qua, 10-18h qui-sex), no Instituto Cultural Argentino-Norteamericano. E apesar de você não poder retirar material – a não ser que se torne um membro – é possível se sentar em um ambiente tranquilo e confortável para ler o *The New York Times*, além de livros e revistas em inglês (alguns também em formato digital).

A Alianza Francesa (p. 224) e o Instituto Goethe (p. 224) também têm bibliotecas com acervo em língua estrangeira.

A **Biblioteca Nacional** (Mapa p. 92; ☎ 4806-9764; www.bn.gov.ar; Agüero 2502; ⏲ 9-21h seg-sex, 12-19h sáb e dom) é imperdível. Esse prédio estranho com formato de cogumelo tem acervo em espanhol e ocasionalmente oferece eventos literários e shows.

CARTEIRAS DE DESCONTO

Viajantes de qualquer idade podem tirar a carteira da Hostelling International (AR$64) em qualquer **albergue da HI** (www.hostels.org.ar) ou no escritório da HI em **Retiro** (Mapa p. 84; ☎ 4511-8723; www.hitravel.com.ar; av. Florida, 835). Com ela, você terá descontos (geralmente de 10% a 15%) em qualquer albergue credenciado na Argentina.

Carteiras de estudante internacionais (ISIC; AR$44) também são vendidas por aqui; você precisará da carteira de estudante nacional.

Outra possibilidade é a rede minihostels (www.minihostels.com), que conta com albergues de qualidade e bom "astral" por toda a Argentina e em expansão nas Américas Central e do Sul. A carteira da HoLa (www.holahostels.com) proporciona vantagens semelhantes para uma rede diferente de albergues.

Viajantes acima de 60 anos podem ter as vantagens oferecidas aos locais na compra de ingressos de museus e afins. Geralmente o passaporte basta como comprovação da idade.

CENTROS CULTURAIS

Buenos Aires tem bons centros culturais que oferecem exposições de arte, cursos e eventos.

Centro Cultural Borges (Mapa p. 62; ☎ 5555-5359; www.ccborges.org.ar; esq. Viamonte e San Martín) Um dos melhores centros culturais de BA, onde você encontrará exposições e galerias de arte, cinema, música, palestras e workshops, além de aulas de tango.

Centro Cultural de la Cooperación (Mapa p. 72; ☎ 5077-8000; www.centrocultural.coop; av. Corrientes 1543) Centro moderno que oferece teatro, cinema, música, dança, exposições e workshops. Em alguns fins de semana oferece shows de marionetes e outros eventos infantis. Conta ainda com um elegante café e livraria.

Centro Cultural Recoleta (Mapa p. 87; ☎ 4803-1040; www.centroculturalrecoleta.org; Junín 1930) Esse grande centro cultural organiza muitos eventos gratuitos ou baratos, como exposições de arte e exibições de filmes a céu aberto no verão. Possui um museu de ciências para crianças.

Centro Cultural Ricardo Rojas (Mapa p. 72; ☎ 4954-5523; www.rojas.uba.ar; av. Corrientes 2038) Esse popular centro cultural oferece cursos acessíveis, como tango, dança do ventre, percussão, fotografia, desenho, mitologia grega, análise de filmes e até mesmo de "clown", além de línguas exóticas.

Centro Cultural San Martín (Mapa p. 72; ☎ 4374-1251; www.ccgsm.gov.ar; Sarmiento 1551) Um dos mais influentes de Buenos Aires, esse grande centro cultural oferece música, cinema, palestras, exposições de arte, cursos e workshops. E, o melhor, é tudo gratuito ou acessível.

Ciudad Cultural Konex (Mapa p. 98; ☎ 4864-3200; www.ciudadculturalkonex.org; Sarmiento 3131) Centro cultural moderno que organiza performances multidisciplinares que geralmente fundem arte, cultura e tecnologia. Ótimos shows de percussão nas noites de segunda-feira.

Há também diversos centros culturais de organizações estrangeiras no centro, como o Instituto Cultural Argentino-Norteamericano (Mapa p. 62; ☎ 5382-1500; www.icana.org.ar; Maipú 672), que oferece cursos de espanhol; a Alianza Francesa (Mapa p. 62; ☎ 4322-0068; www.alianzafrancesa.org.ar; av. Córdoba 946), que se concentra no ensino do francês e na arte do país; e o Instituto Goethe (Mapa p. 62; ☎ 4318-5600; www.goethe.de/hs/bue; av. Corrientes 319), que oferece cursos de alemão, palestras, filmes e até mesmo shows. Todos têm boas bibliotecas com acervos nos seus respectivos idiomas.

O British Arts Centre (Mapa p. 84; ☎ 4393-6941; www.britishartscentre.org.ar; Suipacha 1333) oferece teatro, música, cinema e workshops (entre outras coisas) em inglês e espanhol. Preços acessíveis.

Os mochileiros deveriam cogitar associar-se à South American Explorers (www.saexplorers.org). A taxa anual é de US$60, mas a SAE oferece biblioteca, serviços de correio e armazenamento de bagagem, descontos e informações sobre viagens pela América do Sul (inclusive relatos de outros viajantes). Também vende guias.

CLIMA

Se ainda não souberem disso, os viajantes do hemisfério Norte logo descobrirão que as estações do ano são inversas no hemisfério Sul. O verão vai de dezembro a fevereiro; o outono, de março a maio; o inverno, de junho a agosto; e a primavera de setembro a novembro.

O clima geralmente é agradável na cidade, com precipitação pluviométrica anual na casa dos 1.000mm. A imprevisível primavera, o verão quente e úmido e a primavera lembram o clima de Nova York, mas as temperaturas são moderadas pelo Atlântico no inverno e – para uma cidade com latitude relativamente baixa (34° 37' S) – são mais parecidas com as de Los Angeles, Sydney ou da Cidade do Cabo.

As geadas são incomuns, e a menor temperatura já registrada em Buenos Aires foi de -5,4°C. A neve é rara, mas em 2007 uma tempestade cobriu a cidade de branco – algo que não acontecia desde 1918.

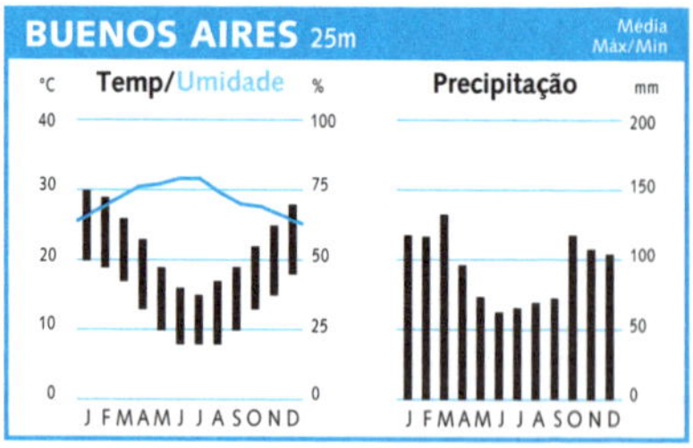

CORREIO

O relativamente confiável Correo Argentino (www.correoargentino.com.ar) é público e tem muitas agências na cidade. Correspondência importante para o exterior deve ser despachada com a opção *certificado* (carta registrada). Para encomendas internacionais com mais de 2kg, tire uma cópia do passaporte e vá ao Correo Internacional (Mapa p. 84; ☎ 4316-1777; av. Antártida Argentina; ⏲ 10-17h seg-sex), próximo da rodoviária de Retiro. Consulte o site para preços.

Se você esperar uma encomenda, esteja preparado para a demora até que apareça no sistema (ou a chegada do aviso de recebimento). A não ser que tenha um endereço permanente, é provável que ela seja remetida para o Correo Internacional. Você precisará esperar para retirá-la – ela será conferida pela alfândega. Pode ainda ser cobrada uma pequena taxa de armazenagem, calculada por dia. Não espere receber nada valioso.

Serviços privados nacionais e internacionais também estão disponíveis. A Federal Express (Mapa p. 62; ☎ 0810-333-3339; www.fedex.com) tem escritório central na Calle Maipú, 753. Outra boa opção é a DHL International (Mapa p. 84; ☎ 4344-4000; www.dhl.com.ar; av. Córdoba 783). A OCA (www.oca.com.ar) e a Andreani (www.andreani.com.ar) são boas para encomendas domésticas e ambas têm muitas agências na cidade.

CRIANÇAS

Apesar de ser uma megalópole, Buenos Aires é receptiva a crianças. Quando os filhos já têm idade para atravessar a rua com segurança e voltar para casa sozinhos, os portenhos permitem que eles saiam desacompanhados para resolver coisas na rua ou visitar amigos e vizinhos. Enquanto a maioria dos turistas dificilmente age da mesma forma, eles geralmente podem contar com a segurança dos filhos em lugares públicos – ficar de olho neles, entretanto, é sempre uma boa ideia.

Este é um país onde as pessoas se tocam com frequência, então é possível que passem a mão na cabeça dos seus filhos.

Os portenhos podem ser corteses no transporte público. É comum que alguém ceda o lugar a uma pessoa com criança pequena. Mas carrinhos de bebê nas calçadas cheias e irregulares do centro de BA não são aconselháveis – um carregador de bebê é mais interessante.

Os restaurantes básicos oferecem uma grande variedade de comidas adequadas a crianças (verduras, massas, carne, frango e peixe), e alguns têm até cardápios infantis. Os garçons estão acostumados a oferecer pratos e talheres para crianças pequenas, mas nem sempre há cadeirinhas disponíveis. Não se esqueça de levar as crianças para tomar um sorvete – esse é um verdadeiro prazer argentino!

Banheiros públicos sujos e sem fraldário ou bancadas são comuns. Sempre leve papel higiênico e lenços umedecidos.

As praças e os parques públicos de Buenos Aires, muitos com parquinhos infantis, são populares entre as famílias. Os mais atraentes são os amplos espaços verdes de Palermo, além do zoológico. Para mais sugestões de lugares onde levar os pequenos, veja p. 91.

O guia *Travel With Children* da Lonely Planet é uma referência útil.

CURSOS

Os visitantes têm a oportunidade de estudar praticamente qualquer coisa em BA, de espanhol a culinária e tango; veja p. 169. Para outros estilos de dança, veja p. 170. Para ioga, veja p. 178. A maioria dos centros culturais (p. 224) oferece uma variedade de cursos com preços acessíveis.

Culinária

As aulas de culinária particulares ou em grupos pequenos são provavelmente as melhores opções para estadas breves ou para quem não fala espanhol. Há diversas opções em Buenos Aires, algumas com *chefs* radicados na cidade, donos de restaurantes de "portas fechadas".

A Little Saigon (☎ 15-6056-8823; www.alittlesaigon.com/class) A *chef* americano-vietnamita Thuy Lam o guiará pela cozinha vietnamita com antigas receitas da família (como o *pho*, uma incrível sopa de macarrão com carne).

Cooking with Teresita (☎ 4293-5992; www.try2cook.com) Aprenda pratos da culinária argentina, como *asados* (churrasco) e *empanadas*; ela também o levará aos mercados locais.

Dan Perlman (dan@saltshaker.net; www.saltshaker.net/class-schedule) O nova-iorquino Dan Perlman dá aulas de culinária italiana, mediterrânea, oriental e vegetariana.

Norma Soued (☎ 15-4470-2267; www.argentinecookingclasses.com) Ensina pratos típicos, como *empanadas*, ensopados e *alfajores*.

Se você tiver tempo, falar espanhol e desejo de transformar a culinária em profissão, tente o respeitado Instituto Argentino de Gastronomía (IAG; Mapa p. 87; ☎ 4816-1414; www.iag.com.ar; Montevideo 968) ou o Mausi Sebess (☎ 4791-4355; www.mausisebess.com; Maipú 594), localizado no subúrbio de Vicente López.

Idiomas

BA se tornou um destino popular entre estudantes de espanhol. Boas escolas pipocam pela cidade e os professores particulares são bem baratos. Os centros culturais (veja p. 224) também oferecem cursos; o Centro Cultural Ricardo Rojas é um dos destaques.

Para uma experiência diferente, contate a **Español Andando** (☎ 5278-9886; www.espanol-andando.com.ar). Você caminhará pela cidade com um guia e aprenderá espanhol interagindo com os portenhos na rua. Ou tente a **Spanglish** (www.spanglishexchange.com), cujo curso tem os moldes de um *speed dating*: os alunos falam cinco minutos em inglês e cinco em espanhol, então trocam de parceiro (rola muita paquera). Confira também a Beerlingual (www.beerlingual.com), que organiza em bares noites bilíngues de trívia.

A seguir, relacionamos apenas alguns institutos de idiomas. Todos organizam atividades sociais e oferecem aulas particulares e (geralmente) oportunidades de voluntariado. Programas de estadia em casas de famílias também estão disponíveis, mas eles geralmente custam mais do que encontrar um lugar por conta própria (veja p. 191). Consulte os sites para custos e programação.

Academia Buenos Aires (Mapa p. 62; ☎ 4345-5954; www.academiabuenosaires.com; Hipólito Yrigoyen 571, 4º andar) Escola respeitada que proporciona bons resultados. Cursos especializados e workshops gratuitos para alunos.

DWS (Mapa p. 98; ☎ 4773-1379; www.danielawasser.com.ar; av. Córdoba 4382) Instituto amistoso com bom clima e acesso gratuito à internet.

Expanish (Mapa p. 62; ☎ 5252-3040; www.expanish.com; Juan D. Perón 700) Escola excelente com instalações modernas e técnicas eficientes.

One on One (Mapa p. 72; ☎ 3528-4452; www.oneononeargentina.com; Rodriguez Peña 617, 4º andar) Escola pequena com cursos personalizados.

Rayuela (Mapa p. 76; ☎ 4300-2010; www.spanish-argentina.com.ar; Chacabuco 852, 1º andar n. 11) Escola pequena e simpática em um belo prédio antigo em San Telmo. Imersão total, atividades divertidas e *mate* gratuito.

Universidad de Buenos Aires (UBA; Mapa p. 62; ☎ 4343-5981; www.idiomas.filo.uba.ar; 25 de Maio 221) Cursos regulares, intensivos e de longo prazo (de um a quatro meses). Oferece também cursos de Italiano, alemão, francês, português e japonês. Barata e ótima para alunos dedicados, mas com algumas salas em mau estado.

VOS (Mapa p. 84; ☎ 4812-1140; www.vosbuenosaires.com; M. T. de Alvear 1459) Instituto próximo da Recoleta.

Vamos (Mapa p. 92; ☎ 5352-0001; www.vamospanish.com; Coronel Díaz, 1736) Cursos especiais para expatriados, viajantes ocupados (o curso "relâmpago") e pessoas com mais de 55 anos. Tem consciência ambiental – recicla, distribui alimentos e ajuda organizações beneficentes.

DINHEIRO

A moeda da Argentina é o peso (AR$). Os preços inclusos neste livro foram cotados em pesos, com algumas exceções apontadas. Veja a segunda capa para as taxas de câmbio, e também a p. 23 para informações sobre custos.

Bancos e *cambios* (casas de câmbio) são comuns no centro. Os bancos têm filas e funcionamento mais limitado, mas de modo geral oferecem taxas mais vantajosas. Uma boa casa de câmbio é a **Alhec** (Mapa p. 84; ☎ 4316-5000; Paraguay 641; ⏰ 10-16h30 seg-sex).

Se precisar fazer transferências internacionais, a Western Union tem muitas agências em BA, inclusive um escritório próximo de **Retiro** (Mapa p. 84; ☎ 0800-800-3030; www.westernunion.com; av. Córdoba 975; ⏰ 9-20h seg-sex, até 2h sáb).

Tenha sempre algum dinheiro em espécie – use os caixas eletrônicos –, mas não deixe de lado os cartões de crédito.

Caixas eletrônicos

Há caixas eletrônicos (*cajeros automáticos*) por toda BA, e essa é a forma mais prática de sacar dinheiro. As máquinas têm apenas pesos argentinos e podem ser usadas para sacar dinheiro com cartões de crédito. Se você não entender espanhol, geralmente há uma opção de menu em inglês.

Pode haver limites de saque (em 2010, era de cerca de AR$1.200), mas você pode sacar diversas vezes por dia – fique atento às taxas por transação. Para evitar ficar sem dinheiro trocado, saque valores como AR$590.

Além disso, nas transações em caixas eletrônicos uma pequena taxa é cobrada pelos bancos *locais* (além das taxas já cobradas pelo seu banco). Essa é uma taxa *por transação*, então pode ser uma boa ideia sacar o valor máximo permitido – caso se sinta seguro para tanto.

Cartões de crédito

Muitos serviços voltados para turistas, lojas, hotéis e restaurantes aceitam cartões como Visa e MasterCard, principalmente para compras altas. Mas esteja ciente de que muitas empresas acrescentam um *recargo* (adicional) de até 10% nas compras com cartões de crédito; pergunte antes se esse é o caso. Muitos hotéis e empresas menores não os aceitam e geralmente as gorjetas não podem ser incluídas nos pagamentos com cartões em restaurantes.

Abaixo, listamos representantes locais que podem ajudá-lo a substituir cartões em caso de perda ou roubo:

American Express (Mapa p. 84; ☎ 4310-3000; Arenales 707)

MasterCard (Mapa p. 62; ☎ 4340-5656; Perú 151)

Visa (Mapa p. 72; ☎ 4379-3400; av. Corrientes 1437)

Dinheiro em espécie

Na Argentina, há cédulas de 2, 5, 10, 20, 50 e 100 pesos e moedas de 2, 10, 25 e 50 centavos. O $ em frente a um preço geralmente indica pesos, a não ser que explicitado.

Não se preocupe se receber cédulas velhas: elas serão aceitas em qualquer lugar. Alguns bancos recusam cédulas de dólar velhas ou apagadas; portanto, leve dólares novos para Buenos Aires. Se você for convincente, é provável que a American Express (acima) troque os seus dólares velhos por novos – não é preciso ser associado, mas não há como evitar a fila.

Notas falsificadas tanto de peso quanto de dólar se transformaram em um problema e os vendedores são muito cuidadosos quando recebem notas altas. Você também deve ser: procure a marca-d'água e o fio de segurança em notas mais altas e fique atento ao receber troco em casas noturnas escuras ou táxis (para mais dicas sobre dinheiro nos táxis, veja p. 221).

Conseguir troco para notas altas geralmente é um problema, principalmente em compras pequenas. Supermercados e restaurantes são as melhores apostas. Sempre tenha troco à mão, tanto em cédulas quanto moedas.

PRECISA DE UM ESCRITÓRIO POR UMA HORA OU UM DIA?

Criada por um dos muitos empreendedores estrangeiros radicados em Buenos Aires, a **Areatres** (Mapa p. 92; ☎ 5353-0333; www.areatresworkplace.com; Malabia 1720) oferece aluguéis de mesas, cubículos, escritórios ou salas de reunião. Há aparelhos de fax e fotocopiadora à disposição, além de acesso à internet com wi-fi, eventos para contatos profissionais, salão social, sala para apresentações e um pátio nos fundos para os estressados. As instalações são de primeira e a empresa adota políticas de responsabilidade ambiental. Há também uma filial (Humboldt 2032).

Uma observação importante: quando precisar de moedas para o ônibus, você perceberá que é comum que nem mesmo os *kioscos* (bancas de jornal ou pequenas lojas) as tenham.

Traveler's checks

Os traveler checks são pouco práticos na Argentina, e mesmo em Buenos Aires é difícil trocá-los. Apenas os hotéis mais caros e alguns bancos e *cambios* os aceitam, ainda assim com uma comissão polpuda. As lojas *não* os aceitam.

Cheques da American Express podem ser descontados sem comissão no escritório central da empresa (veja acima), das 10h às 16h de segunda a sexta-feira, mas nem assim você conseguirá uma taxa das melhores. Fora de Buenos Aires, é praticamente impossível descontar traveler checks. Se decidir trazê-los, que ao menos estejam em dólares.

ELETRICIDADE

A rede elétrica argentina é de 220V e 50 Hertz. Há dois tipos de tomadas: com dois furos redondos (como na Europa) ou três furos retos (como na Austrália). Acesse www.kropla.com/electric2.htm para detalhes. Há adaptadores à venda em praticamente qualquer *ferretería* (loja de equipamentos eletrônicos), ou compre um antes da viagem.

A maioria dos equipamentos eletrônicos mais atuais (como câmeras, telefones, computadores e laptops) é bivolt, mas se você tiver algum que não seja, use um conversor de voltagem para não queimá-lo.

EMBAIXADAS

Alguns países têm tanto embaixada quanto consulado em Buenos Aires, mas listamos aqui apenas a localização das embaixadas do Brasil e de Portugal:

Brasil (Mapa p. 84; ☎ 011-4515-6500; Carlos Pellegrini 1363, 5º andar, Retiro)

Portugal (☎ 0054-11-4312-3524; Maipú 942, 17º andar)

EMERGÊNCIAS

Ambulância ☎ 107

Bombeiros ☎ 100

Polícia ☎ 101, 911

Polícia Turística (Comisaría del Turista; Mapa p. 62; ☎ 4346-5748, 0800-999-5000; av. Corrientes 436; 24 h) Oferece intérpretes; ajuda vítimas de assaltos e furtos.

FERIADOS

Órgãos públicos e empresas fecham nos muitos feriados nacionais. Se um feriado cai no meio da semana, ele geralmente é transferido para a segunda-feira; se cai na terça ou quinta-feira, a segunda ou sexta-feira costuma ser incorporada ao feriado.

As opções de transporte público são mais limitadas nos feriados, e você deve comprar os bilhetes antecipadamente. Veja p. 21 para uma lista de festas e eventos que acontecem na cidade.

1° de janeiro Año Nuevo; Ano-Novo.

Fevereiro/março Carnaval – as datas variam; a segunda e a terça-feira também são feriados.

24 de março Día de la Memoria; aniversário do início da ditadura de 1976 e da subsequente Guerra Suja.

Março/abril Semana Santa – as datas variam; a maioria das empresas fecha na quinta-feira e na sexta-feira Santa; o movimento de viagens é intenso.

2 de abril Día de las Malvinas; homenagem aos soldados argentinos mortos na Guerra das Malvinas, em 1982.

1° de maio Día del Trabajo; Dia do Trabalho.

25 de maio Día de la Revolución de Maio; celebra a revolução de 1810 contra a Espanha.

20 de junho Día de la Bandera (Dia da Bandeira); aniversário da morte de Manuel Belgrano, líder militar e criador da bandeira da Argentina.

9 de julho Día de la Independencia; Dia da Independência.

Agosto (terceira segunda-feira de agosto) Día del Libertador San Martín; aniversário da morte de José de San Martín (1778–1850).

12 de outubro (celebrado numa segunda-feira) Día del Respeto a la Diversidad Cultural.

20 de novembro (celebrado numa segunda-feira) Día de la Soberanía Nacional.

8 de dezembro Día de la Concepción Inmaculada; Dia da Imaculada Conceição.

25 de dezembro Navidad; Natal.

A véspera de Natal e o dia de Ano-Novo são feriados parciais: muitas empresas fecham apenas depois do meio-dia.

FOTOGRAFIA

Muitas lojas de fotografia oferecem a transferência de fotos digitais da câmera para CD a preços bem acessíveis – você também pode imprimi-las. Os dinossauros ficarão felizes por saber que poderão comprar e revelar filmes e cromos a preços tentadores.

FUSO HORÁRIO

O fuso da Argentina é GMT –3, o mesmo de Brasília, e de modo geral não há horário de verão no país (apesar de isso poder mudar). Muitos portenhos usam o sistema 24 horas.

GORJETAS

Em restaurantes, é costume oferecer uma gorjeta de cerca de 10% da conta. Alguns argentinos simplesmente deixam o troco, mas, de modo geral, se você pode comer fora, pode deixar a gorjeta. É importante destacar que as gorjetas não podem ser inclusas em pagamentos com cartão de crédito

Os taxistas não esperam receber gorjetas, mas é costume arredondar a conta ao próximo peso se a diferença não for muita.

HORÁRIO COMERCIAL

O horário comercial na cidade vai das 8h às 17h, mas pode haver variações. Os bancos fecham às 16h. Lojas e lugares como escritórios de turismo ficam abertos até mais tarde, com frequência até as 21h.

Os restaurantes geralmente ficam abertos do meio-dia às 15h30 para almoço e das 20h à meia-noite para jantar; e até mais tarde às sextas e sábados. Neste livro, explicitamos os horários de funcionamento de restaurantes apenas quando forem diferentes desse padrão.

Os cafés costumam ficar abertos da manhã à noite, sem intervalos. Os bares abrem à tarde e funcionam noite adentro. No centro, porém, eles são voltados ao público dos escritórios, de modo que a maioria fica aberta durante o dia e fecha relativamente cedo à noite.

IMPOSTOS E REEMBOLSOS

Uma das principais receitas do governo argentino é o Impuesto de Valor Agregado (IVA; alíquota de 21%). Em circunstâncias limitadas, visitantes estrangeiros podem obter reembolso do IVA incidente sobre produtos argentinos antes da saída do país. O adesivo "Tax Free" (em inglês) nas vitrines identifica participantes do programa, mas sempre confira se a loja é participante antes de fazer a compra.

Você pode obter reembolso para compras iguais ou superiores a AR$70 feitas em lojas participantes. Para tanto, apresente o seu passaporte ao lojista, que lhe entregará um formulário. Ao deixar o país, leve os itens comprados na bagagem de mão – um agente alfandegário irá conferi-los. E não se esqueça de planejar tempo extra no aeroporto para esse processo.

INFORMAÇÕES TURÍSTICAS

A Secretaría de Turismo de la Nación (Mapa p. 84; ☎ 4312-2232; www.turismo.gov.ar; av. Santa Fe 883; ⏲ 9-17h seg-sex) oferece informações sobre Buenos Aires, mas se concentra na Argentina como um todo.

A Polícia Turística (Comisaría del Turista; Mapa p. 62; ☎ 4346-5748; 0800-999-5000; turista@policiafederal.gov.ar; av. Corrientes 436; ⏲ 24 h) pode providenciar intérpretes e ajuda vítimas de furtos e assaltos.

Há um balcão de turismo no aeroporto de Ezeiza (⏲ 24 h) e outro na rodoviária de Retiro (Mapa p. 84; ⏲ 7h30-14h seg-sex), próximo da Puente 3, no piso principal.

Há diversos quiosques e escritórios de turismo em Buenos Aires – os horários de funcionamento podem variar a depender da estação do ano e do número de voluntários. O site de turismo oficial de Buenos Aires é www.bue.gov.ar e o site da prefeitura é www.buenosaires.gov.ar.

Plaza San Martín (Mapa p. 84; esq. Florida e M. T. de Alvear)

Florida (Mapa p. 62; esq. Florida e Diagonal Norte)

Puerto Madero (Mapa p. 69; Dique 4) Ótimo para informações sobre como chegar ao Uruguai.

Recoleta (Mapa p. 87; av. Quintana 596)

Outra excelente fonte de informações e referência muitas vezes indispensável é a South American Explorers (www.saexplorers.org), que mantém um clube em Buenos Aires (veja p. 224).

LAVANDERIA

Há muitas *lavanderías* na cidade, e elas são bem acessíveis – cerca de AR$12 por uma carga de lavagem e secagem. A maioria fecha aos domingos. Muitos hotéis também oferecem serviço de lavanderia.

MAPAS

Mapas gratuitos de BA estarão disponíveis no seu hotel e em qualquer escritório de turismo. Mapas mais detalhados são vendidos em bancas de jornal e livrarias.

O Automóvil Club Argentino (ACA; Mapa p. 92; ☎ 4802-6061; www.aca.org.ar; av. del Libertador 1850) publica excelentes mapas de estradas. Há muitas filiais do ACA em BA e espalhadas pela Argentina. Leve a carteira do seu automóvel clube para descontos em mapas.

Os aficionados por geografia adorarão os mapas topográficos disponíveis no Instituto Geográfico Militar (Mapa p.92; ☎ 4576-5576; www.igm.gov.ar; Cabildo 381, Palermo, Buenos Aires; ⏲ 8-14h seg-sex).

MULHERES DESACOMPANHADAS

Buenos Aires é uma cidade moderna e sofisticada, e as mulheres – mesmo aquelas que viajam sozinhas – não devem enfrentar maiores dificuldades. Mas os homens de fato dão bastante atenção às mulheres na Argentina, e um pouco de mente aberta é bem-vindo. A cultura machista argentina, afinal, continua bem, obrigado.

Alguns homens sentem necessidade de comentar a atração que sentem por uma mulher. Isso geralmente acontece quando você caminha sozinha e passa por um homem – mas nunca quando estiver acompanhada de outro homem. Os comentários geralmente incluem assobios e *piropos*, que muitos argentinos acreditam ser a arte de elogiar uma mulher. Os *piropos* são geralmente vulgares, mas alguns podem ser poéticos. Por mais que queira chutá-los onde merecem, o melhor a fazer é ignorar os comentários. Afinal de contas, muitas portenhas estão acostumadas a receber esses "elogios" e a maioria dos homens não pretende necessariamente insultá-las – eles apenas fazem algo que é socialmente aceito na Argentina. Nada muito diferente do que acontece no Brasil.

Já do lado positivo do machismo, espere que os homens abram a porta para você e a deixem entrar primeiro, inclusive nos ônibus – isso aumenta a chance de encontrar um lugar vazio, então entre logo.

NORMAS ALFANDEGÁRIAS

Os fiscais argentinos são geralmente corteses e razoáveis com os turistas. Eletrônicos, como laptops, câmeras e celulares podem entrar no país sem a cobrança de impostos, desde que não haja intenção de revenda. Se você carregar muitos eletrônicos, pode ser útil levar uma lista impressa com todos os itens (com números de série) ou uma pilha de notas fiscais.

A depender do seu país de origem, os fiscais costumam se concentrar em coisas diferentes. As bagagens de turistas vindos de países andinos podem ser vasculhadas em busca de drogas, enquanto que os de países vizinhos podem ter frutas e vegetais confiscados.

PASSEIOS ORGANIZADOS

Há uma infinidade de passeios organizados, de ônibus de turistas e viagens de carro mais pessoais a passeios guiados de bicicleta e caminhadas. Além dos selecionados abaixo, veja também a seção Agências de Viagem (p. 223). A maioria das agências oferece uma infinidade de pacotes ótimos, de atrações judaicas e passeios de helicóptero a caminhadas noturnas.

A prefeitura de Buenos Aires organiza passeios mensais gratuitos (☎ 4114-5791) de abril a dezembro, com temas como arte, bares históricos e bairros específicos. Pare em qualquer balcão de informações oficial (p. 229) para conferir a agenda.

Se você tiver um MP3 player (como um iPod) e for autossuficiente, consulte o site www.MPTours.com. É possível baixar passeios guiados e mapas de bairros de BA por US$4,99 cada, e então usá-los no seu tempo, com as pausas que desejar. A prefeitura também oferece bons downloads (www.bue.gov.ar/audioguia; em espanhol, português e inglês) – e eles são gratuitos, apesar de não tão originais e sem o mesmo clima "local".

O Gay Guide (www.thegayguide.com.ar) ajuda viajantes gays com passeios (e muito mais).

Todas as empresas listadas oferecem passeios em inglês e possivelmente em outros idiomas; algumas empresas listadas em "Passeios em Grupos" também oferecem passeios personalizados.

Passeios em grupo

Anda Responsible Travel (☎ 3221-0833; www.andatravel.com.ar) Mais notável pelo passeio em La Boca, que apresenta os viajantes a organizações locais que trabalham pela melhora da vida dos moradores.

BA Free Tour (☎ 15-6395-3000; www.bafreetour.com) Passeios a pé gratuitos (com doação, na verdade) guiados por jovens entusiasmados que amam a sua cidade. Mesmo que não contribua, você será bem-vindo.

Bike it (☎ 5218-1641; www.bikeit.com.ar) Saia de BA: vá para os subúrbios da região norte de trem, então pedale de San Isidro a Tigre (onde pode passear de canoa).

Biking Buenos Aires (☎ 6208-2176; www.bikingbuenosaires.com) Guias americanos simpáticos o levarão em passeios pelo norte ou sul de Buenos Aires. Aluga bicicletas; venderá bicicletas em breve.

Buenos Aires Bus (☎ 5239-5160; www.buenosairesbus.com) Passeio em ônibus abertos com uma dúzia de paradas. Partidas a cada 30 minutos em pontos predeterminados (consulte o site).

Cultour (☎ 15-6365-6892; www.cultour.com.ar) Bons passeios organizados por professores e alunos da UBA (Universidad de Buenos Aires). Conheça as faces histórica e cultural da cidade.

Fileteado Porteño Tour (☎ 3959-0054; www.054online.com – clique em "guias" e então em "agencias de viaje") Visite edifícios decorados com o famoso, colorido e singular *fileteado porteño*. (veja p. 44).

Graffitimundo (☎ 3683-3219; www.graffitimundo.com) Passeios guiados por estrangeiros que passam por alguns dos grafites mais interessantes de BA. Aprenda sobre a história dos artistas e a cultura do grafite local. Oferece workshops de estêncil.

Passeios personalizados

BA Local (☎ 4870-5506; www.balocal.com) Expatriados especialistas em compras, arte e passeios singulares (ou comuns).

Buenos Tours (☎ 3221-1048; www.buenostours.com) Bons passeios guiados por expatriados amistosos, responsáveis e competentes. Ótimo site.

Seriema Nature Tours (☎ 4312-6345; www.seriematours.com) Oferece passeios pela natureza em toda América do Sul, mas os destinos mais populares nas proximidades de BA são a Costanera Sur e a Reserva Natural Otamendi.

Sylvia Zapiola (☎ 4822-1187, 15-3555-3639; sylviazapiola@gmail.com) Simpática guia profissional argentina que oferece passeios pela cidade e serviços especiais, como buscar clientes no aeroporto.

PORTADORES DE DEFICIÊNCIA

Buenos Aires não é das cidades mais fáceis para portadores de necessidades especiais. As calçadas são estreitas, cheias e com muitas rachaduras ou buracos. Nem todas as esquinas têm rampa e os motoristas são inclementes com os pedestres (e cadeirantes). Alguns ônibus têm *piso bajo* (piso rebaixado para acesso) e espaço reservado, mas o Subte (metrô) não tem instalações especiais.

As cadeias internacionais de hotéis oferecem quartos com acessibilidade para cadeirantes, assim como alguns hotéis menos caros – as leis de acessibilidade evoluíram nos últimos anos. Alguns restaurantes e muitas atrações turísticas têm rampas, mas a cidade carece de banheiros especiais – apesar de os shoppings terem ao menos um, os restaurantes não oferecem instalações adequadas.

A QRV Transportes Especiales (☎ 011-4306-6635, 15-6863-9555; www.qrvtransportes.com.ar) oferece transporte e passeios em vans equipadas para cadeirantes. A BA Cultural Concierge (www.baculturalconcierge.com) oferece serviços para viajantes com pouca mobilidade, ao ajudá-los na solução de tarefas. Ou você pode visitar BA com pacotes de empresas como a Accessible Journeys (www.disabilitytravel.com), que oferece passeios e cruzeiros na América do Sul – um dos quais inclui Buenos Aires.

Além do braile nos caixas eletrônicos, poucos esforços foram feitos para melhorar a acessibilidade para cegos. Os semáforos raramente são equipados com alertas sonoros. A Biblioteca Argentina Para Ciegos (BAC; ☎ 4981-0137; www.bac.org.ar; Lezica 3909, Buenos Aires) mantém um acervo de mais de 3 mil livros em braile, além de outros recursos.

SANITÁRIOS

Os sanitários públicos de BA geralmente são decentes e têm papel higiênico (carregue o seu, de qualquer forma), mas sabonete e toalhas são mais raros. Se precisar usar um banheiro quando estiver na rua, saiba que a maioria dos shoppings (como as Galerías Pacífico) sempre tem sanitários – numa emergência, você pode entrar em um McDonald's ou café maior.

Alguns podem estranhar os bidês: eles são aqueles vasos de cerâmica rasos com torneiras e ralo geralmente encontrados nos quartos de hotel, cujo propósito é lavar as partes íntimas entre banhos. Abra as torneiras lentamente, ou pode acabar recebendo um jato forte ou molhando o teto.

SEGURANÇA

Buenos Aires é geralmente bem segura. Você pode caminhar tranquilamente a qualquer hora da noite em muitos lugares, mesmo se for mulher e estiver sozinha. As pessoas ficam na rua até tarde e quase sempre haverá outra pessoa caminhando onde quer que você esteja e a qualquer hora da noite. (Algumas regiões onde você deve ficar atento, entretanto, são as proximidades da estação ferroviária Constitución, o limite leste de San Telmo e La Boca – onde, fora do centro turístico, você deve ficar esperto mesmo de dia.)

Como acontece em qualquer cidade grande, BA tem a sua cota de problemas. A crise econômica de 1999-2001 levou muita gente à pobreza, e o crime nas ruas consequentemente cresceu. Na condição de turista, você é um alvo mais provável de batedores de carteira, ladrões de bolsa ou sequestradores. Fique atento em ônibus cheios e no Subte (veja p. 221), não coloque bolsas no chão sem passar a alça na perna (principalmente em mesas de café nas calçadas) e fique de olho nelas. Fique atento também para os *motochorros*, ou dois homens em uma moto que roubam carteiras e bolsas.

O VELHO GOLPE

Esse é um dos golpes mais antigos e manjados praticados na cidade. Você está em um ponto turístico como a plaza de Mayo, curtindo o dia, e de repente um homem ou mulher diz que há "fezes de pombo" (ou outra coisa qualquer) na sua roupa. Enquanto o solícito desconhecido pega um lenço de papel surpreendentemente à mão para limpá-lo, o parceiro dele limpa os seus bolsos ou rouba a sua bolsa.

Se alguém o abordar dizendo que há algum tipo de sujeira na sua roupa, agarre imediatamente a sua bolsa e se afaste rápido. Trate da limpeza depois.

Incômodos menores incluem a falta de respeito dos motoristas pelos pedestres, o controle frouxo da poluição e altos níveis de ruídos. Muitos argentinos fumam copiosamente, e não há como evitar a fumaça nas ruas (o fumo é proibido na maioria dos restaurantes e bares e no transporte público). Para lidar com os táxis, veja p. 221. A cidade conta com uma polícia turística, que pode ajudar (veja p. 227).

O bom senso é útil em qualquer lugar. Não esbanje riqueza (incluindo joias caras), não cambaleie embriagado pela rua, esteja sempre atento ao que acontece à sua volta e aparente saber exatamente aonde está indo (mesmo que não saiba). Se for razoavelmente cuidadoso, o mais perto que chegará de um aborrecimento será receber o troco errado, pisar em um cocô de cachorro ou se assustar com um motorista louco. Fique de olho onde pisa.

Polícia

Você dificilmente terá problemas com a polícia local se ficar na linha. Se for dirigir, entretanto, os policiais não estão acima de pequenas extorsões. Supostas campanhas de segurança resultaram em motoristas sendo multados por infrações mínimas (como um pisca-pisca defeituoso). Na maioria dos casos, policiais corruptos buscarão um acordo com uma *coima* (propina) mais barata, mas isso exige cuidado e tato. Uma sugestão discreta de que pretende entrar em contato com o seu consulado pode minimizar ou eliminar tais problemas – a polícia costuma relevar a ignorância dos turistas às leis do país. Outra tática, fale ou não espanhol, é fingir que não entende o que o policial está dizendo.

Para informações sobre a polícia turística, veja a seção "Informações Turísticas", na p. 229.

SEGUROS

Um seguro de viagem que cubra roubos, perdas e problemas médicos é uma boa ideia. Algumas seguradoras oferecem opções variadas de cobertura médica – as mais caras são para países como os Estados Unidos, que tem custos médicos extremamente altos. As opções são muitas, então leia com atenção as letras miúdas.

Algumas apólices excluem explicitamente "atividades perigosas", que podem incluir mergulho autônomo, pilotar motocicletas e até mesmo caminhadas na natureza. Assegure-se de que seu plano cobre ambulâncias e voos de emergência de volta para casa.

SERVIÇO DE CONCIERGE

BA Cultural Concierge (☎ 15-5457-2035; www.baculturalconcierge.com) Madi Lang o ajudará a planejar itinerários, cuidar dos detalhes de voos, comprar um celular ou ingressos de teatro, achar um apartamento em potencial e resolver milhares de outras coisas para que sua viagem corra sem problemas.

SERVIÇOS MÉDICOS

A cidade tem bons hospitais, com destaque para o Hospital Italiano (Mapa p. 98; ☎ 4959-0800; www.hospitalitaliano.org.ar; Gascón 450) e o Hospital Británico (Mapa p. 58; ☎ 4304-1081; www.hospitalbritanico.org.ar; Perdriel 74), que conta com uma clínica apenas para consultas no Barrio Norte (Mapa p. 84; ☎ 4812-0040; M. T. de Alvear 1573) – ligue para marcar uma. Outra empresa de serviços médicos muito popular é a Swiss Medical (Mapa p. 92; ☎ 0810-333-8876; www.swissmedical.com.ar; esq. Santa Fe e Scalabrini Ortiz), que tem clínicas por toda a cidade.

Para serviços de saúde mais personalizados, com médicos e dentistas fluentes em inglês, contate a Medicalls (☎ 4823-5999, 15-5156-8384; www.medicalls.com.ar), que funciona 24 h e faz atendimentos em domicílio e hotéis. A Dental Argentina (Mapa p. 87; ☎ 4828-0821; www.dental-argentina.com.ar; Laprida 1621 2B) conta com instalações modernas e oferece serviços dentários com profissionais fluentes em inglês.

Para informações sobre cirurgias plásticas em Buenos Aires, veja p. 51.

Farmácias

As farmácias são comuns em Buenos Aires. A maior rede é a Farmacity (www.farmacity.com), com dezenas de lojas espalhadas pela cidade. Elas são modernas e bem iluminadas e oferecem uma ótima variedade de produtos – algumas funcionam 24 h. É difícil não notar as lojas com programação visual azul e cor de laranja.

TELEFONE

Duas empresas, Telecom e Telefónica, dominam os serviços telefônicos na cidade. Mas a competição vem crescendo, e há a oferta de serviços internacionais baratos. Cartões telefônicos para ligações internacionais podem ser comprados nos *kioscos*. Fazer ligações internacionais pela internet com o Skype é outra opção econômica; muitos cybercafés oferecem esse serviço.

A forma mais fácil de fazer ligações locais ou internacionais é encontrar um *locutorio*, pequena agência telefônica (algumas vezes sob o nome *telecentro*) com cabines individuais e cobrança após a utilização. Há *locutorios* em quase todos os quarteirões. Eles são um pouco mais caros do que os telefones públicos, mas você pode se sentar, o ambiente é mais silencioso e você não ficará sem moedas. Os telefones públicos usam moedas ou *tarjetas telefónicas* (cartões telefônicos, disponíveis em muitos *kioscos*). Você só poderá falar por um tempo limitado antes de a ligação ser cortada, então compre créditos suficientes. Quando fizer telefonemas internacionais em *locutorios*, pergunte sobre os horários com descontos, geralmente depois das 22h e nos fins de semana.

As linhas fixas têm oito dígitos na Argentina. Quando ligar para um telefone celular, você precisará discar ☎ 15 antes do número de oito dígitos. Se você telefonar para um número de Buenos Aires em qualquer outro lugar na Argentina, precisará discar ☎ 011 antes. Em telefonemas para BA de *fora* da Argentina, disque o código da sua operadora e então ☎ 54 11 e o número de oito dígitos. Quando ligar para celulares de fora da Argentina, disque o código da sua operadora e então ☎ 54 9 11 e o número de oito dígitos (sem o 15). Os números de discagem gratuita na Argentina têm o prefixo 0800 e então um número de sete dígitos.

Os faxes são baratos e disponíveis na maioria dos *locutorios* e cybercafés. Para números de emergência, veja p. 227.

Telefones celulares

O mais interessante é trazer o seu celular GSM tri ou quadriband desbloqueado para Buenos Aires, então comprar um chip SIM (cerca de AR$15; você passará a ter um número local) e créditos (*carga virtual*) quando necessário. Você também pode comprar aparelhos que usam chips SIM por cerca de AR$200 – que geralmente já vêm com créditos para alguns minutos. Atenção ao alugar telefones, já que geralmente o custo é maior do que comprar um aparelho novo.

Se você planeja viajar com um smartphone, prepare-se antecipadamente – pode ser necessário assinar um plano internacional para evitar ser surpreendido por uma conta astronômica com custos de roaming. Esse é um campo em rápida transformação, então avalie a situação antes da viagem. Um site bastante útil é o www.kropla.com.

TRABALHO

A não ser que você tenha alguma capacitação profissional, monte um negócio e/ou fale espanhol é difícil encontrar trabalho a não ser ensinar inglês – ou talvez em um bar ou albergue de expatriados. E é bom ter em mente que é pouco provável que enriqueça fazendo qualquer uma dessas coisas.

Trabalhando em um curso de idiomas, um professor de inglês nativo ganha de AR$30 a AR$50 por hora (você não será pago pelo planejamento das aulas ou pelo tempo que levará para chegar à escola, o que pode acrescentar uma ou duas horas a cada hora de aula). Vinte horas de aulas semanais é o bastante para a maioria das pessoas. As frustrações mais comuns incluem lidar com escolas desagradáveis, o tempo gasto descontando cheques no banco, aulas em horários variados do dia e canceladas. A rotatividade de professores é grande e a maioria não ensina por mais de um ano.

Um certificado TEFL (Teaching English as a Foreign Language) ajuda, mas não é exigido por todas as escolas. Você ganhará mais dando aulas particulares, mas levará algum tempo até que construa uma carteira de clientes. E não se esqueça de levar em conta o período entre dezembro e fevereiro, quando a maioria dos locais sai da cidade em férias.

Encontrar trabalho como professor de inglês não é difícil – a demanda é alta e há escolas por toda cidade. Confira as ofertas de emprego nos classificados do *Buenos Aires Herald*, entre em contato com as escolas ou visite bares de expatriados para se enturmar. As aulas costumam começar em março, então essa é a melhor época do ano para conseguir trabalho. Muitos professores trabalham com vistos de turista (não exatamente um bom negócio) e viajam para o Uruguai a cada três meses para conseguir outro visto ou solicitam uma prorrogação na agência de imigração (veja "Vistos", p. 236).

Fazendo negócios

Os relacionamentos pessoais são muito importantes na Argentina, então dedique tempo a conhecer os seus contatos profissionais. Marcar uma reunião é sempre melhor do que um frio telefonema. Sempre inicie uma conversa com um papo sobre a sua família ou eventos esportivos, e tenha tato com assuntos ligados a política.

Em contextos sociais, os argentinos sempre se cumprimentam com beijos no rosto, mas, quando se encontrar com um contato profissional pela primeira vez, o melhor é um aperto de mão. Vista-se de modo conservador e seja pontual (apesar de os argentinos sempre se atrasarem um pouco).

A maioria dos negócios é feita em espanhol na Argentina, e documentos em língua estrangeira geralmente são traduzidos para o espanhol por tradutores juramentados. É uma boa ideia providenciar cartões de visita em espanhol, além dos cartões em inglês. Se você for americano, diga que é de "*los Estados Unidos*", e não da "*América*" (os sul-americanos, afinal, também são americanos).

A maioria dos hotéis quatro e cinco estrelas tem centros de negócios e salas de reunião. Para detalhes sobre o horário comercial, veja p. 228. Trate do visto de trabalho na agência de imigração (veja "Vistos", na p. 236). Por fim, o serviço comercial da embaixada do seu país em Buenos Aires é uma boa primeira fonte de referência para os negócios na Argentina.

Voluntariado

Há muitas opções de voluntariado em Buenos Aires, de bancos de alimentos ao trabalho com crianças em *villas miserias* (favelas). Algumas esperam apenas que ofereça parte do seu tempo ou contribuições modestas – outras, que doe centenas de dólares (dos quais apenas uma parte irá para os necessitados). Antes de escolher a organização, é bom conversar com outros voluntários sobre a sua experiência.

MUDANDO-SE PARA BUENOS AIRES *Kristie Robinson*

Graças ao custo de vida atraente e aos aluguéis e imóveis relativamente baratos, além de uma sociedade que lembra mais Paris do que a Cidade do México, Buenos Aires tem recebido um fluxo sem precedentes de estrangeiros dispostos a morar na cidade por longos períodos. A grande comunidade de expatriados mantém contato via blogs, fóruns, revistas e eventos dedicados a aproximar as pessoas. Aqui vão algumas das coisas mais importantes que você precisa saber se for um aspirante a portenho!

Vistos

Muitas pessoas que desejam viver em Buenos Aires chegam com um visto de turista de três meses, que renovam a cada três meses viajando para o Uruguai. Outra opção é ir à Dirección Nacional de Migraciones (agência de imigração; veja p. 236) e solicitar uma prorrogação de três meses. Essa prorrogação só é concedida uma vez sem que se deixe o país, então, em teoria, uma pessoa pode morar indefinidamente em Buenos Aires apenas viajando para o Uruguai duas vezes ao ano.

Conseguir um visto de longa duração ficou mais fácil, já que o governo recentemente simplificou a concessão de vistos de trabalho. A empresa que contrata o estrangeiro preenche uma declaração, que ele leva à agência de imigração para solicitar um visto renovável de trabalho de um ano. Consulte o seu consulado para saber mais sobre os custos.

Trabalho

Não é fácil encontrar um emprego remunerado em Buenos Aires. Há vagas em call centers, estágios e funções comissionadas, mas o trabalho mais comum é ensinar inglês. A maioria das pessoas que envereda por esse caminho tem um certificado TEFL ou TOEFL (acesse www.ebc-tefl-course.com se você não tiver), mas é possível conseguir emprego sem ter um – apesar de a remuneração ser menor. Confira os classificados do *Buenos Aires Herald* e www.buenosaires.craigslist.com para avaliar as ofertas de emprego. A maioria das empresas paga em dinheiro, mas a prefeitura de Buenos Aires tenta combater essa prática com campanhas publicitárias e vistos de trabalho. Se você for um profissional autônomo e desejar iniciar um negócio próprio, dê entrada em um CUIT (equivalente ao CNPJ) para poder emitir notas fiscais. Vá até a repartição mais próxima da Administración Federal de Ingresos Públicos (AFIP; www.afip.gov.ar) e apresente o seu passaporte.

Para mais sobre o trabalho em BA, veja p. 233.

Aluguéis

Se você for estrangeiro, será difícil conseguir um contrato de aluguel de longo prazo sem uma *garantía* – um avalista argentino. Há pouco que se possa fazer, então ofereça pagar seis meses adiantados, alugue um quarto em uma casa confiável ou procure uma imobiliária e pague um pouco mais caro por um aluguel de curto prazo. À época do fechamento deste livro, o preço médio dos aluguéis era de cerca de AR$1.300 por um quarto e AR$2.800 por um quarto e sala ou quitinete.

Para encontrar um lugar, consulte os classificados dos jornais *Clarín* (www.inmuebles.clarin.com) ou *La Nación* (www.classificados.lanacion.com.ar); para os falantes de inglês, há o *Buenos Aires Herald* (sem classificados on-line).

Muitos sites de apartamentos são voltados para estrangeiros; veja uma lista no quadro da p. 191.

Compra de Imóveis

Comprar um imóvel em Buenos Aires é relativamente fácil. Você precisará de um passaporte, um certificado CDI e muito dinheiro – em espécie! O certificado CDI pode ser obtido gratuitamente na repartição mais próxima da Administración Federal de Ingresos Públicos (AFIP; www.afip.gov.ar). Circular com dinheiro em espécie pode ser temerário, mas as transferências interbancárias internacionais facilitam as coisas. Esteja ciente de que há pormenores legais que devem ser avaliados antes da compra do imóvel. Diversos sites oferecem imóveis, mas pode ser melhor consultar os muitos fóruns de expatriados e entrar em contato com pessoas que compraram imóveis em Buenos Aires (veja "Conhecendo Pessoas").

Mídia em Inglês

Há três publicações em inglês que poderão ajudá-lo a estabelecer-se em Buenos Aires. O *Buenos Aires Herald* (www.buenosairesherald.com) é vendido na maioria dos *kioscos*. E o gratuito *Argentina Independent* (www.argentinaindependent.com) é um jornal quinzenal mais voltado a resenhas e que publica uma excelente seção de eventos.

Contas Bancárias

Abrir uma conta bancária não é fácil apenas com um visto de turista. Se você for ficar por um ano ou menos, geralmente é mais simples usar o cartão do seu banco e pagar as taxas por transação. Mas pode ser possível fazer algumas transações bancárias via seu banco – *se* ele tiver agências na cidade. A depender do seu poder de persuasão e da pessoa com quem conversar no banco, entretanto, pode ser possível abrir uma conta bancária na capital. Vista-se bem, capriche no espanhol e leve o máximo de papelada possível: carteira de identidade, escritura, contrato de aluguel, contas no seu nome e seu certificado CDI (número de identidade fiscal emitido pelo governo). Isso pode persuadir o funcionário a permitir que você faça um pé-de-meia em BA.

Telefones Celulares

De modo geral, há dois tipos de plano para celulares: pré-pago e pós-pago. É difícil conseguir um plano pós-pago, já que é exigido o DNI (documento de identidade argentino) ou um comprovante de residência. Os planos pré-pagos são simples, baratos e requerem apenas o passaporte. As principais operadoras são Personal (www.personal.com.ar), Movistar (www.movistar.com.ar) e Claro (www.claroargentina.com). Não há muita diferença entre elas em termos de preço e todas oferecem mensagens de texto gratuitas pelos seus respectivos sites. Para mais sobre telefones celulares em BA, veja p. 233.

Conhecendo Pessoas

Você pode desejar enturmar-se com a comunidade de expatriados de Buenos Aires, que é numerosa e receptiva. Além de bares de expatriados, há muitos lugares a conferir.

BA Expats (www.baexpats.com) Muitas informações sobre Buenos Aires, além de fóruns com perguntas dos membros.

BAIN (www.bainnewcomers.com) Grupo de expatriados que se reúne para uma infinidade de eventos.

BANewcomers (http://groups.yahoo.com/group/BANewcomers) Grupo do Yahoo; bom lugar para fazer perguntas a estrangeiros radicados na Argentina.

Club Europeo (www.clubeuropeo) Reúne os clubes sociais da maioria das embaixadas europeias em Buenos Aires. Organiza encontros semanais, eventos sociais e cursos de idiomas.

Expat Connection (www.expat-connection.com) Empresa on-line que organiza eventos para expatriados e locais. Confira o calendário de eventos.

South American Explorers Club (www.saexplorers.org) Associação de viajantes e fonte de referência que organiza eventos, oferece armazenamento de bagagem e informações sobre viagens.

Sites Úteis

Para mais sites úteis sobre Buenos Aires, veja p. 23.

Argentina Residency & Citizenship Advisors (ARCA; www.argentinaresidency.com) Ajuda estrangeiros a conseguirem residência legal e cidadania.

Just Landed (www.justlanded.com/english/Argentina) Mais informações para expatriados.

Algumas Regras para Viver como um Local

- Nunca dê o seu troco para ninguém. Guarde-o com a própria vida!
- Sempre reclame do clima – "frio demais no inverno, quente demais no verão".
- Coloque o celular no viva-voz e use o aparelho como um rádio nas ruas.
- Nunca saia antes das 2h numa noite de sexta-feira, e nunca volte antes das 4h.
- Não pergunte por que faltou luz ou água: apenas dê de ombros, conforme-se e saia para dar uma caminhada até que o serviço volte.

Kristie Robinson é jornalista e vive em Buenos Aires há cinco anos. Ela é fundadora e editora-chefe do jornal em inglês The Argentina Independent.

Algumas organizações argentinas:

Centro Conviven (www.conviven.org.ar) Ajuda crianças em *villas*.

L.I.F.E (www.lifeargentina.org) Mais ajuda para crianças em *villas*.

Unión de los Pibes (www.uniondelospibes.blogspot.com) Ajuda para crianças necessitadas.

Eco Yoga Park (veja p. 178) Singular.

Fundación Banco de Alimentos (www.bancodealimentos.org.ar) Trabalho simples e de curto prazo em um banco de alimentos.

Habitat for Humanity Argentina (www.hpha.org.ar) Mutirões em comunidades carentes.

WWOOF Argentina (www.wwoofargentina.com) Cultivo orgânico na Argentina.

Você também pode usar as referências de organizações como:

Anda Responsible Travel (www.andatravel.com.ar) Agência de viagens de BA que oferece ajuda a comunidades locais.

Foundation for Sustainable Development (www.fsdinternational.org) Auxilia programas de grupos de base de todo o mundo.

Volunteer South America (www.volunteersouthamerica.net) Lista de ONGs.

Voluntario Global (www.voluntarioglobal.org.ar) Voluntariado comunitário.

Voluntarios sin fronteras (www.voluntariossf.org.ar) Todo tipo de voluntariado.

Escritores podem considerar escrever para o *Argentina Independent* (www.argentinaindependent.com), ou oferecer-se para um vaga de estágio no *Buenos Aires Herald* (www.buenosaireshelald.com) – ambos jornais em inglês. Outra possibilidade é o clube South American Explorers (veja p. 224).

VIAJANTES GAYS E LÉSBICAS

A Argentina é um país fortemente católico com elementos arraigados de machismo. Em Buenos Aires, entretanto, a aceitação da homossexualidade é palpável. O turismo gay, inclusive, se popularizou tanto por aqui que a cidade é hoje o principal destino gay da América do Sul. Para mais informações sobre a comunidade gay e o entretenimento voltado para ela, veja o quadro da p. 157.

Os homens argentinos são mais expansivos do que os norte-americanos ou europeus, então comportamentos como cumprimentos com beijos no rosto e abraços efusivos são comuns mesmo entre aqueles com reservas a homossexuais. Lésbicas caminhando de mãos dadas não devem atrair maiores atenções, já que as argentinas heterossexuais também o fazem ocasionalmente, mas esse seria um comportamento conspícuo demais para os homens. Na dúvida, aja com discrição.

VISTOS E TAXAS DE ENTRADA

Os cidadãos americanos, brasileiros, canadenses, da maioria dos países europeus, australianos e neozelandeses não precisam de visto para entrar na Argentina, mas consulte as normas atuais. A maioria dos estrangeiros recebe um visto de noventa dias na entrada.

Para conseguir uma prorrogação de noventa dias (AR$300), visite a **Dirección Nacional de Migraciones** (agência de imigração; Mapa p. 84; ☎ 4317-0200; www.migraciones.gov.ar; av. Antártida Argentina 1355; 🕑 8-13h seg-sex). Reserve algum tempo, já que há filas e o processo pode durar uma ou duas horas. Peça a prorrogação na mesma semana em que o seu visto expirar. Extrapolar o tempo de duração do visto custa o mesmo que uma prorrogação, mas é mais estressante – e as normas podem mudar. Outra opção, se você for ficar mais de três meses, é viajar para Colonia ou Montevidéu (ambas na Uruguai – a viagem de ida e volta para Colonia pode ser tranquilamente feita em um dia) e conseguir outro visto de três meses na volta. Essa estratégia é mais lógica se você não precisar de visto para entrar no Uruguai (caso dos brasileiros).

Americanos, australianos e canadenses precisam pagar a taxa de reciprocidade (*tasa de reciprocidad*) quando desembarcam em Ezeiza e no Aeroparque. Os valores são significativos – para mais informações, veja o quadro "Dicas para Chegadas e Partidas em Ezeiza") na p. 218.

IDIOMA

O espanhol é o idioma oficial da Argentina, e a sua estada em Buenos Aires será muito mais interessante se você aprender algumas expressões e termos básicos antes da viagem. Os locais são mais receptivos quando percebem que os estrangeiros se esforçam em falar a sua língua, não importa o quão estranho pareça soar. Não é difícil aprender algumas frases simples, mas fazer um curso quando chegar é ainda melhor.

Os argentinos normalmente se referem ao espanhol como *castellano*, e não *español*. Além da altivez e da pronúncia com sonoridade italiana, outras peculiaridades, como o uso do vos em lugar do tu (você) e a pronúncia das letras ll e y como "j", identificam os argentinos em toda América Latina e outras partes do mudo. A fala de Buenos Aires em particular também é rica em palavras e expressões da pitoresca gíria conhecida como *lunfardo*. Apesar de o uso do *lunfardo* não ser aconselhável a não ser que se entenda com segurança as implicações dos termos (principalmente em situações formais), é bom conhecer alguns dos mais usados no cotidiano.

Se você quiser uma introdução ao espanhol mais aprofundada do que a que incluímos aqui, adquira um exemplar do abrangente e prático guia de idioma *Latin American Spanish Phrasebook*, da Lonely Planet.

RELACIONAMENTO

Primeiro contato

Oi/olá	*Hola.*	Ô·la
Bom dia	*Buenos días.*	*Bue*·nos *di*·as
Boa tarde	*Buenas tardes.*	*Bue*·nas *tar*·des
Boa noite	*Buenas noches.*	*Bue*·nas *nô*·tches
Tchau	*Chau.*	Tchau
Até logo	*Hasta luego.*	*As*·ta *luê*·go
Sim./Não.	*Sí./No.*	*Si/No*
Por favor	*Por favor.*	Por·fa·*bor*
(Muito) obrigado/a	*(Muchas) gracias.*	(*Mu*·tchas) *gra*·ssias
De nada	*De nada.*	De·*na*·da
Com licença	*Permiso.*	Per·*mi*·sso
Desculpe	*Disculpe.*	Dis·*kul*·pe
Como vai?	*¿Cómo está/estás?*	*Kô*·mo *es·tá/es·tás?*

Dificuldades linguísticas

(O senhor/a/ você) Fala inglês/português?
¿Habla/Hablas inglés/portugués? — *A*·bla/*a*·blas in·*glês*/ *pór*·tu·*guês?*

(Não) Entendo.
(No) Entiendo. — (No) En·*tien*·do.

O que quer dizer...?
¿Qué quiere decir...? — Kê *kiê*·re de·*ssir...?*

Pode..., por favor?
¿Puede..., por favor? — *Puê*·de..., por fa·*bor?*

repetir	*repetirlo*	rre·pe·*tir*·lo
falar mais devagar	*hablar más despacio*	*a*·blar mas des·*pa*·ssio

VOCABULÁRIO PRÁTICO

Dias da semana

Segunda-feira	*lunes*	*lu*·nes
Terça-feira	*martes*	*mar*·tes
Quarta-feira	*miércoles*	*miêr*·ko·les
Quinta-feira	*jueves*	*ruê*·bes
Sexta-feira	*viernes*	*biêr*·nes
Sábado	*sábado*	*sá*·ba·do
Domingo	*domingo*	do·*min*·go

Localização

Como posso chegar em...?
¿Cómo puedo llegar a...? — *Kô*·mo *puê*·do *je·gar a...?*

Fica longe?
¿Está lejos? — Es·*tá lê*·Ros?

Poderia indicá-lo (no mapa)?
¿Me lo podría indicar (en el mapa)? — Me lo po·*dría* in·di·*kar* (en el *ma*·pa)?

Siga em frente.
Siga derecho. — *Si*·ga de·*rê*·tcho.

Vire à esquerda/direita.
Voltée a la izquierda/ derecha. — Bol·*têe* a la is·*kiêr*·da/ De·*rê*·tcha

Números e quantidades

1	*uno*	u·no
2	*dos*	dos
3	*tres*	tres
4	*cuatro*	kua·tro
5	*cinco*	sin·ko
6	*seis*	seis
7	*siete*	siê·te
8	*ocho*	ô·tcho
9	*nueve*	nuê·be
10	*diez*	diês
11	*once*	ôn·sse
12	*doce*	dô·sse
13	*trece*	trê·sse
14	*catorce*	ka·tôr·sse
15	*quince*	kin·sse
16	*dieciséis*	diê·ssi·seis
17	*diecisiete*	diê·ssi·siê·te
18	*dieciocho*	diê·ssi·ô·tcho
19	*diecinueve*	diê·ssi·nuê·be
20	*veinte*	bêin·te
21	*veintiuno*	bêin·ti·u·no
30	*treinta*	trêin·ta
31	*treinta y uno*	trêin·ta i u·no
40	*cuarenta*	kua·ren·ta
50	*cincuenta*	sin·kuen·ta
60	*sesenta*	se·ssen·ta
70	*setenta*	se·ten·ta
80	*ochenta*	o·tchen·ta
90	*noventa*	no·ben·ta
100	*cien*	siên
101	*ciento uno*	siên·to u·no
200	*doscientos*	do·ssiên·tos
1000	*mil*	mil
10.000	*diez mil*	diês mil

Dinheiro

Aceitam

¿Aceptan...? A·ssêp·tan...?

dólares/reais

dólares/reais dô·la·res/rré·ais

cartão de crédito

tarjeta de crédito tar·Rê·tas de krê·di·to

Estou procurando

Estoy buscando... Es·toi bus·kán·do

por (pelo/pela)

por (por el/ por la) por (por êl/por la)

caixa eletrônico

el cajero automático Êl ka·Rê·ro au·to·má·ti·ko

banco	*el banco*	êl bán·ko
casa de câmbio	*la casa de cambio*	la ka·ssa de kám·bio

LUNFARDO

Abaixo, selecionamos alguns dos termos mais comuns do *lunfardo*, a gíria das ruas de Buenos Aires.

boliche – discoteca, casa noturna
boludo – babaca, idiota; geralmente usado com bom humor entre amigos, mas ofensivo entre estranhos
bondi – ônibus
buena onda – alto astral
chabón/chabona – rapaz/garota (termo carinhoso)
che – ei
fiaca – preguiça
guita – dinheiro
macanudo – ótimo, incrível
mango – um peso
masa – coisa boa, legal
mina – mulher
morfar – comer
pendejo – imbecil
pibe/piba – rapaz/garota legal
piola – legal, inteligente
pucho – cigarro
re – muito, como em *re interessante*
che boludo – a mais portenha das frases; peça a um local simpático para explicar
diez puntos – bom, legal (literalmente "10 pontos")
le faltan un par de jugadores – literalmente, faltam-lhe dois jogadores (algo como "ele tem um parafuso a menos")
me mataste – não faço a menor ideia (literalmente, "você me matou")
¡Ponete las pilas! – vamos logo! (literalmente, "coloque as pilhas!")

Telefone e internet

Quero ligar para...

Quiero llamar a... Kiê·ro ja·mar a...

Onde há um cibercafé por aqui?

¿Dónde hay un cibercafé por acá? Dôn·de ai un cibercafé si·ber·ka·fê por a·ka?

Queria usar a internet.

Quisiera usar internet. Ki·ssiê·ra u·ssar in·ter·nêt

Correio

Correio aéreo	*correo aéreo*	ko·rrêo·o a·ê·re·o
carta	*carta*	kar·ta
registrado	*certificado*	ser·ti·fi·ka·do
selos	*estampillas*	es·tám·pi·jas

Transporte

ida	*ida*	i·da
ida e volta	*ida y vuelta*	i·da i buêl·ta

ponto de ônibus	*la parada de autobuses*	la pa·ra·da de u·to·bu·sses
bilheteria	*la boletería*	la bo·le·te·ri·a
estação de trem	*la estación de ferrocarril*	la es·ta·ssiôn de fe·rro·ka·rril

A que horas sai/chega...?	*A qué hora ¿sale/llega...?*	A kê ô·ra sa·le/ jê·ga...?
o	*el ...?*	êl...?
ônibus	*autobus*	au·to·bus
avião	*avión*	a·biôn
barco	*barco*	bar·ko
trem	*tren*	tren

Gostaria de um bilhete para...
Quisiera un boleto a... ki·ssiê·ra un bo·lê·to a...

COMIDA

Gostaria de fazer uma reserva.
Quisiera hacer una reserva. Ki·ssiê·ra a·sser u·na rre·ssêr·ba

Que horas servem refeições?
¿A qué hora sirven comidas? A kê ô·ra sir·ben ko·mi·das

Uma mesa para..., por favor.
Una mesa para..., por favor. U·na mê·ssa pa·ra..., por fa·bor

Posso ver o cardápio, por favor?
¿Puedo ver el menú, por favor? Puê·do ver êl me·nu por fa·bor?

O que me aconselha?
¿Que me aconseja? Kê me a·kon·ssê·ja?

Uma cerveja, por favor.
Una (cerveza), por favor. U·na (ser·be·ssa), por fa·bor.

A conta, por favor.
La cuenta, por favor. La kuên·ta, por fa·bor

Quero	*Quiero...*	Kiê·ro...
uma faca	*un cuchillo*	un ku·tchi·jo
um garfo	*un tenedor*	un te·ne·dor
uma colher	*una cuchara*	u·na ku·tcha·ra

ACOMODAÇÕES

Estou procurando	*Estoy buscando*	Es·toi bus·kán·do
um hotel	*un hotel*	un o·têl
um albergue	*un albergue*	un al·bêr·gue

Queria um quarto	*Quisiera una habitación*	ki·ssiê·ra u·na a·bi·ta·ssiôn
duplo	*doble*	dô·ble
individual	*individual*	in·di·bi·du·al
com duas camas	*con dos camas*	kon dos ká·mas

Quanto custa por...?	*¿Cuánto cuesta por...?*	Kuán·to kuês·ta por...?
noite	*noche*	nô·tche
pessoa	*persona*	per·sso·na
semana	*semana*	se·má·na

Inclui o café da manhã?	*¿Incluye el desayuno?*	In·klu·je êl de·ssa·ju·no?

Posso ver o quarto?	*¿Puedo ver la habitación?*	Puê·do ber la a·bi·ta·ssiôn?
Não gostei.	*No me gusta.*	No me gus·ta
Está bem.	*Está bien.*	Es·tá bien.

Desconto	*Descuento*	des·kuên·to

EMERGÊNCIAS

Ajuda!	*¡Ayuda!*	A·ju·da
É uma emergência	*Es una emergencia.*	Es u·na e·mer·Ren·ssia

Ligue para...!	*¡Llame a...!*	Já·me a...!
um médico	*un médico*	un mê·di·ko
a polícia	*la policía*	la po·li·ssi·a

Estou perdido	*Estoy perdido/a*	Es·toi per·di·do/a
Onde ficam os banheiros?	*¿Dónde están los baños?*	Dôn·de es·tan los bá·nhos

SAÚDE

Estou doente
Estoy enfermo/a. Es·toi en·fêr·mo/a

Preciso de um médico.
Necesito un. médico Ne·sse·ssi·to un mê·di·ko

Onde fica o hospital?
¿Dónde está el hospital? Dôn·de es·ta êl os·pi·tal?

Estou grávida.
Estoy embarazada. Es·toi em·ba·ra·ssa·da

Sou alérgico/a...
Soy alérgico/a... Soi a·lêr·Ri·ko/a...

antibióticos
los antibióticos los an·ti·bi·ô·ti·kos

nozes	*las nueces*	las nuê·sses
penicilina	*la penicilina*	la pe·ni·ssi·li·na

Estou com...	*Tengo...*	Tên·go...
tosse	*tos*	tôs
diarreia	*diarrea*	dia·rrê·a
dor de cabeça	*dolor de cabeza*	do·lôr de ka·be·ssa
náusea	*náusea*	nau·sse·a

GLOSSÁRIO

alfajor – biscoitos recheados com doce de leite e cobertos com chocolate ou suspiro
arbolito – máquina de trocar dinheiro
argentinidad – conceito um tanto nebuloso de identidade argentina, frequentemente associado a sentimentos extremos de nacionalismo
asado – famoso churrasco argentino
autopista – rodovia ou via expressa

bandoneón – instrumento semelhante ao acordeão usado no tango
bárbaro – "incrível" ou "ótimo"'
barras bravas – torcedores de futebol violentos, geralmente de torcidas organizadas
barrio – bairro ou região
boliche – gíria para para casa noturna (veja *lunfardo*)
bombilla – bomba; canudo de metal usado para beber mate
boquenses – habitantes de La Boca
bronca – raiva, frustração

cabeceo – convite para dançar tango que envolve inclinar a cabeça, contato visual e sobrancelhas arqueadas
cabildo – prefeitura colonial
café cortado – café com leite
cajero automático – caixa eletrônico
cambio – veja *casa de cambio*
candombe – estilo musical afro-uruguaio popular em Buenos Aires, principalmente no Carnaval
canilla libre – bebida livre
característica – código de área telefônico
cartelera – balcão de ingressos com descontos para cinemas, shows de tango shows e outras atrações
cartoneros – catadores de lixo
casa de cambio – casa de câmbio, geralmente chamadas simplesmente de *cambio*
castellano – espanhol (idioma)
caudillo – caudilho; termo usado para os governantes argentinos do século 19
cebador – pessoa que serve o mate
cerveza – cerveja
chacarera – estilo de dança tradicional argentina tocado com *bombo* (pequeno tambor andino) e violão
chamamé – estilo musical da província de Corrientes, misto de estilos europeus, nativos e africanos
chimichurri – molho para carne feito com salsa, alho, temperos e azeite de oliva
chopp – chope
choripán – sanduíche de linguiça
coima – propina
colectivo – ônibus coletivo
confitería – lanchonete que vende basicamente sanduíches e hambúrgueres
conventillo – cortiço que abrigava imigrantes em bairros antigos de Buenos Aires e Montevidéu
costanera – estrada litorânea que acompanha o mar, rio ou lago
cubierto – em restaurantes, a cobrança pelo uso de utensílios e do pão; couvert
criollo – nos tempos coloniais, um espanhol nascido na América do Sul; o termo hoje descreve argentinos de ascendência europeia, mas também é usado para gado e cavalos selvagens dos pampas

desaparecido – "desaparecido"; vítima da ditadura argentina de 1976–83
despelote – confusão, fiasco; comumento usado para descrever o atual governo (veja *porquería*)
dique – dique
dulce de leche – doce nacional da Argentina, usado em muitos doces e sobremesas; menos doce, mais escuro e em geral mais firme do que o equivalente brasileiro

empanada – massa recheada com carnes ou vegetais; lanche muito popular na argentina
estancia – do ponto de vista histórico, fazenda extensa de criação de gado ou ovelhas com mão de obra de colonos *gauchos e* administrada por um *estanciero* ou capataz; hoje, destino turístico comum para atividades recreativas como cavalgar, jogar tênis e nadar, seja em fins de semana ou estadias mais longas

facturas – folhados; também recibo
feria – feira ou mercado de rua

gauchesco/a – termo relacionado à imagem romântica do *gaucho*
genial – maravilhoso, incrível, muito bom

heladería – sorveteria

ida – ida
ida y vuelta – ida e volta
iglesia – igreja
interno – linha de telefone interna; comumente abreviada como "int"
IVA – *Impuesto de Valor Agregado*; com frequência acrescentado às contas de restaurantes e hotéis na Argentina

kiosco – loja pequena ou banca de jornal

locro – ensopado de carne e milho
locutorio – agência telefônica que geralmente também oferece serviços de fax e acesso à internet
lunfardo – gíria de rua de Buenos Aires, originada em bairros de imigrantes na virada do século 20

mango – gíria para peso (como "pratas" ou "contos" no Brasil)

mate – termo abreviado de *yerba mate*, chá popular na Argentina e no sul do Brasil; também descreve a cuia usada para bebê-lo
milonga – baile de tango
minuta – em um restaurante ou *confitería*, uma comida rápida como macarrão ou carne a milanesa
murga – termo em espanhol para "algazarra" ou "barulho"; também um ritmo *rioplatense* de origens espanhola e africana. *La murga porteña* é outro termo usado para o Carnaval de Buenos Aires

nafta – gasolina

paisanos – povo do interior
pampas – planícies rasteiras características de regiões meridionais da América do Sul, principalmente na Argenitina, no Brasil (RS) e no Uruguai
parada – ponto de ônibus
parrillada – churrasco misto ou restaurante especializado nesse tipo de churrasco
parrilla – restaurante especializado em *parrillada*
paseaperros – profissional que leva cães para passear em Buenos Aires
pato – jogo de bola tradicional a cavalo
peatonal – rua comercial fechada para o trânsito, principalmente no centro
peña – casa noturna especializada em música tradicional
piqueteros – manifestantes, que geralmente interrompem o trânsito ao marcharem em lugares públicos (como a Plaza de Mayo)
piropo – observação machista, que varia de elogios relativamente inócuos a ofensas
porteño/a – habitantes de Buenos Aires
porquería – fiasco, lixo, sujeira; comumente usado para descrever o governo (veja *despelote*)
propina – gorjeta
puchero – ensopado de carnes e vegetais de origem espanhola servido com arroz
puerto – porto

quilombo – bagunça, caos

recargo – cobrança adicional (como para o uso de cartão de crédito)
reloj – termo local para *taxímetro*
remise – rádio táxi; eles se parecem com carros particulares e cobram taxas fixas
rioplatense – descreve qualquer coisa típica da região do rio da Prata
ruta – rodovia, estrada

sandwiches de miga – sanduíches finos e sem casca, tradicionalmente servidos na hora do chá
spiedo – espeto; uma alternativa à *parrilla*
Subte – metrô de Buenos Aires

tarjeta telefónica – cartão telefônico
tenedor libre – restaurante self-service; *diente libre* é um termo alternativo menos usado
trucho – falsificado; muito usado pelos argentinos para descrever coisas que não são o que parecem

villa miseria – favela; *villa* é um termo alternativo amplamente usado
viveza criolla – malandragem, vista como qualidade por muitos argentinos

yerba mate – erva-mate (*Ilex paraguariensis*), consumida pelos argentinos em grandes quantidades; veja também *mate*

ESTE GUIA

Esta 6ª edição em inglês do guia *Buenos Aires* foi escrita por Sandra Bao e Bridget Gleeson. As três edições anteriores também foram escritas por Sandra Bao. Este guia foi coordenado pelo escritório de Oakland da Lonely Planet, e produzido pela equipe abaixo.

Editores Responsáveis Kathleen Munnelly, Catherine Craddock-Carillo, Nora Gregory

Coordenação Editorial Jocelyn Harewood, Jeanette Wall

Coordenação de Cartografia Tom Webster

Coordenação de Arte Frank Deim

Editores Executivos Brigitte Ellemor, Bruce Evans

Cartógrafos Executivos Shahara Ahmed, Alison Lyall

Edição Executiva de Arte Celia Wood

Editora Assistente Sarah Bailey

Cartógrafa Assistente Jennifer Johnston

Pesquisa para a Capa Brendan Dempsey

Pesquisa de Fotos Internas Sabrina Dalbesio

Conteúdo Idiomático Annelies Mertens, Branislava Vladislavljevic

Agradecimentos a Melanie Dankel, Jane Hart, Yvonne Kirk, Lisa Knights

Fotos da capa

Traseira de ônibus na Plaza Constitución, Buenos Aires, Argentina, América do Sul, Damien Simonis/LPI (superior); Fachada próxima do Museo Casa Carlos Gardel, Buenos Aires, Argentina, Krzysztof Dydynski/LPI (inferior).

MUITO OBRIGADA

SANDRA BAO

Sou grata pelo apoio da minha colega Bridget Gleeson e da excelente editora responsável (e supermãe) Kathleen Munnelly. Este livro não teria a qualidade que tem sem a ajuda de Angela McCallum e Kristie Robinson, e obrigada também a Andy Symington e Marina Charles por suas contribuições. Sally Blake é a minha consultora de tango, enquanto que Romina MacGibbon ofereceu percepções importantes sobre a responsabilidade ambiental em Buenos Aires (ou a falta dela). Muitos *besos y abrazos* para Phil Appleton, Sam Frommer, Graciela Guzmán, Amalia Holub, Madi Lang, Lucas Markowiecki, Jed Rothenburg e Sylvia Zapiola pelas dicas e pelos bons momentos. Obrigada principalmente à minha avó Elsa pela hospitalidade de sempre e a comida caseira. Por fim, um obrigada especial ao meu marido Ben Greensfelder por não deixar que a casa pegasse fogo (apesar de tê-la deixado um pouco bagunçada; desculpe, amor) enquanto eu estive fora por cinco semanas para pesquisa de campo.

BRIDGET GLEESON

Como sempre, foi um prazer trabalhar com Sandra Bao e Kathleen Munnelly, da Lonely Planet. Sou grata aos meus amigos e contatos profissionais em Buenos Aires; as suas sugestões melhoraram o meu trabalho e a sua ativa vida social me inspirou a sair e avaliar novos bares e restaurantes eu mesma. Um obrigado especial à minha irmã Liz por estar sempre disposta a me encontrar em um café, mesmo de última hora, e a Rodolfo pelo apoio constante. Obrigada, por fim, aos leitores da Lonely Planet que conheci na estrada – a sua paixão pela aventura me estimula a ser melhor e me lembra por que quis ser uma escritora de viagens.

NOSSOS LEITORES

A Lonely Planet agradece os viajantes que usaram a última edição deste guia em inglês e enviaram dicas, orientações úteis e histórias interessantes:

Carlos Abela, Jessie Akin, Emanuela Appetiti, David Barber, Charleyne Biondi, Bernard Breen, Steve Brosnan, John Burger,

NOSSA HISTÓRIA

Um carro velho batido, uns poucos dólares no bolso e um desejo de aventura. Em 1972 era tudo que Tony e Maureen Wheeler precisavam para fazer a viagem de suas vidas – cruzar a Europa e a Ásia e em seguida a Austrália. A jornada durou muitos meses e ao final – quebrados mas inspirados – eles se sentaram à mesa de sua cozinha e escreveram juntos seu primeiro guia de viagem, Across Asia on the Cheap. Em uma semana, foram vendidos 1.500 exemplares. Nascia a Lonely Planet. Hoje a Lonely Planet tem escritórios em Melbourne, Londres e Oakland, com mais de 600 autores e funcionários. Nós compartilhamos da crença de Tony de que "um grande guia precisa fazer três coisas: informar, educar e divertir".

ESCREVA PARA NÓS

Adoramos ouvir notícias dos viajantes – seus comentários nos mantêm mais ligados e nos ajudam a melhorar nossos livros. Nossa viajada equipe lê cada palavra a respeito daquilo que você amou ou odiou neste guia. Embora não possamos responder individualmente, sempre asseguramos que suas mensagens sejam remetidas ao autor adequado a tempo da próxima edição. Cada pessoa que nos enviar informações receberá agradecimentos na próxima edição.

Visite lonelyplanet.com/contact para enviar suas atualizações e sugestões, ou para pedir ajuda. Nosso premiado site também contém inspiradores relatos de viagem, notícias e discussões.

Atenção: podemos editar, reproduzir e incorporar seus comentários em produtos Lonely Planet, tais como guias, sites e produtos digitais. Então, nos informe se você não deseja que seus comentários sejam reproduzidos ou que seu nome seja citado. Para conhecer a nossa política de privacidade, visite lonelyplanet.com/privacy.

Alex Burke, Richard Case, Bianca Celestin, Aneesa Chaudhry, Ray Duncan, Richard Ferguson, Lilian Gentile, Andy Goldschmidt, Peter Goll, Ben Herman, Amador Hernandez, Tony Hutton, Rich Jabs, Anne Jaumees, Antje Kalinauskas, Bart Keersmaekers, Antje König, Ricardo Krieger, Anna Lyndon, Scott Molinaroli, Olaf Moon, Bryce Newman, James Patrick Higgins, Christoph Poutiers, Christophe Poutiers, Pat Roberts, Diogo Rodrigues, Diana Swartz, Arno Thuis, Andre V, Tomarchio Vasta Gianluca, Richard Villegas, Salome Weis, Shawn Whatley, Marcos Zuazu

AGRADECIMENTOS

Buenos Aires Subte Map © Metrovías 2010

Notas

Notas

Notas

Notas

Notas

ÍNDICE

000 páginas de mapas
000 fotografias

000 páginas de mapas
000 fotografias

000 páginas de mapas
000 fotografias

POUSADAS

VIDA NOTURNA

CASAS NOTURNAS

MÚSICA AO VIVO

LEGENDA DOS MAPAS

REDE VIÁRIA

Rodovia pedagiada
Autoestrada
Via primária
Via secundária
Via terciária
Travessa
Em construção
Estrada de terra
Via de mão única
Calçadão/Escada
Túnel
Passarela
Passeio a pé
Roteiro alternativo
Trilha
Caminho
Pista

TRANSPORTE

Ferry
Metrô
Ferrovia
Bonde, Funicular

HIDROGRAFIA

Rio, córrego
Rio intermitente
Canal
Corpo de água

FRONTEIRAS

Internacional
Estadual, provincial
Muralha antiga
Escarpas

ÁREAS DESTACADAS

Aeroporto
Área de interesse
Praia, deserto
Edifício
Campus
Cemitério cristão
Cemitério (outros)
Floresta
Terra
Calçadão, praça
Mercado
Parque
Reserva
Rochas
Esportes
Urbanas

CIDADES E VILAS

CAPITAL (NACIONAL)
Cidade grande
Cidade pequena
CAPITAL (ESTADO)
Cidade média
vilarejo

SÍMBOLOS

Informação
Banco, cx. eletrônico
Embaixada/consulado
Hospital, clínica
Informação
Internet
Posto policial
Correio
Telefone
Toaletes
Acesso a cadeirantes

Atrações
Praia
Castelo, fortaleza
Cristã
Monumento
Museu, galeria
Ponto de interesse
Ruína
Vinícola, vinhedo
Zoo, santuário de aves

Onde comprar
Onde comprar

Onde comer
Onde comer

Entretenimento
Entretenimento

Onde beber
Onde beber
Café

Vida noturna
Vida noturna

Artes
Artes

Esportes e Atividades
Canoísmo
Mergulho
Piscina
Mergulho livre
Surfe, praia de surfe
Trilha
Windsurfe

Onde dormir
Onde dormir
Camping

Transporte
Aeroporto
Terminal rodoviário
Estacionamento
Ponto de táxi

Georgrafia
Perigo
Farol
Mirante
Montanha, vulcão
Parque nacional
Oásis
Área para piquenique
Abrigo
Queda d'água

Dados Internacionais de Catalogação na Publicação (CIP)
(Câmara Brasileira do Livro, SP, Brasil)

Bao, Sandra
Lonely Planet : Buenos Aires / Sandra Bao e Bridget Gleeson; [tradução Gustavo Mesquita e Marília Aranha]. -- São Paulo : Globo, 2012.

Título original: Lonely Planet : Buenos Aires.

1. Buenos Aires (Cidade) - Descrição e viagens - Guias
I. Bao, Sandra. II. Título.

12-00723 CDD-918.211

Índices para catálogo sistemático:
1. Buenos Aires: Guias de viagem 918.211
2. Guias de viagem: Buenos Aires: Argentina 918.211

Lonely Planet Publications Pty Ltd
ABN 36 005 607 983

Austrália (escritório central)
Locked Bag 1, Footscray, Victoria 3011
☎ 61 3 8379 8000, fax 61 3 8379 8111
www.lonelyplanet.com – talk2us@lonelyplanet.com.au

EUA - 150 Linden St, Oakland, CA 94607,
☎ 510 250 6400, ligação grátis 800 275 8555
fax 510 893 8572, info@lonelyplanet.com

Reino Unido – Media Centre
201 Wood Lane, London W12 7TQ
☎ + 44 (0) 8433 3164
go@lonelyplanet.co.uk

Buenos Aires
1ª edição do guia em português – fevereiro de 2012

Diretor Editorial: Marcos Strecker
Editora: Melissa Rodriguez Leite
Assistentes editoriais: Érika Nogueira Vieira e Rebeca Michelotti
Produção Editorial: Gustavo Mesquita
Tradução: Gustavo Mesquita e Marília Aranha
Preparação: Solange Lemos
Revisão: Gustavo Mesquita e Solange Lemos
Consultoria Linguística: Paula da Costa Souza

Editora Globo S/A
Avenida Jaguaré, 1485, CEP 05346-902, São Paulo, SP
www.globolivros.com.br
Edição autorizada para a Editora Globo S/A com exclusividade para a língua portuguesa.

ISBN: 978-85-250-5064-9

Texto fixado conforme as regras do novo Acordo Ortográfico da Língua Portuguesa, assinado em Lisboa em 16 de dezembro de 1990 (Decreto Legislativo do Congresso Nacional do Brasil nº 54, de 1995).

Impressão: Prol Editora Gráfica Ltda.
Impresso em São Paulo, Brasil.